사회복지행정론은 사회복지대상자들의 복지 증진을 위해
조직화하고 관리하는 정책을펴나가는 것을 말한다

사회복지행정론

곽미정 · 최창현 · 노상은
홍희석 · 정명희 · 공 저

Social Welfare Administration

양 성 원

PREFACE

본 과목의 목표는 사회복지행정의 중요성과 역할에 대한 이해를 바탕으로 사회복지행정의 발달과 조직 환경의 변화에 대하여 알아보고 사회복지행정의 조직이나 경영에 관하여 학습한다. 그 이외에도 사회복지행정의 관리에 필요한 기법을 배우고 사회복지 프로그램 기획과 평가방법에 대한 기초지식을 습득한다. 이를 통하여 사회복지서비스의 이론과 실천의 적용을 통해서 개별적인 욕구충족에 기여하도록 준비하도록 한다. 아울러 사회복지기관의 역량강화와 책임성 있는 조직 관리를 위한 실제적 이론 및 기술을 학습하도록 할 것이다. 이에 대하여 구체적으로는 사회복지조직의 환경과 구조 및 조직이론을 이해하도록 하며 사회복지서비스와 전달체계의 특성을 살펴보았다. 또한 사회복지조직의 관리 및 운영에 필요한 기획과 의사결정, 인적자원관리, 서비스 질 관리, 재정관리, 정보시스템 관리에 관한 부분을 학습할 것이다.

사회복지행정의 이념은 각종 정책 및 프로그램의 효과성(effectiveness), 효율성(efficiency), 공평성(equity) 및 접근편의성(accessibility) 등이 행정을 통하여 구현되어야 하는 학문이다. 따라서 변화하는 환경에 적응하여 사회복지정책이 올바로 구현될 수 있도록 하여 사회복지행정학의 궁극적인 목적을 달성해야 하는 사명과 임무를 가지고 있다고 할 것이다. 현대 사회복지학은 보편주의를 지향하고 있으며, 체계이론에 의하여 새롭게 발전하고 있는 환경속의 사회복지행정학을 향해 나아가고 있다. 이에 본 과목의 학습을 통하여 미래 사회복지학도로서 가져야 할 지식과 올바른 마인드를 함양하는 것에 본 교재가 도움이 되었으면 한다. 본 교재의 집필에 도움을 주신 모든 분들께 감사의 인사를 올린다.

2017년 2월

저자 일동

CONTENTS

CHAPTER 01 사회복지행정의 개념과 특성

CHAPTER 02 사회복지조직의 이론

CHAPTER 03 사회복지조직의 구조와 유형

CHAPTER 04 사회복지행정의 환경과 구성요인

CHAPTER 05 사회복지행정의 인적자원 관리

CHAPTER 06 우리나라의 사회복지행정에 대한 전달체계의 점검

CHAPTER 07 사회복지조직의 기획과 정보관리

CONTENTS

CHAPTER 11 사회복지기관의 홍보 및 위험관리

CHAPTER 12 사회복지행정의 혁신

CHAPTER

01

사회복지행정의 개념과 특성

Social Welfare Administration

학습목표

1. 사회복지행정과 일반행정의 차이는 무엇인가?
2. 사회복지행정의 영역 및 구성요소에는 어떠한 것들이 있는가?
3. 사회복지행정의 역사에 관하여 알아보자.
4. 환경 속의 사회복지행정의 변화에 대해 논해보자.

1 사회복지행정의 특성

현대 사회복지행정학의 균형체제모형으로 마뚜라나와 바렐라(Maturana & Varela, 1980)의 체제이론은 자생이론(theory of autopoiesis)을 제시하여 환경과의 교류와 그에 대한 적응의 모습을 설명하고 있다. 이에 따르면 체제는 운영규범으로부터의 이탈을 규제하며 스스로 수정하도록 해주는 부정적인 순환고리(negative feedback)과정을 유지함으로써 안정된 균형을 유지하고, 새로운 조건의 변화를 수용하기 위해 규범을 수정하는 이중적 순환학습(double-loop learning)의 능력을 통해서 체제는 스스로 진화해 갈 수 있음을 강조하고 있다.

자생이론 혹은 자기조직화라는 개념을 이해하려면 혼돈이론에 대한 설명이 필요하다. 원자론 및 기계론(atomism and mechanism)을 근간으로, 단순하고 질서정연한 세계관을 갖는 뉴튼(Newton)의 기계론적 패러다임에 입각한 전통적인 사회과학은 균등한 효과를 거둘 수 있는 선형관계 및 인과관계가 관심의 대상이며, 따라서 안정, 질서, 균형 및 평형 등을 강조하는 경향이 있다. 이에 반하여 혼돈이론은 작은 입력으로 막대한 효과를 유발시킬 가능성이 있는 비선형관계 및 순환고리적 상호관계, 그리고 시간의 흐름에 더욱 민감한 일시성 혹은 우연성 등에 주의를 돌리고 있다. 이러한 혼돈이론이 특별히 관심을 끌고 있는 이유 중 하나는 오늘날 사회적 변화의 특징을 설명할 수 있는 무질서, 불안정, 다양성, 비평형 등을 부각시키기 때문이다. 이러한 혼돈(chaos) 개념을 둘러싼 논쟁은 질서와 조직화가 사실상 '자기조직화'의 과정을 통하여 무질서와 혼돈에서부터 자생적으로 발생할 수 있다는 주장을 하고 있다. 조직이 환경에 수동적으로 적응할 수 있거나 적극적인 자세로 환경을 조작하거나, 환경과 상호작용할 수 있다는 전제는 질서정연함 속의 질서(order in the orderliness)로 분석가능한 환경을 상정하는 균형모형의 경우에 타당하나, 혼돈으로부터의 질서(order out of chaos), 즉 분석 불가능성을 상정하는 비균형모형의 경우에는 변화나 갈등을 설명하기 어렵다. 조직발전 및 조직변화의 경우에도 환경과 적합도를 유지하는 구조변화에 치중하는 계획적 변화가 있다. 그러나 환경에 대한 분석가능성을 가정하는 경우에만 계획적 변화는 가능하다.

사회복지를 둘러싼 환경이 급변하는 경우 인지적 능력을 통하여 변화에 적응하고 문제해결책을 정형화하려는 경향이 있으나 이러한 정형화는 하나의 방식에 불과하다. 그러나 일반적인 균형모형으로 체제의 균형을 읽으며 변화에 적응하는 것은 어려우며 차라리 비균형모형을 통하여 자기혁신의 기회로 변화하는 체계를 재인식해야 할 것이다. 즉, 변화하는 환경은 언제나 위기와 함께 위험과 기회를 동시에 함축하고 있다. 물론 기획은 사전적 합리성(prospective rationality)을 전제로 하나, 급변하는 환경에서는 이를 확보하기가 불가능하며, 합리성을 지향하나 의사소통의 우연성이나 만족한 모델을 따르는 것이 일반적이기도 하다. 따라서 급변하는 환경의 조직은 오히려 무한한 변화가능성을 열어두고 자기조직화(Self-organization)를 기반으로 여러 가지 경우의 수를 고려하여야 한다.

사회복지행정에 있어서 조직관리는 오랫동안 합리적인 관점을 지향해 왔다. 이에 대한 귤릭(Gulick)의 표현에 따르면, 관리자는 POSDCORB 중에 기획(planning), 조직화(organizing), 조정(coordination)을 통하여 조직의 통제 지향적인 기능에 주로 관심을 보여 왔었다. 그러나 관리의 행태는 종종 무작위적이며 무계획적일 수 있다(Pfeffer, 1982).

그러나 현대사회에서 요즘과 같이 환경이 급변하는 시대에 있어서는 변화의 흐름에 대한 관점으로 조직(organization as flux and transformation)을 바라보는 관점이 유용하여 이를 통하여 조직을 관리할 때, 기존의 조직에 대한 학습은 시대의 변화와 흐름에 적절히 대응하는 학습조직(learning organization)의 개념과 활용, 즉 환경과 구성원에 대한 이해와 학습에 보다 바탕을 둘 필요가 있다. 사회복지행정은 행정관리의 전체 과정뿐만 아니라 사회정책의 결정과정 및 전문가적인 기술과 실천과정을 포괄하는 개념이다. 이것은 사회복지정책과 관련하여 행정의 방법, 서비스 전달과정, 조직구조 등을 통하여 정책을 행정을 통하여 올바로 구현하는 것에 영향을 미치며, 목적으로서의 정책과 수단, 그리고 관리라는 양측면에 대한 연속선상에서 존재하고 있다고 볼 수 있을 것이다.

이와 같은 행정의 정의는 정책과 행정의 관계의 규명에 따라 크게 광의와 협의의 행정으로 정의내릴 수 있으며, 정책을 통하여 '조직의 목표를 달성하기 위해 필요한 업무와 기능'으로서 '관리'라는 협의의 행정의 개념으로 이해될 수 있다. 또한 조직의 전반적 활동 즉, 목표형성, 기획, 평가 등을 통하여 '경영'과 '관리'를 아우르는 포괄적인 개념으로 바라볼 수도 있을 것이다.

1) 사회복지행정의 개념

사회복지행정에 대한 개념을 좀 더 정리해보자. 먼저 앞서 설명한 사회복지행정의 협의적인 개념은 다음과 같다. 즉, 사회복지행정이란 사회복지 조직의 목표달성을 위해 수행되는 과업과 관련 활동 등의 상호 체계적 개입과정을 의미한다. 이에 방하여 광의적 개념으로서의 사회정책은 사회복지서비스로의 전환에 필요한 사회복지조직의 총체적인 활동을 뜻한다. 따라서 광의의 개념에서 볼 때, 사회복지행정은 조직의 모든 활동과정에 다양하게 기여하는 조직구성원의 협동적이며 조정적인 과정으로, 사회복지행정이란 사회정책을 사회복지서비스로 전환시킴에 있어서 요구되는 사회복지조직의 총체적인 활동을 말한다(Patti, 1983). 사실 사회복지의 상위정책이나 이를 반영하는 사회복지프로그램은 현장의 다양한 조직을 통하여 그 목적이 구현됨을 알 수 있다. 이에 반하여, 사회복지행정의 협의의 개념은 다음과 같다. 즉, 사회복지행정은 사회복지조직의 목표달성을 용이하게 하기 위해 관리자에 의해 수행되는 상호 연관이 있는 과업, 기능 및 관련활동의 체계적인 개입과정이다(Patti, 1983). 이것은 사회복지조직 관리자의 활동과 사회복지조직을 구성하는 구성원에 관련되며, 목표의 설정, 프로그램의 기획, 자원의 동원 및 유지, 성과의 평가와 같은 일련의 과업활동에 대하여 사회복지적인 지식 · 기술 · 가치 등을 적용하여, 사회복지조직의 특수한 목적과 특징을 달성하고자 하는 노력을 수반하게 된다. 따라서 이러한 개념을 토대로 하는 사회복지행정(social work administration)의 개념은 사회사업조직을 운영하고 기능을 촉진하며, 조직을 통한 사회복지의 실천활동을 증진시킴으로 사회복지기관을 통하여 보다 미래지향적인 활동의 변화를 기하게 된다. 또한 실천적 영역으로는 클라이언트 체계의 가족, 개인, 집단 및 지역사회의 성장과 변화를 가져오기 때문에 중요하다. 이를 종합하여 사회복지행정의 실천방법을 정의하면 다음과 같이 정의될 수 있다.

첫째, 사회복지행정은 사회의 문제와 욕구를 반영하여 사회복지의 조직목표를 설정하고 이에 적절한 운영정책을 통해 실천하는 활동이다. 둘째, 이를 위하여 사회복지행정은 구조화된 정책과 프로그램 등의 목표가 올바로 성취될 수 있도록 조직의 구조, 절차, 과정을 설계하는 활동이다. 셋째, 사회복지행정은 이를 위한 목표달성에 필요한 인적 · 물적 자원을 확보하여 사회복지가 궁극적으로 달성하고자 하는 목표를 효과성과 효율성의 도모를 통하여 조직의 행동을 극대화하고자 하는 활동이다. 따라서 사회복지행정은 이를 위한 체계를 구조화하고, 사회의 문제의 진단과 문제해결을 촉진하기 위하여 조직의 수행결과를 끊임없이 현장에 반영하는 활동이라고 할 수 있다.

그렇다면 일반행정과 사회복지행정의 차이점은 무엇일까?

먼저 일반행정이나 사회복지행정이나 행정이라는 베이스는 동일하다. 그러나 이에 대하여 사회복지행정은 그 고유성을 지니고 있는데, 즉 사회복지서비스를 실행함에 있어 인간을 대상으로 하여 가치와 지식을 활용한다는 방법론적인 차원에서 여타의 이론적 학문과는 차이가 있다. 또한 일반행정이 유형화, 표준화, 효율성의 강화를 중시한다면 사회복지행정은 이와 같은 기반에 더하여 인간의 행동 및 심리적 접근을 통하여 인간의 삶의 영역에 보다 밀착하여 관여하고 있다는 것에서 차이가 있다. 이것은 결국 휴먼서비스의 원리를 강조하는 학문이라고도 할 수 있을 것인데, 이를 종합하여 휴먼서비스의 특성을 정의하면 다음과 같다. 먼저 환경속의 인간, 즉 PIE(personal in environment)의 개념을 통하여 인간이 환경과 조화되면서 개별성을 존중받는 존재로 인식한다는 차이가 있다. 또한 환경과 제도를 동시에 바라보는 PIS(personal working situation)적인 개념을 사회복지의 실천에서는 강조하고 있다.

사회복지행정의 주요 원리는 휴먼서비스의 정신으로부터 비롯된다. 휴먼서비스란 인간에 대하여 직접 및 간접적인 서비스를 제공하는 제반활동들을 포괄하는 개념이다. 즉, 휴먼서비스의 핵심적인 본질이 서비스의 대상의 인간 존재 자체라는 것이다.

(1) 인간 존재의 가치 인식

사회복지학은 휴머니즘을 지향하는 학문으로, 이에 대하여 칼 로저스의 존재지향적인 인간관과 성장 잠재성과 인간 존재의 고귀함, 그리고 독특함에 대한 추구 및 삶의 의미에 대한 추구를 통하여 인간 존재의 창조성과 잠재성을 인정한다. 이를 위하여 현대 사회복지학에서는 인간의 라이프 스타일, 생태체계를 모두 고려하는 전인적 접근방법을 취하고 있다. 즉, 사회복지행정 분야의 특징으로는 조직의 투입물이 다양한 문제를 지닌 인간을 대상으로 하는 다양한 서비스가 개별적으로 조직화되어 제공되어야 하므로, 대인서비스 기술 및 지도, 감독, 평가가 일반행정과는 다르게 상호 융통성 있고 연계적인 인력관리방법으로 적용되어야 한다.

(2) 사회복지행정의 필요성

사회복지행정의 필요성에 대한 배경을 살펴보면 사회의 산업화, 도시화와 함께 복잡한 현대사회를 배경으로 클라이이언트나 조직에 대한 다양한 사회문제의 발생에 따라, 사회전체와 개별적 차원의 사회복지제도 및 정책적인 개입이 필요하게 되었다. 인간과 사회는 상호 밀접하게 환경을 공유하며 연계가 되어있다. 특히 인간은 자연적 환경과 함께 사회적인 관계 속에 존재하며, 지역사회를 통하여 인적 및 물적자원의 효율적인 활용을 통하여 합리적인 행정을 지향하고 있다. 그러나 한정된 재원과 책무성 간의 관계에서 재원의 효과성 및 효율성 향상을 통한 사회복지행정을 구현하여야 하며, 이를 통하여 클라이언트의 욕구에 따른 서비스를 적절하게 제공하는 것이 필수불가결하다.

즉, 산업화 이후 자본주의 체제가 발전되면서 기존의 농촌 기반의 산업들은 쇠퇴하고 자연과 인력의 노동력만이 경쟁력이던 시대는 산업화를 거치면서 핵가족화와 도시집중화현상을 경험하게 되었다. 이러한 과정에서의 상호 경쟁과 한정된 자원을 둘러싼 갈등은 새로운 자본주의적인 문제로 워킹푸어(working poor)를 양상하는 문제와 함께 각종 산재 및 정년퇴직 이후의 노인문제와 인간의 도구화와 같은 문제를 발생시키기에 이르렀고, 이에 대한 사회적인 개입을 필요로 하게 되었다. 이와 같은 사회적인 배경은 19세기 말부터 20세기 중반까지 국가가 사회적 문제를 연대적 차원에서 함께 하는 사회보험의 시대가 도래되었는데, 복지국가가 1, 2차 세계대전을 거치면서 가족학적 차원의 상담학뿐 아니라, 다양한 심리 및 사회적인 문제에 봉착함에 따라 인간을 바라보는 새로운 패러다임의 개입을 필요로 하게 되었다. 또한 개인이나 조직 및 지역사회의 다양한 욕구를 국가가 나서서 해결하지 않으면 안 되는 상황에서 사회민주주의국가와 같은 복지국가가 유럽을 중심으로 발전하게 되었으며, 신자유주의[1)]로 전환한 1980년대의 대처정부나 레이건정부의 자유주의 개념은 경쟁에서 성공하지 못한 계층에 대한 사회안전망과 같은 행정적 개입을 요구하게 되었다. 복지국가는 그동안 시장불평등과 불안정에 대한 사회연대 및 소득과 부의 재분배, 그리고 사회적 위험에 대한 공동의 노력을 촉구하고 있으며, 그의 중심에 있는 것이 정책을 효과적으로 실현하게 하는 사회복지행정이다.

이제 복지국가는 자비나 온정의 관점으로서가 아니라 시민권의 개념으로 복지를 제공하게 되었고, 1929년의 금융가의 몰락을 의미하는 블랙프라이데이(Black Friday)나 세계대공황의 위기를 극복하는 시민계급 성장의 중심에 있으며, 각종 지역사회사업의 중심

1) 사회민주주의적 복지국가의 기본이념은 유효수요이론에 입각하여 국가의 경제개입의 필요성을 주장하였던 케인즈에 의하여 사회경제적인 정책으로 수렴되었다. 이때 자유경쟁을 주장하였던 하이예크의 주장은 빛을 바래는 것으로 보였으나, 이후 세계경제환경의 변화에 따라 국가의 개입의 비효율성이 제기되었고, 1970년대 말 이후 세계 경제의 인플레이션 현상과 경제침체는 케인즈의 경제사회정책적 견해로는 설명될 수 없는 상황에 놓이게 된다. 이때 1979년 영국 대처정권과 1980년 미국 레이건정권은 통화주의 정책(통화공급 억제를 통하여 인플레이션을 극복하고자 함)을 실시하였다. 이는 곧 사회복지정책의 축소와 함께 국가주도가 아닌 민간주도의 자유경쟁구도로 사회경제적 입장이 전환하게 됨을 의미하였다. 한편, 사회민주주의는 가치와 시장의 자유, 경제적 효율성, 노동인센티브 및 신공공관리를 통한 민간기업정신의 도입 등은 '제3의 길'을 통하여 지지를 얻게 된다. 영국 토니블레어의 노동당정부와 독일 슈뢰더의 사민당정부, 그리고 미국 클런턴정부는 이러한 '제3의 길' 노선이 신자유주의의의 보완적 차원의 대안이라는 주장을 하였다.

에 있기도 하다. 인류의 발전이 늘 그래왔듯이 세계의 위기는 또 하나의 유연한 적응을 통한 생존을 유도하였고, 이는 자본주의 4.0에서 지향하는 따뜻한 정부와 협업 및 협치의 개념으로서의 거버넌스의 필요성을 대두시키기도 하였다.

이러한 자본주의 경제와 신자유주의의 기반에서 사회복지행정의 개념은 궁극적 목표 달성을 위하여 효과성과 효율성을 더욱 강조하게 되었는데, 이것은 조직체의 목표를 달성하는 것에 있어서 사회나 클라이언트의 욕구의 충족의 달성정도와 이에 대한 비용투입 대비 효과성에 대한 개념으로써 효율성도 중요하다는 개념이 도입되기에 이르렀다. 즉, 사회복지조직은 효과성뿐 아니라 최소자원으로 최대효과를 어떻게 거둘 것인가 하는 한정된 자원에 대한 효율성의 개념도 매우 중요하며, 문제에 대하여 투입(비용 · 노력)에 대한 산출(목표달성)의 비율을 산출하여 가장 효과적이고 과학적인 개입방법을 논하게 되었다. 또한 공평성의 개념으로 동일한 욕구를 가진 대상자라면 차별없이 동일한 혜택과 서비스를 받아야 한다는 개념의 적용이 필요하게 되었다. 사회복지행정은 이뿐만 아니라 클라이언트 들의 접근 편의성으로 대상자가 서비스를 쉽게 이용할 수 있도록 하는 접근성의 여건을 갖추어야 한다.

2) 사회복지행정의 영역

사회복지행정의 영역은 매우 포괄적인 상위 정책으로서 제도설계 및 사업의 우선순위 결정 등을 필요로 하였으며, 운영의 방법론적 차원에서는 기관조직체의 정책 해석 및 사업전달의 기획, 유지 및 전문적 관리의 기술이 필요하게 되었다. 이것은 사회복지학이 현장을 중심으로 하는 사업으로 끊임없는 프로그램의 실천과 개선이 필요한 분야라는 것을 보여주고 있다.

이를 달성하기 위한 사회복지행정의 기본 과정으로 귤릭은 기획(planning), 조직(organizing), 인사(staffing), 지휘(directing), 조정(coordinating), 보고(reporting), 재정(budgeting), 평가(evaluating)를 제시한 바 있으나, 이는 기본적인 영역의 규정이며 실제 상황에 있어서는 보다 다양하고 융합된 과정을 필요로 하고 있다.

- 기획(planning)이란 목표의 설정 및 목표의 달성을 위한 일련의 과정에 대한 계획으로 평가의 과정까지 포함하며, 과업, 활동 및 과업 수행에 사용되는 방법적인 모든 경로를 포함한다.
- 조직(organizing)이란 작업의 할당, 즉, 업무분담이 규정되고 조정되는 공식적인 구조적 설정을 필요로 한다.[2)]
- 인사(staffing)란 직원의 채용과 훈련 및 활동조건의 유지 등의 활동, 그리고 인력에 대한 조정 등이 포함된다. 행정의 관리자는 이 과정의 전반을 이해하고 책임지며, 효과적인 훈련 프로그램의 수행을 통하여 직원의 훈련 과업을 평가하고, 구성원 간의 바람직한 의사소통망을 구축하도록 한다.
- 지휘(directing)란 행정의 책임자가 합리적 의사결정능력, 기관 목적에 관한 효과적 개입과 이를 달성하고자 하는 헌신적인 태도, 직원의 통솔 및 격려, 그리고 책임과 권한의 효과적인 위임능력을 포함하는 개념이다. 이를 통하여 개인과 집단의 창의성을 고취할 수 있어야 한다.
- 조정(coordinating)이란 기관활동에 있어서 다양한 부분을 상호 관련 혹은 선순환적으로 기능을 증진시키는 중요한 역할로, 기관의 여러 부서나 직원들 간의 상호 효과적인 의사소통의 통로를 통하여 이루어지는 것이 바람직하다.

---

2) 기관의 구조는 일반적으로 정관의 규정이나 운영지침서에 기술되어 있는 것이 바람직하며, 구성원의 역할과 책임이 분명하지 않을 경우에는 직원 간의 갈등이 초래될 수 있다.

- 보고(reporting)란 기관의 상황을 기관의 직원이나 이사회 혹은 지역사회의 재원 제공기관 등에 알리기 위하여, 기록, 정기적 감사 및 조사연구 등의 형식을 통하여 분석적으로 이루어져야 한다.
- 재정(budgeting)이란 건전한 조직의 계획, 재정, 운영의 통제 등을 위하여 건전한 재무행정에 필수적인 영역이다. 다양한 방법을 통하여 지출을 위한 권위와 책임을 분명하게 규정하여 예산을 집행하게 된다. 예산의 수립은 재원의 운영뿐만 아니라 임금지급계획, 수입확보방법, 지출통제방법 등을 토대로 재정기록을 하게 되며, 기관의 재정운영에 대한 전반적 책임을 담당하게 된다.
- 평가(evaluating)란 설정된 기관의 목표에 비추어 전반적인 활동의 결과를 사정하는 과정으로 효과성 척도와 효율성 척도 등을 사용할 수 있고, 평가의 시기에 따라 형성평가, 총괄평가 등이 있으며 성과평가를 위하여 다양한 방식이 수행된다.

표 1-1 사회복지행정의 기본과정

기 능	내 용
Planning(기획)	프로그램을 관리하기 위한 방법 및 계획을 준비한다.
Organizing(조직화)	기관에서 필요한 부서를 적절히 조직하고 배치한다.
Staffing(인력배치)	능력 있는 사람들을 적재적소에 고용한다.
Directing(지휘)	기관의 목적과 기준에 맞는 명령을 내리고 점검한다.
Coordinating(조정)	업무자의 수행을 효율적으로 상호 연계한다.
Reporting(보고)	상급자나 재원의 공급자 및 수요자에게 보고서를 준비한다.
Budgeting(예산)	예산을 수립하고 집행하며 평가한다.

그 밖에 사회복지를 구현하는 행정원리로 지속성 및 역동성을 전제로 하여 공동의 목적과 목표를 달성하고, 인적 및 물적자원을 기반으로 조정과 협력을 수단으로 하는 것이 필요

하다. 또한 계획 및 조직 운영의 리더십의 발휘하는 것에 있어서 보다 업그레이드 된 조직 및 경영의 개념을 도입하고 적용하는 것의 필요성이 사회복지행정에서 논의되기에 이르렀다. 한편, 행정학의 기획에서 유용하게 쓰이는 PDCA의 개념도 있다. PDCA란 'PLAN DO CHECK ACTION'의 의미로 조직의 관리용어이다. 이것은 '계획 → 실천 → 확인 → 조치'를 반복해서 환류로 실행하여 기획된 소기의 목적과 목표를 달성하고자 하는 데 사용하는 기법을 의미한다. 이러한 PDCA(Plan－Do－Check－Act, PDSA)는 사업활동에 있어서 생산 및 품질 등을 관리하는 유용한 방법이기도 하다. 'Plan(계획)－Do(실행)－Check(평가)－Act(개선)'의 4단계를 반복하여 업무를 지속적으로 개선하는 이러한 과정은 월터 슈하트(Walter A. Shewhart), 에드워즈 데밍(W. Edwards Deming)에 의하여 행정학의 각종 평가에서 보편적인 용어가 되었다.

3) 환경 속의 사회복지행정

사회복지조직의 특성은 환경 등과의 상호의존성, 역동성, 다양한 가치라는 특성을 가지고 역동적인 환경에 적응해야 하는 과제를 안고 있다. 사회복지조직은 사회적 자원을 통하여 클라이언트에게 전문적인 서비스를 제공하는 일련의 조직된 활동이다. 따라서 소비자인 클라이언트의 욕구충족뿐 아니라, 다양한 환경의 요구도 동시에 고려해야 하는 과제가 있으며, 따라서 이에 유연하게 반응하는 자세가 중요하다. 그런데 환경적 요인들은 역동적이며 계속적으로 변화한다. 따라서 변화지향적이고 전략적인 조직관리방식이 요구된다. 또한 클라이언트를 위한 개입방법에 대한 편익의 비교와 사회의 변화를 고려하는 공적 편익을 동시에 추구해야 하며, 다양한 가치에 대한 선택의 과제를 안고 있다.

이에 따라 사회복지행정의 특성을 다음과 같이 정리할 수 있다. 결론적으로 사회복지행정은 인간을 대상으로 하여 조직을 통한 관리와 실천이라 할 수 있으며, 환경과의 역동성을 고려해야 함을 알 수 있다.

표 1-2 사회복지행정의 특성

<table>
<tr><th colspan="2">속성</th><th>사회복지행정의 특성 및 과제</th></tr>
<tr><td rowspan="2">인간</td><td>가치와 도덕성</td><td>• 다양한 가치를 중심으로 하는 학문이다.
• 인간과 사회에 대한 휴머니즘 정신에 입각한 행정이다.</td></tr>
<tr><td>전체성과 개별성</td><td>• 전체적 접근방식의 행정을 구현하고자 한다.
• 개별화된 클라이언트의 욕구를 구현하기 위한 행정이다.</td></tr>
<tr><td rowspan="2">조직</td><td>클라이언트와의 전문적 상호작용</td><td>• 참여적이며 수평적 조직구조로 창의성과 역동성을 추구한다.</td></tr>
<tr><td>조직 간의 체계적 관련성</td><td>• 변화에 민감한 개방적인 조직체계의 구축을 목표로 한다.
• 조직 간의 통합과 연계를 동시에 중시하는 행정을 구현한다.</td></tr>
<tr><td rowspan="3">환경</td><td>연계성</td><td>• 환경 요인의 영향에 대한 지속적인 관심과 관리가 필요하다.</td></tr>
<tr><td>역동성</td><td>• 환경적인 변화에 대한 탄력성과 유연성을 구비하고자 한다.</td></tr>
<tr><td>다면적인 가치</td><td>• 다양한 기준과 가치를 인정하는 자세가 필요하다.
• 다양한 기준의 책임성 및 클라이언트의 요구에 대한 관리가 필요하다.</td></tr>
</table>

2 사회복지행정의 발전과 영역

1) 사회복지행정의 발전 : 영국, 미국, 한국

오늘날 많은 나라의 사회복지행정에 영향을 미치고 있는 주요 국가의 사회복지행정에 대하여 개략적으로 살펴보고, 이를 통하여 우리나라 사회복지행정의 의의를 살펴보고자 한다.

(1) 영국의 사회복지행정

영국의 사회복지행정은 오늘날에도 복지행정의 수립에 많은 부분 영향을 미치고 있다. 영국의 사회복지행정은 정책적으로 구빈정책에 기반하고 있다. 1601년 엘리자베스 구빈법으로부터 시작하여 1662년 정주법, 1692년 작업장법, 1722년 작업장 테스트법에 이르기까지 빈민의 원내구호의 방식으로 사회복지행정에 관련한 법안이 실시되었다. 이후 최초의 인도주의적인 법률로 길버트법이 1792년 실시되었고, 3년 이후에 스핀햄랜드법, 1834년 신구빈법에 이어 근대의 사회보험에 영향을 크게 미친 베버리지 보고서가 1942년 보고된 이래 현재에 이르고 있다. 영국의 사회복지는 윈스턴 처칠의 '요람에서 무덤까지'라는 복지의 정부담당에서 복지의 규모를 삭감하고, 신자유주의의 개념을 출범시킨 대처 수상의 노선과 토니 블레어 정부의 제 3의 길, 그리고 현재의 거버넌스 및 협치의 개념에 이르기까지 사회복지행정은 새로운 모습으로 변모해가고 있다. 이에 대한 발전과정을 개략적으로 정리하면 다음과 같다.

구빈법(1601) → 정주법(1662) → 작업장법(1696) → 작업장테스트법(1722) → 길버트법(1782) → 스핀햄랜드법(1795) → 신구빈법(1834) → COS 결성(1869) → 인보관 설립(1884) → 페비안 협회, 노동당 설립(복지국가주의, 사회보험, 1890) → 경기대불황, 케인지언주의(1930) → 베버리지 보고서(1942) → 복지국가 위기(1970) → 대처 정부(신자유주의, 신보수주의, 1979) → 토니 블레어 정부(제3의 길, 1997) → 현재

(2) 미국의 사회복지행정

미국의 사회복지행정은 1980년대 레이건 정부 시대로부터 시작하여, 자유주의적 사상을 가지고 있다. 미국의 사회복지행정의 특징은 다음과 같다. 미국의 역사적 배경인 남북전쟁 이후에 가속화되었던 공업화를 배경으로, 산업이 집중되던 북동부 지역으로부터 사회복지의 수요가 급증하기 시작했다. 산업화 및 공업화로 인한 인구의 도시의 집중, 구대륙으로부터의 이민, 경기 변동과 같은 사회구조적인 요인들이 빈민과 실업자들을 대량으로 발생시키면서, 도시의 슬럼화와 열악한 공중위생으로 범죄의 증가, 정신질환의 급증과 같은 사회의 문제를 만들어냈다. 이러한 배경에서 제인 아담스가 영국 유학당시 토인비 홀에 영향을 받아 미국에 도입한 헐 하우스의 인보관 설립은 미국 사회복지에 커다란 영향을 미치게 된다. 또한 사회사업방법론의 전문적인 기초를 제공한 리치몬드의 사회진단은 의료 및 정신치료 분야에서 서비스 실천가들에게 오늘날 까지도 큰 영향을 미치게 되었으며, 사회복지의 전문직 수준을 향상시키는 계기가 되었다. 그 밖에도 미국에서 1970년대 전후로 활발하게 실천되었던 슈퍼비전(supervision)은 사회복지의 전문적인 영역을 더욱 다지는 계기가 되었다.

한편, 미국에서 실시된 사회보장법은 공공부문에서 사회복지행정의 기반을 마련하였다. 그리고 빈민에 대한 구호 및 구제역할을 공공기관이 담당하면서 민간과 공공 부문의

역할분리가 가능하게 되었다. 또한 공동모금의 재정 및 여건이 좋아짐에 따라 민간과 사회서비스 기관들의 규모가 확대되었다. 뉴딜정책의 일환으로 '빈곤과의 전쟁' 이 선포되었으며, 재원에 관한 책무성과 프로그램 진행 및 평가가 중시되는 전문적 분위기가 형성되었다. 이후 지역사회 정신보건센터의 실시로 조직개발과 프로그램의 혁신 등에 관한 새로운 관리적 차원의 리더십이 다양하게 등장하게 되었다.

특히 뉴딜 정책에 기반을 둔 미국 정부는 다양한 사회 프로그램들을 증대시켰는데, 그러나 이러한 팽창은 복지 대상자들로 하여금 의존성 심화와 같은 문제들을 만들었다. 이에 1970년대 이후 사회복지 관련 기관들은 프로그램의 효과성이나 효율성과 같은 책임성을 강조하는 행정관리를 강조하게 되었다. 그 결과는 '비용-효과성' 분석이나 프로그램의 평과와 같은 분야의 지식의 향상은 보다 전문적인 수준으로 발전하게 되는 계기가 되었다. 이후 레이건이 영국의 대처 수상과 함께 신자유주의의 시대를 열게 되면서, 1980년대에는 자유주의에 따른 민영화의 시도가 본격화되었다. 민영화의 시도는 국가가 공공조직을 키우지 않으면서도 서비스의 다양성과 그 범위를 확대하기 위한 방안으로, 세금으로 공공조직을 운영하지 않는 대신에 각종 프로그램의 지원이나 서비스 구매 등의 방법을 통해서 민간부문의 서비스 역량을 활용하고자하는 것이다. 이에 따라 민간서비스 기관들이 정부나 기관의 보조금이나 서비스의 구매계약, 서비스 이용료, 후원 등의 다양한 재정자원 확보가 가능해졌고, 이를 적절히 기획하고 관리할 수 있는 행정적인 전문지식을 갖춘 유능한 관리자들을 더욱더 필요로 하게 되었다. 이에 행정지식을 다루어야 하는 필요성은 더욱 커졌다고 할 수 있다. 미국의 사회복지행정을 정리하여 제시하면 다음과 같다.

남북전쟁(1865) → 인보관 설립(1889) → 리치몬드의 '사회진단'(사회사업전문직 협회, 1917) → 사회 보장법(공공 · 민간의 역할분리, 1935) → 공동모금(1950) → 빈곤과의 전쟁(지역사회정신보건센터, 1960) → 각종 훈련 프로그램(1970) → 민영화 시작(1980) → 개인 책임 및 노동기회조정법(1996) → 아동가족부조 제도의 폐지 → 빈곤가족 한시 부조

(3) 한국 사회복지행정의 발전

가. 한국 사회복지행정의 초기역사

한국 사회복지행정의 역사는 다음과 같다. 우리나라에서 사회복지행정의 토대가 마련되는 제1기는 1950년대부터 1970년대를 기점으로 사회복지행정의 수요가 본격화되기 시작하였다. 우리나라 행정의 발전을 다음과 같이 가늠해볼 수 있다. 먼저 우리나라의 근대적 의미의 사회복지제도와 실천이 나타났던 한국 전쟁 이후 1950~1970년대의 한국 정부는 미국 등 외국 정부와 외원단체들에 의한 원조와 지원의 형태로 사회복지의 전달체계와 행정체계가 구축되었다. 1963년에 외국 민간원조단체에 관한 법률이 만들어져 관리감독이 이루어졌다. 당시의 육아원을 비롯한 대부분의 민간 사회복지시설들은 외원에 전적으로 의지하여 설립되고 운영되었다. 이때 서구식 전문 사회사업의 개념과 실천방법이 한국에 들어오게 되었다. 사회적으로 이 시기의 사회복지행정의 목표는 분배나 운영에 관련한 문제보다는, 사회복지자원의 확보 그 자체에 우선순위가 주어졌다고 할 수 있다. 즉, 당시에는 빈곤에 대한 대처가 중요했으며, 사회복지조직의 주어진 당면 과제는 절대 빈곤과 같은 문제를 해결하는 것이었다. 이에 기관들은 경제성 측면에 있어서 유리한 전략으로 수용과 보호라는 기술을 적용하였다. 이후 한국 사회복지서비스 조직의 초기

형성은 1970년 「사회복지사업법」의 제정의 제도적 과정을 거치면서 구체화되어 민간 시설에 자산투자를 하게 되었으며, 준공공 자원으로 간주되어 사회복지가 실천되었다. 그러나 아직까지 우리나라의 사회복지행정은 외부 환경에의 의존적인 성격이 강하다. 즉, 우리나라 민간 사회복지조직들은 지역의 독자적인 자원보다는 국고보조와 같은 중앙정부의 공공자원에 의존하는 경향이 높았다.

나. 한국 사회복지행정의 성장

이후 우리나라에서 지역사회복지가 보다 활성화되고 성장한 시기는 사회복지행정의 성장기로 분류되는 1980년대와 1990년대라고 할 수 있다. 우리나라의 각 시기별 특징을 살펴보면, 1980년대에는 각종 사회복지서비스 관련법들의 제정이 활발히 이루어진 시기이다. 이 시기에 지역사회복지관과 같은 이용시설의 건립이 활발해지기 시작하였고, 사회복지실천의 분야에 있어서 상담이나 치료전문 사회복지기관의 개념도 보다 활발하게 도입되었다. 또한 1983년에는 「사회복지사업법」의 개정으로 사회복지사의 국가자격증 제도가 한국에 도입되었다. 이러한 사회복지서비스 기관들에게 지원된 재정원천의 변화는 조직운영의 방식에 대한 변화를 가져왔다. 특히 위탁방식 등으로 공공재원이 민간 조직에 투입되기 시작하면서 시설의 평가와 투명성 경영 및 책무성의 개념이 강조되었다. 정부의 세금에 의하여 공적 자원을 활용함에 따라 책임감 있는 투명한 재정의 사용과 평가에 대한 요구가 증대되는 것은 당연한 귀결이기도 하다. 그리고 1980년대 후반에 들어서는 공공부문에 있어서도 많은 변화가 일어났다. 1987년에 사회복지전문요원 제도가 도입되면서, 현재 사회복지공무원의 모체가 되어 사회복지학 전공자들을 공무원으로 채용하여 기초생활보장의 업무를 전담하게 되었다. 즉, 1999년에 기존의 「생활보호법」을 대체하는 「국민기초생활 보장법」을 제정하여 이 법안의 효율적 운영을 위한 인력으로 투입되었다. 본 법 제정의 근본 취지는 공공부조에 대한 국가적 책임과 생활보장이라는 의미가 강화된 것이다. 이후 1990년대에는 사회복지서비스의 기획과 전달 및 평가에 이르는 제반과정에 대하여 과거의 중앙집중의 획일적 구조로부터 다양한 차원의 다원적인 구조를 지향하는 구조로 전환이 되었다. 사회복지서비스 시장의 이러한 개방은 과거 사회복지법인과 같은 특수 법인들에게만 복지사업을 적용하여 제한하던 것을 보다 확대한 계기가 되었다. 그리고 1997년에 개정된 신「사회복지사업법」은 사회복지사업 분야의 중대한 변화의 토대를 마련하게 되었다. 이 법의 주된 요지는 사회복지시설의 설치 및 운영에 대한 규정을 허가제에서 신고제로 변경한 것이다. 과거에는 「사회복지사업법」 체계가 서비스의 육성보다 억제에 초점이 있어 민간자원의 동원과 확보를 규제하고 억제하려는 경향이 있었다. 그러나 1990년대에 들어서면서부터는 사회복지서비스에 대한 관점이 규제보다 육성의 필요성으로 무게중심이 이동하기 시작하였다. 1951년 「기부금품모집금지법」은 1995년 「기부금품모집규제법」으로 이후 2006년에는 기부금품의 모집 및 사용에 관한 법률로 바뀌어 그 모습이 현재까지 이르고 있다. 또한 1980년대 후반부터 시작된 사회복지시설 설치의 확대는 90년대에 들어 더욱 가속화되었고, 시설들 간의 자원확보의 경쟁이 시작되었다. 이 시기에는 민주주의 국가들에 대한 신자유주의적 차원의 복지 다원화 경향이 나타났는데, 종교 및 민간 재단들도 정부조직과 유사한 정도로 영향력을 가진 자원의 공급자로 등장하기도 하였다. 한편, 기존의 시설 보조금의 지원에서 프로그램 지원 방식으로 사업의 공모형태가 다양화되어 전환되는 변화가 나타난다. 이후 1997년에는 신「사회복지사업법」 개정에서 3년에 1회 이상 평가를 받는 시설평가제도가 도입되어 사회복지행정학의 기틀이 마련되었다.

다. 한국 사회복지행정의 패러다임 변화

사회복지행정의 패러다임 변환기라고 할 수 있는 2000년대의 변화에는 어떠한 것들이 있을까?

먼저 사회복지의 주요 과제가 기존의 공급 방식에서 기업에 대한 세금 감세와 고용유연성의 보장을 통하여 사회적 기업 등의 기업활동이 활발해졌으며, 궁극적으로는 고용력과 소비력이 증가하게 되어 경제가 활성화되었다. 그러나 신자유주의적인 마인드는 국가의 역할을 축소하려는 경향을 보이며, 사회복지의 기능도 축소시키는 배경이 되면서 빈부격차가 집단화되는 현상으로 신빈곤 계층이 등장하고, 사회 존립 자체를 위협하는 '양극화'의 현상이 나타났다. 한편, 세계적 추세인 저출산과 고령화의 현상으로 여성과 가족의 기능 변화가 일어났으며, 아동이나 노인, 장애인에 대한 양육과 케어 기능도 사회적인 연대의 개념으로 등장하게 되었다. 그 밖에도 순혈주의에서 다문화사회로의 이행이 일어났던 시기이며, 이에 이주민이나 소수집단에 대한 사회적 배제 등의 문제들이 사회복지의 문제로 등장하여 다문화사회에 대응하는 행정부처의 활발한 다문화가정의 언어 및 생활적응에 대한 한국 정착을 도왔다. 이에 더하여 참여정부는 세계적인 추세로 시장화, 민영화, 지방화, 다원화 등에 다각적으로 대응해 왔다. 현재 복지혼합이라 불리는 사회복지 공급의 다원화 경향은 사회복지 수행체계의 다각적인 차원의 융복합과 통섭적 성격의 사회복지체계로 성장하도록 하는 배경이 되었다. 예를 들면, 문화복지 등에 대한 사회서비스 바우처 사업이나 노인장기요양보험 등은 사회복지서비스의 공급에 있어서 국가가 사회보험의 형식을 취하여, 사회연대적인 차원의 사회복지로 저출산 · 고령화에 대응하는 현상을 보여주고 있다.

한편, 2000년대 한국 사회복지행정의 환경의 변화는 외부환경에 능동적으로 적응하며 조직의 효과성과 효율적 운영을 극대화하기 위한 다양한 관리방식이 개발되었으며, 가장 기본적인 관리주의로 성과관리에 대한 중요성이 강조되었다. 관리주의는 성과관리 또는 수행성과 관리 등의 방식으로 실행되고 있다. 성과관리는 조직 간의 관계를 직접적으로 통제하기보다는 계약을 통하여 결과적인 성과를 위주로 통제 · 관리하는 성향이 있으며, 그 밖에도 다양한 조직관리에 대한 접근방법이 제시되었다. 사회복지행정학은 산업화 이후 우리나라가 복지국가로 도약하는 과정에서 중요한 역할을 하였으며, 정부와 기관의 역할과 기능이 다변화됨에 따라 발전되었다. 우리나라는 1960년의 외원원조에 의한 사회복지와 행정수립 이후 1970년대 복지행정학의 기초가 형성되고, 1980년대 소득재분배정책의 논의와 해외 선진 복지국가로부터 사회정책에 관한 비교연구가 활발히 이루어졌다. 또한 1990년대에는 지방자치제도의 중요성이 부각되면서 지방복지행정이 복지행정학의 주요 분야로 발전하게 되었다. 한국 복지행정학의 양과 질적인 부분의 본격적인 성장은 1990년대 후반 IMF 경제위기의 발생 후 김대중 정부가 사회보장제도에 대한 확충을 기한 시기부터 보다 전문화되었다.

그동안 1960년대에서 1980년대까지 주로 서구이론과 제도를 소개하였다면, 1990년대 후반부터는 다양한 연구가 본격화되면서 각종 연구방법이 적용되는 질적인 성장이 보다 전문화되었다. 정리하면, 한국의 사회복지행정학은 1960~70년대의 관중심 국가주도 산업화 시기에 경제개발과 맞물려, 이후 국내에 1980년대 서구 선진 복지국가와 사회복지의 이념 및 사회복지정책과 행정에 대한 소개가 이루어지고, 1990년대 정책분석 및 평가의 본격화로 사회복지행정 연구도 양적 및 질적인 측면의 발전이 크게 부상하게 되었다. 그 영역은 각종 정책에 따른 행정과 사회변화에 따라 다변화되고 있으며, 사회복지의 사각지대뿐 아니라 양성평등, 새롭게 부상하는 다문화에 이르기까지 그 범위가 전 계층으로 확대되고 있는 추세이다.

(4) 사회복지행정의 확장

사회복지행정의 영역은 사회적 아젠다를 통해 수행할 정책을 수립하고, 이 정책을 집행할 수 있는 조직체를 구성 및 관리하고, 그 사업을 현장적용하는 것까지를 포함한다. 즉, 정책의 형성, 전달조직의 관리, 서비스 실시 등의 3차원으로 대별할 수 있는데, 각 영역의 특징은 다음과 같다.

첫째, 사회복지정책의 역할은 사회복지제도의 설계 및 사업의 우선순위를 결정하는 것이다. 이를 통하여 거시적 사회의 인구학적 변동 및 정치적 상황파악 등을 고려한 상태에서 정책이 결정되게 된다. 또한 총괄적인 정책과 집행상의 우선순위의 설정, 사업이 사회에 미치는 영향, 그리고 사회환경이 개인에게 미치는 영향, 아젠다, 사회문제 및 사회환경과 기관을 통하여 개인과 상호작용을 통하여 일어날 변화 및 예측 등이 주요 과제가 된다.

둘째, 기관의 역할은 정책을 해석하여 사업전달과 기획, 유지, 관리를 주요 업무로 맡는다. 이를 통하여 기관사업에 영향을 미치는 정책을 참고하고, 클라이언트를 고려하는 기관사업에 관심을 두고 있다. 또한 기관은 정책을 해석하고, 개선 및 조정이 필요한 사항을 정책적으로 건의하며, 사업의 필요성을 파악하여 사업의 전달체계를 개선하는 역할을 하기도 한다.

셋째, 현장사업으로서의 프로그램은 클라이언트에게 제공되는 기관 직원들의 실제적인 활동이며, 이를 통하여 서비스 프로그램의 조정 및 수정, 작업의 평가, 그리고 클라이언트에 대한 서비스 상태 파악 등이 주요 내용이다.

이를 정리하면 사회복지행정의 광의의 개념은 사회정책을 사회복지서비스로 전환하는 것에 있어서 필요한 사회복지조직의 총체적 활동이며, 협의의 개념은 사회복지조직의 목표달성을 위한 일련의 활동이다. 이를 위하여 사회복지행정은 효과성[3], 효율성[4], 공평성[5], 접근 편의성[6] 등을 고려하여 사회복지행정을 집행하게 된다.

사회복지행정의 영역은 거시적으로는 제도의 설계와 사업의 우선순위를 결정하는 정책적인 영역, 정책을 해석하고 전달체계를 기획 및 유지 관리하는 기관조직사업과 프로그램을 실천 및 수정하는 현장사업으로 나뉘어 사회공동의 목적과 목표를 달성하기 위하여, 인적 및 물적자원을 동원하여 조정과 협력을 통해 실천하기 위하여 이론과 실천이 잘 조화되어야 하는 학문이다.

3) 효과성(effectiveness)이란 조직체의 목표를 달성하는 정도이며, 즉 목적의 달성정도라고 할 수 있다.
4) 효율성(efficiency)이란 최소자원으로 최대효과를 어떻게 거둘 것인가 하는 문제로 투입(비용 · 노력)에 대한 산출(목표달성)의 비율을 뜻하며, 효율성의 개념은 결론적으로 투입대비 비용으로 비용의 문제를 고려하는 개념이라 할 수 있다.
5) 공평성(equity)의 개념은 동일한 욕구를 가진 대상자는 동일한 혜택과 서비스를 받아야 한다는 개념으로 사회복지의 형평성을 전제로 하는 개념이다.
6) 접근편의성(accessibility)의 개념은 대상자가 서비스를 쉽게 이용할 수 있도록 제반 여건을 갖추고 있는가 하는 것을 다루고 있다. 서비스 수요가 너무 많거나 적을 때는 접근 편의성을 조절하여 서비스의 수요를 조절할 수 있다.

CHAPTER

02 사회복지조직의 이론

Social Welfare Administration

학습목표

1. 전통적 조직에는 어떤 것이 있는가?
2. 현대적 사회복지조직에는 어떤 형태가 적용될 수 있는가?
3. 제도이론 및 신제도이론에 대하여 논해보자.
4. 사회복지조직에 대한 과업환경을 점검해 보자.

1 사회복지조직의 이론

현대 조직은 인간을 이롭게 한다.

각종 조직은 현대사회의 중추적인 역할을 하며 사회적, 정치적, 경제적 및 많은 경우에 있어 개인 및 조직의 목적을 달성하기 위한 중요한 수단으로 작동되었다. 사부문의 조직을 살펴보면, 우리의 생활이 편리할 수 있도록 다양한 소비재 및 서비스를 생산 및 판매한다. 공공부문의 조직은 사회의 범죄 및 불안전한 소비제품, 환경 등을 점검하며, 외부 침략 등의 국방의 역할과, 도로 및 공항 건설-유지 및 후세들에 대한 교육과 사회의 전반적인 삶의 질이 향상되도록 하는 다양한 서비스를 제공하는 역할을 한다. 이를 통하여 의미 있는 직무, 소득보장, 성취, 성장 등 개인적인 목표 또한 조직을 통해 달성된다.

그러나 현대사회의 조직은 반대되는 측면도 지니고 있다. 칼 마르크스 시대로부터 현재에 이르기까지, 현대 조직을 특징지우는 막스 베버의 관료제 사회에서 대변되는 비인격화와 전문화가 조직 근무자의 스트레스로부터 궁극적으로는 인간소외라는 부분이 야기될 수 있다고 하였다. 그러나 현대사회에 대한 조직의 총체적인 기여를 어떻게 보든지

간에, 조직에 관한 이해와 조직이 운영되는 방식에 관한 이해는 개인과 사회의 공존, 성공 그리고 행복을 결정하는 가장 중요한 요인일 것이다. 조직의 역할은 행정학과 공공정책 및 사회복지행정학에서 중요하다. 행정이란 조직과 조직 내의 구성원에 대한 관리를 주된 역할로 하며, 모든 공공정책이 조직에 의하여 수행된다. 따라서 현대 행정학에 있어서 심화되는 재정적 자원의 희소성 대안으로는 공공서비스 전달체계의 질을 유지하고, 향상시키기 위한 공공조직의 이해와 공공조직의 개선이 필요하다(Heffron, 1989).

1) 사회복지조직의 특성

사회복지서비스가 전달되는 과정은 조직적 과정을 통하여 이루어지는데, 사회복지서비스 전달과정의 핵심은 사회복지사와 클라이언트라는 인간의 대면적 상호작용이라는 특징이 있으며, 클라이언트의 문제에 대한 접근을 통하여 사회복지담당인력은 조직과 사회정책을 대변하는 공적인 존재일 수 있다. 사회복지서비스는 인간의 다양한 문제를 통합적으로 해결해야 하는 거시적인 목적하에 조직 간의 연계의 중요성을 부각하고 있다.

2) 사회복지조직이론의 유형의 변화

현대사회에서는 사회복지조직의 구조적 상황이론과 같은 환경적응론이 제시되고 있으나, 환경의 변화속도와 환경과의 적합도를 유지하는 데 걸리는 시차를 고려하여 본다면, 조직이 새로운 구조를 확립하는 시점에서 이미 환경은 또 다른 변화를 하고 있을지도 모른다. 그러므로 기존 이론의 정태적 가설(static hypothesis)에 대한 대안으로서 현실의 변화과정을 반영하는 동태적 진화과정(dynamic evolutionary process)이 필연적으로 고려되어야 하며, 이에 따른 자기조직화(self-organization)이론이 고려되어야 한다.

행정에 있어서의 역사적 흐름을 살펴보면 다음과 같다. 즉, 대량생산 시대에는 체계적이고 일사불란한 대량생산과 대량소비를 겨냥한 작업이 정형화된 형태의 조직구조의 효율성을 제시하였다. 그러나 사회복지조직에 있어서도 정보통신기술의 발전이 가져온 디지털 경영 환경에서는 대량생산 시대와는 다른 형태의 조직구조가 요구되고 있는 것이 현실이다. 보다 유연한 유연성, 적응력, 스피드 등 사회복지조직에 필요한 새로운 덕목이 강조되고 있는 추세이다. 클라이언트의 요구는 이러한 정세를 반영하여 보다 다양화 및 세분화, 글로벌화, 인터넷 서비스의 확산 등 새로운 환경변화를 통하여 역동적인 역량발현을 요구하고 있다. 따라서 기존 체계에 따른 경직된 조직구조는 급변하는 경영 환경 변화에는 맞지 않으며, 상황을 고려한 경쟁상황에 부응하기는 어려운 면이 있다. 사회복지조직에는 어떠한 변화가 일어나고 있는가? 끊임없는 사회문제의 탐색과 함께 클라이언트의 욕구를 발굴하고, 탄력적으로 대응하는 모습이 변화된 조류에 적응하는 조직의 모습이다. 이를 위해서 유연하고 변화에 따라 대응하는 모습으로 진화해나가야 할 것이다.

표 2-1

주요 구분	과거의 조직	디지털 시대의 조직
시대상황	대량생산	다품종 소량생산
조직환경	안정적	유동적
의사결정과정	수직적	수평적
조직구조	체계적	유연적
인재요건	성실성	창조성

2 전통적 조직이론

조직을 이해하기 위해서 조직과 환경과의 관련성에 의하여 조직의 특성에 따라 조직을 분류하여 이해할 수 있다. 이에 따라, 다음과 같이 조직의 특성에 따른 구분을 살펴보고자 한다.

1) 과학적 관리론

과학적 관리론은 환경과의 교류에 있어서 폐쇄적인 특성이 있으며 이에 대하여 살펴보면 다음과 같다. 테일러(Taylor)는 그의 저서인 『과학적 관리의 원칙(The Principles of Scientific Management)』을 통하여 조직 내의 직무를 수행하기 위한 최선의 방법을 위해 시간 및 동작 연구(time and motion studies)를 고안하고, 이를 위해서는 직무과정의 분석이 중요하다고 하였다. 그의 주장을 이해하기 위해서는 테일러(Taylor)의 직업적 배경(Moorhead & Griffin, 1992)의 이해가 필요하며 과학적 관리론의 성립배경 및 기본전제 등에 대해서 알아볼 필요가 있다. 그는 생산성이 중요한 시대적 배경을 통하여 효율성과 생산성에 관심을 갖고, 1878년부터 1890년까지 필라델피아(Philadelphia)의 한 철강회사에서 일하는 동안 노동자들이 실제 능력보다 훨씬 느린 속도로 일하는 현상을 발견하게 되었다. 그러나 이를 감독하는 관리자들은 체계적으로 공장에서의 작업을 연구해본 경험이 없고, 노동자들의 생산성을 어떠한 방식으로 측정해야 할지 몰랐다.

이에 테일러(Taylor)는 공장의 직무를 분석하여 각 직무마다 표준화된 작업방법을 개발하여, 노동자의 생산량을 기준으로 임금을 지불하는 형식의 새로운 보수체계를 도입하였다. 그는 각종 철강회사나 기계회사에서 일을 효율적으로 할 수 있는 직무형식을 재설계하고, 피로에 대처하는 휴식시간제를 도입하기도 하면서 생산량을 기준으로한 임금제를 시행할 것을 주장하였다. 테일러(Taylor)는 이와 같이 개발한 표준화된 작업방법과 생산량을 기준으로 한 임금제가 오히려 노동자들의 생산량을 상당히 증가시켜, 총체적인 생산에 효율적인 경영이 가능하게 되었다고 주장하였다. 당시 미국 산업계의 상황으로 19세기 말과 20세기 초에는 미국으로 해외이민이 급증하여 인구가 급격하게 팽창하고, 산업화가 급속하게 촉진되었던 시기로 대부분의 기업들이 주로 저임금과 미숙련 노동자 중심의 경영을 하는 상황이었다. 이러한 상황에서 테일러(Taylor)는 합리적이고 과학적인 관리를 통해 생산성을 올릴 수 있는, 일명 테일러 시스템 혹은 테일러리즘(Taylor system or Taylorism)으로 과학적 관리론을 창시하였다.

과학적 관리론은 과학적인 분석을 통하여 전체 생산성을 향상시켰고, 이를 통하여 근로자와 경영자 모두를 이롭게 하며 인간의 경제적 동기유발을 통해 반복적인 생산과정에서 효율성을 기했다는 특징이 있다. 그는 과학적 관리가 생산활동을 계획하고 조직화하며, 통제할 때 경험적 연구에 의하여 발견된 규칙은 매우 유용할 수 있다고 하였다. 따라서 노동자의 과업은 과학적인 분석에 의하여 설계되어야 하며, 과업수행에 있어서 최고의 방법이 제시되어야 한다는 것이다. 이에 그는 노동자의 동작연구와 시간연구를 통하여 근로자의 표준생산량(표준과업량)을 설정하고, 그에 의하여 과업을 수행하는 방법을 규정하여 과업내용의 설계 및 과업수행방법의 결정에 대한 과학화를 이루었고, 또한 주어진 과업의 달성도에 따라 임금여부를 연계하는 임금결정체계의 개발은 오늘날의 성과제도에 영향을 주게 되었다. 물론 이와 같이 과학적으로 설계된 과업의 수행을 위해서는 노동자들의 과학적인 방법에 의한 훈련이 필요하다. 또 이러한 과학적 시스템은 분업에 따른 과업의 배치에 대한 제안을 가능하게 하였다. 예를 들어, 하나의 생산품을 생산할 때 1인 생산 총시간보다는 여러 명이 분업할 때 시간이 1/8로 줄어들 수도 있다. 이것은 철저한 기능식 조직으로 전환될 때 더욱 시너지 효과가 있으며, 이를 통해 관리자와 근로자가 책임을 적절하게 분담할 수 있고 과업의 과학적 수행을 위해서는 상호 협동해야 한다는 조직적 특성을 제시한 것이다.

결국 이것은 관리자와 생산자가 상호 협력할 때 조직의 생산성이 극대화되어, 이러한 공동협력은 산출시킨 이익을 공평하게 분배한다면 상호 이득이라는 것이다. 이러한 과학적 관리론은 미국 산업계에 영향을 미쳤으며, 직무를 전문화하고 대량생산을 가능하게 하여 미국 산업계에 지대한 영향을 주었다. 또한 과학적 관리론은 생산성 극대화의 효율적인 관리방법을 통해 체계적인 조직연구의 선구적인 역할을 하여, 폐쇄-합리적 조직이론의 기틀을 마련하는 데 결정적인 도움을 주었다. 그리고 이러한 생산성의 극대화를 위한 성과급 제도와 시간 및 동작연구를 통한 직무연구와 과학적인 선발과 훈련 등의 방식은 현대사회의 인사관리분야에 적용되어, 각종 조직경영과 운영에 기여하였다. 그러나 이러한 방식은 찰리 채플린의 모던 타임즈에서 보듯이 인간의 기계화의 문제를 야기하였다.

즉, 조직과 구성원들의 합리성만을 강조하다 보니 개인은 조직목표를 달성하기 위한 하나의 도구이고, 경제적 유인에 의하여 동기가 유발되는 타산적이며 합리적 존재라는 것에 국한되었다. 조직은 하나의 기계장치와 같이 설계되었고, 조직구성원들은 본질적으로 기계의 부속품으로 간주되어 인가의 기계화와 비인간화를 초래하였다. 이것은 인간을 조직 내의 과업량 만을 수행하는 기계의 부품과 같은 존재적 가치와 임금만을 위해 일을 하는 존재로 간주되어, 인간의 사회 및 심리적 측면이 무시되게 되었다. 또한 오늘날 조직에서 가장 중요한 환경을 고려하지 못하고, 각 조직이 처한 상황적 문제를 간과했다는 단점이 있다.

결론적으로, 과학적 관리론의 특징은 일에 과학적 지식을 연계해 생산성을 높이는 것이 경영자와 노동자 모두에게 상호이익이 된다는 전제하에 ① 과학적 업무분석(과학적 지식이란 경험적으로 분석될 수 있는 지식. 경험적 방법을 통해 규칙을 찾아내어 수학적 공식으로까지 제정하며 일에 대한 지식이 객관화된 문서나 매뉴얼 등으로 옮겨진다.)

② 관리와 실제 작업 간의 역할분리(관리자와 작업자의 책임을 구분)를 통하여 관리자와 작업자 간의 긴밀한 협조가 필요하다. 그러나 인간을 다루는 사회복지조직에 과학적 관리론을 적용하는 것에는 많은 문제가 있다.

사회복지의 비영리기관은 경제 및 합리적 가치에 의하여 움직이지 않는 휴먼서비스를 목적으로 경우도 많으며, 인간문제의 개별성과 전일성을 다루기에는 한계가 있다.

[그림 2-1] 기계장치로서의 조직

참고 조직에 대한 주요 학자들의 견해

[조직에 관한 3가지 정의]

1. 베버(Weber)는 조직이란 특정한 목적을 가지고 목적을 달성하기 위하여 구성원 간의 상호 작용을 중시하는 인간들의 협동집단이라고 하였다.
2. 버나드(Barnard)는 조직이란 공동의 목표를 달성하기 위해 헌신할 의욕을 지닌 2인 이상의 인간들이 상호 의사를 전달하는 집합체라고 하였다.
3. 케츠와 칸(Katz & Kahn)은 조직이란 공동의 목표를 가지고 내부관리를 위한 규제 장치와 외부의 환경관리를 위한 적응구조를 발달시키기 위한 인간의 집단이라고 하였다.

2) 첸들러의 이론

첸들러의 이론에 의하면 구조는 전략을 따른다. 이러한 관점에서 보면, 기업이 채택한 전략과 조직구조 사이에는 매우 밀접한 상관관계가 있음을 발견하였다. 이 이론에 의하면, 조직의 성장과 조직구조 차원에서 볼 때 기업들이 초창기에는 한정된 제품을 생산하였기 때문에 집권화된 조직구조로 출발하게 되나, 제품의 수요가 증가함에 따라 기업들은 제품계열의 확장과 함께 기능조직으로 성장하게 된다는 것이다. 또한 공급업체에 대한 의존성에서 기인하는 불확실성을 줄이기 위해서는 많은 공급처를 기업조직의 내부로 끌어들이는 수직적 통합을 이루게 된다.

따라서 구조적 조정이 없는 성장은 경제적 비능률로 이끌 뿐이며, 기업의 활동이 새로운 사업분야로 새로운 기능, 새로운 제품계열로써 확장되어 가는 데서 오는 새로운 관리상의 필요성에 부응하여 새로운 조직구조가 개발되지 않는다면, 성장과 규모의 기술과 재무 및 인사적인 경제성은 실현될 수 없다고 본다.

3) 고전적 관료제론

베버(Weber)는 권한(authority)의 형태에 따라서 조직을 크게 전통적 권한(traditional authority), 합리적 · 법적 권한(rational-legal authority), 카리스마적 권한(charismatic authority)으로 구분하였다. 첫째, 전통적 권한이란 전통적인 것을 신성한 것으로 인식하여 전통이 규정하는 범위에서 지배자는 권한을 행사하고, 피지배자는 그 권한에 복종하는 관계에 있는 권한을 뜻한다. 이러한 권한은 전통적인 가부장제에 의한 부권 및 영주의 권한 등을 예로 들 수 있다. 둘째, 합리적인 법적 권한이란 조직의 규범적인 규칙이 합리적이며 합법적으로 제정되어 이러한 근거로 제정된 규칙에 복종하는 것이 정당한 것으로 간주되는 권한을 뜻한다. 즉, 합법성에 근거한 신념에서 규칙의 제정과 실행이 모두 합리적 및 합법적으로 이루어져야 하며, 복종은 규정이나 규칙에 의해서 정당화될 수 있다. 이러한 대표적인 예로는 합리적 관료제(rational bureaucracy)가 있다. 셋째, 카리스마적 권한은 지배자에 대한 헌신과 충성을 바탕으로 개인적인 카리스마를 가진 지배자와 헌신적인 복종자 상호 간의 밀접한 관계에 의하여 존재하는 권한을 뜻한다. 이러한 권한은 고대의 신권정치나 정치가 등의 예를 들 수 있다. 베버는 관료제를 설명할 때, 이와 같은 분류를 통하여 합리적 및 법적 권한을 기초로 하여 합리적인 관료제를 조직의 구조에 적용할 경우 효율적이고 합리적인 조직의 운영이 가능하다고 하였다.

관료제의 특성은 직위에 의한 권한이라는 것과 직위의 권한과 임무는 문서화된 법규에 의하여 규정된다는 특징이 있다. 또한 관료제의 특징은 임무수행의 비인격화다. 관료들은 지배자의 개인적인 복종이 아니며 법규에 의한 직위의 담당자로서 직위의 목표와 법규에 충성해야 한다. 이때 공식적인 임무수행에는 개인적 특성이나 기호가 영향을 주지 않는 비인격성(impersonality)이 요구된다. 이것은 관료의 개인적 능력이나 특성과 무관하게 조직의 지속적인 안정을 유지하게 한다. 그리고 관료의 채용은 과거의 지연, 혈연에 의한 추천제에서 보다 임무수행에 필요한 전문적 훈련을 받은 사람들에 대한 선발기준을 가진 채용기준을 통한 인원선발이 이루어지게 된 계기가 되었다.

이러한 베버의 관료제는 업무수행에 대한 규칙과 절차를 공식화하고 업무를 분업화하여, 각 분야의 유능한 기술을 가진 전문인을 양성하여 서류에 의해 명령과 수행이 관리되고 분업화된 직무를 통해 능률을 극대화시킬 수 있는 관료제를 제시하였다. 관료제는 오늘날에도 많은 조직에 적용되고 있다. 그러나 현대사회에서 이러한 관료제는 변화하는 사회에 적응하지 못하는 다음과 같은 단점이 지적되고 있다. 먼저 목표와 수단의 전치(goal displacement) 현상이 초래된다. 관료자들은 조직의 목적과 목표 그 자체보다 목표를 달성하는 수단인 규정이나 절차 등을 오히려 중시하게 된다는 것이다. 둘째, 관료제는 규정이나 규칙에 고착되는 경우가 많게 되어, 변화하는 환경에 신속하게 적응하는 능력이 결여될 수 있다. 마지막으로 관료제는 인간성의 상실과 무사안일주의를 초래할 수 있다. 또한 관료제의 지나친 표준화의 추구는 조직의 구성원들을 기계의 부속품과 같이 느끼게 하고, 조직에 대한 일체감을 잃게 하면서 상사의 명령에 의해 책임을 회피하는 무사안일주의를 가져오기도 한다. 이러한 현상은 기업과 같은 사조직보다 안정된 공조직에서 많이 나타나는 특성으로 변화하는 환경에 적응하는 데에는 한계가 있다. 이것은 조직을 하나의 폐쇄체제적 관점으로 보기 때문으로, 조직의 업무가 변하지 않는다는 가정과 조직구성원들이 합리적으로 행동한다는 전제 하에서만 성립될 수 있는 이론이다.

관료제이론(중앙화, 집권화)은 어느 사회나 조직에든 존재하는 합법적 권위에 기반한 지배 및 피지배의 관계로 존재한다. 현대 산업사회는 합법적 권위에 기반한다. 이에 따른 관료제 조직의 주요 특성을 정리하면 다음과 같다. 첫째, 미리 합의된 성문화된 규칙에 의해서 모든 일이 수행된다. 둘째, 전문성에 근거한 분업의 체제가 필요하다. 셋째, 권한과 책임을 집권화한 위계 구조이다. 넷째, 명백하게 선이 그어진 권력과 권한이 있다. 따라서 관료제 조직에서 조직구성원은 미리 정해진 규칙에 의하여 일하고, 이를 기준해서 행동한다.

반면 관료제의 문제점으로는 첫째, 상부구조에 권력이 집중되는 비민주성이 있을 수 있다. 둘째, 휴먼서비스와 같은 비일상적, 비규칙적 업무환경 하에서는 적용되기 어렵다. 셋째, 객관적 규칙의 적용으로 인한 비인간화와 목적전치의 현상이 일어날 수 있다. 넷째, 복잡하고 경직된 규칙들로 인해 창조성이 상실될 수 있고, 이것은 각종 아이디어 혁신을 통한 구조개혁과 도전적인 과제를 가지고 있는 기관의 경우에는 적합하지 않다는 것이다.

관료제의 가장 큰 역기능(dysfunctions)으로 관료제의 특징인 규칙, 비인격성, 고정화된 명령체계, 번문욕례(red tape), 경직성 및 비융통성으로 인하여 관료제의 합리성과 능률성은 감소될 수 있다.

생각해보기

과학적 행정이라는 초기접근법은 고전적 조직이론(Classical Organization Theory)으로 알려지기 시작했다. 고전적 조직이론으로 유명한 이론가와 행정가로는 프레드릭(Frederick), 테일러(Taylor), 베버(Weber), 린달(Lyndall), 귤릭(Gulick), 페이욜(Fayol) 등이 있다. 이들의 주장은 조직관리가 과학이며 획일적으로 적용 가능한 법칙이나 원칙이 규명될 수 있으며, 이를 통해 가장 능률적인 조직을 만들 수 있다는 것이었다. 『과학적 관리의 원칙(The Principles of Scientific Management)』이라는 저서에서 테일러(Taylor)는 조직 내의 모든 직무를 수행하기 위하여 "단일최선방법"을 규명하기 위한 시간 및 동작연구(time and motion studies)에 의존하는 직무과정에 관한 분석을 강조하였다. 단일최선방법이 규명되기 위해 관리자는 직무를 최선의 방법으로 완수하기 위해 근로자의 과학적 선발 및 훈련을 전제로 한다. 테일러(Taylor)는 그러나 현대사회에서 중요시되는 근로자의 동기의 복잡성 및 미묘성을 등한시했다는 점에서 비판을 받아 왔다. 테일러(Taylor)는 근로자와 관리자는 상호 공통적인 이해관계를 공유하고, 공동의 이해관계로 근로자에 대한 고임금 그리고 관리자에 대한 높은 이윤을 향한 열망으로 금전에 초점을 두고 있다. 그럼에도 테일러(Taylor)의 근로자에 대한 접근법은 근본적으로 비인간적인 것이다.

이에 반하여 다른 고전 이론가들은 조직구조의 원칙에 초점을 두고 있는데, 그들의 조직개념은 "통솔범위", "명령단일", "스칼라 체인", "분업", "목적", "과정", "장소" 또는 "고객에 의한 조직화"이다. 테일러(Taylor)가 직무를 수행하기 위한 단일최선방법이 있다고 확신했던 것과 마찬가지로, 그들도 조직구조를 설계하기 위한 단일 최고방법이 있음을 확신하였다. 그러나 각종 비판에도 불구하고, 이러한 원칙은 현대조직이론 특히 공공조직이론에서 여전히 중요한 역할을 하고 있다. 계층제적 명령구조와 제한적인 통솔범위에 의하여 그 권력이 강화되는 강력한 단일행정부(executive)에 대한 주장이 현대행정을 개편하자는 지속적인 시도에도 불구하고, 여전히 중요한 사항으로 남아 있다. 그 이유는 단일관료에게 책임을 집중시키는 것이 책임과 권한을 고양시킬 수 있기 때문이다. 행정관리원칙에 집착하여 비롯되는 조직구조는 막스 베버(Max Weber)의 저서에도 규정되고 있는 고전적 관료제이다. 베버(Weber)의 "이념형"적 관료제에 대한 분석은 조직이론에 기초가 되었는데, 1921년 발간된 관료제에 대한 독일어였던 베버(Weber)의 논문은 1920년대 후반에 와서야 영어로 번역되었다.

4) 인간관계이론

상기와 같은 관료제의 폐단에 따라 메이요(Mayo)와 윌리엄 딕슨(William Dickson)은 인간관계적 접근법을 제시하고 있다. 인간관계론자는 호손실험이라는 실험을 통하여 공장[1)]의 조명과 인간관계 등이 조직의 생산성을 높일 수 있다는 실험결과에 따라서, 조직내부의 집단이나 비공식기구에 의해서 또는 조직 외적인 요인인 개인의 태도, 가치, 신념 및 행태가 조직에 미치는 영향을 설명하고자 하였다. 그러나 인간관계론은 인간관계 접근에 대하여 규범적 조직이론의 성격을 띤다는 점에서 있어서는 합리 · 합법적 모델과 같은 맥락이다. 다만 차이로는 인간관계적인 접근에 있어서 조직을 구성하는 것이 인간이라는 사실에 주목하는 것이다.

인간관계이론은 최초로 조직의 구성원을 사회 심리적 욕구에 의하여 자발적으로 움직이는 인간적 존재로 간주하고 있다. 호손효과란 인간관계적 접근은 공식적 조직을 설명하는데, 비공식집단의 존재와 영향력을 강조하는 것을 강조한다. 즉, 생산성 향상이라는 규범적 목적을 달성하기 위해서 인간관계 접근은 조직구성원들의 사회 심리적인 욕구충족에 주목하고 있다. 따라서 인간관계론은 "조직 내의 인간들이 다양한 사회 심리적인 측면을 통해서 상호작용하고 있으며, 이것이 일과 동료들에 대한 태도에 영향을 미치고, 궁극적으로 업무수행의 결과에 영향을 준다."는 것을 이론의 요지로 하고 있다.

이러한 인간관계론의 특징은 근무환경과 인간관계라는 비공식적인 조직구조에 보다 주목하여, 과학적 관리론의 개념을 기초로 하여 물리적 작업조건으로 작업장의 밝기, 온도, 휴식시간과 임금 인센티브 등이 생산성과 관련이 있는지를 연구하며, 오히려 과학적 관리론의 명백한 한계를 발견하면서 조직 내에서의 작업자들은 고립된 개념으로서의

1) 미국 웨스턴 일렉트릭 회사의 호손(Hawthorn) 공장의 실험임(1927~1932).

'개인'이 아니며 다른 개인들과 사회적인 관계를 맺기를 하는 집단 속의 개인임을 발견하게 되었다. 이들은 사회적인 욕구로 집단의 지지, 교우관계, 집단승인, 인정, 지위, 자아실현의 욕구 등이 생산성에 중대한 영향을 미친다는 사실을 발견하게 되었다.

이와 같이, 조직이론의 초점이 비공식조직으로 옮겨감에 따라 공식적 조직 또한 목적달성을 위해서는 조직구성원을 이해하고 활용할 방법이 필요하게 되었음을 알게 되었다. 이는 오늘날 인간관계에서 비공식적인 관계의 중요성을 설명하는 이론의 기초가 되었다.

그러나 이와 같은 이론도 변화하는 환경을 반영하는 개방적 이론은 아니며, 내부적 환경을 고려하는 폐쇄적 이론에 속한다. 즉, 뉴튼(Newton)의 기계론적 패러다임(Newtonian mechanical paradigm)에 기초하고 있는 고전적 조직이론과 신고전 조직이론(인간관계론)의 공통된 특성은 모든 조직체가 동일하다는 가정에 입각한다는 것이다. 신고전적 조직이론에 공헌을 한 버나드(Barnard, 1938)와 의사결정학파에 기여한 사이몬(Simon, 1976)은 모두 기여와 유인 및 만족균형체제(contribution－inducement－satisfaction equilibrium system) 간의 유지를 강조하여, 환경보다는 조직의 내적 역동성을 중시했기 때문에 균형모형적 폐쇄체제이론가로 불리고 있다. 이에 따라 인간관계론의 조직인식의 관점을 정리하면 〈표 2-2〉와 같다.

표 2-2 인간관계론의 조직인식의 관점

관 점	• 조직은 사회적인 관점에서 보아야 한다(개인과 집단 간의 관계로 인식).
조직구조	• 비공식적 조직구조는 공식적인 구조만큼 중요하다.
작 업 자	• 작업자의 사회 심리적인 욕구의 고려가 필요하며, 작업자의 동기부여는 경제적 인센티브만으로는 한계가 있다. • 작업자의 만족도는 조직의 생산성을 위해 중요하다.
관 리 자	• 관리자에게 전문기술뿐 아니라 사회적 기술도 중요하다. • 민주적, 참여적 리더십의 스타일이 조직 효과성에 기여한다.

5) 조직이론의 변천관점

조직이론의 변천관점을 정리하면 다음과 같다. 조직이론 관점의 변천을 조직변화에 따라 구분해보면, 닫힌 폐쇄체제이론에 입각한 조직이론의 관점은 고전 및 신고전적 조직관, 열린 개방체제이론에 입각한 환경적응관(adaptation view), 환경조작관(enactment view), 자연 도태관(natural selectionview), 조직－환경의 상호작용관(interaction view between organization & environment), 그리고 혼돈이론에 기반한 자기조직화관(self－organization view)으로 구분해 볼 수 있다. 체제이론 이외의 조직사회학적인 조직이론들로 예컨대, 갈등이론, 해석학, 현상학, 비판이론적 조직이론이 있다. 따라서 폐쇄체제관점은 환경으로부터의 문제가 고려되기보다는 예측 가능하다는 가정하에 있다. 따라서 체제의 자원은 균형이나 항상성(homeostasis)의 유지를 위해 사용되고, 내부적 능률성에 관심의 초점을 맞추고 있다. 그러나 현대조직이론가 중 폐쇄체제적 접근법을 옹호하는 이론가는 현대사회에서는 거의 찾아 볼 수 없다. 이는 체제와 외부환경 간의 관계에 대해 충분한 관심을 보이지 않는 이론적 관점에 대한 호칭에 불과하다(최창현 역, 1992). 반면, 보다 현대사회에 가까운 균형모형(equilibrium model)으로 볼 수 있는 체제이론(systems theory)적 관점에서 보면, 조직은 표준이나 규범으로부터 이탈을 바로잡으려는 작용으로 환류작용(feedback)을 통해 체제균형을 유지하는 자기규제적 체제(self－regulating system)로 간주된다. 이때 긍정적 환류(positive feedback) 혹은 편차증폭환류(deviation－amplifying feedback)를 통하여 체제의 변화를 유발시키며, 이는 내부안정화장치(built－in stabilizer)에 의하여 환경으로부터의 개별성 유지기능인 유형 유지기능(pattern maintenance function 혹은 latency function)을 통해서 항상성(Homeostasis)을 유지한다. 체제는 부분 요소들이 상호작용으로 연결된 것이므로 전체적인 관점(holistic view)으로 파악되어야 하며, 항상성(homeostasis)의 유지를 통한 균형을 강조하는 자기규제적

체제(self-regulating system)이므로, 내부 안정화 장치를 통한 안정과 타성의 조정을 받는다.

이때 비록 갈등이 존재하나 제도화되거나 궁극적으로는 해소될 수 있다고 본다. 조직의 변화는 외부환경으로부터 점진적으로 발생하며, 대부분 조직환경이론은 조직과 환경간의 적합도를 유지하면 궁극적으로 조직효과성을 제고할 수 있다고 보고 있다.

(1) 닫힌 체제이론 : 고전적 조직관 및 신고전적 조직관

〈표 2-3〉은 조직변화의 성격에 따른 조직이론의 분류로, 체제 및 환경 간의 관계에 대한 관점이라는 차원에 입각하여 조직변화의 소재에 따라 조직이론을 분류한 것이다. 〈표 3-1〉의 I 분면의 고전적 조직이론은 조직의 목적이 합리적인 방법에 의해 세부 과업으로 분업원리에 입각한 세분화와 전문화로 분할될 뿐만 아니라, 조직의 총체적 목적달성을 위해 재결통합 및 조정을 통해 재결합될 수 있다고 본다. 이러한 개념은 전체가 원자로 분할되며, 또한 동시에 다시 전체로 재결합될 수 있다는 원자론 및 기계론(atomism & mechanism)의 개념과 같이 단순하고 질서정연한 세계관을 지향하고 있는 뉴튼(Newton)의 기계론적 패러다임(Newtonian mechanical paradigm)에 입각한 것이라 볼 수 있을 것이다. 이는 근대를 움직인 기본적인 사상체계로 사회전반에 영향을 미쳤다. 그리고 조직론적 견지에서 베버(Weber)의 이러한 패러다임은 법률적, 합리적인 관료제 조직(legal-rational beaurocracy)에서 흔히 찾아볼 수 있다.

▌표 2-3 조직이론의 분류

체제 이론	폐쇄적 체제	개방적 체제	자기조직
이 론	Ⅰ. 조직구조	Ⅲ. 인간관계	Ⅴ. 자기조직적 설계
	• 수직명령체계 • 권한의 계층제 • 분업에 입각한 전문화 및 정형화 • 경제적 유인책 • 지시와 명령의 하달 • 고전적 조직론에 속함	• 사기진작의 필요성 • 비공식집단의 중요성 • 정형적 직무는 심리적 긴장감 초래함 • 비경제적 유인임 • 동기부여적 차원임 • 인간관계론	• 기능적 가외성(加外性) • 필요의 다양성 • 최소한의 구체화 • 학습을 위한 학습 • 자기생성이론으로 • 자생이론(Holography)
	Ⅱ. 운영분석	Ⅳ. 상호작용분석	Ⅵ. 자기조직화 과정
	• 문제의 구체화 • 비용과 이익분석에 입각한 대안의 비교 • 정형화 • 의사결정이론	• 조직과 환경간 상호작용 영향 • 갈등은 상호모순적 • 조직목표와 적응 • Lamarckian 적응 • Darwinian 도태 • 변증법적 분석	• 분기점 안의 환경변화 • 분기점 밖의 환경변화 • 혼돈 속의 질서를 지향함 • 자기조직화이론 • 분산구조이론

(2) 폐쇄-합리적 조직이론의 특징

1) 기본가정

① 조직은 외부환경과는 상관이 없는 폐쇄체계이다.

② 조직을 구성하는 인간은 합리적으로 사고하며 행동한다.

③ 조직은 설정된 목표를 달성하기 위한 수단이다.

2) 이론적 특성

① 환경과 관련성 속에서 제기되는 각종 위협과 기회를 무시하거나 최소화하여 환경에 대한 조직의 개방적 측면은 고려하지 않는다(폐쇄체계).

② 합리성과 능률을 강조하며 강력한 통제와 명령적 지도체제, 직무중심의 반복적이고 일상적인 업무수행방법을 중시한다.

③ 기계로서 조직을 원활히 운영하기 위하여 인간을 기계적인 존재로 간주한다(합리체계).

3 현대 조직의 이론

1) 열린체제이론의 등장

열린체계이론은 환경적응관, 환경조작관, 그리고 자연도태관 등으로 환경을 적용한 이론이라고 볼 수 있다. 그에 반하여 폐쇄이론은 직무불확실성, 환경, 조직규모, 목표 및 권력, 조직의 기술 등의 상황적인 요인들에 관심을 두기보다는 분석단위를 조직체 내의 개인이나 혹은 소집단에 국한시키고 있다. 그러나 대부분의 조직은 생물학적 유기체에 비유되어, 내부적 능률성보다 균형상태로부터 이탈을 바로잡으려는 환류작용을 통한 항상성의 유지와 체제생존을 강조하면서 체제와 상황적 환경 간의 관계에 관심을 집중시키고 있다(최창현 역, 1992). 테일러의 단일최고방법(Taylor, 1967)은 모든 조직이 동일하다는 가정하에 성립하는 것이며, 조직마다 직면한 상황이 상호 상이하다는 가정하에서는 일률적으로 적용될 수 없다고 보는 것이 바로 상황이론이다.

상황이론 중 구조적 상황이론(Structural Contingency Theory : SCT)은 가장 적절한 조직형태는 단일최고의 방법(One best way)에 의해 결정되지 않으며 조직이 처한 상황적 제조건에 좌우된다고 주장하고 있다. 번스와 스텔커(Burns & Stalker, 1961)에 의하면, 합리적인 조직의 형태는 기계적(Mechanistic)일 수도 있고 혹은 유기체적(Organismic)일 수도 있다. 이 이론에 의하면, 합리적인 요인은 직무불확실성과 같은 상황적인 요인에 달려 있다는 것으로, 이러한 이론은 한 조직 내의 하위단위에도 적용될 수 있다. 즉, 한 조직 내에서도 여러 형태의 조직구조가 고안될 수 있는데, 이는 한 조직이라도 다양한 하위환경(Sub-environments)에 직면할 수 있기 때문으로 해석할 수 있다.

대부분의 현대 조직환경이론에 의하면, 조직과 환경 간의 적합도를 유지한다면 궁극적으로 조직의 효과성을 제고할 수 있다고 보고 있다. 예를 들면, 체제구조적인 관점(system-structural view)을 대표하는 구조적 상황이론(structural contingency theory : SCT)의 관점에서 보면, 조직과 기술적 환경 간의 적합도를 유지하고자 한다. 즉, 최종상태에 도달하는 데에는 여러 방법이 가능하다는 원리로 등종국성(equifinality)의 원칙은 마치 산을 등반하는 것을 목적의 달성이라고 볼 때, 이를 달성하는 방법적인 문제에는 다양성이 존재함을 설명하는 것과 같다.

따라서 인과성의 개념이나 테일러(Taylor)의 '단일최고방법' 개념과는 근본적으로 다른 개념인 것이다. 또한 체제가 당면한 복잡한 환경의 구도만큼 체제내부적인 구조도 다양해야 한다는 필요적 다양성(requisite variety) 원리는 체제이론적 관점에서 '단일최고방법'이란 존재치 않는 것이다는 것을 뒷받침한다(최창현, 1992). 그대신 한 조직체가 상이한 하위환경에 직면할 수 있기 때문에, 한 조직 내에도 다양한 조직구조화가 필요할 것이다(Mintzberg, 1986 ; 1979, Lawrence & Lorsch, 1967). 이것은 다양한 변화가 외부환경으로부터의 변화가 발생한다고 보며, 이러한 환경의 변화에 대하여 조직이 대처할 능력이 있다고 보고 있으나, 개체군생태학이론의 입장에서 볼 때에는, 체제균형을 유지하면 환경이 변화하게 되더라도 구조적인 타성으로 인하여 환경의 적응능력이 저하된다고 볼 수 있다. 그러므로 조직변화가 환경에 대한 적응이라는 라마키언(Lamarckian) 적응이라기보다는 점차적으로 환경의 적응에 따른 다위니언(Darwinian)의 선택이라는 것이다.

2) 전통적 조직설계(Organization Design)의 변화

행태론자였던 사이몬(Simon)은 고전적 관리원칙이 상호모순된다는 점을 지적하였는데, 예를 들면 통솔범위의 원칙이 수평적 관계의 복잡도는 감소시켜 주나, 수직적 권한계층제를 오히려 증가시켜 결국에는 더 큰 조정문제를 야기한다는 것이다. 기존의 문화적 영향을 강조하는 학자들의 경우에는 구성 조직망의 밀도, 밀집 정도, 상호성(유착관계), 그리고 혈연, 지연, 학연 등의 개인적 유대관계에 의한 특질을 중요시하는 경향이 있었다. 그러나 고전적 조직이론 및 신고전조직이론(인간관계론)의 특성은 모든 조직체를 동일하다는 전제하에 적용되는 이론이다. 기존의 행정원리에서는 어떤 체제에서도 보편 타당하게 일반적으로 적용될 수 있다는 윌슨(Wilson)이 제시한 행정이론의 가정(Ostrom, 1974)이 그대로 전수되어 왔다. 이 이론에 의하면, 조직의 기술, 직무의 불확실성, 환경, 조직규모, 목표 및 권력 등의 상황적 요소들에 대한 다양성은 관심 밖이었고, 결과적으로 분석단위는 한 조직체의 개인이나 소집단에 국한되었던 경향이 있었다.

그러나 각 처한 상황과 조직마다 각기 직면한 상황이 다르다는 가정 하에서는 다른 이론의 대두가 요구되며, 이것은 바로 상황이론의 당위성의 근거가 되었다. 구조적 상황이론(Structural Contingency Theory)이란 가장 적절한 조직 형태가 단일최고방법에 의해 결정되는 것이 아니라, 조직이 처해 있는 상황적 제반조건에 좌우된다는 주장을 하고 있다. 번스와 스탤커(Burns & Stalker, 1961)에 의하면, 합리적인 조직 형태란 기계적(Mechanistic)일

수도 있으며 유기체적(Organismic)인 형태일 수도 있다고 보았다. 어느 형태가 더 합리적인가는 직무 불확실성과 같은 상황적인 요인에 달려 있다고 보았다. 여러분들의 생각은 어떠한가? 이러한 이론은 여러 조직 내의 하위단위에도 적용될 수 있다. 예컨대, 로렌스와 로쉬(Lawrence & Lorsch, 1967)는 한 조직 내에서 여러 형태의 조직구조가 고안되는 것이 바람직하다고 보았는데, 이것은 한 조직이라도 다양한 하위환경(Subenvironments)에 직면할 수 있기 때문이다. 이때 어떠한 상황변수들이 조직구조에 영향을 미치며, 어떤 변수가 상대적으로 더 중요한 것인지에 관해서는 논란이 있다.

상황이론가들에 의하면 기술이나 환경의 절대적 영향(Technological or Environmental Imperative)을 강조하기도 하며(Perrow, 1970 ; Lawrence & Lorsch, 1967), 구조론자들의 경우에는 조직규모의 절대성(Size Imperative)을 강조하는 경향이 있다(Blau, 1970 ; Blau & Shoenherr, 1971). 이에 대하여 민쯔버그(Mintzberg)는 조직을 설계하는 데 있어서 유용한 분석틀을 제시하였는데, 이것은 조직구조가 조직의 역사, 규모, 기술, 환경 및 권력과 같은 여러 상황요인들에 의해 결정되며, 이들 상황요소와 조직구조 간의 적합도(Fit)를 높이는 것이 바로 조직효과성을 제고하는 길이라는 것이다. 예를 들면, 조직의 환경이 복잡하고 역동적이면 분권화를 강화하는 것이 좋고, 조직규모가 크면 조직설계가 상황요소와 조직구조 간의 적합도를 유지하는 조직설계로 환경에 적응하여 조직이 구성되어야 한다고 보았다. 또한 단순구조는 상대적으로 소규모로 주로 초창기의 조직에 적합하게 되는데, 일반적으로 복잡하지 않은 기술을 사용하게 되며, 이러한 단순구조는 집권화된 유기적인 구조에 적용될 수 있다. 이러한 구조는 단순하고 동태적인 환경에서 주로 발견될 수 있고, 일반적으로는 환경이 적대적이거나 최고관리자가 의사결정을 집권적으로 결정해서 적응해야 할 필요가 있을 때 적합한 조직구조이다. 단순구조를 가진 조직에서는 최고관리자가 조직의 핵심부문을 담당하며, 과업은 주로 관리자의 직접감독에 의해서 조정된다.

이에 반하여, 과거의 기계적 관료제 구조는 전형적으로 단순하고 안정적인 환경에서 적절한 조직의 구조형태였다. 기계적 관료제 구조는 모든 지원서비스를 조직 외부에 의존하지 않고 조직 내부에서 완전히 통제하려 함으로써, 작업흐름을 안정적으로 유지하려고 하는 경향이 있다. 또한 행정적으로 작업의 반복과 표준화가 필요하기 때문에, 작업의 양이 충분히 많고 작업의 표준을 정착시킬 수 있는 오래 지속되고 성숙된 조직에서 전형적인 형태로 찾아 볼 수 있다. 기계적인 관료조직은 규제적인 기술체계의 성격을 갖는 조직에 적합한 구조형태이다. 왜냐하면 이러한 기술을 통하여 숙련된 작업을 일상화시키고 표준화시킬 수 있기 때문이다. 이러한 조직에서 사용하는 규제적인 기술체계는 매우 단순한 것으로부터 복잡한 것까지를 포함하나, 자동화 같은 매우 복잡한 기술은 제외되게 되는데, 매우 복잡한 자동화 기술의 경우에는 보다 전문가들에게 상당한 권력위양이 필요하게 되며, 이들은 비관료적인 유기적 구조를 요구하기 때문이다.

한편, 현대의 전문적 관료제구조는 수평 및 수직적으로 분권화된 조직의 형태로 복잡하고 안정적인 환경에 적절한 조직의 구조형태이다. 즉, 광범위한 훈련 프로그램에 의해서 학습되고 복잡한 절차를 사용하여야 하는 만큼 환경이 복잡하면서, 표준화된 지식과 기술과 운영절차를 사용할 수 있을 정도로 안정되어 있는 경우에 적용이 가능하다. 이러한 구조는 전문가들로 구성된 핵심운영층이 주요 부문에 포진된다. 이들은 오랜 훈련과 경험을 통하여 표준화된 기술을 사용하여 과업을 조정하기 때문에 많은 자율권을 부여받게 된다. 사업부제구조의 경우는 제한된 수직적 분권화 조직형태로, 이러한 구조가 형성되기 위한 기본적인 조건은 고객이나 제품과 시장의 다양성이다. 즉 시장의 다양성이 전제될 때, 각각의 사업부는 스스로의 책임하에 있는 시장을 중심으로 자율적인 영업활동을 전개하게 되기 때문이다. 이때 사업부 내 과업의 조정은 산출물의 표준화를 통해서 이루어지고, 본부조직에서 요구하는 성과통제의 메커니즘은 사업부 내에서의 기계적 관료제구조를 요구하게 된다.

3) 에드호크라시 이론

에드호크라시 이론은 관료제와는 대조를 이루고 있는 개념으로, 다양한 전문기술을 가진 비교적 이질적인 전문가들이 진행하는 프로젝트를 중심으로 집단을 구성하여 문제를 해결하는, 변화가 빠르며 적응적인 프로젝트를 중심으로 집단을 구성해나가는 적응적인 임시조직을 뜻한다.

애드호크라시 구조는 거의 모든 면에서 기계적 관료제 구조와 반대의 속성을 갖는 조직구조라고 할 수 있다. 애드호크라시의 구조는 동태적이고 복잡한 환경에 처한 조직에 적절한 조직의 구조이다. 이러한 환경은 정교한 혁신을 요구하며, 동시에 이런 혁신을 위해서는 분권화된 유기체적 구조가 필요하다. 애드호크라시는 일반적으로 오래되지 않은 조직에서 발견되는데, 그 이유는 관료조직의 경우 시간이 지날수록 관료화되기 때문이다. 애드호크라시 구조를 갖고 있는 조직의 특징으로는 정교한 과업의 분화가 이루어지고 있으나 공식화의 정도는 높지 않다. 이때 조직구성원들의 전문성은 높고, 구성원 간의 상호조정은 개인적인 의사전달과 수평적인 통합방식을 통해서 이루어진다. 따라서 이러한 구조에서는 선택적인 분권화가 이루어지며, 누구라도 의사결정에 참여할 수 있게 된다.

표 2-4 민쯔버그(Mintzberg)의 조직설계 유형

분류	단순구조	기계적 관료조직	전문적 관료조직	사업부제조직	애드호크라시
조정수단 핵심부분	**직접감독 전략층**	**업무표준화의 기술구조**	**지식 및 기술 표준화의 핵심 운영층**	**산출물 표준화 중간 관리층**	**상호조정 지원의 단계**
규 모 기 술	신생조직 이나 소규모	오래된 조직 대규모	가변적 가변적	오래된 조직 대규모	신생조직 가변적
조직	단순	비교적 단순	복잡	가변적	매우 복잡
환 경 권 력	동태적 구조 최고관리자	단순, 안정 기술관료	복잡, 안정 전문가	단순, 안정 중간관리층	복잡, 동태적 전문가
전문화 공식화 통합/조정 집권/분권 예	낮다 낮다 낮다 집권화 신생조직	높다 높다 낮다 제한된 상태의 수평적 분권화의 행정부	높다(수평적) 낮다 높다 수평 및 수직적 분권화조직 학교 및 공기관	중간정도 수준임 높은정도 수준임 낮은정도 수준임 제한적 수직 분권화 (재벌기업의 경우)	높다(수평적) 낮다 높다 선택적 분권화 각종 연구소

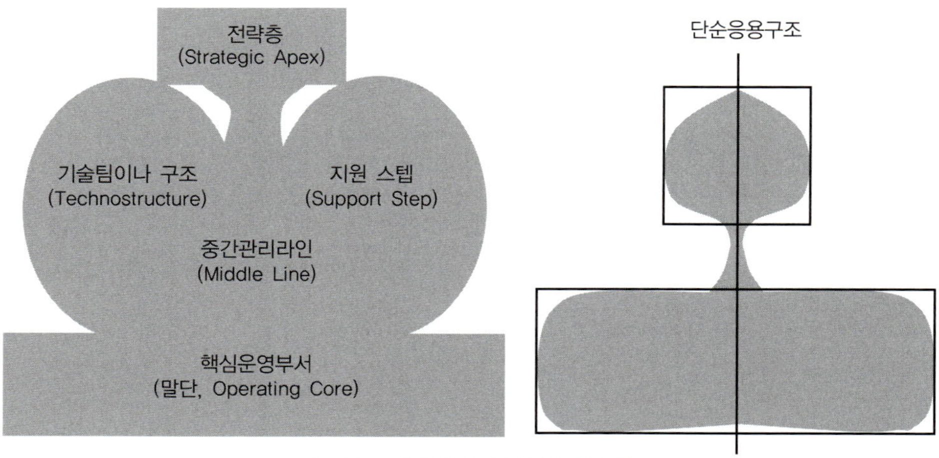

[그림 2-2] 조직의 구성 및 응용구조

이와 같이 행정적 관리론은 모델 설정 후 맞춰나가는 조직의 형태로 볼 수 있는데, 행정적 관리론은 거의 모든 조직에서 일을 분류하고 구조화하는 최적의 방법을 일반화해 놓고, 이에 근거해서 개별조직을 설계해 나가는 방식을 취하고 있다. 이에 따라 귤릭이 제시한 관리자의 일곱가지 필수기능에 대한 일반적인 설명은 POSDCORB로 요약되고 있다.[2)]

환경을 기준으로 하여 조직을 구분하는 기준에 관하여 다음과 같이 제시할 수 있다. 조직이론의 관점에서 분류하여보면 폐쇄체계으로 관료제이론, 과학적 관리론, 행정적 관리론, 인간관계이론, 인적자원론 등이 제시될 수 있으며 개방체계이론으로는 개연성이론, 정치경제이론, 신제도이론으로 분류할 수 있다.

4 제도화이론

1) 개방 – 사회체계의 관점

제도화이론의 조직관은 다음과 같다. 즉, 조직은 목표를 달성하는 도구일지라도 외부 환경으로부터의 영향과 구성원들의 이질적인 고유특성으로 조직에 대한 그들의 서로 다른 반응으로 형성된 하나의 적응적인 유기체이다. 따라서 유기체로서의 조직이 생존하기 위해서는 제도화의 과정이 필요하다. 즉, 이것을 조직과 환경과의 관계에 있어서 제도화의 개념에서 본다면, 조직이 살아남기 위해서는 조직의 안정 또는 생존을 위협하는 대상이나 요인을 조직정책의 결정구조 속에 흡수시키고 관행화하여 공식적 및 비공식적으로

2) P(planning, 기획), O(organizing, 조직화), S(staffing, 인력배치), D(directing, 지휘), CO(coordinating, 조정), R(reporting, 보고), B(budgeting, 예산)으로 설명된다.

제도화시킴으로써 조직의 안정과 생존을 확보한다는 관점이다. 그 예로는 대기업이 정부 고위관료를 은퇴 후에 기업의 고문으로 영입하는 것에서 찾을 수 있을 것이다.

2) 제도이론의 정의

제도이론의 의미는 거시적인 제도환경 요인에 초점을 맞추었다는 차원에서 서비스의 직접적인 환경 요소들에 초점을 맞추고 있는 개연성이론과 구분이 할 수 있다. 조직은 생존을 위하여 제도적인 규칙을 받아들이며, 이러한 규칙은 합법성의 원천이자 자원획득을 위한 통로이다. 따라서 제도이론적 차원에서 볼 때 국가, 전문직, 혹은 여론 등은 강요적(coercive), 모방적(imitative), 규범적(normative) 과정을 통하여 제도적 규칙을 받아들이게 된다.

3) 조직 내부의 개인과 조직 간의 상호관계에 있어서의 제도화

제도화의 관점에서 본다면, 조직구성원의 이질적이고 비합리적인 일탈행동을 현실적으로 인정하고 수용하는 것은 중요하다. 따라서 제도화의 관점에서 볼 때, 조직의 목표와 개인의 목표의 차이에서 오는 갈등의 문제에 대해 현실적인 관리의 문제로 반영시키고자 한다. 제도주의 이론은 현대사회에서 신제도주의로 발전하게 되는데, 이는 다음에서 설명하고자 한다. 아무튼 제도주의적인 시각은 규칙, 규범, 불문율과 같은 제도를 통하여 사회적 문제의 해결 및 설명이 가능하다고 보고, 제도적 관점에서 조직 전체의 안정, 권한 및 의사소통채널, 조직 내 비공식적 관계 등을 설명하고자 한다. 또한 공식적 및 비공식적으로 지속되고 전수되는 조직의 관행이나 조직절차는 무의식적으로 조직 속에서 정형화되어 전수되고 공유된다고 주장하고 있다.

이를 통하여 제도화의 의미를 정의하면, 제도화란 목표달성을 위하여 당면한 과제를 넘어서 조직의 수명을 연장하는 영속성을 조직에 부여하고자 하고 있다. 조직이 제도화를 추구하는 것은 환경이나 자원에 대한 경쟁 속에서 조직의 내부과정이 환경의 변화에 적합하게 되어가는 과정이다. 따라서 조직은 조직의 실제목표와 기능에서 이탈하여, 조직의 생존과 성장을 위해서 새로운 형태의 조직관행과 규칙을 채택하게 된다. 그러나 외부지향적인 행동을 주장하면서도 조직 내부의 문제에 초점을 두고 있기 때문에 전통적인 모형에 해당하며 개방－사회체계의 전조라고 할 수 있다.

5 개방－합리적 조직이론

개방－합리적 조직이론의 가정은 인간은 합리적인 존재라는 것을 강조하며, 경쟁이 심한 외부환경을 강조하고 있다. 이러한 관점에서 보면, 조직이란 유기체와 같이 환경에 대하여 개방적인 존재이기 때문에 생존을 위해서는 항상 환경과 적절한 관계를 유지해야만 한다는 원칙을 가지고 있다. 시스템적인 접근의 차원에서 본다면, 이에 대한 세가지 핵심주제는 환경을 강조하고 상호 연결된 하위체계와 체계 간의 조화를 중요시한다.

6 합리－합법적 모델

합리－합법적 조직차원에서 보면, 특정한 목적을 추구하기 위해 정형화된 구조를 갖는 사회집단을 합리－합법적 모델이라 할 수 있으며, 오늘날 많은 조직이 기본적으로 이에 해당한다. 이는 결국 조직을 합리성이랑 합법성에 기준하여 설명하고자 하는 것으로, 여기에서 합리적이란 목적 성취에 최적의 수단과 그에 따른 선택을 말하고, 그에 따라 합법적이란 조직의 구성과 운영이 보편적이면서 객관적인 규정에 근거하고 있음을 의미한다.

7 기타 상황이론 – 정치경제이론

정치경제이론은 조직과 환경 간의 상호작용을 통하여 조직의 내부 역학관계에 미치는 영향에 보다 초점을 맞추고 있다. 이러한 관점에서 보면, 조직이 생존과 서비스 생산이라는 목적달성을 위해 반드시 확보하여야 할 자원으로 정치적 자원으로 합법성과 세력이 있으며, 정치적 자원으로는 합법성과 세력이 있고 이에 경제적 자원으로 생산에 필요한 비용, 클라이언트, 인력 등을 고려하게 된다.

이에 따라 조직은 외부환경을 관리하기 위해 다양한 전략을 사용하게 되는데 그것은 경쟁(competition), 협력(cooperation), 갈등(conflict), 계약(contract) 등이 될 수 있으며, 정치경제이론의 관점에서 보면 조직의 내부 및 외부의 정치경제적 역학관계들은 조직의 서비스 전달체계에 어떻게 영향을 미치는지를 파악하는 데 중요한 기여를 하게 된다. 즉, 외부환경에 적응하는 과정에서 사회복지조직들이 채택하는 전략들이 사회복지조직의 구조와 과정에서 어떻게 영향을 미치는지를 설득력 있게 나타내주고 있다. 그러나 정치경제이론의 한계로는 설명에 동원되는 변수들이 지나치게 복잡하며, 경험적으로 검증하기가 어렵다는 특징이 있다.

이것은 마치 체계이론에서 분명 다양한 체계가 각종 역동성에 영향을 미치는 것은 사실이나, 그것을 정확하게 설명하기 어려운 것과 같다. 즉, 이 이론은 조직행태에 대한 기술적인 묘사에는 적합하나 예측에 필요한 양적 모델에 적용하는 것에는 어려운 점이 많다. 그러나 조직의 행태를 설명하는 데 있어서 재원이나 파워 등의 정치 및 경제적 자원들에만 한정한다면, 무형의 다양한 가치와 이념을 중시하는 사회복지조직을 설명하는 것은 어렵게 된다.

8 개방-사회적 조직이론

개방-사회적 조직이론에 대한 이론의 가정은 다음과 같다. 즉, 목표달성보다는 조직 속에 흐르고 있는 비공식적 성격과 비합리성에 초점을 맞추어 생존을 중시하며, 규칙만으로는 설명하기 어려운 조직의 비합리적인 동기적 측면을 다루고 있다. 개방-사회적 조직이론은 개방체계로 환경의 중요성을 강조하고 있으며, 이를 통하여 개인과 집단, 집단과 집단 간의 관계를 환경자원의 확보를 위한 경쟁적인 관계로 설정하고 있다. 또한 조직의 근거를 조직의 합리적인 목적달성과 수행보다 조직의 존속이라는 관점에서 이해하며 조직의 목적과 수단을 구분하지 못하는 비합리성을 반영(사회체계)하고 있다. 이 이론은 조직에 대한 학습과 문화를 설명하는 데 많은 도움을 준다.

9 학습조직이론

학습조직이론이란 21세기의 경쟁력은 단지 하나의 제품의 양이나 질보다 지식창출과 지식의 생산능력이 좌우하는 만큼, 기업과 조직의 성공을 위해서는 조직도 끊임없이 배우고 새로운 것을 창출할 수 있는 즉, 학습조직이 되어야 한다는 이론이다. 따라서 이를 위한 시스템 사고로 현상을 단선적이며 평면적으로 이해하기보다는, 전체적 시각에서 전체에 포함된 부분들 간의 순환적이며 동태적인 인과관계를 이해하여 문제의 해결수단으로 삼는 것이 필요하다는 이론이다.

이를 위해서는 개인적 숙련의 과정이 필요한데, 즉 개인이 진정으로 지향하는 본질적인 가치의 추구를 위해 현재 자기능력을 심화시켜 나가는 것이 필요하며, 자신감에 근거한 능력과 권한의 확장으로 개인의 임파워먼트가 필요하다. 이것은 일상적인 업무 속에서 경험하는 시행착오들에 의해 축적된 지식(know-how)을 점검하고 조직의 기본적인 원리를 체득하는 것이 필요하다.

이를 위해서는 첫째, 사고모형의 점검이 필요하다. 사고 모형으로는 인간이 경험하게 되는 현상들을 이해하는 체계나 준거의 틀로 철학적 기반이 있을 수 있으며, 이것은 개인과 조직의 사고체계와 행동양식에 영향을 준다. 이러한 철학적 기반을 부단히 성찰하는 것은 새로운 사고의 전환을 도모할 수 있는 장점이 있다. 둘째, 공유비전의 점검이 필요하다. 공유비전이란 조직이 추구하는 목적의 방향이 무엇이며, 그것이 왜 중요한 것인지에 관하여 조직의 목표와 가치에 대하여 모든 조직구성원들이 공감대를 형성하는 것을 뜻한다. 이러한 비전은 특정 개인이나 소수집단에 의하여 제시되는 것이 아니며, 전체 구성원 개개인의 비전과 리더가 가지고 있는 비전 간의 끊임없는 조율과 재정립이 필요하다.

이를 달성하기 위해서는 팀 학습이 중요한데, 팀 학습이란 팀의 구성원들이 바람직한 결과를 얻기 위해 의도적이며 체계적으로 지속하는 학습행위를 뜻한다. 팀 학습을 위해서는 어떤 결론의 도출을 위한 토론도 중요하지만, 타인의 관점이나 의견을 존중하면서 자신의 의견을 밝히는 유연함과 공감 및 교감할 수 있는 상호작용적인 측면의 대화와 능력이 중요하다.

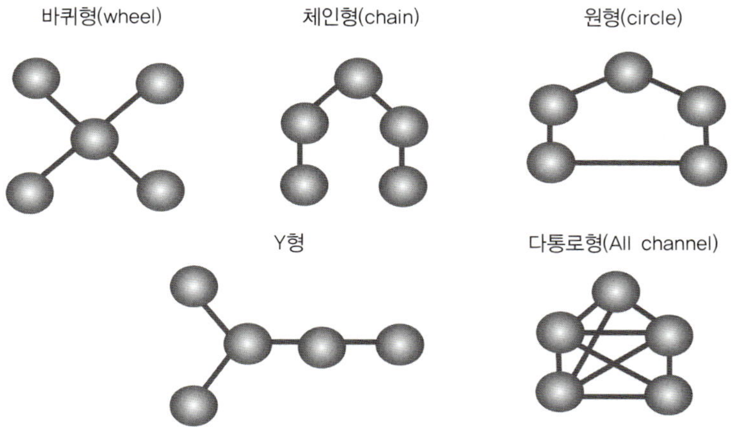

[그림 2-3] 의사소통 구성망(Communication Network)의 유형

조직의 의사소통과 공식적 구조를 나타내기 위하여 기존의 조직도표는 조직 내부의 의사소통의 구성망을 제대로 반영해주지 못하고, 복잡한 조직실체의 일부로 외형만을 보여주고 있을 뿐이다. 따라서 조직의 구조와 구성망 간은 불가분의 관계에 있음에도 이제까지의 조직연구는 조직의 공식구조인 외형에 초점을 두고 있다.

의사소통의 구조는 조직의 탄력성과 유연성과도 관련이 있다. 예를 들어, 고전적 조직이론으로 행정관리학파의 조직관리원칙을 살펴보자. 부하직원은 상사로부터의 명령만을 받아야 한다는 명령단일의 원칙(the unity of command principle)과 상의하달식 명령의 복종의 형태를 띄는 의사소통(top-down or downward communication)에 대한 강조는 조직구성망의 방향을 통제하기 위한 목적을 가지고 있다. 그러므로 바퀴형 의사소통망과 같이 집권화된 의사소통망이 능률지향적 고전이론과 부합되는 모습을 보인다. 그런데 인간관계론에서 중시하기 시작한 비공식집단과 하의상달식(bottom-up) 의사소통망 등은 조직망 내의 비공식적인 연결이나 상호성에 주목함을 나타내주고 있다.

이에 대하여 행태론자인 시몬(Simon)은 고전적 관리원칙이 상호모순된다는 것을 언급하면서, 처방적인 관리원칙의 제시보다 의사결정에 대한 기술적인 분석에 초점을 두는 것이 필요하다고 주장한다. 예를 들면, 통솔범위의 원칙은 수평적 관계의 복잡성을 감소시켜 주기는 하나, 수직적 권한계층제를 증가시키므로 결국 더 큰 조정문제를 야기하게 된다는 것이다. 이에 조직의 특성에 따라 가장 바람직한 의사소통모형에 관하여 생각해 볼 필요가 있다.

10 신제도이론[3)]

신제도론의 근원은 규범적 제도론[4)]이라고 할 수 있다. 이에 대하여 마치와 올슨(March & Alsen)의 신제도론이라는 용어는 현대의 행정을 설명하는 하나의 커다란 전환점이 되었다. 이들은 다른 사회과학과 마찬가지로, 정치학도 이론이나 개념의 구축에서 정치적 가치(political values)나 집합적 선택(collective choice)이 중요하다는 주장을 하였다. 그러나 마치와 올슨은 정치나 행정의 분석에서 가치 중심은 개인주의 중심의 가정과 방법론(assumptions and methodologies)으로, 지금까지 이러한 개인주의적 가정은 중요한 문제로 취급되지는 않았었다. 개인의 행동이 근본적으로 규범적 전제(normative premises)와 통합되지만, 가장 중요한 정치적인 활동(most important political activity)의 집합적인 성질과는 통합되지 않았기 때문이다. 그러나 마치와 올슨은 정치학이 그 사상적 근원으로 회귀해야 한다고 주장하고 있다. 이러한 정의는 이론적 문제로 많은 비판을 받기도 했는데, 그 몇 가지

3) B. Guy Peters.(1999). Institutional Theory Political Science – The 'New Institutionalism' –, Biddles Ltd, Guildford & King's Lynn.
4) 2005 개정판에서는 본 2장의 제목을 마치와 올슨의 규범적 제도론이라고 표기하고 있다. 일본에서는 2007년 일어판이 출판됨.

비판 중 하나는 합리적 선택이론(rational choice theory)을 근본적으로 잘못 이해하였다는 것에 있다. 그러나 이러한 비판에도 불구하고, 마치와 올슨의 이론적 관점은 현대의 정치 및 행정학에서 시사하는 바가 크다. 즉, 이러한 새로운 형태의 신제도론은 특별히 규범적 제도론(normative institutionalism)이라고 지칭되기도 한다.

규범적 제도론이란 단적으로 인간의 행동을 설명하는 이론이다. 그러므로 '규범적 제도론'은 조직 내부의 가치와 규범에 초점을 맞추고 있다. 또 다른 특징은 사회적 전통에서 유래하는 것으로서는 '신화적(mythic)[5]' 제도론이라 할 수 있다. 이것은 조직구성원들에게 수용되는 행동을 규정하는 것으로, '신화와 이야기'의 중요성을 반영하고 있다. 이러한 규범적 제도론은 행위자들의 사회화와 심리적 형성을 분석하는 것에 초점을 맞추고 있다. 여기서 개인들의 의미는 보다 중요한데, 이는 자신의 효용의 극대화를 위해서 자신과 관계있는 제도의 가치를 보다 밀접하게 반영한다는 입장을 견지하고 있으며, 개인들의 행동은 개인들이 자신의 가치를 발휘하고 자신의 이익을 지키고자 하는 어떠한 제도에 귀속하는가에 따라 결정된다는 입장이다. 이러한 관점에서 개인들은 각기 떨어져 있는 부속적인 원자적(atomistic) 입장이 아니라, 다른 개인들의 집합성과 관계를 맺고 있기 때문에 복잡한 연결로 맺어진 존재이다. 이때 개인들은 다양한 환경과 제도 속에서 생활하고 있으므로 대부분의 개인들은 상호관계가 복잡할 수밖에 없는 것을 이해할 수 있으며, 결국 개인의 사회적 성공은 제도적 지지라는 경쟁을 통해서 결정된다는 결론에 이른다. 다른 한편으로, 개인은 항상 조직적 애착의 정도에 따라 영향을 받으며 생활하게 된다.

반면에 규범적 제도론은 합리적 선택이론의 가정과 배치된다. 즉, 자율적 최적의 효용 극대화를 목표로 하는 완전한 합리적인 개인들은 있을 수 없다. 중요한 것은 어떠한 시대

5) 신화는 소수 주류계층에 의해 주도된 엘리트 중심의 역사 속에서 의미를 지니며, 대중의 전통적 신념이나 가치를 대변하는 함축적 의미가 있다.

에서든지 개인은 정치가가 의도하는 사회화에 반응하는 자동기계(automata)가 아니라는 것이다. 다만 개인은 다수의 영향권 속에서 자신이 갈 길을 선택하게 된다. 다시 말해, 개인은 생존을 위해 자신이 속하는 제도를 지지하지 않으면 안 된다는 것이다.

마치와 올슨은 정치와 행정을 분석하는 방법의 하나로 외생적(exogenous)인 선호형성과 내생적(endogenous)인 선호형성과의 차이를 제시하였다. 이러한 분석은 '교환(exchange)' 개념 간의 차이점을 이해하는 특별한 방법이라 할 수 있는 교환이론으로, 크게 보면 합리적 선택이라 할 수 있다. 여기서 행위자가 선호하는 것은 정치적인 외생변수이다. 이러한 외생변수는 눈앞의 선택상황의 문제를 넘어 여러 가지의 힘으로 형성됨을 알 수 있다. 그리고 개인이 선호하는 것은 그 대부분이 제도와 관련된 것에 의하여 형성된 내생변수에 의하여 설명될 수 있다. 따라서 제도는 그 자체로 참가자들을 결속시키며, 정치의 참가자에게 의미체계를 공급하게 된다. 이러한 내용에 관한 것은 현대사회의 다양한 조직을 통해서 광범위하게 이해될 수 있다.

이상과 같은 일련의 분석을 '신'제도론이라고 한다. 물론 '신'이라는 단어를 사용했지만, 사실은 여러 가지 면에서 이미 사회학과 조직론에서 볼 수 있는 제도론에 대한 전통적 형식의 반영을 취하고 있다. 그리고 이러한 분석의 근원은 행정학의 효시이자 대가인 셀즈닉(Selznick)의 연구에서 명백하게 나타나고 있다. 그리고 셀즈닉뿐만이 아니라 뒤르켐(Durkheim), 베버(Weber) 등의 학문적 거장의 연구로까지 연결될 수 있다. 예를 들어, 베버는 문화적 규범이 어떻게 시장과 정치행동의 양방을 수용하여 다양한 정치적 집합행위의 기초를 형성했는가에 관해 분석하였고, 그러한 구조가 어떻게 형성되었는가를 연구하였다. 또한 뒤르켐은 공식조직을 중심으로 하여 인간의 행위가 어떻게 구조화되었으며, 이러한 구조에서 창출된 상징이 담당하는 중요한 역할에 관하여 연구했다. 아울러 사회학은 처음부터 제도, 조직, 그리고 이러한 구조 속에서 개인이 어떻게 활동하는가에 대하여 연구했고, 행정학에 있어서도 개인의 행동이 가지는 성격을 규정한다는 것은 가치의 중요성을 가지고 있다. 그리고 이러한 가치관의 유형은 규범적 제도의 접근에 있어서도 일맥상통하게 보여주는 영역이기도 하다.

이에 대하여 셀즈닉은 '합리적 행위의 구조적 표현으로서의 조직'과 '적응적 규범 구조'로서의 조직을 구분하여 제시하였다. 이러한 두 가지 조직의 모델은 마치와 올슨이 기술한 바에 의한 집약적(aggregative) 정치과정과 통합적(integrative) 정치과정의 두 가지로 구별되는 것과 같다. 집약적 정치과정이라는 형태에서의 조직은 본질적으로 계약형이며, 여기에서 개인의 대부분은 개인적인 이익을 위해 조직에 참가한다. 이에 반하여, 통합적 정치과정의 조직형태는 '적절성의 논리(適切性의 論理, logic of appropriateness)'로 표현되는 제도적 개념으로, 규범적 신제도론의 중심개념에 더욱 근접한 것이다. 이때 통합적 제도에 참가하는 개인은 조직목표의 지지(commitment)에 기본을 두고 있다고 할 수 있으며, 최소한 개인의 지지를 요구하는 조직(또는 제도)의 정통적 주장을 어느 정도 수용하고 있음을 알 수 있다. 이러한 개인의 선호형성을 규범적 제도론의 내생변수라고 한다. 통합적 조직과 집약적 조직은 에치오니(Etzioni)의 조직과 개인의 관여(關與)에 관한 분석에도 투영되어 있다. 에치오니는 이에 대하여 다음과 같이 기술하고 있다. 즉, 조직은 개인을 조종할 수 있는 3가지 유형의 권력이 있다는 것이다. 이 세 가지 유형의 유인은 다양한데 강제, 보수, 규범의 속성을 가지고 있다. 이러한 세 가지의 유인에 대하여 조직의 각 구성원은 세 가지 유형의 관여 소외, 계산, 도의(道義)를 행사하게 된다. 만일 보수적 권력(報酬的 權力)을 사용하여 개인을 유인하게 된다면, 개인은 관여할 때에 계산을 하여 조직에 참여하게 될 것이다. 그렇게 되면 그 조직은 안정된 집약적 조직의 예가 될 것이다. 그러나 규범적 권력을 구사하여 도의적 이유에 의해 개인을 유인하다면, 그것은 안정된 통합적 제도가 된다. 이러한 에치오니의 분석은 강제와 소외의 조합이라는 논리에 기여할 수 있게 된다.

그러나 마치와 올슨의 입장에서 보면, 계산에 근거한 것보다는 규범에 근거한 방법이 더욱 설득력이 있는 것이다.

따라서 마치와 올슨의 제도론에 관한 초점은 조직 내의 '통합'을 중요하게 강조한다. 그들이 신제도론을 개발하고 주창한 이유의 대부분은 구조가 집약적이라는 것에 있었다. 이러한 조직에서 개인들은 인적 · 물적자원의 획득(다운즈 1957, 1967)을 위해 매몰되었다고 가정하면서 지금까지 이러한 가정이 지배적이라고 믿고 있다. 따라서 집약적 조직구조라는 개념은 개인은 자신들의 목적을 달성하기 위해 어쩔 수 없이 조직의 지배를 받는다는 것에 초점을 두고 있다. 물론 그럴 필요성이 있는가라는 문제는 제기되어 왔지만, 어떠한 조직에도 중요한 규범적 요소가 없는 것은 아니기 때문이다. 그렇기 때문에 사회 및 경제적 문제를 해결하기 위해 자유시장을 주창한 자들조차도, 강력한 규범적 가치로 예를 들어 자유와 선택 등을 택하기도 한다. 또한 이러한 제도에 개인들이 매몰되기도 하며, 개인들은 규범적 명제를 적절히 이해할 수 없는 것으로 간주하기도 한다. 이에 대하여 체스터 버나드(Chester Barnard)는 조직관리이론보다 이른 시기에 조직과 제도의 규범적 관점의 근원을 보여준 바 있다. 그는 미국의 전화회사의 경영자로서, 효과적인 조직을 창조하는 최선의 방법은 적극적인 조직문화를 만드는 것이라 인식하였다. 그는 보다 유능한 조직을 만들기 위해서는 그 과정에서 종업원을 동기화하는 상징을 만드는 관리자의 역할을 강조하면서, 그 자신은 상징을 중심으로 조직행태이론의 기본을 정립하였다.

그렇다면 무엇이 제도인가, 가장 기본적인 질문은 제도를 어떻게 정의하는가 하는 문제이다. 제도라는 용어는 다양하게 사용되어 왔다. 의회 등의 공식구조로부터 사회계급과 같은 무정형의 실체에 이르기까지 전체를 의미하기도 한다. 그뿐만이 아니라, 동시에 법률과 시장 등의 사회 및 정치적인 세계를 구성하는 기타의 요소도 제도라고 할 수 있다. 또한 제도라는 것은 사회학에서도 어느 정도 다양하게 사용된다. 그리고 대부분의 경우

조직과 동일한 의미로 사용된다. 그런데 특히 상위구조나 행동에 대한 제약 등을 각각 제도라고 부르는 것은 어떤 타당성이 있다. 그런데 마치와 올슨은 제도가 반드시 공식구조는 아니며, 오직 규범, 규칙(rule), 이해의 집합체라고 하고 있다. 또한 가장 중요한 것은 정형화일 것이다. 그들은 다음과 같이 정치적 제도의 정의를 명문화하였다. 즉, 제도는 역할과 상황의 관점에서 볼 때 적절한 행위의 핵심을 명확히 하는 상호관계의 규칙과 정형화의 집합체이다. 이러한 행위의 명확화 과정에서 상황이란 무엇인가, 어떤 역할을 수행하는가, 그런 상황에 있어서 역할에 걸맞은 의무는 무엇인가 등을 철저히 규명하는 것 등이 신제도론의 연구대상이 된다.

이에 대하여 마치와 올슨은 제도에 대한 개념에서 '적절성의 논리(logic of appropriateness)'를 가장 중요하게 제시한다. 이것은 개인의 행동을 결정하는 '결과의 논리'보다 더 크게 행동에 영향을 미친다는 것이다. 즉, 제도가 조직구성원들의 행동에 영향을 미치는 경우 조직의 구성원들은 결과에 대한 것보다 자신의 어떤 행위가 조직규범과 일치하는가 하지 않는가를 고려한다는 것이다. 예를 들어, 군인이 죽음에 직면한 장황에서 '적절하게' 행동하는 것과 소방사가 불타는 곳에서 인명을 구하기 위해 불 속으로 뛰어 들어가는 것은 자신들이 선택한 직업으로 그것이 임무이기 때문이다. 이러한 극단적인 예를 들지 않는다 하더라도, 인간이 제도를 창출하고 수정하는 적응능력은 무시할 수 없는 사실이다. 따라서 마치와 올슨은 개인행동의 동기가 제도적 가치일 경우, 그 행동은 '의도적이지만 자유 의지적이지는 않은(intentional but not willful)' 것일 수도 있다.

이에 대하여 크리스틴슨(Christensen)은 '적절성'이라는 용어가 매우 애매모호한 것이라고 비판했다. 마치와 올슨의 이론에서 '적절성'이란 어느 정도 조작화한 것이며, 제도에 일관적으로 상대적인 획일성을 적용한 것으로 보았다. 그러나 크리스틴슨(Christensen)은 이러한 정의가 반드시 정확한 것이 아니며, 행동에 대한 제도의 제약은 애매모호한 것이 많다는 비판을 하고 있다. 그러나 이러한 애매모호함이 제도에 어떤 역할을 한다고 보기도 한다. 실제로 적절성에 대해 조금씩 견해가 차이가 나는 조직구성원들끼리 활동을 하는 가운데, 서로 적절성의 논리를 변경해나가는 것이 가능하기 때문이다.

그리고 제도의 형성에 있어서 각 제도론의 기술과 평가를 위한 이차적인 질문은 제도의 기원이 어디인가 하는 것에 대하여 생각해 볼 필요가 있다. 각 학문의 분야에서 제도가 어떻게 형성되는가에 대해 연구를 보면, 대체적으로 '어떤 범위의 행동을 설명하는 능력'을 의미한다. 이것은 각 이론 중에 나타나는 '일반적인 정치적 역동성'에 대한 기술을 뜻하는 것과 같다. 예를 들어, 마치와 올슨은 규범은 제도의 성격을 정의하는 데 가장 중심적 요소라고 생각하였다. 그렇다면 제도를 형성하며 이러한 제도 내의 행동을 지배하는 규칙(rule)과 규범은 도대체 어디에서 생성되는 것인가? 이러한 질문에 대한 첫 번째 해답은, 제도는 그 의미구조나 그 적절성이라는 논리의 대부분이 제도를 구성하는 사회로부터 생성된다는 것에 있다. 따라서 각 개인이 권장할 제도를 결성할 때, 대부분의 경우 사회의 일원이 됨에 따라 이미 새롭게 사회화(pre-socialized)가 된다. 즉, 공적인 일을 하는 사람은 어느 정도의 공동규범, 호혜성, 성실성, 협동 등을 통해 일반적인 사회화 과정의 일환을 학습한다.

또한 대중을 상대로 새로운 조직을 구성할 경우에는 대체로 의사결정의 기준으로 구성원의 총 투표로 표결하게 되는데, 이러한 표결이 다양한 사회규범 또는 정치제도의 확립을 의미하기도 한다. 이러한 과정이 바로 '적절한 것'과 '유익한 제도'로 발전하게 되는 것이다. 이때 정형화(routine)라는 것은 사람들이 일단 기존의 원제도적(原制度的, proto-institutional)인 것으로, 상호작용을 하던 안 하던, 자연히 출현하는 것이다. 정형화는 어떤 제도에서 조직구성원이 참가하는 중에 지속적으로 거래비용과 의사결정을 최소화하는 수단이 된다. 더욱이 제도 자체는 효율을 높일 뿐 아니라, 제도에 부과된 일상적 요구를 대처할 수 있는 수단이 되기도 하다. 따라서 모든 조직은 정형화를 생성한 다음에 생성된 정형화로 환경에서 발생하는 과제목표의 변화를 감시하고 대처하는 수단으로 이용된다. 어떤 경우에는 정형화가 조직의 성격을 규정하기도 한다. 예를 들면, 경찰서와 소방서는 함께 '공공의 안전'이 주된 업무이지만, 각각 상이한 정형화의 내용을 갖고 있는 것과 같다. 정형화는 보다 확립된 개념으로서, 어떠한 의미가 정형화에 더해 감으로써 구조 내부에서 제도화 정도는 점점 증대되어 간다. 관료제에 대해 아이젠슈타드(Eisenstadt)의 제도생성의 개념은 셀즈닉(Selznick)이 개발한 제도화의 이념과 흡사한 면이 있다. 셀즈닉은 오직 조직이 공식적 목적에 필요한 경우보다, '가치적으로 주입하는' 경우에 제도가 창출된다고 하였다. 즉, 제도는 구성원이 목적달성을 위한 수단보다 더 중요한 경우에 창출되는 것이다. 제도는 단순한 기계적 조직보다 적절성의 이론에 의해 창출되는 것이므로, 조직구성원의 동기부여를 고양시키는 기능을 한다. 제도의 변동에 대하여 마치와 올슨과 그 동료들은 초기 제도형성과정보다도 일단 제도가 형성될 때에 제정 내부의 변동 유형에 더 관심이 높았고, 그들의 논리 중에는 이러한 제도변동의 논리가 사실상 영향력을 발휘하며 설득력 있는 부분이었다. 마치와 올슨은 의사결정에 관하여 유명한 "쓰레기통 모델(Garbage Can Model)"을 제시하면서 변동과 적응을 그들의 연구 대상의 기본으로 제시하였다. 즉, 쓰레기통 모델은 문제해결의 답을 개념화한 것이다. 이 개념은 문제, 해결책, 참여자, 기회라는 네가지 요소가 쓰레기처럼 섞여 있다가 비합리적 결정을 하게 된다는 것으로, 이 경우 제도는 정책조정에 필요한 것으로 고려되는 대상이며, 동시에 이용할 수 있는 대응의 목록과 같은 것으로 간주된다. 우리가 알고 있는 의사결정 모형의 쓰레기통 모델에서 제도는 문제에 대한 일련의 정형화된 대응이며, 손쉬운 해답을 이용할 수 있는 도구와 같다. 따라서 문제를 해결한 이후에도 중심 가치에서 벗어나 대안을 탐색하는 잣대와도 같은 것으로, 실시된 제도의 변경은 적절성의 논리와 일치한다는 것을 의미한다. 이것은 상황에 맞게 적절하지 못한 제도는 다시 변경될 수 있다는 것이다. 이때 제도의 가치는 한정된 정책대안의 탐구범위를 설정해 주는 유용한 변수로 제한된 합리성의 역할을 한다. 또한 쓰레기통 모델은 제도의 변동이 계획한 대로 진행할 수 있다는 가능성이며, 제도 내부의 몇 가지 활동의 흐름과 행동기회 등이 합류하여 만들어낸 소산물이라고 할 수 있다. 따라서 규범적 제도론자에 의하면, 제도의 변동을 일으키는 자극과 중요한 대응 수단으로 학습과정은 중요하다. 그 기본적 논지에 의하면, 제도란 학습과정을 통하여 환경의 변동을 확정시키고 대응한다. 이러한 환경의 변화는 제도의 입장에서 볼 때에 일련의 '기회'이기도 하다. 동시에 확립된 행동 유형의 입장에서 본다면 '위기'이기도 하다. 그리고 이상의 제도의 변동에 대한 관점에서 본다면, 공공조직의 변동은 거의 대부분이 '랜덤'(random)한 성격을 내포하고 있다. 또한 제도의 위기는 변동의 원인을 개념화하는 또 하나의 수단이 된다. 제도에 직면하는 위기가 점차적으로 확대되고 명백하게 나타나면, 위기는 환경의 조건과 요구에 적응 못하는 규범적 제도의 문제를 야기하게 된다. 이러한 시각에서 보면, 제도의 지도자는 직면한 주요 과제에 대해 외부의 환경과 잘 적응할 수 있어야 하며 위기에 효과적인 관리와 제도의 재정식화(再正式化 , 規範과 期待의 變動)가 필요하다. 규범적 제도론의 관점은 기술적인 능력(descriptive powers)에도 불구하고, 제도의 기원이 어디에 있는지를 설명하는 것에 어려움이 있다. 더욱이 제도는 일단 창출되면 명확한 변동의 논리를 필요로 하게 되며, 끊임없이 변화하여 왔다. 이러한 접근은 변동과정의 기술을 통해 제도를 변동의 동태적 요소로 구체화하려는 시도가 있어왔다.

그 다음으로 중요한 문제는 개인과 제도의 관계에 관한 것이다. 제도론의 설명은 정치적 사건에 대해 개인주의적 설명의 대안이라 할 수 있다. 그러나 개인의 행동과 관련한 무엇인가의 메커니즘이나 기제를 이해하지 않으면 안 된다. 이것은 다음의 두 가지 방향으로 이해될 수 있다. 즉, 개인의 행동을 형성하는 제도의 메커니즘, 그리고 제도를 형성하고 개혁할 수 있는 개인의 메커니즘이 존재하지 않으면 안 된다는 것이다. 또한 개인과 제도의 관련을 명확하게 이해하지 못한다면, 제도는 당연히 단순한 추상적 실체에 지나지 않을 것이다. 이렇게 되면 정치적 활동과 개인과의 관련성은 대부분 유지할 수 없을 것이며, 제도는 규범적 가치를 유지하지 못하게 된다. 이것은 마치 현대 사회학의 기든스가 듀얼 시스템을 통해 설명하고자 하는 바와 같은 방향이다. 기든스는 개인과 사회를 듀얼시스템적인 관점에서 설명하고자 하였는데, 그 요지는 개인이 사회에 영향을 주며 사회가 다시 개인에게 영향을 주어 상호 개혁과 개선의 동인이 된다는 것이다. 이러한 설명은 행정학에서도 가능한데, 즉 개인과 제도의 문제는 사회이론에서 찾아볼 수 있는 '구조-주체적 행위의 문제(Structure-Agency-Issue)'와 같다. 이것은 각 개인의 행동은 자신들이 속한 구조의 기능에 의해 설명할 수 있는가, 아니면 개인의 행동을 분석하여 구조의 행동을 설명할 수 있는가 하는 문제로 나타난다. 기든스(Giddens)[6]는 이러한 관계를 '이중(二重)'관계라고 하였는데, 그 의미는 행위주체(agent)의 구조는 호혜적 인과관계라는 의미이다. 이에 대하여 규범적 제도론은 제도가 개인의 행동에 영향을 미치는 장치에 대해 명확하게 설명하고 있다. 즉, 제도는 '적절성의 논리'를 가지고, 그 구성원에 대해 무엇이 적절한 행동이며, 무엇이 부적절한 행동인가에 대해서 규정하고 있다는 것이다. 예를 들어, 시장의 경우 결과의 논리를 가지고 있기 때문에 적절성의 논리가 통하지 않겠지만 나름대로 자체적인 보완(補完)을 하고 있다. 한 예로, 납득이 가지 않는 어떤 관행에 있어 아무리 이윤이 높다고 하더라도 시장의 규율을 깨는 위험한 일이라면 다음의 거래에서 배제되는 것과 같다. 실제로 제도의 작동법은 중요한 영역이다. 어떠한 제도의 구조가 영향을 미치

---

6) 그의 학문적 장점은 마르크스(Karl Marx)와 막스 베버(Max Weber), 에밀 뒤르켐(Emile Durkheim) 등의 고전과 현상학 · 구조주의 · 민속방법론 같은 현대사회이론을 토대로 하여 현대 사회와 자본주의의 현상을 분석한 데 있다. 1980년대 이후 좌우이념 대립 및 그 극복방안을 연구한 끝에 구조주의와 행동이론을 결합한 구조화(structuration)이론을 발표하여 명성을 얻었으며, 그 연구결과는 영국의 정치가 토니 블레어가 주장한 '제3의 길'의 이론적 기반이 되었다.

고 제도 속에 있는 구성원의 행동을 결정한다고 할 때, 어떠한 형태로 작동하게 하는가를 알아보는 것은 매우 흥미있는 일일 것이다. 규범적 제도론의 경우, 개인의 행동에 규범집합이 설정되고 보급되면 제약의 강제방법을 명확히 하게 되는 경우 작동을 하게 된다. 이러한 제약은 어느 정도 자기 관리에 의해서 실행되며, 제도의 구성원인 개인은 대부분 자유의지로 그렇게 한 것으로 제도에 들어오기 전에 이미 제도의 가치를 수용했다고 볼 수 있다. 따라서 규범에 의한 복종(normative compliance)은 이러한 이론적 논리에 의해 제도의 기능을 가능하게 한다. 이런 경우에 복종의 원천은 그 목적에 대한 규범적 지지에 의해서 생성되게 된다. 따라서 규범에 의한 복종이 관습화되고 정형화됨에 따라, 그 결과로서 의식적 지지와 의식적 의사결정은 정형화에 의해 최소화되게 된다. 그리고 개인은 제도대로 변화해 가며, 개인의 습관도 제도대로 변화해 간다. 또한 이와 같은 규범적 입장은 신화나 전통과 같이 정형화의 강화로 이어진다. 그러나 제도의 창설자에 의하여 취지하는 설계의 내용이 있다고 하더라도, 현실적으로 실행되지 못하는 경우도 있으며 창설자의 의도대로 설계된다 하더라도 수정될 수 있다. 대부분의 제도는 다양한 가치론적 집합을 이루고 있기 때문에, 어떤 사람은 그것을 해석을 하고 취사선택을 한다. 또한 그 결과로 인한 애매한 행동의 차이를 볼 수도 있다. 또 하나의 비판으로 제도의 역할과 함께 '적절성의 논리'가 강조된 나머지 인간의 의사결정과정은 과소평가되었다는 의견이 있다. 제도의 적절성과 개인적 혹은 직업적 가치관과 충돌하는 경우도 있는데, 예를 들어 환자의 이익을 최우선으로 하는 의사의 가치와, 정부 측 개호단체(介護團體)에 대해 명문화된 재정적 '적절성의 논리'가 대립할 수 있다. 이런 경우 각각의 의사는 가치군(群)에 따라 자신들의 판단을 내리지 않으면 안 될 것이다.

그렇다면 무엇이 좋은 제도인가라는 차원을 생각해보는 것이 중요하다. 제도 문제에 대한 분석은 명백한 규범적 기초를 고려해야 한다. 규범형의 신제도론에 존재하는 평가모델은 추출이 가능한 것이어야 한다. 먼저 규범적 통합을 중시해야 하는데, '제도와 조직 내부에 있는 집합적 가치의 창출'이 중요한 문제이다. 평가모델에 있어서 제도의 개념화와 정의는 핵심개념이다. 따라서 평가의 기준은 단순한 성공과 실패의 이원론적으로 발전할 수 있을 가능성이 있을 것이나, 이것으로 성공과 실패를 측정할 수 있는 것은 아님을 알아야 한다. 그리고 무엇보다도 개인의 역할을 중요시하였는데, 대체적으로 개인을 자율적 행위자로 개념화하고 있다. 이러한 행위의 자율성은 행태적 접근에 있어서도 마찬가지로 행위의 자율성이 명백하다. 이에 마치와 올슨의 관점은 학문적으로 성립될 가치가 있는 몇 가지의 중요한 이론적 구성요소를 제시하고 있다. 그 중 하나는 제도론이 근원으로 회귀되어야 한다고 하고 있다. 여기서의 회귀는 정치행동의 개인적 근원으로의 회귀가 아니라, 그 반대로 집합적 근원이라는 의미로의 회귀이다. 그러나 마치와 올슨의 규범적 제도론 모델에서는 개인이 중요하며, 또한 최종적으로 제도 내에서 선택을 하지 않으면 안 된다. 그러나 이러한 선택은 대부분이 어느 정도 정치제도의 일원이라는 것에 의하여 조건화된다. 이러한 관점에서 '구조－기관의 문제(the structure agency problem)'는 개인이 제도의 가치를 받아들이고 해석하는 것에 의하여 결정될 수 있다. 마치와 올슨은 제도 내에서 행동의 기초가 강제적(coercive)인 것이 아니라 규범적(normative)인 특성이 있다고 하였다. 즉, 제도의 구성원은 공식적으로 나타난 규칙의 지침을 받는 것이 아니며, 조직의 구성원은 오직 조직이 추진하는 어느 정도 조직구조가 성립된 가치에 의하여 강한 영향을 받는다. 마치와 올슨의 이론에서는 이러한 규범적 요소를 강하게 주장하고 있다. 그러나 이 개념의 한계로는 규범과 적절성이라는 논리를 강조한 것은 매우 고무적이다. 그러나 측정과 조직의 행동과 같은 측면을 판단하는 것이 매우 어렵기 때문에, 이러한 논리적 전개를 실증적으로 논증하는 것은 여전히 어려운 과제를 남겨주고 있다. 결국 인간의 삶이 사회적인 제도의 지지(commitment)라는 것을 통해 결정된다는 것은 사회와 역사적 현실 속에서 지속되고 있는 현상이다.

CHAPTER

03
사회복지조직의 구조와 유형

학습목표

1. 사회복지행정조직의 발달을 이해한다.
2. 사회복지행정의 정보 및 조직관리의 개념을 이해한다.
3. 사회복지행정의 기술혁신 방향에 관해 논의해보자.

1 사회복지조직의 원리

1) 진화하는 유기체로서의 조직의 이해

조직이란 다양한 목적과 욕구의 만족을 추구하면서, 보다 넓은 환경 속에서 조직이 지니는 목적달성을 위해 존재하고 환경에 적응하여 살아가는 체제이다. 이 관점에서 조직은 환경과의 끊임없는 교환을 수행하게 되므로, 유기체의 이미지로 환경과 조직에 대한 개방적이고 유동적인 시각을 갖게 된다. 아메바 조직의 의미는 “큰 기업을 마치 작은 조직의 집합체처럼 운영한다.”는 기본 발상 아래 기존의 경직성을 탈피하여, 보다 유연하게 전 조직원이 각자의 능력, 개성, 가능성을 최대한 발휘하고 개발하도록 권한다. 이것은 조직을 고정화시키지 않으며, 자율성과 유연성을 바탕으로 조직편성을 변경, 분할, 증식이 수시로 일어난다는 점에서 아메바 조직이라 지칭된다. 어떤 조직이든 하나 이상의 기능이나 목적을 가질 수 없다는 원칙은 유지하되, 어떤 아메바가 활동 중에 새로운 기능이나 목적이 추가되면 또 다른 아메바의 형태로 대응하고 분열하듯이, 적응적 형태로 조직이 움직일 수 있다는 개념에서 조직을 유기체에 비유한다. 따라서 단위조직의 구성원은 두 명부터 수백 명 단위까지 있을 수 있으나 보통 최소 열 명 정도로 구성되며, 독립채산단위로 운영되며 조직운영에 관한 모든 권한이 조직 자체에 이양되어 있는 특징

을 지닌다.

그러나 최근 회사의 성장과 함께 아메바의 수의 증가에 따라 각 아메바들(소규모의 활동부서 등) 간의 의사소통이 어려워짐에 따라, 이를 극복하기 위해서 직원연수를 강화하고, 경영이념을 하위조직까지 전달시키기 위해 가치관 교육을 실시하며, 간담회 및 각종 설명회도 개최한다. 또, 아메바들(내부조직) 간의 여러 가지 문제로 의견이 대립되는 경우에는 상부에서 조정을 하지 않으며, 자유로이 상호작용을 시키는 자유경쟁 시스템을 운영하기도 한다. 즉, 아메바 조직은 하드(조직운영) 차원에서는 분할을 하며 소프트 차원(상호작용)에서는 통합 및 자유경쟁을 도모하는 발상이다. 세포분열형은 일정 시기가 되면 다시 세포로 분열하는 것처럼, 자동적으로 다시 작은 조직으로 분리되는 조직 형태를 지닌다. 각각의 개별 조직은 일정한 형태를 지니고 있으나, 조직의 전체의 틀은 정형이 없는 형태로 전체로는 거대한 조직을 이루고 있지만, 각 조직은 별개의 독자성을 갖고 있고, 지속적인 세포 분열을 통해 비슷한 규모의 조직들이 존재하게 된다.

그 특징으로 거대 조직이면서도 기존 거대 조직이 갖는 문제점을 해결할 수 있으며, 하나의 거대 조직에서는 힘든 다양한 사업의 모델을 수행할 수 있고, 따라서 창조적 사업 아이디어의 창출과 도전을 가능하게 한다. 그리고 개별 사업부문의 경영자가 보다 기업가적인 정신을 가지고 자신의 영역에서 도전을 가능하게 하여, 소비자와 기업의 상위 경영진 간의 거리감을 좁히는 활동을 통하여 고객의 요구와 시장동향에 관해 더욱 민감하게 반응할 수 있다. 이러한 아메바 조직과 연결망 조직은 상호 공통점이 있다.

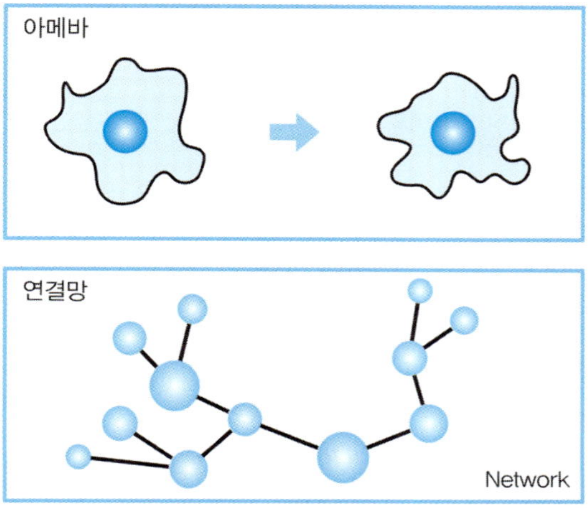

[그림 3-1] 아메바 조직과 개별 조직

2) 사회복지조직의 구조와 조직화

그동안 조직의 군살빼기 또는 조직의 경량화 등의 용어를 자주 들어보았을 것이다. 정보화 사회에 있어서 조직은 비대한 규모(몸통)의 군살(불필요한 조직의 정비)을 빼는 정도에서 나아가 몸통과 팔, 다리 없이 핵심부서로서의 두뇌만을 남기는 네트워크형 조직으로 진화해가고 있다. 조직에 대한 생각은 마치 콘크리트와 같아서, 액체처럼 부정형적인 상태로 있다가 일단 굳어지면 돌처럼 딱딱하게 경직된다. 액체금속(Fluid metal)처럼 유연하게 자기조직화(Self-organizing)할 수 있는 역동적으로 유연한 조직(Dynamiacally flexible organization)은 과연 존재할 수 있는가?

자기조직화의 가상조직은 액체처럼 부정형의 형태이다. 자기조직화는 가상조직의 생명은 고객의 욕구에 따라 자신의 모습을 신속하게 바꾸는 유연성에 있으며, 고객의 욕구에 부응하는 조직이 결국 살아남기 때문이다. 다음 〈표 3-1〉은 그동안 학습한 고전적 조직의 관료제조직과 현대사회의 네트워크조직을 상호 비교한 것이다.

표 3-1 관료제조직과 네트워크조직과의 비교

분 류	관료제조직	네트워크조직
관 계	관료적	대등관계
단 계	계층화 - 많음	적음
구 조	명령하달 - 기능적	기능 및 횡단적
경 계	고정	투과적 기능
특 성	수직적 및 통합적	외부자원 활용 및 제휴
경영자 스타일	지시	참여
기업문화	전통	헌신과 결과
구 성 원	한정성	다양성
전 략	효율성	혁신성

(1) 과거의 심리적 감옥으로서의 조직

기계적 관료제의 창시자인 막스 베버는 합리적, 법률적 관료제가 사회의 지배적인 체제가 되리라 예견하면서도, 사람을 위해 만들어진 합리 및 능률적 체제로서의 관료제의 역기능으로 인하여 철창 없는 감옥과 같이 관료제 구성원의 사고방식을 경직되게 할 수 있다고 보았다. 이에 기계적 마인드로 조직의 발전에 있어 걸림돌이 될 수도 있음을 지적하고 있다.

(2) 현대의 복잡적응체제(Complex adaptive system)[1]로서의 조직

지난 수십 년간 조직 관련 이론은 조직에 대한 진단으로 안정성과 적응과 같은 조직현상을 설명하기 위하여 체계론적 관점에서 항상성 및 평형 등의 일반체제이론(general system theory)의 개념을 조직에 도입하고 활용해 왔다. 조직은 마치 유기체와 같이 역동적인 적응 및 진화체제를 갖는 것으로 간주되고 있다. 조직의 이해로 조직은 비선형 순환고리로 상호 연결된 많은 구성요소로 이루어져 있고, 평형체제의 경우와 달리 초기 조건의 민감성에 의한 경로의존현상을 보이고 있으며, 환경으로서 다른 조직과 상호 교환작용을 하므로 공진화[2]하는 또한 미시적 수준에서의 혼돈적 행동이 장기적으로는 거시적인

---

1) 복잡계 과학에서 의미하는 복잡계란 노벨물리학상 수상자인 머레이 겔먼 교수에 의하면, "복잡계는 그 특징이 구성요소들만을 이해하는 것만으로는 완전히 설명이 되지 않는 시스템이다. 그 요소들의 상호작용은 많은 부분이 개체, 행위자들로 구성되어 있다."라고 하였다. 산타페 연구소의 경제학과 교수 브라이언 아써는 "복잡계의 의미가 무수한 요소의 상호 간섭에서 어떤 패턴을 형성하거나, 예상외의 성질을 발현하거나, 각 패턴이 각 요소 자체에 다시 반영되는 시스템이다. 복잡계는 시간의 흐름에 따라서 끊임없이 진화하고 펼쳐지는 과정에 있다."라고 정의하였다. 또한 예일대 심리학과 제롬 신저 교수는 "복잡계가 상호작용하는 수많은 행위자를 가지고 있으며 그들의 행동을 종합적인 차원으로 이해해야만 하는 시스템이다. 그런데 이러한 종합적인 행동들은 비선형적이어서 각 개별요소들의 행동을 단순 합으로 유도해 낼 수는 없다."라고 언급한 바 있다. 이를 정리하면, 복잡계(complex system)란 무수한 구성요소들의 상호작용을 통해 구성요소 하나하나의 특성과는 사뭇 다른 새로운 현상과 질서가 발현되는 시스템을 말한다(최창현, 2010).

2) 공진화(coevolution) 현상은 상호 의존적인 종들이 상호 영향을 주면서 함께 진화하는 것을 뜻한다. 즉, A라는 종의 변화가 B라는 종의 생존환경을 만들고, 다시 B의 변화가 A의 생존 조건이 되는 일련의 연속적인 과정이다(Moore 1996: 12). 생존환경이 곧 생존조건이 되어, 예를 들면 사자가 약한 얼룩말을 잡아먹으므로 얼룩말은 더 빨라지고, 여기에 빨라진 얼룩말을 잡아먹기 위해 사자가 더 빨라지는 식으로 진화하는 것이 공진화의 개념이다. 이에 대하여 피터스와 워터맨은 지속적으로 이윤을 많이 내고 혁신적인 제품과 기술 발전을 해온 기업으로 보잉, 듀퐁, 코닥, 아타리, 그리고 아봉과 같은 우량 기업의 관리의 공통된 특질을 규명하고 우량 기업이 되기 위해 이러한 특질을 다른 조직도 갖추어야 한다고 주장했다. 그러나 5년이 지나지 않아서 우량 기업으로 선정된 조직 중 3분의 2가 우량 기업이 아니었다. 예를 들어, IBM은 우량 기업으로 선정되었으나 몇 년 후 죽은 조직의 위기를 맞았다. 하지만 1980년대 후반 다시 우량 기업으로 컴백하였으며 더 경쟁력 있는 창조적 경쟁자가 나타나면서 게임의 규칙을 바꿔버릴 경우에 환경에 과도하게 적응된 기업은 급격한 변화에 대응하기 어려웠다. 따라서 이러한 현상은 과거에 조직 성공의 요인이었던 것이 동시에 조직 실패의 원인이 되기도 하였다. 텍사스 인스트루먼트라는 회사는 제품을 다른 회사보다 싸고 빨리 만들어서 성공하여 초기에는 반도체의 산업표준을 정하고 혁신적인 제품흐름을 주도했으나, 가격 인하에 집착하여 유행에 뒤진 싸구려 제품만을 고객에게 제공하고 좀 더 정교한 반도체 칩을 개발하지 못함으로써 경쟁자에서 밀리게 되었다. 결국 신제품을 개발할 필요성을 간과하여 IT의 초기 성공의 원인이었던 것이 조직이 쇠락하는 원인을 낳고 만 것이다. 이러한 공진화이론은 개체 돌연변이가 환경에 의하여 선택된다는 적자생존의 논리를 벗어났으며, 실제적인 진화는 개체가 전체를 진화시키며 전체가 개체를 진화시키는 상호 진화과정임을 보여 준다. 따라서 공진화는 하위 체제의 구성 요소들이 공진화를 통해 창조되는 질서는 상위 체제의 자기조직화 과정이라 볼 수 있다. 이것은 체제 내의 한 요소가 다른 요소에게 미치는 영향이 순환고리가 되어 자신에게 되돌아오는 순환적인 특성으로, 결국 '자기인과성(self – causality)'으로 일컬어진다. 예컨대 꿀벌의 사회는 식물 체계, 곤충, 동물, 인간 사회와 구조적으로 연결되어 있으나(나비효과), 이러한 연결은 인간의 인식 수준에서만 분리되어 있다고 보는 것이다. 따라서 모든 체제는 다른 체제와 구조적인 연결을 통하여 자기조직화되며, 이때 공진화 매커니즘이 작용하게 된다.

모습으로는 질서를 보이는 자기조직화적 복잡적응체제(Self-Organizing Complex Adaptive System : SOCAS)라 할 수 있다. 전통적인 조직의 정의와는 다른 관점으로서의 진화론적 조직정의에 의하면, 조직은 복잡적응체제의 특질로 창발성(emergence), 비선형 순환고리성(nonlinear feedback loops), 경로의존성(path dependence) 등으로 초기조건에의 민감성(나비효과)을 보이며, 공진화(coevolution)하는 복잡적응체제로 볼 수도 있다는 점에서 조직에 관한 새로운 관점을 제시해 준다.

그러나 문제는 격변적인 환경변화에 직면한 오늘날의 조직들에게 과연 안정적인 지형이 존재하느냐 하는 것이다. 단일 봉우리 지형의 경우에는 점증적인 적응전략이 만족할 만한 해결책이 될 수 있을 것이다. 많은 조직에 있어 처음의 해결책에 고착되어 경로 의존성을 보이게 되는 경우가 많은데, 조직의 적응전략은 기존 조직의 루틴(관례)에 집착(exploitation)함으로써 얻어지는 이득을 잃지 않으면서도 새로운 전략을 탐색(exploration)하여 이득을 극대화하는 것이다.

조직이란 어느 한 시점에서는 유용했던 전략이 환경의 변화로 인해 무용지물이 될 수도 있다. 이에 대하여 아서(Arthur, 1990)는 경로의존과 조직의 고착(lock-in)현상에 관하여 이야기하면서, 조직설계 문제의 경우에 조직이 어떤 특정한 조직구조를 갖고 있는 경우 조직구조를 확립하기 위하여 상당한 비용을 투자했을 것이나, 환경의 변화로 인하여 조직구조를 개편하고 싶지만 기존 구조에 고착되는 경우에는 변화를 가져오는 것에 오히려 저항함을 직면하게 된다. 따라서 조직의 운영자는 능률적인 조직이면서도 고착화되지 않으며, 환경의 변화에 유연한 조직이 될 수 있도록 하는 것에 중점을 둔다. 이에 대하여 카우프만(Kauffman, 1995)이 제시하는 방법 중의 하나가 조직을 작은 부분의 개체인 조각으로 분할하라는 것이다. 즉, 커다란 하나의 봉우리를 가진 하나의 산이 아니라 각각 자기조직화가 가능한 분권화된 수평조직으로 분할하는 것이다. 다시 그의 말을 빌자면, 자기조직화(order for free)가 가능한 영역은 질서도 아니며 그렇다고 혼돈도 아닌 혼돈의 경계(at the edge of chaos), 즉 복잡성의 영역으로 설명되어야 한다고 보았다.

그동안 조직관리론은 오랫동안 합리적인 관점에만 사로잡혀 왔다. 귤릭(Gulick)의 표현을 빌리자면, 관리자는 POSDCORB중에서 기획(planning), 조직화(organizing), 조정(coordination)으로 즉, 통제지향적인 기능에만 주로 관심을 보여 왔다. 그러나 관리자의 행태는 종종 무작위적이며 무계획적이다(Pfeffer, 1982).

따라서 요즘처럼 환경이 급변하는 시대에서는 변화와 흐름으로서의 조직(organization as flux and transformation)에 대한 개념(Morgan, 1986)이 보다 유용할 수도 있으며, 이러한 조직을 관리하기 위해서는 고정된 개념보다는 시대의 변화와 흐름에 적절히 대응할 수 있는 '학습조직(learning organization)의 개념'과 활용법에 보다 익숙할 필요가 있다.

3) 사회복지조직의 유형 : 정보기술 혁신 및 관리

(1) 정보사회의 조직

정보기술의 발달은 향후 행정, 정치, 경제, 사회, 문화 등 엄청난 파급효과를 가지고 있다. 이에 대하여 시몬(Simon, 1976)은 후기 산업사회에서 조직의 핵심문제는 효율적 생산을 위해 어떻게 조직을 설계할 것이냐의 문제보다는(비록 효율성이 중요한 고려사항으로 존재하겠지만), 의사결정의 문제로 정보처리를 위해 어떻게 조직을 결정하느냐의 문제라고 주장한다. 정보화 사회는 산업사회로부터 정보사회로의 이행이 자연의 지각변동과 같은 차원에서 사회변동이라는 진화과정으로 보고, 체제의 진화과정에 관한 새로운 이론으로 혼돈이론적 관점에 입각하여 정보사회에 있어서 조직구조의 방향을 제시하는 이론적인 틀을 제공하고자 한다. 혼돈이론이 관심을 끌고 있는 이유는 불확실성의 시대로 지칭되는 오늘날 급변하는 사회적 변화의 특징을 설명할 수 있는 무질서, 불안정, 다양성 및 비평형성 등을 잘 나타내고 있기 때문이다.

이러한 혼돈(chaos) 개념을 둘러싼 주요 논쟁으로는 질서와 조직화가 사실상 '자기조직화(self-organization)'의 과정을 통하여 재정립되며 무질서와 혼돈으로부터 자생(Auto-genesis, Autopoiesis)적으로 발생할 수 있다는 주장에 있다. 여러분들은 어떠한 생각인가? 원자론 및 기계론을 근간으로 하여 단순하고 질서정연한 세계관을 지향하는 뉴튼(Newton)의 기계론적 패러다임에 입각하고 있는 전통적인 과학은 작은 입력으로 균등하게 작은 효과를 거둘 수 있는 단순 선형관계 및 단순 인과관계가 관심의 대상이며, 안정, 질서, 평형상태 등을 오히려 강조하는 경향이 있다. 그러나 이에 반해 혼돈이론은 작은 입력으로 막대한 효과를 유발시킬 수 있는 창발성 비선형관계 및 순환고리적 상호관계, 그리고 시간의 흐름에 따라서 더욱 민감한 일시성 등에 보다 주의를 돌리는 개념이다. 창발이란 시스템의 각 부분들의 성질만을 이해해서는 예측하기 어려운 성질이며, 시스템 전체의 수준에서 나타나게 되는 현상이다. 예를 들면, 개미나 꿀벌의 집단이 보여주는 놀라운 사회적인 질서는 이들을 한 마리씩 떼어 놓고 관찰할 때에는 이것을 유추해내기 어려운 것과 같다. 마찬가지로, 금융시장의 복잡한 메커니즘이나 인터넷상의 사이버 공간에서 벌어지는 놀라운 현상들은 거래인 한 사람씩을 따로 떼어놓고 본다면 이해하기 어려운 현상이며, 이를 '창발'이라고 한다. 다시 말해, 유기체의 창발성이란 복잡한 과정이 예측되지도 않고 누적되지도 않는 결과로 나타나는 것을 말하며, 창발적 성질이란 존재하는 것을 알아내는 것이 아니라, 그때까지 존재하지 않던 것이 새로 튀어나오는 과정을 주목하는 것이다. 새로운 관계가 계속 돌출하면서 전체 조직과 체계가 보다 다양하고, 풍부하며, 복잡하게 진화하는 것으로 이해할 수 있다. 그리고 이는 그동안 조직을 기계론적인 인식에서 유기체적인 인식으로 보도록 전환하는 계기를 제공하게 된 것에서 나아가, 많은 경우의 수에 대하여 보다 거시적 차원의 해답을 내놓고 있다.

세상은 여러 층으로 구성되는 위계 구조이므로, 각 단계에서 일어나는 창발적 형상을 그보다 한 단계 낮은 단계로 환원하여 설명할 수는 없는 것이다. 오히려 어떤 체계를 구성하고 있는 부분들을 조립하고 나면 새로운 성질이 탄생하게 되는데, 새로운 성질은 부분적인 지식으로서는 예측할 수 없는 성질을 갖는 것이다. 이렇게 탄생한 전체는 과거보다 한 단계 높은 단계의 한 부분이며, 동시에 그보다 낮은 단계의 부분들에 영향을 미치게 된다. 복잡계는 현대사회에서 자기조직화적 진화과정을 통하여 새로운 질서인 분산구조로 도약해 나갈 수 있는데, 이를 자기조직화라고 한다. 자기조직화 관점에서 본다면, 질서는 외생적 혹은 내생적인 요인에 의해서가 아니며 자생적으로 생긴다고 본다. 따라서 중앙집권적 지시보다는 상호 조정과 자기 규제에 의해서만 질서가 창출되며, 우리가 알다시피 탑다운(top－down) 방식으로 위에서 아래로가 아니라 아래에서 위로의 방식(bottom－up)으로 형성되는 것에 가까운 개념이다. 그러므로 질서란 개별 요인들의 집합체가 아니며, 원래의 개체가 소유하지 않던 특성을 새로이 갖게 됨을 의미한다. 이러한 형식에 의하여 창발성은 자기조직화가 체제 외부로부터 강요될 수 없으며, 체제 내에서 기능하는 내재적인 것으로 설명될 수 있다. 조직은 체제의 구성요소로 맞춰지는 것이 아니며 구성요소의 상호작용에 의해서 새로이 만들어지는 것이다. 이러한 의미에서 국지적인 규칙에 따라 활동하는 국지적 단위 혹은 행위자들은 상호작용에 의하여 체제의 조직을 만들어 낸다고 할 수 있는 것이다. 이러한 현상을 설명하기 위한 또 다른 용어로는 '혼돈에서 질서', '창발적 특질', '자생적 질서', 그리고 '전체적 일관성' 등이 있다.

조직의 복잡체제의 창발적 특질은 거시적인 체제 수준에서만이 구분될 수 있다. 이는 미시적인 구성요소 수준에서는 구분할 수 없다. 일반적으로 집단의 특질 낮은 수준에서 개인적인 요소들에 대한 지식만으로는 높은 수준에서 창발적으로 발생하게 되는 전반적인 유형이나 구조를 추론해낼 수가 없다. 복잡성 과학의 관점에서는 조직현상을 관습에 의존하고(경로 의존적), 그러나 유기적이고 지속적으로 진화하는 복잡체제로 본다. 모든 사회현상은 유기적으로 계속 진화하고 있다. 실제로 조직의 현상은 구성요소들의 아주 복잡한 상호관계를 통하여 새로운 현상으로 창조된다. 이런 일들을 합리성만으로는 설명할 수는 없다. 그리고 이러한 복잡성은 지속적인 성격으로 재생산되고 있다. 이런 과정에는 우연성이 개입하며, 이것은 다시 새로운 진화의 시발점이 되는 것이다. 결국 자기조직화란 조직이 조직 그 자체를 창조하여 만들어 간다는 진화과정에 초점을 맞춘 이론이다. 조직이 자기의 특질을 파악하고 그 특질을 외부의 자극에 반응하고 활용하여 조직을 성장시킨다. 단편적인 정보에서 고차원적인 정보의 창출이 가능한 자발적인 작용이 일어날 수 있다. 자기조직화의 과정을 보면, 생명조직이란 '동요'와 같은 불안정성과 불확실성을 유효하게 활용하면서 질서를 수립한다. 질서를 수립하는 데 있어서 평범한 무질서들을 활용하는 것이다. 그야말로 자율적인 정보생성의 방법을 활용하여 전통적 조직이론에서 강조하는 계획적인 조직설계와 조직변화의 관점에서 탈피하며, 자기조직화를 촉진하고 미래를 예측하는 대신 창조하는 것이다.

이러한 관점에서 볼 때 서구의 오래된 전통적 조직관점인 분할적이며 기계론적 배경에서는 조직이 성공하기 어렵다. 조직의 타성은 옛것으로 회귀하려고 한다. 근본적인 사고의 전환이 필요하지만, 현실은 예측하고 분석하며 잘 짜인 계획과 규칙을 보다 강조한다. 이러한 현상의 원인은 고전적 조직이론의 철학에서 제공하는 기계론적인 관점을 현대에서 고수하는 데서 기인한다고 하겠다. 그러나 변화의 역동성 없이 새로운 질서나 창조는 기대할 수는 없다. 모든 만물은 변화하는 것이고 고정되어 존재하는 것은 없다. 단순한 행위자들이 수많은 방식으로 상호작용하는 복잡적응체제는 자발적으로 질서를 형성하고 창조하는 자기조직화의 능력을 가지며, 이것은 조직에도 적용되어 비선형적인 혼돈

상태에서 새로운 질서를 만들어 낸다.

조직이 창조적 파괴를 통하여 새로운 질서로 발전해 나가는 과정에서, 조직은 성장과 쇠퇴의 두 경로 중 어느 것을 택할지조차 예측이 불가능한 것이 현실이다. 그러나 이러한 예측 불가능성에도 불구하고, 변화의 역동성을 통하여 조직의 새로운 성질이 개발되어 새 질서로 도약할 수 있는 것을 조직의 생명으로 본다.

세계적 조류에 의하면, 약 200여 년간 안정상태를 유지해 오던 산업사회가 정보사회로 변화하는 현재의 사회체제와 같이 평형상태에서보다는 비평형상태에서 매우 작은 요동들이 비선형, 순환고리적 관계의 복합작용으로 체제의 구조를 재탄생시키는 거대한 파동으로 점차 증폭되어 간다. 그리고 이것은 모든 종류의 '혁명적'인 변화과정들을 이해하는 데 결정적으로 도움을 준다. 평형에서 멀리 떨어진 상태와 비선형과정, 그리고 복잡한 순환고리체제들을 연구하여 얻은 비선형적 알고리즘이나 통찰력들을 종합하면 새로운 조직이론에 대한 전반적인 뉴 패러다임의 접근방식이 열리게 될 것이다.

정보기술이 발전함에 따라 조직의 해석도 변해야 한다고 주장하는 학자들은, 전통적 농경사회의 의식과 행동이 외형적인 산업화의 변화에 따라가지 못하는 데서 오는 괴리감을 여러 가지 문제를 설명하지 못하는 구시대적인 이론으로 보고 있다. 그러나 이러한 이론들은 과거의 지식을 기반으로 하여 형성되는 것이기도 하다. 즉, 소위 제 5세대 컴퓨터는 병렬처리형이며, 가장 중요한 것은 복수의 업무처리단위(work process unit)로서의 네트워크화(networking)이다. 병렬처리에 있어서는 상호 간에 연결된 복수 처리장치가 하나의 응용프로그램의 다른 부분들을 동시에 처리한다. 알다시피 이용자는 네트워크상에서 복수의 윈도우(window)를 열어 몇 개의 다른 응용프로그램을 동시에 다룰 수 있는 시스템이다. 즉, 각 부문의 작업을 동시에 진행할 수 있는 것이다. 컴퓨터를 이용한 설계(CAD)로 설계부의 도면은 컴퓨터를 이용한 제조(CAM)에 의해서 생산부서에서 즉시 생산되고, 마케팅부의 전문가들은 멀리 떨어진 장소에서도 동시에 똑같은 도면, 공정계획, 시장 프로젝트에 참조할 수 있는 것과 같다.

(2) IT의 도입과 신공공관리학의 출현

가. 지역 중심의 행정과 IT의 도입

현대사회는 내부 및 외부적(internal & external)으로 개혁이 모두 필요한 시대이다. 따라서 현대의 지역사회 소비자는 단순소비자가 아니며, 생산과 소비에 기여하는 프로슈머들이다. 이는 사회적 비용(social cost)을 재배치하는 것이며, 지역사회나 국가적 차원에서도 적극 도입되어야할 부분으로 평가받고 있는 부분이다. 또한 현대사회는 집권화보다는 분권화(decentralization)가 중요한 사회이기도 하다. 이것은 과거의 표준화, 전문화, 중앙집권화에서 보다 발달된 형태로 시대의 욕구에 부응하는 것이라고 할 수 있다. 이제 현대사회는 탈집중화 및 탈대중화되는 시기로 더욱 개별화된 서비스가 늘어갈 것이며, 위탁의 효율성이 극대화될 것으로 보인다. 그러므로 이러한 시대적 변화에 있어서 어떠한 점이 고려되어야 하며, 지역사회의 개발과 통합 및 관리적 차원에서는 어떠한 점에 관한 논의가 선행되어 필요할 것인가에 관한 보다 구체적인 지역사회 차원의 합의도출이 필요하리라 보여진다. 따라서 현대사회의 지역의 분권화와 정보화의 개념 속에서 각 자원들이 어떻게 수렴되고 발전해 나갈 것인가는 바로 우리 지역사회의 행정적 커뮤니티의 성숙도를 의미하기도 할 것이라 보여진다.

우리나라의 지방분권의 출범은 지역사회의 고유한 비전을 통한 사회복지행정의 변모과정과 발전에 있어 행정의 변화과정과 시대적 조류, 그리고 IT도입에 관한 문제에 관한 논의로 반드시 필요하다. 우리는 정보화 사회의 한 가운데 있다. 행정에 대한 IT 도입은 지역사회의 행정에 관한 어떠한 대안을 내놓고 있는가? 우리는 어떠한 관점으로 이를 바라보아야 할 것인가? 지역사회의 행정 역시 변화하고 있다. 1차 농업혁명의 자급자족사회에서, 2차 산업혁명의 대량생산방식과 자동차산업위주의 성장에서 지금의 3차 정보와 지식혁명에 이르기까지, 현대사회는 기존의 계층제이며 분업화 사회를 배경으로 변모하여 왔다. 조직의 운영도 현재 변화의 조류에 맞도록 팀 운영제로 혹은 민쯔버그의 모형이나 행렬조직 등을 활용한 탄력성 있는 대응 등으로 빠른 변화에 대응하고 있다. 이것은 변화무쌍한 현대의 지역사회의 욕구에 유연하게 대처하기 위한 것이다. 또한 정보처리의 수렴능력은 IT 도입과도 관련이 있으며, 한편 현대사회의 정부와 민간의 협치, 즉 거버넌스의 개념이 이와 같은 시대의 조류에 맞물려 보다 긴밀하고 효율적인 시너지 창출을 하고 있다. 즉, 과거의 표준화 · 전문화 · 중앙집권화에서 보다 발달된 형태로 시대의 욕구에 부응하여 변화하고 성장하고 있다. 이제 현대사회는 탈집중화, 탈대중화되는 시기로써 더욱 개별화된 서비스가 늘어갈 것이며, 위탁의 효율성이 극대화될 것으로 보인다. 따라서 이러한 것은 고객의 만족도를 측정하는 새로운 개념에 반영되어 새로운 측정의 지평을 열고 있고, 이것은 지역사회에서 유용한 개념으로 쓰이게 될 것이며, 그 중심에는 IT 도입이 자리하고 있다.

과거와 같은 폐쇄사회는 정보화 사회가 될 수 없다. 이에 기여하는 것이 인터넷을 활용한 지역사회의 행정력이다. 즉, 지역을 통하여 인간의 욕구와 첨단기술과의 관계를 규명하고 재조정하여, 이것은 이제 새로운 인과관계와 다양한 이론들을 만들어내고 있다. 정보산업과 서비스에 바탕을 둔 사회는 생산에서 서비스로의 새로운 이행으로 사회의 뉴패러다임을 만들어 가고 있으며, 새로운 엘리트에 의한 계층화를 양산하고 있다. 또한 이러한 영향은 과거의 산업사회를 이끈 제 2의 산업혁명과는 비교가 되지 않는 지역사회의 커다란 이슈로 등장하게 될 것이다. 이에 따라, 신공공주의를 기반으로 한 경영모델(Neo

-public management)은 자유주의(democratic liveralism), 다원주의(pluralism)의 조류에 새로이 부응하는 모델로, 지역사회의 새로운 공공기관은 시민과 소통하는 정부의 모델이 되어야 할 것이다. 즉, 새로운 공공기관에서 시민은 소비자(customer)의 개념으로 전환되며, 정부는 국민의 신뢰를 얻고 과거의 '대상'으로서의 시민이 아니라 협치(거버넌스)의 개념으로써 상호 교류적인 모델이 되어야만 한다. 이것은 정보사회의 탈대중화(decentralization)와 탈집중화(massification) 현상에 의한 프로슈머(prosummer) 즉, 소비자의 생산참여 혹은 소비자의 욕구반영의 역할증대를 통해 새로운 현대적 이슈가 될 것이다.

이것은 또한 정부의 개별화된 서비스라는 시대적 요청에 부응한 것이며, 효율성을 증대시키는 방안모색에 더욱 탄력적으로 응하는 지역사회와 정부가 되기 위한 움직임이기도 하다. 따라서 이와 같은 변화, 즉 쌍방교류와 지역사회 협치의 개념은 한국 정부와 우리나라의 지역사회가 국제화 시대에서의 바람직한 응집력(cohesien)을 형성하는 새로운 모델이 되어야 함을 함의한다. IT 행정은 다음과 같은 역사적 배경을 지닌다.

나. 행정의 전통적인 모델(The traditional model)에서의 도입

지역사회의 공적 행정기관의 전통적 모델은 지도자에게 사적인 충성을 보이는 범위 대신 전문적 업무가 이를 대체하게 되었으며, 분명한 공적 서비스가 효과적으로 수행되었다. 기존의 공적 서비스는 법과 행정기구의 설립에 따라 행동하며, 관료적 엘리트의 구성에 적합한 사람들로 구성되게 되었다. 즉, 구 전통적 모델의 특징은 행정기관의 관료제에 의한 엄격한 계급제의 정치적 리더십과 영구적이며, 중립적이고 개성 없는 업무들을 수행하는 관료제적인 특징으로 대변될 수 있었다.

그 이론적 기반은 몇 개 나라들로부터 도출되고 있다. 즉, 독일의 막스 베버의 관료적 모델 과 미국의 우드로우 윌슨(Woodrow Wilson)모델이다. 이 이론은 1900년과 1920년 사이에 형성되어 20세기 후반까지 대부분의 서방 국가들에서 광범위하고 오랫동안 지속되었다. 이러한 이론은 어떠한 사회학적 이론보다 오랜 기간 지속되었으며, 심지어 1980년 이후까지 계속되었는데 정부와 지역사회의 행정 역시 이러한 이론의 영향을 받아 왔다. 따라서 지역과 정부의 공공행정의 전통적 모델은 공적 영역 운영에서 가장 길고 성공적 모델이었으나, 지금 대체되고 있는데 거기에는 몇몇의 이유들이 있다. 첫째, 이러한 방식은 경직되고 관료적이며 결과보다 과정에 고정되어 있기 때문이다. 1970년 이래 경직된 이러한 관료제가 기술적으로 비효율적이라는 설득력 있는 비판이 나왔으며, 정부와 조직은 효과성 성취에 관하여 고려하기 시작했다. 따라서 정부와 조직은 사용된 수단에 관한 논쟁을 줄이고, 결과적 측면에 더 많은 관심을 가지게 되었다. 또한 정부의 내부적인 절차들은 빠르게 대체되기 시작했다. 물론 현대에도 여전히 존재하고 있는 이러한 관료제의 요소들은 갑자기 사라지지는 않는다. 그러나 이러한 이론과 실천은 급속하게 변화하는 사회의 요구에 있어 더 이상 중요한 요소로 고려되지 않고 있으며, 오래된 모델로 간주되고 있다.

다. 초기 행정기관(Early administration)

공적인 지역사회의 행정기관은 문명의 발생과 함께 오래된 역사를 가진다. 행정기관 혹은 공적 사무는 진부하지만 조직의 존속에 있어서 필수적인 것이다. 행정시스템의 시초는 고대이집트가 피라미드를 짓기 위해 매년 나일강의 범람으로부터 관개사업을 하는 것에서부터 시작되었을 만큼 그 유래가 깊다. 중국의 경우, 유교개념의 한나라 왕조는 행정의 주요 목적이 사람들의 행복과 능력과 가치에 의한 것이 아니라, 한 사람 왕의 선택에 의해 운영되어졌을 만큼 중앙집권체제가 잘 갖추어져 있다. 또한 유럽의 다양한 제국 그리스, 로마, 스페인 등도 무엇보다 행정적인 제국들은 법칙과 절차에 의해 중앙으로부터 통치되었다. 이에 따라, 막스 베버에 의해 논의된 중세의 발전된 국가들은 관료적 구조를 수단으로 하고 있으며, 몇몇 종류의 행정기구들은 좀 더 일찍 존재하였음에도 불구하고 19세기 중반으로부터 늦은 시기에 공적인 행정기구의 전통적 모델을 취하고 있다.

따라서 행정기구의 초기 시스템들은 개인적으로 충성과 합법에 근거한 관료제 사회의 비인격적 성격 대신 왕이나 각료와 같은 특정 개인을 향한 충성심에 기초하고 있었다. 이러한 초기의 실행은 전통적 모델로부터 나왔으며, 비록 그것이 바람직하지 않은 행정적 특색으로 부패나 관공직의 남용으로부터 기인했다고 하더라도, 초기 행정적 정부의 기능수행의 방법은 직업을 구할 때 후견인이나 친구, 친척 등에 의존하거나 하는 방식이 경쟁력이 있는 것이었으며, 보편적으로 행해졌다.

미국의 19세기 대부분에서는 행정적 직업이 모두 여당 집권자에 의해 선출되기도 하는 시스템이어서 각종 해임이나 면직, 임명받지 못하는 것 등이 개인적인 잘못이 아니었다. 이것은 공적인 행정이 특별한 전문적 기술이 관련되어 있지 않고, 정치적 관점의 변화에 의하여 존속하여 있는 경우가 많아 왔다. 따라서 재정적 이득에 직결되는 공공기구의 이득은 선거에서 성공한 정당에 달려 있었다. 이러한 시각에서 잭슨(Jackson)은 엘리트주의보다는 평등주의와 민주주의에 의한 행정기구를 만드는 것이 사회적으로 훨씬 유리하며, 장기집권은 손실이 더 많다고 주장하였다. 즉, 장기집권을 투명하게 하고 공무원들을 바꾸는 것이 행정에 더 큰 이득이 있을 수 있고, 부패를 줄이는 길이라는 것이다. 따라서 관료주의가 제안하는 이러한 평등주의 철학은 당시 미국 정부의 불신과 잘 맞아떨어졌으며, 공적 기관과 정치 간의 연합은 임명 전반에 걸쳐 입법부와 집행부 간의 충돌의 증가를 야기하는 배경 가운데, 급기야 1968년 미국 대통령이 고소되기에 이르렀다. 결국 이러한 시스템은 효율적이지도, 효과적이지도 않다는 것이 공론화 되었다.

이러한 행정적 초기형태의 문제점은 이후 19세기 후반의 변화를 가져오는 배경이 되었으며, 이러한 개혁은 행정의 전통적 모델인 관료제 모델과 연합하였다. 그러나 전 근대적인 관료제는 개인적이고, 전통적이며, 보급적이고, 귀속적이며 배타적이었다. 막스 베버는 다음을 예시하였는데 그것은 비인간적이며, 합리적이고, 전문적이며, 성취 기원적이고 전체적인 것이라 할 수 있는 것이었다(Kamenka, 1989 : 문신용 2009 재인용).

라. 현대 지역사회의 새로운 조류 – 제 3의 물결

현대 지역사회의 새로운 조류로 지역정보사회의 창조, 분배, 사용 및 통합과 조정의 작용은 정보사회에서 지역의 소비자를 중심으로 기술과 정보와 커뮤니케이션의 협력을 통하여 새롭게 작용하고 탄생되어야 함을 요구하고 있다. 이러한 배경에서 정보화 사회라는 개념을 최초로 주장했던 사람은 1962년 미국의 프리츠 매취럽(Fritz Machlup)으로, 그는 '지식사회'의 등장을 예견했었다. 이후 IT(Information Technology)의 정보기술은 정보통신산업이 급속도로 발전하면서 지역사회에도 도입되게 되었는데, 이는 현대의 지역사회복지와 각종 행정에서도 많은 부분 활용되고 있다. 이러한 도입은 현대의 기술과 사회변동의 관계를 설명하며 기술결정론과 사회결정론 등의 논의를 거듭하였으며, 학자들의 긍정적, 부정적, 중립적, 상황적 접근관점을 통한 논쟁 속에서도 거듭 발전하여 현대에 이르고 있다. 즉, 정보기술은 조직의 하위시스템으로 다른 하위시스템들과 밀접한 관계를 유지하기도 하고, 새로운 정보기술은 관련한 직무자들의 직무를 변화시키기도 한다. 이러한 기능은 앞서 창발성으로 설명한 바 있다.

이러한 기술의 혁신은 지역사회의 조직구조에 변화를 가져오고, 다른 직무와의 연결관계와 전체적인 업무의 흐름에도 많은 변화를 유발시킨다. 또한 새로운 정보기술은 그 정보기술을 효율적으로 활용할 수 있는 새로운 기술 인력과 직무수행 인력을 요구하게 됨으로써 전반적인 변화를 초래한다. 그러나 사회결정론자들은 기술의 발달이 사회변동을 유발시킬 수는 있으나, 기술 자체만으로는 사회적 관계나 제도를 변화시킬 수 없다고 주장한다. 즉, 사회결정론자들에게 있어 사회변화란 미시적으로는 구성원들의 이해관계에 영향을 미치는 것이고, 거시적으로는 사회의 권력관계나 계급구조를 변화시키는 것이다. 따라서 사회는 단순히 수동적으로 기술발달의 결과를 받아들이거나 그에 적응하는 것이 아니라, 능동적으로 기술의 발달과 이용에 개입하게 되어 결국 사회경제적인 요인에 의해서 기술의 발달이 규정된다고 주장하고 있다. 따라서 기술발달은 독립적으로 이루어지지만, 사회의 필요에 의해 채택될 때 진정한 변화를 유발한다고 보게 되는 것이다. 따라서 '지식산업'은 '정보경제' 연구의 단초로서, 정보사회를 확인하기 위한 경험적 지표로서 발전되는 배경을 형성하게 되었다(Marc U. Porat, 1976; Organization for Economic Co-operation and Development(OECD), 1981).

이에 따라 다니엘 벨(Daniel Bell's)의 후기산업사회(Post-Industrial Society)는 전문적 서비스(professional service) 집단이 후기산업사회를 이끌어갈 새로운 지식계층의 확장을 나타내준다고 중요한 언급을 하였다. 이들은 결국 정보가 가장 중요한 재화, 수단 또는 자원으로 등장함을 강조하고 있다. 이것은 후기 산업사회에서 정보가 기존의 상품이나 재화를 대신할 수 있음을 의미하는 것이기도 하므로 중요한 개념이다.

이러한 관점에서 앨빈 토플러(Alvin Toffler)는 제 3의 물결(New Waves of the Information Society)을 주장하면서 고도의 정보화 사회로 미래사회를 설명하였다. 그리고 권력이동이라는 개념을 설득력 있게 주장하면서 지식이야말로 진정한 권력의 수단이라고 하였다. 이후 매뉴엘 카스텔스(Manuel Castells)는 네트워크 사회(Network Society)를 통하여 사회연결망의 개념을 설명하면서 메가시티-지구촌 네트워크 시대의 구현을 주장하였으며, 크리션 커마(Krishan Kumar)는 탈산업사회(Post-Modern Society)를, 그리고 니콜라스 네그로폰트(Nicholas Negroponte)는 이제 디지털 세상의 정보능력이 삶의 방식을 대체하게 될 것이라 주장하였다. 그밖에도 니코 스텔(Nico Stehr)이 지식사회(Knowledge Society)를 주장하면서 기존 질서의 변혁이 지식사회를 통해 새로운 사회적 기반으로써 사회통합을 지향하게 될 것이라 하였다. 정보화 사회의 새로운 트렌드는 우리 사회의 행정적 변화를 정보사회, 세계경제, 지방분권의 집중화, 참여민주주의, 네트워킹, 다양한 선택권 등을 포함하는 개념으로 설명할 수 있다. 이러한 개념들은 우리 지역사회를 통하여 구현되고 있다.

즉, 1980년대 이래로 정보화 시대가 보다 조직화되고 있으며, 특색 있는 목표와 주제를 가지고 보다 분권적이고 수요자 중심의 지역사회의 욕구에 빠르게 부응하는 추세이다. 이들은 보다 효과적으로 지역사회에 대한 책무성을 달성하는 주요한 수단을 공급하고 있으며, 이러한 정보화 시대의 조직화는 탁월한 전략으로 자리잡아가고 있다. 정보화 시대의 지역사회의 조직화는 또 다른 인식과 개방을 요구하고 있으며, 현대의 사회적 자본의 차원에서도 많은 기여를 하고 있다. 즉, 정보화 시대의 조직화는 변화를 의미하며 새로운 조직구조의 변화를 의미한다. 또한 조직과의 네트워크 공유로 새로운 협력적 운영의 개념을 가능하게 하고 있다. 지역사회는 이러한 지식과 정보와 기술을 바탕으로 끊임없이 전문적인 분업과 기관 간의 협업을 거듭하고 있다. 이러한 현상은 지역사회의 행정에서도 활발히 일어나고 있다. 이는 중앙집권화(Centrialization)에서 지방분권화(Decentrialization)로, 기관원조(Institutional Help)에서 자조사회(Self Help)의 개념으로, 대의민주주의(Representative) 개념에서 참여 민주주의 개념(Participatory Democracy)으로 나아가고 있다. 그 밖에도 피라미드형(Hierarchies)에서 네트워킹형(Networking)으로 나아가고 있으며 정보화 사회, 세계화 경제, 지방분권, 복수선택(Multiple Option)의 개념을 통하여 지역사회의 새로운 모습을 양상하고 있다. 이러한 정보화 시대 조직의 특성으로는 성과측정보다는 전략적 이슈에 초점을 둔다는 것이며, 보다 신축성 있는 조직개편과 글로벌 관점의 지역행위의 영향력과, 다양성의 인정, 정보의 네트워킹, 질적인 방법론의 관심 등의 가치달성에 보다 주안점을 두는 배경이 되었다.

4) 사회복지조직의 유형 : 정보기술 혁신 및 관리

이러한 배경에서 역사적으로 정보들은 기관 운영방식들을 크게 변화시켰다. 특히 행정의 전산화는 공공기관에서 빠르게 확산되었고, 공공기관의 사업수행방식을 근본적으로 변화시켰다. 전산화는 이제 행정적 조직생활에서 없어서는 안 되는 부분이 되었다. 오늘날 기술과 관련한 전산화와 관련되지 않는 공공기관은 거의 조직을 지탱하지 못한다. 특히 잘 훈련된 사용자들에게 컴퓨터는 기관운영과 새로운 생각들의 발굴을 포함하여 많은 정보와 자료조합 프로젝트 수행에서 유용하다. 현대 기관에서 많은 종류의 문제들을 다루고 분석하며 보조하는 것에 전산화의 힘은 보다 광범위해졌다. 특히 환경적 문제들이나 기관 운영적인 프로그램의 복잡성을 해결하는 것에서 소프트웨어적인 업무는 매우 유용하다. 따라서 전산화 운영의 강력한 도구들이 보다 복잡한 조작과 조직운영의 효율과 효과성의 개선을 위해 활용되고 있다.

특히 선진국이나 개발도상국, 특히 신생 선진국과 같은 나라들에서 공공정책운영의 정보기술 IT의 사용은 급속도로 발전했으며, 많은 학자들이 선진국들의 경험으로부터 이러한 점을 지적하였고, 많은 연구들이 개발도상국에서의 전산화의 기술과 관련되어 있는데 이들은 현대의 지역사회에 있어서도 많은 변화를 창출하고 있다. 예를 들면, 우리나라 농촌의 모습도 정보화 마을로 탈바꿈하는 데에 일조하고 있으며, 각종 기관과 학교 그리고 관공서의 행정에 적합한 매뉴얼 개발이 전자시스템을 통하여 가능해지고 있다.

(1) 정보산업과 운영혁신의 배경과 발전과정

커다란 규모에서 변화를 야기하는 중요한 효과를 가진 IT와 혁신들을 창출하기도 하지만, 반면 다음과 같은 효과도 지니고 있다. 즉, 레비티넨과 로즈(Lyytinen & Rose, 2003)는 인터넷과 같은 IT 산업이 혁신적으로 조직운영에 있어 분열의 효과를 지닐 수 있음을 보여주었다. 그리고 상당한 IT에 관한 문헌들 및 조직변화와 혁신들의 대부분은 조직운영의 정보시스템의 도입에 관하여 IT는 자동적으로 운영혁신으로 이끌지는 않는다는 것을 지적하였다. 예를 들어, 한국 정부의 E-government 시작이 정부기관들의 경영혁신이나 개선으로 이끌 것이라는 기대는 지금 그렇게 결실이 크지는 않다. 즉, 이러한 시스템은 결국 창조적 생각을 보다 편리하게 구현하고 앞당기는 것에 도움을 주며 중요한 것은 창의성이다. 몇몇의 전자정부(E-government) 프로젝트들은 어떤 접근방법에서 개선되었으나, 비영업부서에서는 아직 그렇지 않기도 한 것은 이러한 성격 때문이다(Moon, 2004) 게린(Gerin, 2005)은 전자정부(E-government)의 효과는 미국에서의 기대보다 훨씬 떨어진다고 하였다. 그리고 모스버거(Mossberger, 2000)의 연구는 교육부문에서의 IT 프로젝트가 혁신적 보급으로 이끌지 않았으며, 대신 결정단계에서의 정보의 과부하를 오히려 증가시킬 수 있다고 하였다. 따라서 운영혁신의 IT의 역할은 접근의 전략을 가지고 연합할 수 있어야 한다. 다만 일반적으로 IT 도입을 통한 혁신촉진 프로젝트를 찾는 것은 지역적인 요구들에 의해 운영되는 면밀한 전략들에 있어서 보다 성공적일 수 있는 것은 사실이다.

(2) IT 도입과 관리의 중요성

오늘날 기관에서의 전산화는 널리 퍼져 있다. 예를 들어, 공공기관에서 전산화는 생산과 문제해결과 창조성의 핵심적 도구이다. 전산화의 증가는 의존의 증가를 의미하기도 하며, 많은 학자들과 경영자들은 경영자 자신들의 동기와 행동들이 어떻게 다른 효과들을 창출하고 변모하게 하는지 미리 예측하고 알 필요가 있다. 많은 학자들은 가변적이고 예측이 어려운 운영요소들을 가진 조직 내에서 전산화의 기술에 의존하여, 효과와 본질에 대해서 논쟁하고 있다. 특히 경영의 동기와 행동들에 있어 예측하기 힘든 요소들의 가장 중요한 효과들을 예상되고 있는데, 전산화가 일조하는 바도 크다. 이에 대하여 한 연구에 의하면, 경영 자체는 정보시스템의 사용과 성공적 도입에 있어서 가장 중요한 요소라고 하였다. 정보시스템의 도입과 관련한 경영적인 동기들과 행동들은, 이제 시스템 활용과 새로운 시스템을 배우는 것과 결과산출 등의 일련의 자세들에 중요한 영향을 미치고 있다. 이러한 전산화 기술의 도입 아래 행정(관리) 동기들은 더욱 다양한 중요성을 지닌다. 그리고 많은 연구들이 전산화의 사용을 통해 조직운영의 리더십에 영향을 주기도 하며, 의존하고 있다. 더튼과 크래머(Dutton & Kraemer, 1987)는 경영적인 리더십의 질과 컴퓨터 시스템의 성공적인 도구화 간에는 정적인 관계가 있다는 증거를 보여주고 있다. 따라서 전산화시스템은 지역사회의 행정에서도 보다 효과적으로 활용되어야 하며, 또한 그 관리적인 측면에 있어서도 기관간의 긴밀한 협조와 적절한 연결시스템을 통해 더욱 발전하는 모습과 양상을 보여줄 것이다.

(3) IT 사용의 기관 경영과 효과

크레머와 댄저(Kraemer & Danzier)는 전산화의 효과에 대한 많은 연구들을 보다 구체화하고 종합하였다. 즉, 전산화는 많은 근무자들이 업무에 대한 영향력과 관리감독과 시간압력에 대한 자신들의 개념을 각 영역에서 변화시키는 경험을 하게 했다. 공공영역을 통하여 개인 컴퓨터와 네트워크 장치들과 막강한 전산화 기능들의 확산은 근무자들이 정보시스템과 그들의 정보생산들에 쉽게 접근하게 하고 있다. 또한 많은 경우에서 정보시스템의 사용은 서비스 전달과 감독과 정책의 체계화와 책임적인 기능들에 있어서 성공적인 업무수행을 위해 필수적으로 활용되고 있다.

이에 다운즈(Downs, 1967)는 "도시의 재무적인 급료의 데이터 시스템으로부터 실현"이라는 그의 연구에서 기술적 요소가 정보이용능력을 증가시키고 운영적인 수행능력을 크게 증가시켰으며, 정보사용과 이에 대한 접근 능력을 향상시킴으로써 전문적인 숙련된 기술을 지닌 공무원임용 등과 관련한 영향력을 미치는 기능을 하고 있다고 하였다. 또한 오튼(Otten, 1989 : 문신용, 2009 재인용)은 정보운영의 영향이 정부의 관료의 컴퓨터 도입에 기인한다고 하였다. 첫째, 컴퓨터는 정보의 업무를 요구하는 영역을 바꾸었으며, 둘째, 그들이 이러한 일들을 효과적으로 수행하는 것과 산출의 새로운 차원을 요구한다. 그는 이러한 영역에서의 효과성이 정치가와 계획입안자들에 의하여 숙고되어야 한다고 주장한다. 즉, 첫째, 질적인 변화는 공공기관의 직원이 작업환경을 변화하고 생산을 유지하기 위하여 필요하다. 둘째, 중대한 초과 수행능력의 발생은 자동화 구성요소에 기인하며 그것은 정치적이나 사회적인 수용에 있어 주요한 힘의 축소를 가정하는 것은 아니다. 셋째, 경영자와 계획입안자가 우선해야하는 기능이다. 그는 행정과 정치영역에서 정보세대의 가치 있는 시스템 위임을 반영하는 근본적인 개혁에 대해 언급하고 있다. 그리고 정부의 행정가들은 행정적 기능의 산출을 개선하는 정보기술의 잠재력의 변화에 대한 최적 조건을 목적으로 해야 할 것이라고 주장하고 있다. 그리고 이러한 부분은 지역사회의 행정조직에 있어서도 고려될 필요가 있다.

(4) 지역사회 공공기관에 있어서 IT 사용의 영향

공공기관의 행정에 있어서 IT 사용의 영향은 다양한 방식에 도달하고 있다. 그 결과는 다양하며 때로 상반되기도 하다. 최근의 행정의 기능적 수행은 구조적인 운영, 직업의 기술과 수용력, 결정, 힘의 기능과 통제, 권위의 집중, 만족, 유용한 지각력, 훈련과 학습에 주요한 영향력이 있다고 하고 있으며, 부정적 영향으로는 오히려 스트레스, 불안, 각종 커뮤니케이션의 문제, 사생활의 보안의 문제와 인터넷 폭력 등이 있을 수 있다.

(5) IT 도입에 따른 운영의 수행

행정의 운영수행의 개념은 생산성과 관련한 효율성과 효과성에 관련되어 있다. 운영적인 수행에 있어서 컴퓨터 기술의 영향은 비용과 시간절약, 산출의 질과 양에 따른 고용자의 성취 등과 관련하여 논의되어 왔다. 톰슨(Thompson, 1992 : 문신용, 2009 재인용)은 그의 연구에서 커다란 규모의 공공기관에 관한 중요한 영향력에 대하여 컴퓨터가 미치는 영향, 즉 사회적 서비스의 미시간 연방 지역사무실에 대한 마이크로컴퓨터 보급이 주 전체 프로그램에 주는 영향력을 조사하였다. 이 연구는 네그룹의 사용자들을 통해 실시되었으며, 그 결과 마이크로컴퓨터의 사용자들과 효과성 측정 간에는 정확성과 총체적인 효과성에 있어서 유의미한 차이점이 발견되었다고 보고하였다. 즉, LOAP(Local Office Automation Project)에서는 근로자의 컴퓨터 사용능력은 클라이언트들이 더 많은 서비스를 받게 하는 결과를 보이고 있다고 하였다. 그리고 놀스롭(Northrop, 1990)의 연구에서는 전산화가 일의 정확성을 개선하고 있다고 하였다. 그는 정확성이 경영의 핵심적인 요소라고 하면서, 데이터가 정확하지 않다면 문제가 발생하게 되는데, 컴퓨터는 이를 짧은 시간에 정확하게 수행함으로써 업무의 시간까지 줄이는 긍정적 효과를 주고 있다고 하였다. 그 밖에 브루드니(Brudny, 1988 : 문신용, 2009 재인용)는 12개의 작은 도시의 연구에서 행정업무측정이 컴퓨터사용 및 범위와 관련이 있는데, 컴퓨터의 사용은 개인적인 업무수행을 증대시키고 비용은 절감하였으며, 정확성과 효율성에서 업무적인 개선이 있었다고 언급하였다. 특히 이러한 운영에 있어서 두 가지 중요한 영향, 즉 시간절약과(25%~300%) 업무능력에 관하여 긍정적인 영향이 조사되었다. 특히 이러한 시간의 단축은 정부의 예산편성이나 지역의 예산안 편성에 두드러진 영향을 주고 있다.

(6) 정부행정 및 지역조직의 운영구조의 전산화에 따른 개혁

정부행정의 전산화에 대한 괄목할 만한 영향들 중 하나는 운영구조와 활동의 개혁이다. 구조적 개선은 더 나은 기술의 사용을 요구하며, 컴퓨터 기술은 기관의 요구에 적합한 것을 필요로 한다. 휘슬러(Whisler, 1970)는 컴퓨터 사용의 도입으로 유도된 구조적인 재조정을 확인했다. 컴퓨터 사용으로 인하여 부서의 창조나 제거, 다른 부서로의 이동 기능, 그리고 부서의 통합과 분배는 컴퓨터 사용의 초기단계에서 보편적인 일이라고 하였다. 이러한 구조적인 재조정은 이른바 전산화 기술의 영향력에서 관찰되었으며, 다른 영향들의 성립을 조정하는 요소로 작용하였다. 또한 전산화 기술은 관료조직 계급의 많은 레벨을 변화하였으며 통제범위의 변화를 가져오기도 한다. 그리고 전산화가 인간의 일을 대체하고 있으며, 계급레벨과 통제인원의 감소를 가져온다고 하였다. 이러한 시각에서 앤더슨과 다우스(Anderson & Dawes, 1991 : 문신용, 2009 재인용)는 조직의 전산화 기술은 이전에 존재하던 것보다 훨씬 유연하므로 직업에 대한 재구성을 요구하고 있다고 하였다.

이에 톰슨(Thomson, 1989 : 문신용, 2009 재인용)은 컴퓨터 시스템이 기관의 통제에 직접 및 간접적인 영향을 미치고 있다고 하면서, 기술과 기관구조 개척의 좋은 기회로 전산화 기술을 고려하였다. 컴퓨터 활용은 이제 지역과 조직 경영자의 운영전반을 통제하는 영향력을 가지게 될 것이며, 기술과 기관구조 사이의 상호작용에 직접적이며 간접적인 영향을 미치게 될 것이다. 이에 대해 휘슬러(Whisler, 1970 : 문신용, 2009 재인용)는 컴퓨터에 의해 요구되는 기술이 모든 레벨의 기관에서 영향을 미친다는 것을 발견하였다. 이는 대부분의 사무적인 레벨에서 보급되어 기술적인 영향을 미쳤으며, 높은 레벨의 일들을 대대적으로 축소하는 영향이 있다고 하였다. 또한 공공영역에서 마이크로 컴퓨터 운영에 관한 지식의 필요성과 기능들은 많은 세부적인 임무들을 수행하는 데 필수적인 요소가 되어,

고용에 있어서도 그 영향을 미치게 되었다. 따라서 경영인의 대부분의 경우는 그들의 기관에 있어서 컴퓨터의 기술을 통한 관리와 통제에 관하여 숙고하여야 할 필요가 있으며, 각종 행정력에도 그 영향을 미치고 있다.

(7) 조직의 전산화와 결정력

행정조직의 전산화는 운영과 결정을 지지하는 범위까지 영향을 미치고 있다. 전산화는 결정과정뿐 아니라, 결정의 질과 산출에 까지 영향을 미치고 있다. 노리스(Norris, 1989 : 문신용, 2009 재인용)는 컴퓨터 사용의 긍정적인 효과 중의 하나는 결정을 위한 더 나은 정보를 얻을 수 있는 것이라고 하였으며, 여기에 세입(稅入)의 증가와 비용절감이 있다고 하였다. 스티븐스(Stevens, 1992 : 문신용, 2009 재인용)은 중요한 전략과 재무적 경영의 결정에 대하여 CIS(Computerized Information Systems)의 적용에 대한 한 지식이 적다고 주장했다. 즉, 그는 45개의 정부 재무행정 사무의 재정결정에 대한 정보기술의 사용을 연구하였는데, 이를 통해서 전산화된 정보시스템은 중심적인 역할을 수행하지만 재무적인 결정에 있어 다양한 다른 기능들이 있다는 것을 알게 되었다. 이에 따라 공공 운영자들에게 있어 CIS 사용이 결정능력을 높이는 주요 역할을 지속적으로 수행하고 있는 것으로 결론 내렸다.

스티븐스의 연구에서 기술은 경영적 통제를 수행하며, 독립적으로 명백하게 기술과 관련된 기여를 하는 주요 부분이라고 하였다. 일반적으로 이러한 결과는 공적 재무경영의 기술적용에 있어 강조되는 부분이며, 기술적용에 있어 가치 있게 권한을 사용한 공적인 운영에 대한 비판적 책임감을 의미하기도 한다. 만일 경영자가 기술의 역할과 맥락에 따른 정확한 결정을 수행하는 능력을 가지고 있다면, 전산화된 정보시스템이 공적인 경영의 재정결정에 대하여 대부분 레벨에서 효과적으로 지원되는 능력을 가지고 있다는 것이다. 하지만 그렇지 못할 경우 많은 퇴보와 손실이 있을 것이며, 이에 대한 효과는 지역사회적인 역동성에 있어서도 적용될 수 있을 것이다.

(8) 지역사회에서의 힘과 통제

정보화 기술에 입각한 전산화의 기능은 힘의 관계 및 운영통제의 변화에 대한 숙고를 불러일으키고 있다. 정보기술은 경영자에게 더 나은 통제력을 제공한다. 즉, 컴퓨터 기술의 도움에 의하여 경영자는 근로자와 그들의 업무에 관한 정보접근이 더욱 용이하게 한다. 하나의 중요한 이슈는 누가 전산화에 의해 힘을 얻거나 잃는가 하는 것이다. 이것은 개인의 차원이 될 수도 있고, 보다 거시적인 조직이나 지역사회에서도 이와 같은 논의가 가능할 것이다. 이에 관하여 톰슨(Thompson, 1989)은 기관통제에 관한 전산화의 영향들에 관한 실험에 개념적인 틀을 제공하였다. 그는 전산화가 조직 내부의 실행된 총체적인 통제의 부분을 변화시키고 있다고 하였다. 또한 그는 조직에서 컴퓨터의 확장과 통제적인 조정을 전망했다. 컴퓨터는 통제의 매개로써 자연적인 것과 통제의 범위(사람들의 통제) 및 다른 구성단위로써의 실행 등을 변화시킬 것이라 하였다. 이것은 기능 및 운영적인 형태에 많은 간접적인 효과들을 미치고 있는데, 이를 통해 통제 시스템이 더욱 변화하고 있다. 따라서 전산화는 이제 기존의 운영풍경 변화뿐 아니라 새로운 영역에로의 도달, 통제의 확장 및 새로움을 의미하는 메타포로 대표되고 있다.

이러한 관점에서 몇몇의 학자들은 조직에 있어서 전산화의 통제효과에 대한 경험주의적인 결과나 이론들을 가지지만, 다른 연구들은 상반적인 견해를 가지고 있기도 하다. 또한 몇몇 학자들은 지역정부의 전산화가 조직 내에서 다른 사람들을 통제하는 능력과 힘을 증가시키는 이득을 누리는 소위 "정보 엘리트"를 생산하고 있다고 하였다. 반면 크래머(Kraemer, 1986 : 문신용, 2009 재인용)는 전산능력을 지닌 근무자가 하급의 부하와의 관계나 다른 사원들에 대해서, 혹은 작업의 질에 따른 측면에서 커다란 영향을 미치지 못하고 있다고 조사하였다. 이는 전반적인 작업환경을 더 크게 통제하는 것은 전산화라는 한 가지의 역할로써가 아님을 보여주면서, 이는 전산화 능력이 개인적인 통제에 제한적인 가치가 있다는 것을 의미하기도 한다는 것을 뜻한다고 하였다.

그밖에 톰슨(Thompson, 1989 : 문신용, 2009 재인용)의 연구에 의하면 컴퓨터와 통제에 관한 컴퓨터 시스템의 경영에서 몇 가지 의미가 있다고 하고 있다. 첫째, 그것은 기존의 연구에 대하여 새로운 비전을 제시하고 있다. 컴퓨터 작업은 통제능력을 증가시키거나 감소할 수 있다. 그것은 조직의 다른 변수들의 통제에 있어서 재기여(再其餘)하며 통제에 있어서는 효과가 없거나 불확실하다는 의견을 제시하였다. 그러나 지역사회의 문제는 단순히 전산화의 기술적 차원에 의존하고 있지는 않으며, 보다 다양한 면대면의 상호작용과 다원적인 측면의 참여민주주의의 특성을 반영하므로 이러한 전산화의 문제에 관련한 논란 역시 지역사회 주민의 논의의 귀결에 달려있다고 할 수 있다. 따라서 소수의 권력에 이러한 전산화의 정보시스템이 활용되는 폐단이 없도록 지역사회의 역동성이 더욱 활발히 일어날 필요가 있을 것이다.

(9) 중앙집권과 탈중앙집권으로서 BPR과[3] IT, 그리고 기관혁명

경영혁신 BPR은 사업수행의 향성을 위하여 어떻게 조직운영이 최적의 구성을 수행할 수 있는가에 관하여, 그리고 사업과정의 효과와 능률과 향상을 기하는 것을 목적을 중심으로 접근한다. 데이븐포트와 쇼트(Davenport & Short, 1990 : 문신용, 2009 재인용)는 비즈니스 과정을 사업성과 성취를 분명하게 하는 임무수행이 논리적으로 연결되어있다고 하였다. 비즈니스 과정은 조직운영적인 한계와 조직적 기본단위 안에서 교차되고 있다. 이에 관

3) Business Process Reengineering.

하여 데이븐포트(Davenport)는 "과정(process)은 특수한 고객과 시장을 위하여, 특정한 생산물을 목적으로 디자인된 행동들로 측정되고 구조화되는 것"이라 언급했다.

이것은 비즈니스 활동에서 극대화된 효과적 측면을 위해 과정(process) 중에 기대되는 것으로, 개인적이거나 기능적인 임무들의 총합보다 더 많은 기대를 갖는다는 것을 의미한다. 이에 관하여 데이븐포트와 쇼트(Davenport & Short, 1990 : 문신용, 2009 재인용)는 비즈니스 과정들이 3가지 요소에 기초한다고 정의하였다. 첫째는 실체(entities)로써, 과정들은 조직 운영 실재 간에 놓일 수 있다는 것이다. 둘째는 대상(object)으로, 과정들은 대상 간을 다루는 결과이다. 이러한 대상들은 물질적이거나 정보적인 것들일 수 있다. 셋째는 활동(activities)으로, 과정은 두 가지 행동들(경영과 운영)의 타입과 관련될 수 있다. 따라서 비즈니스 과정의 재조정은 경영에 있어서 최근의 많은 발전에 기초하고 있다.

(10) 전자정부

가. 우리나라의 전자정부 개념

전자정부는 정보기술을 활용하여 행정활동의 모든 과정을 혁신하여 정부의 고객인 국민과 기업에게 제공하는 각종 서비스와 정보를 손쉽게 전산망을 이용할 수 있도록 하고, 행정 및 정책활동의 신속성과 생산성을 향상시켜 지식정보화를 선도할 수 있는 정부로 거듭나는 것이다. 그러나 그 개념에 있어서 단순히 정보기술을 도입하는 것에 의하여 전자정부가 구현될 수는 없으며, 정부의 업무절차, 기능 및 조직에 대한 근본적인 재구성과 개혁이 선행되는 개념이어야 한다. 그러므로 '작지만 효과적이며 효율적인 전자정부의 구현'은 이러한 관점에서 현대사회에서 새로이 조명되어야 한다.

나. 전자정부의 지향 : '온라인 열린 정부'의 구현

구체적인 목표는 첫째, 각종 서류의 원스톱 서비스와 불필요한 구비서류 없이 신청하면 되는 전자민원서비스가 가능하도록 누구나, 언제, 어디서나 한 번에 서비스되는 정부를 실현하는 것이다. 둘째, 종이문서나 자료가 전자적으로 생산 및 처리되고 각종 정보에 전산을 통하여 손쉽게 접근할 수 있도록 하여, 정부의 생산성이 민간기업의 수준을 능가하는 정부로 앞당기는 것이다. 셋째, 국민과 공무원의 대화의 창을 열고 네트워크를 구축하여 정보공개와 정보보호가 잘 어울리는 효율적인 정보자원 관리를 통하여 보다 투명한 정부를 건설하는 것이다.

다. 행정정보화의 전개과정

첫째, 제1차 행정의 전산화 사업(1978~1982년)

제1차 행정전산화 사업은 부처별로 단위업무를 개발하는 것에 치중하였다. 이 당시에는 컴퓨터와 통신은 각각 독립된 영역에 속해 있었으며, 양자의 결합으로서의 정보화 개념은 보편화되지 않고 기존의 수작업을 전산화하는 것에 치중하는 시기였다.

둘째, 제2차 행정의 전산화 사업(1983~1986년)

이어 1983년부터 시작된 제2차 행정전산화 사업부터 대상범위가 국민들에게까지 확대되었고, 정부차원에서도 정보화가 정책의 대상으로 부각되기 시작하였다. 2차 행정전산화 사업은 각 부처 전산화 대상업무를 중심으로 그 추진실태를 사후관리하는 체제로 추진되었다. 1984년에 국가기간 전산망조정위원회가 구성되어 '행정전산화'의 개념 대신에 '행정전산망'의 개념이 보급되기 시작하였다.

셋째, 제1차 행정의 전산망 사업(1987~1991년)

제1차 행정전산망 사업에서는 부처별 개별적 전산화의 전략을 통하여 전 행정부처와 지방행정단위에 걸쳐 전국적으로 연결하는 전국적 단일 행정권을 위한 사업을 추진하였다. 제1차 행정전산망 사업은 주민등록의 관리, 부동산의 관리, 고용의 관리, 자동차의 관리, 통관절차의 관리, 통계관리 등 전국적 서비스 업무를 대상으로 6대 우선추진사업을 선정하여 전담사업자를 지정하고, 국가적 사업으로 추진하였다.

넷째, 제2차 행정의 전산망 사업(1992~1996년)

전자정부의 제2차 행정전산망 사업은 1단계 사업추진으로 조성된 행정적 전산화 기반을 토대로 하여, 행정정보의 전국적인 공동 활용체제를 구축하여 이를 통한 대민서비스 개선과 행정능률의 제고 등 전산화의 효과가 큰 국가 주요 정책업무의 개발촉진 및 제1단계 행정전산망 우선 업무의 지속적인 보완 및 발전을 추진하였다. 동시에 국민편의를 증진시키고, 이를 위하여 행정전산망의 표준을 제고할 수 있는 업무로 우체국의 종합서비스, 국민복지의 업무, EDI형 통관자동차, 산업재산권정보관리, 기상정보관리, 물품목록관리, 어선관리 등 7가지 업무를 우선적 추진업무로 선정하여 전자시스템을 구축하였다. 또한 행정적인 전산망의 전국적인 확산에 따른 개인정보의 보호, 전산자료의 안전관리 등 행정전산망 관련제도를 정비하는 것을 추진전략으로 하였다.

다섯째, 행정의 정보화촉진 시행사업(1996~2000년)

제2차 행정전산망 사업의 추진시기로 1996년 6월에 정부는 정보화촉진 기본계획안을 발표하였다. 이것은 정보통신부가 각 부처의 정보화 추진계획을 통한 범정부적인 국가정보화계획이었다. 이 정보화촉진 기본계획에 따르면, 우리나라의 정보화 촉진을 위한 정책

분야에 대하여 정보화촉진, 정보통신 산업기반 조성, 초고속 정보통신망의 구축 및 사회적인 여건정비 등 네가지 분야를 분류하고 있다. 또한 우리나라를 정보화 선진국으로 도약시키기 위하여 각 분야별로 방대한 사업계획안을 수립하였다. 전자정부의 구현은 다음과 같은 실현과제를 안고 있다고 할 수 있다.

① 원스톱 서비스 실시
② 행정서비스 전달수단의 전산화
③ 인터넷을 통한 행정정보 공개의 확대
④ 행정업무의 재설계 및 전산화 추진
⑤ 보고 및 결재과정의 전자화
⑥ 정책의사결정의 자동화 도입
⑦ 행정정보의 축적 및 공동이용의 촉진
⑧ 행정정보 공동이용센터의 구축
⑨ 전자시스템에 따른 정보보호 관리의 강화
⑩ 정부 인트라넷
⑪ 정보시스템 표준안 정립
⑫ 시스템 안정 및 신뢰성 확보대책 강화
⑬ 개인사무의 자동화 촉진
⑭ 원격근무제의 도입
⑮ 정보화 자격증 우대 및 교육의 강화

라. 전자정부의 행정변화의 요약

A. 기존 사회복지행정모형

- 기존의 사회복지행정과 서비스의 제공은 주로 관중심, 관편의 위주의 사회복지행정으로 클라이언트에게 개입하는 시각이었다.
- 또한 행정기관을 방문하여야 사회복지서비스를 받을 수 있는 사회복지행정으로, 클라이언트에게는 시간과 공간의 제약이 있는 사회복지행정이었다.

⇒ 그러나 현재는 많은 부분에 있어서 클라이언트와 함께 가며 클라이언트를 소비자의 입장으로 보고 있으며, 이들에 대한 접근성을 높일 수 있도록 대부분의 사회복지기관에서 전자시스템을 도입하여 적용하고 있다.

B. 전자정부하의 미래 행정의 변화

현재 사회복지행정은 클라이언트를 중심으로 기존의 사회복지사가 상위이며, 클라이언트를 원조의 대상으로 보는 시각에서 클라이언트의 위상을 높여 클라이언트를 소비자로 하여 사회복지서비스를 제공하는 행정으로 변모하고 있으며, 그에 따라 다음과 같은 부분이 개선되었다.

① 클라이언트는 전자공간에서 사회복지서비스에 대한 이해와 접근을 할 수 있게 되었다.
② 클라이언트가 직접 참여하며 선택하는 사회복지행정이 확대되었다.
③ 클라이언트 중에서 신체부자유자나 외국인, 그리고 정보화 취약계층에게도 도움을 줄 수 있는 찾아가는 사회복지행정을 지향하고 있다.

정부의 공공행정과 지역사회정부의 지방분권의 몫은 앞서 언급한 시대적 조류의 변화에 그 발전과 변모의 배경을 가지고 있으며, 지역사회의 시대적 요구도 이와 맞물려 있음을 알 수 있다. 우리나라 지역사회의 수요자들은 각기 다양한 욕구를 지니고 있는 프로슈머들이며, 이제 이들은 함께 향후 지역사회의 변화에 동참하여 지역사회 역동성을 주도하게 될 것이다. 그러므로 이러한 시대적 변화에 있어서 어떠한 점이 고려되어야 하며, 지역사회의 개발과 통합 및 관리적 차원에서는 어떠한 점에 관한 논의가 선행되어 필요할 것인가에 관한 보다 구체적인 지역사회 차원의 합의도출이 필요하리라 보여진다. 전자정부의 발현과 지역사회의 역동성은 우리사회의 변화과정을 설명하고 있는 것이며, 그것의 향방은 우리 자신에게 달려 있기도 하다. 따라서 현대사회의 지역의 분권화와 정보화의 개념 속에서 상기와 같은 자원들이 어떻게 수렴되고, 발전해 나갈 것인가는 바로 우리 지역사회 커뮤니티의 성숙도를 의미하기도 할 것이다.

그러므로 우리 사회의 미래는 이러한 배경을 통하여 향후의 모습이 영향을 받을 것이며, 지역사회에 대한 변화의 몫은 바로 우리 자신에게 달려 있다. 이러한 시점에서 우리나라의 전자정부와 지방분권의 출범이, 지역사회의 고유한 안목을 통한 변모과정과 발전에 있어 행정의 변화과정과 시대적 조류, 그리고 IT 도입에 관한 문제에 관한 논의가 반드시 필요하며 그 안에 시사점이 있다고 할 수 있다. 우리는 정보화 사회의 한가운데 있다. 그리고 이러한 과정에서 지역사회가 고려해야 할 사항에 관하여 시대적 역동성이 우리 지역사회에서 어떠한 모습으로 발현되고, 발전하고 있는지에 관한 세밀한 논의가 필요하다.

CHAPTER

04

사회복지행정의 환경과 구성요인

Social Welfare Administration

학습목표

1. 사회복지조직을 둘러싼 환경을 이해한다.
2. 매트릭스조직, 팀조직의 특성을 이해한다.
3. 사회복지조직의 내부 점검요인에 관하여 논의해보자.
4. 사회복지조직 성과관리에 관하여 학습해보자.

1 사회복지조직의 환경 및 인사관리

사회복지조직은 일반행정조직과는 달리 인간을 대상으로 하며, 인간의 복지와 환경에의 적응 및 삶과 관계된 것을 다루고 있다. 환경은 일반환경(general environment)과 과업환경(task environment)으로 크게 나누어볼 수 있는데, 과업환경은 일반환경에 의하여 영향을 받는다.

1) 사회복지조직을 둘러싼 환경적 요인

(1) 일반환경

① 경제적 조건으로 국가나 지역사회의 경제 상태는 조직에 직접적으로 영향을 미치게 된다. 또한 사회복지조직에 자원공급을 결정하는 요인과 클라이언트의 수요를 결정하는 주요 결정요인이 된다.

② 사회 및 인구통계학적 조건으로 클라이언트의 연령, 성별, 거주지, 사회계급은 문제와 욕구의 발생빈도와 매우 밀접한 관계가 있다.

③ 정치적 조건으로 사회복지조직이 지향하는 방향은 정책을 통한 자원의 지원과 정치적 환경에 따른 제반사항의 영향을 받는다.

④ 문화적 조건은 클라이언트에게 제공하게 되는 서비스의 형태 및 성격, 클라이언트의 서비스 접근 및 문제의 정의 등에 있어서 사회의 문화적인 가치에 민감하게 영향을 받게 된다.

⑤ 법적 조건으로써 법률, 규칙 등은 사회복지조직의 서비스 제공에 관한 많은 조건들을 규정하고 통제하여 사회복지조직의 고객선정, 서비스 제공장소, 서비스 계획, 서비스 기술, 재원 및 서비스 인력에 영향을 주게 된다.

⑥ 기술적 환경으로 사회복지조직의 기술적인 수준은 사회복지학의 일반적인 기술 수준과 연구를 통해 실천지식을 추구해 가는 사회적 책무성에 영향을 주게 된다.

(2) 과업환경

① 재정자원의 제공자로 정부, 공적 및 사적 사회단체, 그리고 기부자 등이 있을 수 있다.

② 조직에 대한 정당성과 권위의 제공자로 사회복지조직의 합법성과 권위의 부여는 법률에 의하여 부여되게 되며, 사회적 승인과 정당성은 조직이 봉사하고 있는 지역사회, 클라이언트 집단, 전문가 집단으로부터 구체화되게 된다.

③ 클라이언트는 사회복지조직으로부터 직접 서비스를 받고자 하는 욕구를 지니고 있는 개인, 가족을 의뢰하는 타 조직, 집단, 개인을 포괄적으로 포함하고 있다.

④ 보충적 서비스 제공자로 사회복지조직에서 모든 서비스를 제공할 수 없으므로, 주된 서비스를 보충하여 제공할 수 있는 서비스 제공자와 기관 간의 협조체제를 유지하는 것이 중요하다.

표 4-1 사회복지조직의 일반환경과 업무환경

일반환경	경제적 조건	자원공급의 요구량과 서비스 수요에 영향을 줌 예 경기의 흐름, 자치단체의 지원 증감 등
	사회 및 인구학적 조건	서비스의 수요 및 욕구의 변동과 예측에 영향을 줌 예 연령별 인구, 성별 분포, 가족의 형태, 지역특성, 계층 간 분포 등
	문화적 조건	사회가치와 규범은 사회복지조직의 목적과 서비스에 영향을 줌 예 개인 및 집단가치, 사회적 인식의 변화 등
	정치 및 법적 조건	자원의 흐름에 대한 권장 및 통제 등에 영향을 줌 예 사회적 아젠다 형성을 통한 법과 제도의 조건의 변화 등
	기술적 조건	사회의 기술적 진보나 변화를 통한 영향 예 컴퓨터와 네트워크 발달의 조직 및 정보관리 방법의 변화 등
업무환경	재정자원의 공급자	정부(보조), 기업체(출연), 개인(후원), 서비스 이용자(부담) 등
	클라이언트 제공자	개인, 가족, 의뢰기관, 정부기관(조치) 등
	서비스의 수요 및 소비자	클라이언트, 가족, 학교, 지역사회, 국가 등
	보완적 서비스의 제공자	조직의 업무수행을 위해 요구되는 보충적인 서비스 제공
	합법성 및 권위 제공자	정부, 전문적 조직, 법인, 기관, 클라이언트 옹호단체 등
	기타 경쟁조직	자원과 클라이언트를 두고 경쟁관계에 있는 기타 조직들

2) 현대의 조직활동 및 인사관리

사회복지조직의 활동으로는 궁극적인 목적달성을 위하여 하위조직의 분화와 조정이라는 역동성을 통하여 집합의 목적을 달성하고자 한다. 인사관리의 단계는 직위를 분류하고 직원을 선발하여 그에 대한 보상체계와 인력개발 및 훈련을 하기 위한 모든 단계를 포함하며, 직무는 다음과 같은 개념으로 구분된다.

(1) 업무 세분화의 개념

업무의 세분화는 보다 조직의 생산성을 높이기 위하여 필요하며, 업무와 기술의 단순화 및 전문기술 개발의 용이성이 장점이며 효율성 증대와 관리와 감독의 용이하다는 장점이 있다.

(2) 업무 세분화의 단점

업무 세분화의 단점으로는 업무자의 매너리즘과 클라이언트의 서비스 파편화, 그리고 통합적인 업무의 조정에 따르는 비용의 증대가 단점이 될 수 있다.

(3) 업무 세분화의 대안

업무 세분화의 대안으로는 다음과 같은 것들이 제시될 수 있다.

가. 사례관리(case management)

다양하게 분화되어 있는 서비스를 클라이언트의 통합적인 욕구에 맞추어 케이스(case)에 대하여 통합적으로 접근하며 사정, 연결, 옹호 등의 활동과 관련이 있다.

나. 직무확대(job enlargement)

직무확대란 수평적인 직무확대의 개념이며 개인을 기준으로 한 작업자가 수행하는 기존의 수행과업(task)의 숫자를 늘리는 개념으로, 반면 의사결정과 관련되는 권한(재량권)이나 책임의 정도는 별로 증가되지 않는다. 직무의 확대는 업무의 세분화로 인한 업무의 매너리즘, 인간 소외현상, 전체적인 목표로부터의 이탈 등에 대한 예방이 가능하다.

다. 직무순환(job rotation)

직무순환이란 집단 대상의 수평적 및 수직적인 직무확대와 연결된 개념으로 업무자들이 교대로 다른 종류의 직무를 수행하도록 하는 개념이다.

이것은 사전계획에 따라 여러 직무를 여러 작업자가 로테이션의 형식으로 순환하여 수행하게 됨으로써, 동일한 업무의 반복에 따른 업무 간 단절이나 기타 매너리즘 등의 제반 문제가 발생시키는 역기능을 해소하는 기능이 있다.

라. 직무확충(job enrichment)

개인 대상의 수직적 직무가 확대되어 각기 다른 과업들을 병합하며, 현재 작업자가 수행하고 있는 직무에 의사결정권 같은 자유재량권과 그에 따른 책임이 추가로 부과되어 과업이 수행되는 것을 뜻한다.

이를 통해 직무를 보다 의미 있게 인식하게 하도록 하고, 자유재량권의 확대를 통하여 직무수행자의 창의력을 촉진시킨다. 한편 직무수행의 범위를 넓혀 직무의 완전성을 증대시키고 작업자의 피로도, 단조로움 및 싫증을 감소할 수 있으며, 새로운 과업을 추가로 수행함으로써 업무수행자의 능력신장을 기대할 수 있다. 그러나 단점으로는 단순작업을 하던 수행자에게 중요한 의사결정을 하게 되는 경우, 양질의 의사결정을 할 수 있는 능력을 갖추게 하기 위해 추가적인 교육훈련 및 프로그램이 요청된다. 따라서 업무의 수행자가 확대된 자유재량권을 비효율적으로 발휘했을 때의 비용에 대해서는 사전에 충분히 고려하는 것이 필요하다.

마. 직무공유(job sharing) 및 직무교차(overlapped workplace)

직무공유(job sharing) 및 직무교차(overlapped workplace)는 집단대상의 수평적 직무의 확대 개념으로, 특별한 유형의 시간제(part-time) 근무의 한 형태를 의미하며 하나의 전일제 직무가 두 명의 업무자 간에 나뉘어 실시되는 형태를 말한다.

직무확대모델이 한 명의 업무수행자를 대상으로 개별적으로 설계하는 것에 반하여, 직무교차모델은 반드시 직무의 일부분을 다른 작업자와 공동으로 수행해야 한다는 특성이 있다. 따라서 작업자들 간의 상호협동을 제고시키고 능률향상을 추구할 수 있으나, 교차된 업무수행에 대하여 책임을 서로 미루고 소홀히 했을 때 문제가 야기될 수 있다.

기타로는 업무시간의 유연화로 업무시간을 9:00~6:00으로 보편적 시간에 고정해 두지 않고, 각자에게 편리하고 조직의 업무에 도움이 되는 시간을 택하도록 하여, 자율적으로 정해진 시간만큼 근무하도록 하는 것으로 상담직과 같이 클라이언트와 정해진 시간에 근무를 하는 경우나 기타 전문직 중심의 자기-관리업무집단의 특성을 가지는 직종에서 가능하다.

3) 사회복지조직의 환경적응 형태

현대사회가 요구하는 복잡성이론에서 바람직한 조직은 상하좌우 간의 가로놓여 있는 단절된 벽이 허물어지고, 단단한 조직구조는 유연해져야 한다. 조직은 자칫 환경의 변화에 대한 대응으로 그 내용이 조직의 상층부로 올바로 전달되지 않을 수 있고, 조직 상층부에서의 의사결정 아래로 전달되면서 왜곡될 소지가 있다. 의사소통의 속도의 저하는 기회를 상실하는 계기가 되기도 한다. 따라서 카오스이론에서는 조직운영방식을 수직적인 방식에서 수평적인 방식으로 전환할 필요가 있다. '키 작은 조직'으로 조직의 형태는 있되, 실제 운영에 있어는 조직이 아닌 것처럼 유연하게 움직이는 탈조직화도 시도되어야 한다. 이러한 조직은 기본적으로 수평적인 조직운영의 원칙이 필요하며, 조직 상하좌우 간에 벽이 없어야 하고 조직의 키가 작아야 하며(전달구조의 단순화), 조직 내부 및 외부 간의 네트워크 구조를 구축하는 등 유연한 조직구조로서의 노력을 기해야 한다.

(1) 행렬조직

행렬조직의 특성은 권한이 두 개 이상의 라인에 의해 구축되고 유지되어, 조직구성원들은 일차적으로는 팀 단위의 분과에 소속되어 수직적으로는 상위 위계에 의해서 통제를 받게 된다. 매트릭스조직은 상위의 위계에 의한 통제도 받으나, 한편 조직구성원들은 각 프로그램 단위 또는 팀 단위의 구분에 의해서도 단위가 나누어지게 된다. 따라서 조직 내에서 종적 구조와 횡적 구조가 효율적으로 이루어질 수 있도록 설계된 조직의 구조라고 할 수 있다.

가. 행렬조직의 필요성

행렬조직(매트릭스조직)은 환경변화에 신속히 대처하고 원활한 의사소통을 효율적으로 가능하게 하며, 환경의 대응에 민감하고 조직의 관리가 종적인 업무지시와 횡적인 업무관리가 동시에 이루어지는 생산이나 프로젝트의 성격의 업무에 적합하다. 행렬조직(매트릭스조직)은 각 부문 간의 조정을 효과적으로 촉진하고, 각 관리 사이의 권한의 균형을 확보하는 것이 중요하며, 각 기능 간 또는 기능내부의 상호 관련성이 있는 임시업무에 적합하다. 행렬조직은 주어진 임무(task)에 대한 목적의 달성을 용이하게 해주는 유기적 구조의 조직이다.

나. 행렬구조의 특징

A. 행렬조직(매트릭스조직)의 장점

행렬조직(매트릭스조직)은 조직의 집권화와 분권화가 동시에 가능하며, 조직의 효율성과 탄력적 접근을 동시에 추구할 수 있다. 따라서 조직이 기술의 전문성과 제품생산의 혁신을 요구하는 경우, 이 두 가지 측면에 모두 유리하며 외부환경의 변화에 신속하게 대응할 수 있는 장점이 있다. 또한 조직이 전문적이며 복잡하고 다수 상호의존적인 활동을 동시에 수행하고 있을 때, 활동 간의 조정을 용이하게 할 수 있는 장점이 있다.

B. 단점

행렬조직(매트릭스조직)의 단점으로는 명령의 일원화라는 전통적인 조직관리의 원칙에서 벗어나므로, 업무역할과 책임소재가 불분명하게 될 수 있다. 이중역할은 역할의 긴장을 유발할 수 있으며, 원활한 업무수행과 의사소통을 위하여 많은 시간을 필요로 하게 된다. 따라서 매트릭스 내의 사람들이 정보와 권한의 공유에 적응하지 못할 경우에 조직이 기능을 충분히 발휘하지 못할 수 있다.

(2) 팀(team)조직

조직의 부서들이 개별기능을 중심으로 움직여 전체와의 협력체제를 이룰 수 있도록 하고, 수직적인 운영방식을 타파하기 위해 조직 간의 경계를 허물고 부문 간 협력이 보다

원활한 팀제도를 적극적 활용하는 등의 수평적인 방식으로 조직운영이 필요하다. 키 작은 조직의 유형 중 하나로 오케스트라형 조직의 예를 들 수 있다. 오케스트라의 지휘자는 단원들을 단순히 지휘하며 통제하는 보스로서가 아니라, 함께 연주를 이끌어 가는 리더이자 동료이다. 오케스트라의 단원들은 서로의 지위가 동등하다. 바이올린 연주자가 수적으로 많다고 타악기를 다루는 소수의 연주자보다 우월하거나 중요한 것은 아니며, 이들 단원 모두가 중요하고 함께 조화를 이루는 연주를 해야 최고의 연주가 가능하다. 이것은 모두 함께 협동하고 함께 책임을 지는 개념이다. 말러의 교향곡에서는 코러스에 덧붙여 무대에 385명의 연주자가 필요하다. 만일 이 오케스트라를 오늘날 각종 조직의 피라미드형 조직으로 구성한다면 지휘자인 사장과 현악기 임원, 타악기 부장, 바이올린 과장 등 중간관리자가 있어야 한다. 그러나 실제로 오케스트라에서는 지휘자가 한 명뿐이다. 정보와 지식이 경영자이나 중간 관리자에게 모두 집중되는 것이 아니라 현장계층 또는 실무계층에게 집중되며, 정보와 지식을 가진 전문가 집단을 효과적이고 감각있게 움직이도록 하는 리더의 개념이 중요하다.

평형적 조직으로서의 팀조직은 부문간에 가로놓여 있는 경계를 넘어 여러 기능 부서의 사람들이 함께 일하면서, 가상조직이나 가상기업을 통하여 외부 조직 간의 벽이 허물어지고 협력체가 구축되도록 한다.

이를 적용하는 조직으로는 기능횡단팀과 네트워크조직이 있다. 먼저 기능횡단팀적 접근은 특정 과제와 관련된 모든 부서의 관계자가 함께 참가하여 공통적으로 의사결정을 하고 업무를 진행하게 된다. 팀을 운영하는 데 들어가는 비용측면에서 보면 중복기능이 있어 인건비가 증가하지만, 프로젝트의 진행속도가 빠르고 시행착오가 줄어들면서 성과 차원에서 보면 많은 득을 얻을 수 있다. 이러한 형태는 인풋을 줄이고 아웃풋을 늘리는 전형적인 효율성 추구전략이 아니라, 인풋을 더 넣되 아웃풋을 둘 이상으로 늘린다는 효과성의 추구전략이라고 할 수 있다.

표 4-2 전통적 관료적 조직과 네트워크형 조직의 비교

구 분	관료적 조직	네트워크형 조직
관 계	관료적	의사소통의 대등관계
단 계	많다	적다
위계구조	상하위계적	횡단적
경 계 선	고정	투과 기능
업무방식	수직적 통합	외부자원의 활용과 제휴
의사소통	명령하달적	참여적
구 성 원	동일성	다양성
전 략	효율성	혁신성

이러한 기능횡단팀에는 외부 관련자를 포함하는 경우도 많이 있다. 조직 외부로까지 조직의 범위를 확산하는 것이다. 고객대표를 팀에 참가시켜서 고객의 요구와 기대를 제품개발에 반영시킨다. 또 협력회사의 기술자를 제품개발 초기부터 팀에 합류시켜 협력 조직의 실력이나 현실을 서비스 설계에 반영하기도 한다. 둘째, 네트워크형 조직은 계층이 거의 없고 조직 간의 벽도 없으며, 부문 간 교류가 활발한 특성을 지닌다.

4) 현대 사회복지조직의 특성과 지방분권체계

(1) 사회복지조직의 특성

현대사회의 사회복지관련 조직은 다양한 분야로 확대되어 보건, 복지, 여가, 주택 및 생활의 질 문제에 관한 총체적인 업무를 공공보다는 민간기관에서 담당하고 있으며, 이에 대한 분야도 다양하다. 계층별 분야로 최근 논의가 되고 있는 분야는 다문화 분야가 추가되었으며, 또한 주거복지의 문제도 점차 화두가 되고 있어 사회복지의 행정분야의 범위가 보다 확대되고 전문화되고 있다는 것을 알 수 있다. 또한 최근 클라이언트들을 사회복지의 수요자뿐 아니라 소비자로 인식하여, 전달체계뿐 아니라 각종 범위와 영역에 있어서도 다양화되고 있는 추세이다. 따라서 민간차원의 책임이었던 보육의 개념을 국가의 무상급식이나 무상보육의 개념으로 담당함으로써 보육에 대하여 정책적으로 국가가 책임지는 제도 및 주말보육 뿐 아니라, 저소득층 아동의 대학생 매칭을 통한 맨토멘티제도나 여성의 밤거리 안심걷기 등 다양한 영역에서 사회복지정책이 이루어지고 있으며, 사회복지행정이 이를 관리하는 시스템으로 가고 있다.

(2) 사회복지전달체계와 지방분권

현대사회에서는 사회복지조직의 서비스를 공공에서 민간위탁으로 방식이 전환되고 있는 추세에 있다. 이에 따라 지방분권이 사회복지서비스에 미치는 영향을 살펴보면, 먼저 긍정적 측면과 부정적 측면이 함께 공존한다고 볼 수 있는데, 사회복지서비스의 역할분담에 있어서 기존의 공공차원과 지방정부 간의 균형이 수요의 측면을 고려하여 어떻게 바람직하게 이루어지는가 하는 문제가 사회복지행정의 주요한 과제가 되고 있다. 따라서 주민의 욕구를 정확하게 반영하면서 효율적인 서비스 제공이 논의되기 위하여 공공과 민간의 협업체계가 구축되어야 할 필요가 있다.

(3) 지방분권이 사회복지서비스에 미치는 영향

유진석(2013)은 지방분권이 사회복지서비스에 미치는 긍정적인 효과에 관하여 다음과 같이 제시하고 있다(유진석, 2003: 43-45).

첫째, 중앙정부와 지방정부 간의 권력관계의 재조정에 따른 사회복지서비스의 영향
둘째, 사회복지의 다원화와 분권화를 통한 복지집행체계 구축의 용이성
셋째, 정책결정과정에 대한 지역주민의 참여 활성화 및 촉진

그러나 유진석(2003)은 지방분권이 사회복지서비스에 미치는 부정적 측면(유진석, 2003: 43-45)도 다음과 같이 제시하고 있다.

첫째, 사회복지서비스의 급여와 전달의 질과 양은 재정력과 밀접히 연관되어 있다.
둘째, 지방의 자율성 강화로 복지발전의 지역적 균형 간의 긴장관계가 발생할 수 있다.
셋째, 중앙정부와 지방정부 간의 책임성과 관련하여 복지재정의 책임 전가현상이 발생할 수 있다.

(4) 중앙정부와 지방정부의 협력체계 구축

사회복지행정의 다양성 확보 및 유연한 서비스 전달과정에서 민간부문에 대한 위탁운영을 통하여 협력적이고 효과적인 서비스를 제공함으로써, 사회복지의 동반자적 모델(pragmatic partnership model)의 성립이 가능하다. 합리적인 접근으로 양질의 서비스를 전달하기 위해 시장경제의 경쟁원리를 도입하는 민영화 모델(privatization model)의 장점을 살릴 수 있다. 이것은 지역사회를 통한 사회구성원의 사회복지서비스에 대한 욕구에 보다 효과적으로 대응하기 위한 움직임으로 해석할 수 있을 것이다.

2 사회복지조직의 환경적 특성과 성과점검요인

1) 사회복지조직의 성과

에찌오니(Etzioni, 1964)는 환경을 고려하여 조직의 효과성을 '조직의 목표의 달성 정도'로 정의하며, 조직이 효과적인지 그렇지 않은지의 문제는 조직이 그렇게 하기로 결정한 목표를 얼마나 달성한 정도로 판단해야 한다고 보았다. 조직에 대한 평가의 개념으로 조직효과성(organizational effectiveness)이란 조직성과(organizational performance)로 표현되기도 한다. 이에 대하여 프라이스(Price, 1968)는 조직성과에 대하여 목적과 수단을 고려한 상태에서 실질적인 산출을 기준으로 하여 목적의 달성정도로 정의하고 있다. 그리고 로빈(Robbin, 1990)은 조직효과성의 개념을 조직의 단기 및 장기목표를 달성한 정도로 정의하였으며, 조직성과를 경제 관점으로 접근한다면 효율성, 사회적 관점에서 접근한다면 구성원들의 만족과 기대충족 정도가, 환경의 적응을 기준으로 조직적응과 혁신이, 성과적 기준으로 보면 생산성이나 능률이나 구성원의 심리만족 등이 그 기준이 될 것이다(이석미 외, 2009).

(1) 사회복지조직의 효과성 점검

그동안 조직효과성에 관련해서 다양한 관점을 반영한 평가모형이 제시되었다. 이를 사회복지조직의 접근방법으로 본다면, 다음과 같이 네 가지 정도로 접근될 수 있다. 즉, 첫째, 목표달성 접근법, 둘째, 체계자원 접근법, 셋째, 내부과정 접근법, 넷째, 경쟁가치 접근법으로 이들을 살펴보면 다음과 같다.

① 먼저 목표달성 접근법으로 본다면, 조직효과성이란 설정된 목표에 대한 달성정도를 뜻하며, 산출측면에서의 조직효과성을 측정하여 목표가 분명하고 측정이 가능한 경우 사용되게 된다(민진, 2003). 그러나 조직이 효과적인가 하는 것은 가치판단 문제이며, 모든 조직적용의 보편적 기준은 없다. 그럼에도 조직효과성은 협의의 효과성으로 조직목표의 달성정도인 일반적 관념에서 출발한다는 것에 동의한다(민진, 2003). 즉, 조직의 목표는 조직의 전반적 합의와 의견일치에 토대를 두고 설정되는 것이 바람직하며, 목표달성의 방법과 체계적인 연계가 있어야 하며, 목표는 수행과정에서 측정과 평가가 가능하도록 작성되어야 한다는 전제조건이 있어야 한다.

조직의 목표를 구분하면 공식적인 목표는 조직이 갖는 궁극적 목표에 초점을 가지고 정관, 연례 보고서, 공식적인 연설에 표명되는 것이며, 반면 운영목표는 조직이 지향하는 실제적인 운영정책을 통해서 추구되고 있는 목표이다. 따라서 이 접근법을 가지고 조직성과나 효과성을 측정하기 위해서는 조직이 미래에 달성하고자 하는 바람직한 긍정적인 산출물을 가져야 한다(김재경, 2006). 그러나 목표 접근법은 조직이 환경으로부터 자원을 획득하는 최적의 상태가 어떤 것인가에 대한 해답이 없으며, 경제성과 생산성이 높다고 해서 반드시 효과나 성과가 높은 것은 아니다(이수태, 2009). 특히 사회복지조직은 비용대비 산출을 추구하기보다는 한 명의 클라이언트라도 효과적으로 목적을 달성하는 것을 보다 가치 있는 것으로 추구한다. 그럼에도 불구하고, 사회복지조직은 환경자원과의 상호작용을 통하여 조직을 유지하므로 목표접근을 주요 조직효과나 성과의 연구의 모형으로 삼아왔다(민진, 2003; 박지혜 외, 2009).

② 반면, 체계자원 접근법은 조직을 일종의 체계(system)로 보고 체계의 기능적인 요건을 실천하는 능력으로 조직효과나 성과를 파악하는 접근법이며, 투입이나 자원획득체계에 대한 일련의 과정에 초점을 둔다. 따라서 목표나 산출보다는 목표달성에 필요한 수단이

나 그 과정에 초점을 두고 있으며, 조직의 주요 기능 간의 상호관계에 보다 초점을 둔다. 이때 조직은 투입과 전환 및 산출로 구성된 개발의 체계를 다루며, 환경으로부터 자원획득의 능력을 체계의 효과성 내지 성과판단의 근거로 한다.

③ 한편, 내부과정 접근법에서 본다면 조직구성원이 속한 조직에서 만족하며 행복을 느끼는 경우나 조직 내부의 변화과정이 경제 효율성이 높은 경우에 조직효율성도 높다고 판단한다(이수태, 2009). 따라서 효과나 조직성과는 조직구성원의 능률과 조직구성원의 만족 및 행복을 중요시하는 개념이다. 따라서 이 접근법은 다른 접근에 비하여 상대적으로 조직 외부환경은 중요시되지 않으며, 이 관점은 조직의 과정과 성과의 관계가 분명할 때 적용된다.

④ 그 외의 경쟁가치 접근법의 관점은 조직의 성과나 효과성을 평가하는 통합적 관점으로 효과성이 평가자의 가치를 반영하는 관점에서 출발하며, 조직의 효과를 평가할 때 다양한 기준이 되고, 그 기준 또한 경쟁적 관계임을 인지한다(이수태, 2009). 그리고 조직의 목표를 다른 측면에서 본다면 공식적인 목표와 운영적인 목표로 나뉠 수 있는데, 공식적인 목표는 조직의 궁극적 목표에 초점을 두고 있으며 정관, 연례보고서, 공식연설 등에 표명되는 반면, 운영적인 목표는 조직이 추구하는 실제적인 운영정책을 통하여 추구되는 목표라 할 수 있을 것이다.

따라서 이 접근법을 통하여 조직의 성과와 효과성을 측정하는 데 활용하기 위해서 조직은 미래에 달성하고자 하는 바람직한 산출물을 가지고 있어야 한다(김재경, 2006). 또한 이 접근법은 조직에 대한 평가의 적절성을 제고하는 장점이 있고, 다양한 효과의 측정 기준을 범주화함으로써 어떤 효과성의 기준이 어떤 조직의 상황에 적합할지를 적용하여 조직의 성과기준이 가지는 모호성과 기준이 변화되는 경우에 유용하다(정연욱, 2010). 그러나 조직이 어떤 성장단계인지 판단하는 것은 쉽지 않다(이병석, 2005). 그러므로 어떤 관점도 조직이 가지는 복합적인 성격과 총체적인 성격을 포괄하여 나타내는 것은 어려우며, 따라서 안정과 변화, 통제와 신축 등의 양면적인 가치를 균형있게 발전시켜 나가는 것이 효과적인 조직이라고 할 수 있을 것이다.

(2) 조직성과에 영향을 미치는 요인

오늘날의 사회복지조직은 다양한 재정지원에 관한 책무성을 요청받고 있으며, 아울러 각종 사회문제의 증가로 인하여 서비스 제공의 다원화가 요구된다. 그러나 통합적이면서도 효과적인 서비스 전달에 있어서 특성상 서비스의 표준화가 용이하지 않으며, 목표 간의 격차가 크고 상충적인 가치와 이해가 존재한다(황성철 외, 2006). 이것은 조직이 갖는 개개의 특수성으로 인하여 조직의 효과나 성과를 측정하기 용이하지 않은 측면이 있음을 뜻한다. 동시에 사회복지조직은 주어진 목표달성의 과제와 상황과의 교류 속에서 생존하고 적응하며 성장할 과제를 안고 있다.

따라서 사회복지조직의 성과는 목표달성뿐 아니라 이를 위한 조직원의 만족의 정도 및 조직몰입의 정도와 밀접한 관련이 있다. 통상적으로 조직의 성과나 효과성을 측정은 목적이나 대상에 따라 다르며, 조직의 특성에 의한 다양한 기준이 있어야 하므로 측정에는 어려움이 있다. 다만, 조직효과성은 단일의 기준이 아닌 복수의 기준에 따라 측정기준이 달라져야 한다는 것과 수단과 결과 모두를 고려해야 한다는 것에는 학자들 간 의견일치가 있다(이종남, 2005; 정연욱, 2009).

오늘날 많은 사회복지관련 조직에서 환경을 반영한 과다한 경쟁과 사회적 책무성의 요구로 인하여 조직의 성과에 대한 관심이 증대되고 있다. 사회복지조직의 성과에 대하여 조직관련 요인의 특성과 조직성과와의 관계는 다음의 네 가지로 분류할 수 있다(박지혜 외, 2009). 첫째, 조직규모 및 특징과 조직효과의 연구로 시설의 위치, 운영주체, 규모, 인력의 특성, 입소자의 특성, 지역사회 간의 관계(전해승 · 최재성, 1999), 조직의 운영, 인력의 전문성, 인력과 재정 및 프로그램 관리, 조직과 지역사회와의 상호관계(강철희 · 정무성, 2002), 법인운영의 복지관 수(최재성, 2002) 등이 조직의 성과에 영향을 미칠 수 있다.

둘째, 조직구성원의 여가활동 및 태도, 갈등지각과 관리방법, 임파워먼트 등의 개별적 성과와 관련한 조직성과와 관련하여 여가태도 및 여가만족(박영준, 2006; 김선희, 2007), 갈등지각과 관리방법(임성옥, 2005), 임파워먼트(남기예, 2009; 김영춘, 2011) 등이 조직의 성과에 영향을 미칠 수 있다.

셋째, 외부 조직과 상호관계의 특성으로 협력성, 네트워크의 수준과 조직효과를 가늠하기 위해 조직의 협력의 정도(이민홍 · 최재성, 2003), 네트워크의 수준(최유미 · 심성지, 2009; 한용외, 2011)이 조직성과에 영향을 미칠 수 있다.

넷째, 조직에 대한 주관적인 요인이라 할 수 있는 조직의 구조, 지식경영, 의사소통, 조직의 풍토, 조직의 문화, 팔로워십, 리더십, 서비스 지향성과 조직구조(강종수, 2006), 지식경영(김은희, 2007), 서비스 지향성(이종남, 2005; 정연욱, 2010), 팔로워십(남기예, 2009; 김경희, 2010), 조직풍토(이용재 · 이근정, 2004; 조정아, 2004), 의사소통(김영춘, 2011), 리더십 유형과 특성(황성철, 2002; 박영국, 2008; 남기예, 2009; 김영춘, 2010; 김경희, 2010), 그 밖에 조직문화(박영준, 2003; 주리애, 2009) 등이 조직성과에 영향을 줄 수 있다.

2) 조직성과의 내부 점검요인

사회복지조직의 주관적인 인식을 통한 직무성과의 평가에 직무효과나 직무성과에 대한 측정으로 직무만족, 조직몰입을 측정도구로 할 수 있다(양점도 · 이경은, 2001; 황성철, 2002; 박영준, 2003; 임성옥, 2005). 사회복지관련 분야를 비롯하여 조직차원의 평가에서 조직의 효과성이나 조직성과를 측정하고자 할 때, 주로 직무만족과 조직몰입(황성철, 2002; 임성옥,

2005; 박영준, 2006; 김은희, 2007)이 측정기준으로 사용될 수 있다.

(1) 직무만족

직무만족의 개념은 직무에 대한 주관적이며 감정적인 반응으로 직무의 직무자체, 임금 및 승진, 작업조건과 같은 직업의 상황이나 근무자 자신을 비롯하여 동료나 상사 및 고객과 같은 행위자 모두를 포함하는 개념이며, 이에 대한 주관적인 인지의 반응이다. 즉, 직무만족(job satisfaction)의 개념은 개인이 자신의 직무에 관하여 갖는 주관적인 정서 및 태도의 감정적 반응으로 측정될 수 있다. 첫째, 직무자체에 중점을 두고 있는 직무만족은 직무에 대한 조직구성원의 반응으로, 직무경향이 근무자의 가치와 욕구에 일치할 때 직무만족을 느낀다(Smith, 1969). 둘째, 포터와 라울러(Porter & Lawler, 1968)는 직무환경을 중심으로 직무만족을 실제 얻은 보상이 정당하다고 생각되는 보상수준을 초과한 정도로, 이를 기준으로 하여 직무만족과 불만족이 일어난다고 하였다. 결론적으로, Locke(1976)는 직무만족이 자신이 스스로 직무를 평가하거나 직무자체를 통하여 얻게 되는 긍정적인 감정의 상태로 정의하면서 직무만족은 결국 개인이 갖는 가치와 직무환경에 대한 지각상이의 상호작용이라고 보았다. 정리하면, Smith(1955)는 직무만족에 대하여 개인이 스스로의 직무와 관련하여 경험하는 감정의 총체적인 합 또는 모든 감정의 균형된 상태로부터 기인하는 태도라 하였다. 그리고 Vroom(1964)은 직무만족 차감론(sutraction theory)에서 감독, 작업집단, 직무내용, 승진기회, 작업시간의 예를 통해 직무만족이 개인적 특성변수를 고려할 필요가 있다고 보았다. 또한 Vroom(1964)은 직무만족이란 현재 종사하고 있는 업무의 역할에 대한 사람들의 개인적이고 근원적인 감성이라 정의하였다. 그리고 Bentley와 Rempel(1970)은 직무만족이 직무의 상황에서 개인 및 집단목표를 달성하기 위해 개개인이 표명하는 직업적인 관심 및 열의라고 하였다. 한편, Tiffin과

McCormick(1974)은 직무만족을 직무를 통해 얻게 되거나 경험하게 되는 필요나 욕구만족의 차원에 대한 함수라 정의하였다. 이후 Locke(1976)는 직무만족의 개념정의가 인식론을 토대로 출발한다고 보아, 그 개념이 조직 구성원이 직무경험과 수행을 통하여 내부정서에 의해 발견되며 종사자가 직무를 긍정적으로 평가하는 마음의 상태라고 보았다.

이를 종합하여 Steers(1981)는 직무만족이란 조직 구성원이 자신의 맡은 직무에 대해 갖는 태도 및 정서적 반응이라고 정의하였다. 이에 대하여 우리나라의 신유근(1981)은 직무만족이 개인이 직무에 대해 갖고 있는 태도라고 하였다. 즉, 인지(신념이나 지식), 정서(감정이나 평가) 등에 관한 행위 및 경향의 복합체라는 것이다.

이에 대하여 Herzberg(2003)는 직무만족을 크게 위생요인과 동기요인으로 구분하고, 위생요인 또는 불만족요인의 다섯 가지로 조직의 정책과 행정, 감독, 보수, 대인관계, 작업조건 등을 제시하였다. 그리고 동기요인 또는 만족요인으로는 직무상의 성취와 직무성취에 대한 인정, 직무내용 자체, 책임, 성장이나 발전 등의 다섯 가지를 제시하고 있다. 개인적인 특성요인에서 Gilmer(1966)는 직무만족의 결정요인으로 승진, 보수, 직무의 본질적인 측면, 감독, 의사소통, 직무의 사회적 측면, 작업환경, 복리후생, 안전 등의 아홉 가지를 제시하고 있다. 한편, 맥코믹과 티핀(McComick & Tiffin, 1974)은 직무만족을 직무를 통하여 경험한 또는 직무에서 기인하는 욕구의 충족정도이므로 이것은 개인의 가치체계에 따라 달리 나타날 수 있다고 하였다. 또한 직무만족에 대한 구성요인에 대해서는 내적 및 외적 환경마다 다르며, 개인특성에 따라서도 다르므로 이에 대한 명확한 규정을 하기는 쉽지 않다고 언급하였다. 그 밖에 시어즈(Seals, 1977)는 직무만족의 요인을 동료, 직장의 일, 보수, 직장의 안전, 근무조건, 직장에서의 설비 및 감독이라 제시하였다.

따라서 직무만족이란 개인의 태도 및 가치, 신념, 욕구 등의 수준에 따라 다르며, 직무자체를 비롯한 직무환경에서 얻어지는 유쾌함이나 긍정적 정서의 상태는 결국 업무수행에 있어 긍정적 느낌과 부정적 느낌의 정도이다(조선배, 김석영, 정승환, 2009). 이를 조직 행동론의 차원에서 볼 때, 신유근(1985)은 조직전체의 요인, 즉 작업환경의 요인, 직무내용의 요인, 개인적인 요인이 직무만족에 영향을 미치게 된다고 하였다. 그런데 직무만족이 중요한 이유는 직무에 만족하는 사람은 조직구성원의 조직에 대한 충성도나 일에 대한 집중도, 육체적, 정신적 건강, 나아가 삶의 질을 높이는 데 기여하는 반면, 조직에 불만족인 사람은 이직을 하거나 직무에 대한 성실도가 떨어지고, 부정적 결과를 초래할 가능성이 높기 때문이다(이문휘, 2006). 따라서 직장에서 높은 결근율과 이직률은 생산성뿐 아니라 직원의 사기와 성과의 감소를 가져오고(Wolf, 1981), 역으로 직무만족이 결근 및 이직의 감소와 사기의 증가를 가져와 생산성 증가에 정적인 영향을 준다(Vroom, 1964). 또한 직무만족의 중요성은 구성원 및 조직의 측면에서도 평가할 수 있는데, 구성원의 입장에서는 가치판단 면에서 중요하다(송기숙, 2003).

이에 허즈버그, 마운스너 그리고 신더맨(Herzberg, Mausner & Snyderman, 1959)에 의하면, 인간은 욕구에 따라 만족 혹은 불만족을 주는 요인이 별개의 차원이며 이러한 심리적인 면을 통하여 직무만족을 설명하고, 직무만족의 요인이 직무내용과 관련이 있다고 주장하였다. 따라서 직무불만 요인은 직무의 상황과 연관이 있다. 결국 직무만족이란 주어진 직무의 상황에 관해, 종사자가 지니고 있는 호의적인 감정의 반응으로 종사자가 직무와 관련하여 여러 상황에 대하여 만족하는 정도의 다차원적인 개념이다(Locke, 1976). 그런데 조직차원에서 직무만족을 본다면, 직무만족은 직무수행에 있어서의 긍정적인 심리상태이므로 직무수행에 있어서 의욕과 능률을 높이며, 궁극적으로 조직의 효율성에도 영향을 미치게 된다는 점에서 중요한 개념이다.

사회복지조직에 미치는 직무만족의 결정요인을 살펴보면, 주상현, 최낙관, 김근식 그리고 왕문석(2003)은 역할갈등, 동료관계, 상사와의 관계에 따른 '직무요인'과 임금, 교육, 승진과 관련한 '조직요인' 및 '가치요인'으로 윤리적 사명감, 이타적 존엄성 등의 내적 책임감이 사회복지 시설종사자의 직무만족에 영향을 미치는 요인이 될 수 있다.

(2) 조직몰입

조직몰입(organizational commitment)의 개념은 조직의 구성원이 조직에게 보이는 헌신도와 고용지속에 대한 지속적인 태도와 행위를 측정할 수 있는 유용한 개념이다(김막래, 2010).

조직몰입의 개념은 꾸준하게 조직에 대한 개인적인 동일시와 연관되는 정도를 의미하는 개념으로, 개인이 조직에 일체감을 가지고 몰두하는 정도를 밝히기 위해 연구되어왔다(강철희 · 김교성, 2003). 조직몰입의 정의로 스콜(Scholl, 1981)은 조직몰입이 조직에 대하여 개인적인 기대가 충족되지 않을 상황에서 변함없이 개인의 행동을 안정적으로 할 수 있는 힘으로 정의하였다. 또한 쉘던(Sheldon, 1971)은 조직몰입을 개인적인 정체성을 조직에 관련하여 조직에 갖는 애착의 정도로 정의하였다. 그 밖에 모우데이(Mowday et al., 1982) 등은 조직몰입이 개인이 특정조직에 공헌하는 것에 관한 상대적인 상태로 정의하였다. 따라서 조직몰입은 조직과 관련한 개인의 심리적 태도로 조직을 향한 헌신적 신념으로, 조직구성원으로서 역할을 다하는 심리적 욕구와 의지라 할 수 있을 것이다.

이에 관하여 알렌과 메이어(Allen & Meyer, 1991)는 조직몰입이 정서적 몰입, 지속적 몰입 그리고 규범적 몰입으로 나뉜다고 하면서 그 개념을 분류하였다. 여기에서 정서적 몰입은 조직구성원이 조직에 대하여 감정, 심리적 애착을 가지고 조작과 동일시하는 감정을 의미한다. 지속적 몰입이란 조직이 제공하는 여러 가지 보상이나 혜택으로 인해 지속적으로 소속한 조직에 소속하려는 심리적인 상태를 뜻한다(Allen & Meyer, 1991). 정서적 몰입이 감정에 바탕을 두었다고 한다면, 지속적 몰입은 이성적 판단을 바탕으로 형성되는 몰입의 측면이라 할 수 있다. 그리고 규범적 몰입이란 도덕적인 의무감으로 설명되는데, 조직원이 조직에 머무르고자 하는 이유가 조직이 자신에게 부여하는 어떠한 의무감에 의한 것이라고 보는 견해이다. 또한 이것은 조직의 구성원이 조직의 목표나 가치를 자신의 목표나 가치로 내면화하는 것을 의미하기도 한다.

결론적으로 알렌과 메이어(Allen & Meyer, 1991)에 의하면, 정서적 몰입이 강한 구성원의 경우는 자신이 원해서, 지속적 몰입은 조직에 남아 있을 필요를 느껴서, 규범적 몰입은 사회적 규범에 대한 의무감으로 조직에 남아 있고자 한다고 주장하였다.

CHAPTER

05

사회복지행정의 인적자원 관리

학습목표

1. 사회복지행정에서 인적관리가 갖는 항의를 이해한다.
2. 사회복지조직의 동기부여에 관하여 학습해 보고 논의해보자.
3. 사회복지조직의 리더십에 관하여 학습하고 논의해보자.
4. 사회복지조직의 의사결정에 관하여 학습해보자.

본 장에서는 행정조직과 심리적 동인에 관하여 살펴보고, 현대 행정학의 방향에 대해서도 함께 알아보고자 한다. 앞서 살펴본 바와 같이, 고전적 조직이론은 조직의 목적이 합리적인 방법에 의해 세부적인 과업으로 분업의 원리에 입각한 세분화 및 전문화가 될 수 있을 뿐 아니라, 조직의 총체적인 목적달성을 위한 재결합으로 통합이나 조정이 될 수 있다고 보았다. 사회복지조직은 인적관리를 위한 동기부여, 리더십 함양, 의사결정과정이 필요하다. 이러한 개념의 발상은 인간이 조직을 위한 합리적인 결정을 할 수 있으며, 조직의 전체가 원자로 분할될 수 있고, 분할된 원자는 다시 전체로 재결합될 수 있다는 원자론과 기계론(atomism and mechanism)을 토대로 하여 단순하지만 질서정연한 세계관을 갖는 뉴튼(Newton)의 기계론적 패러다임(Newtonian mechanical paradigm)에 근거한 것이라 볼 수 있다. 즉, 사회복지조직은 개개인 원자인 인적자원이 기본이 된다는 것이다. 그리고 일정한 경계(boundary)를 통해 환경과의 상호작용을 나타낸다는 개념을 통해 설명된다.

따라서 환경에 적합한 조직구조와 그에 따른 인적관리의 구성요인으로 의사결정 및 동기의 점검이 중요하다.

1 사회복지조직의 동기부여

① S : Stength	• 기관 내부의 장점 분석에 초점을 맞추며 기관의 모든 장점을 명세화한다. • 기관의 목적을 효과적으로 달성하는 데 도움을 줄 수 있는 요소를 규명한다.
② W : Weakness	• 기관 내부의 취약점에 초점을 두며(예 기관의 재원 부족 등), 기관의 모든 단점을 명세화한다.
③ O : Opportunities	• 기관의 목적달성과 운영에 도움이 되는 기회적인 요소를 의미한다. • 기관의 발달에 기여할 수 있는 외적인 요소로 기회적 측면을 중시한다.
④ T : Theats	• 기관의 발전에 위협이 될 수 있는 요인으로 유사 프로그램, 사회의 인지도 등에 있어서의 위협적인 요인이 무엇인가 하는 점을 파악한다.

1) 조직에 있어서 동기부여의 중요성

인간 없는 조직(organization without people)으로 비판받아 왔던 고전적 조직론의 대안으로 대두된 인간관계론 등의 신고전이론은 지시, 명령, 통제 위주였던 관료제적 조직에서 조직구성원의 동기부여에 초점을 맞추는 방향으로 여러 가지 동기부여이론을 고안해냈다. 이러한 배경으로 하여 매슬로우(Maslow)의 욕구단계이론, 머리(Murray)의 명시적 욕구이론, 앨더퍼(Alderfer)의 ERG이론, 맥클랜드(McClelland)의 성취동기이론, 맥그리거(McGregor)의 XY이론, 허즈버그(Herzberg)의 욕구충족에 따른 직무만족요인의 이원론, 그리고 리커트(Likert)의 관리체제이론 등이 발전되었다.

(1) 조직에 적용되는 맥그리거(McGregor)의 XY이론

가. X이론

X이론이란 전통적 관리체제를 정당화시켜 주는 인간관이며, 매슬로우(Maslow)의 욕구

계층 가운데 주로 하위욕구에 초점을 두고 있는 이론으로, 타인주도형의 타율적 측면을 반영하고 있다.

나. Y이론

Y이론은 인간의 성장적 측면에 착안한 새로운 관리체제를 뒷받침하는 인간관으로, 비교적 상위욕구에 비중을 두고 있으며 자기 주도적인 자율적 측면을 반영하고 있다.

표 5-1 X이론과 Y이론의 주요 내용

X이론	Y이론
1. 대부분의 사람은 일하기를 싫어한다. 2. 대부분의 사람은 야망이 없고 책임감도 없으며 지시 받기를 좋아한다. 3. 대부분의 사람은 조직의 문제를 해결하는 데 창의력을 발휘할 만큼의 능력을 갖고 있지 못하다. 4. 인간의 동기부여는 생리 및 안전욕구의 수준에서만 가능하다. 5. 대부분의 사람은 엄격히 통제되어야 하고, 조직목표를 달성하기 위해서는 강제되어야 한다.	1. 조건만 맞는다면 일은 노는 것처럼 자유스런 것이다. 2. 사람은 책임을 느끼는 목표를 달성하기 위해서 자기 지시와 자기통제를 한다. 3. 조직의 문제를 해결하는 데 필요한 창조적 능력은 누구에게나 있는 것이다. 4. 동기부여는 생리적 및 안전의 욕구 수준뿐만 아니라 사회적인 존경, 자기실현의 욕구에서도 가능한 것이다. 5. 사람은 동기가 부여되면 자율적이고 창의적으로 일을 하는 존재이다.

출처 : Hersey & Blanchard(1982).

(2) 매슬로우(Maslow)의 욕구단계이론

인간의 목표지향적인 행동은 인간이 지니고 있는 여러 가지 욕구 중 가장 강도가 강한 욕구와 그에 따른 동기에 의하여 움직여진다고 볼 수 있다. 조직 내의 인간 행동을 연구하는 학자들은 이러한 사실을 통하여 인간이 공통적으로 지니고 있는 욕구에 대해 조사하여 그것에는 위계가 있음을 발견하였다. 그리고 그것을 실제 조직에 적용할 수 있도록 체계화하고 이를 적용하기 위해서 노력하였다.

이러한 학자 중에 가장 대표적인 학자가 바로 매슬로우(Maslow)이다. 그는 임상적인 관찰을 토대로 다음과 같은 결론에 이르렀다. 인간의 동기는 다섯 가지 욕구의 계층에 따라 순차적으로 유발되며, 대부분의 경우 인간은 이러한 다섯 가지의 욕구들을 부분적으로 충족시키며 최상위의 자아실현의 욕구를 향해 동기화되어 나아간다고 하였다. 따라서 인간은 항구적으로 무엇인가를 원하는 동물(perpetually wanting animal)이라는 욕구계층이론을 매슬로우는 주장하였다. 이에 따라 매슬로우(Maslow)는 인간의 내재적 욕구(organismic needs)에 초점을 맞추어 욕구를 다음의 다섯 단계로 분류하였다. 이러한 욕구는 가장 하위 욕구인 생리적 욕구(physiological needs), 안전의 욕구(safety needs), 소속의 욕구(belongingness and love needs), 존경의 욕구(esteem needs), 자아실현의 욕구(self-actualization needs)로, 하위의 욕구를 충족한 뒤에는 점차 상위의 욕구를 충족하고자 하는 방향으로 나아가고 있다.

표 5-2 매슬로우(Maslow)의 욕구의 5단계

일반적인 예	Maslow의 욕구 5계층	
성취	자아실현의 욕구	↑
신분	존경에 대한 욕구	
소속 및 우정	소속의 욕구	
안정성	안전에 대한 욕구	
의식주	생리적 욕구	

생리적 욕구는 인간이 지니는 가장 기본적인 욕구로서 이에 해당하는 것으로는 음식, 의복, 주거, 성, 수면 등에 관련된 욕구로 사회복지조직이 원조의 차원에서 가장 우선적으로 제공하는 기본 서비스가 이에 해당한다. 이는 욕구계층의 출발점이 되는 최하위의 욕구라는 점에서, 생리적 욕구는 다른 욕구에 비해 가장 기본적이며 강도가 가장 높은

욕구이다. 즉, 인간의 생활을 가장 강하게 지배하는 욕구이며, 극한적 상황이거나 모든 욕구가 전혀 충족되지 않을 때에는 더욱 지배적으로 나타난다. 예를 들어, 극단적으로 배가 고픈 사람은 다른 무엇보다도 허기를 해소시킬 수 있도록 모든 노력을 동원할 것이다. 초기 사회복지행정은 이러한 인간의 1차적인 욕구를 해결하기 위하여 활용되었으나, 최근 서구의 사회복지행정과 우리나라의 일부 제도에서는 모든 인간의 전인적이며 개별적인 존재로서의 자아실현의 욕구를 돕고자 하는 최상위의 목적을 실현하고자 한다.

자, 그럼 생리적 욕구와 안전에 대한 욕구가 어느 정도 충족되면 어떠한 욕구가 충족되어야 할까? 순차적으로 생리적 욕구의 다음에는 소속의 욕구가 충족되어야 한다. 인간은 사회생활 속에서 다른 구성원들과 상호작용하며 생활하는 사회적 동물이므로 고독한 것 어느 곳에도 소속되어 있지 않는 것, 가까운 사람들로부터 소외 등에서 오는 고통을 원하지 않는다. 즉, 특정인과 소속감을 느끼는 상호관계를 유지하기를 원하며, 우정을 나누기를 원하고 자기가 원하는 집단에 소속되어 다른 사람과 함께 상호작용하기를 바라게 된다. 이러한 인간의 욕구를 소속의 욕구라고 한다.

이와 같이 생리적 욕구, 안전에 대한 욕구, 소속의 욕구 등이 어느 정도 충족되면 그 다음으로는 존경에 대한 욕구가 우세하게 나타나게 된다. 존경에 대한 욕구는 개인마다 해석이 다르겠으나 사회적 지위로서의 혹은 자신의 내면세계나 예술성, 그 어떤 것이든 자신에 대해 긍지를 가지려 하고 자신이 평가받고 다른 인간들로부터 존경받기를 원하는 욕구를 가지고 있다. 이것은 인간이 스스로 자신이 유능하며 성취적이라는 것으로, 자신을 사랑하고자 하는 욕구가 명예 · 지위 · 인정 · 권력 등에 대한 욕구로 나타나게 된다. 이와 같은 존경에 대한 욕구가 충족될 경우에 인간은 자신감을 갖게 되며, 자신이 이 세상에 꼭 필요한 존재로 유용하고 유능한 사람이라는 느낌을 받게 된다. 이러한 욕구충족은 허황된 의식이 아닌, 실력과 다른 사람들로부터 정당히 받는 것이라면 바람직한 것이 될 수 있으며, 이것은 상호존중을 기반으로 하는 것이어야 할 것이다. 반면에 이러한 욕구가 좌절될 경우 인간은 열등의식을 갖게 되고, 그에 대한 보상적 행동을 하거나 심한 경우 신경질환의 증세를 보일 수 있다. 따라서 이와 같은 인간욕구의 단계에 대한 이론은 인간을 다루는 심리학과 조직학에 모두 유용하게 활용되고 있다. 이를 조직학에 적용한다면 조직구성원들이 가질 수 있는 긍지와 존경의 욕구를 조직에 활용하여, 리더십과 동기의식에 적용하여 조직의 목표와 사명을 다할 수 있을 것이다. 혹은 이를 사회복지학의 정책상의 단계나 사회복지 프로그램의 각 단계별 지원에 활용할 수 있을 것이다. 그러나 일부 성인의 경우에는 꼭 단계에 따라 욕구를 성취하는 것은 아님을 알 수 있다.

이것이 동기를 유발하는 요인이 되도록 하기 위해서는 ① 직명(job title)을 조정하고 복리후생에 힘쓰며, ② 능력별로 보수를 인상하고(merit pay increase), ③ 동료, 상사, 부하로부터 인정을 받을 수 있는 것을 제도적으로 보장하며, ④ 직무자체에서 성취감을 느끼면서 또한 직무에 대한 책임의식을 느낄 수 있는 여건을 마련해야 한다(조석준, 1990). 그러나 생리적 욕구, 안전에 대한 욕구, 소속의 욕구, 존경에 대한 욕구 등이 모두 충족된다 하더라도 인간은 자신이 자기 자신에게 적합한 일을 하고 있다고 느끼지 않으면 불만과 불안을 가질 수 있을 것이다. 이러한 불만과 불안을 해소시키기 위해서는 자아실현의 욕구가 충족되어야 하며, 조직의 입장에서는 입사 때부터 이러한 동기를 면접을 통하여 점검하고 조직을 통하여 이러한 개인의 동기가 실현될 수 있도록 조직의 목적에 접근한다. 이러한 자아실현의 욕구는 욕구계층 구조의 최상층에 존재하여, 자기완성에 대한 갈망을 통하여 자신의 잠재적 역량을 최대한으로 실현하려는 욕구를 통하여 성장하게 된다. 즉, 개인은 자기 자신이 개발할 수 있는 능력을 충분히 개발하고 발휘할 수 있도록 사회적으로는 조직을 통하여 혹은 자신의 영역 가운데 있는 삶을 살게 된다. 그러나 우리나라의 경제성장 배경에는 생존의 욕구와 삶을 고군분투를 하며 일생을 살아온 전쟁시대 혹은 베이비붐 시대에 성장한 계층도 존재한다. 따라서 우리 후대는 보다 살기 좋은 웰빙의 사회와 조직을 구현할 수 있도록 노력해야 하는 것이 바로 이에 보답하는 것이기도 하다.

오늘날 이러한 매슬로우의 욕구단계의 법칙은 각종 수많은 조직에 활용되고 있으며, 조직구성원들의 자율성 보장을 통하여 도전 및 보람을 느낄 수 있는 직무를 제공하고 각각의 구성원이 능력개발의 기회를 제공받으며, 성취적 행동에 대한 관심 및 승진 등의 기회제공을 해야 하는 과제를 안고 있다(이학종, 1984; 조석준, 1990). 자아실현의 욕구는 개개인에 따라서 매우 다양한 형태로 나타나는데, 예를 들어 연주를 잘하고자 하는 음악가의 욕구, 인류를 위해 공헌할 수 있는 의료인이 되려는 욕구, 운동을 잘하려는 운동선수의 욕구, 인간의 내면이나 생활을 아름다운 언어로 형상화시키려는 문학가의 욕구 등이 있을 것이다. 여러분들의 욕구는 어떠한가? 매슬로우(Maslow)의 욕구계층이론은 인간의 기본적 욕구를 계층별로 파악하여 분류하고, 그들 간의 관계를 설명하고자 함으로써 인간의 행동을 움직이는 동기를 이해하고, 조직구성원들 개인의 동인을 규명하고자 했다는 점에서 높은 평가를 받고 있다.

(3) 욕구이론의 통합

본 장에서는 인간의 욕구를 중심으로 인간의 동기를 다루었다. 그런데 욕구이론 중 매슬로우(Maslow)의 욕구계층이론, 앨더퍼(Alderfer)의 ERG이론[1], 맥클랜드(McClelland)의 성취동기이론, 허즈버그(Herzberg)의 욕구충족요인의 이원론 등은 많은 차이점에도 불구하고 몇 가지 측면에서 서로 유사하다. 예를 들어, 매슬로우와 앨더퍼(Maslow & Alderfer)는

1) 앨더퍼(C. D. Alderfer)의 이론의 특징은 그의 이론적 기반이 조직의 현장 연구에 기반하고 있다는 것으로 앨더퍼는 욕구수준을 3단계로 수정하여 욕구위계이론을 제시하였다. 3단계의 욕구란 생존욕구(existence needs), 관계욕구(relatedness needs), 성장욕구(growth needs)를 의미하며 그 첫 글자를 따서 앨더퍼의 이론을 ERG이론이라고 지칭하였다.

인간의 욕구가 계층이 있다고 주장했으나, 허즈버그(Herzberg)는 인간의 욕구를 두 가지로 범주화해서 두 가지의 독립적인 요인으로 제시한다는 점에 차이가 있다.

허즈버그(Herzberg)가 제시한 위생요인은 매슬로우(Maslow)가 제시한 욕구계층의 하위 세 가지 욕구에 매칭될 수 있다. 특히 봉급과 근무조건은 매슬로우(Maslow)의 생리적 기본 욕구와 부합하고, 직장의 안정성과 조직의 방침은 매슬로우의 안전에 대한 욕구에 해당되며, 근무감독과 인간관계는 매슬로우의 소속의 욕구와 상응한다. 허즈버그(Herzberg)의 동기요인은 매슬로우(Maslow)가 제시한 욕구계층의 상위 두 가지 욕구에 해당된다. 예를 들어, 직무성취에 대한 인정은 사랑과 존경에 대한 욕구와 부합하고, 직무에 대한 성취감, 직무 그 자체, 책임부여, 성장기회 등은 모두 매슬로우의 상위욕구인 자아실현의 욕구와 상응한다고 할 수 있다.

또한 매슬로우(Maslow)의 욕구계층이론과 앨더퍼(Alderfer)의 ERG이론도 유사성이 있다. 예를 들어, 앨더퍼(Alderfer)의 ERG이론에서 생존욕구는 매슬로우(Maslow)의 생리적 욕구와 안전에 대한 욕구 중 신체적 안전에 대한 욕구에 해당하고, 대인관계유지의 욕구는 매슬로우(Maslow)의 대인관계적 안전의 욕구, 소속의 욕구, 그리고 다른 사람으로부터 존경을 받고자 하는 욕구와 상응하게 된다. 마지막으로 앨더퍼(Alderfer)의 성장욕구는 매슬로우(Maslow)의 존경에 대한 욕구 중에서 자긍심(self-esteem)의 단계와 자아실현의 욕구단계에 해당한다.

한편, 맥클랜드(McClelland)가 제시한 친교의 욕구는 앨더퍼(Alderfer)의 대인관계유지의 욕구 중 일부분, 매슬로우(Maslow)의 소속의 욕구, 허즈버그(Herzberg)의 위생요인 중 대인관계 등과 유사한 면이 있다. 또한 권력욕구로 앨더퍼(Alderfer)의 대인관계 유지욕구의 일부분과 성장욕구 일부분에도 해당된다. 마지막으로 성취적 욕구는 앨더퍼(Alderfer)의 성장욕구 및 매슬로우(Maslow)의 자아실현의 욕구와 상응될 수 있다. 이들 이론은 인간의 욕구를 잘 나타내 주고 있으며, 그러나 일반적으로 욕구이론은 동기를 유발하는 요인의 내용은 설명하나 동기유발의 과정에 관해서는 다양한 설명이 있는 것이 사실이다. 예를 들어, 어떤 직원들이 모두 대인관계 유지욕구가 결핍되어 있다 할 때, 그러한 욕구를 충족시키는 방법이나 과정은 상호 다를 수 있다.

표 5-3 욕구이론의 상호관계

<table>
<tr><th colspan="2">허즈버그(Herzberg)의
욕구충족요인 이원론</th><th>매슬로우(Maslow)의
욕구계층이론</th><th>앨더퍼
(Alderfer)의 ERG이론</th></tr>
<tr><td rowspan="5">동기요인</td><td>• 직무에 관한 성취감</td><td rowspan="4">자아실현의 욕구</td><td rowspan="4">성장 욕구</td></tr>
<tr><td>• 직무의 그 자체</td></tr>
<tr><td>• 책임감 부여</td></tr>
<tr><td>• 성장의 기회</td></tr>
<tr><td>• 직무성취에 관한 인정</td><td>존경의 욕구</td><td rowspan="3">대인관계
유지의 욕구</td></tr>
<tr><td rowspan="6">위생요인</td><td>• 근무 및 감독</td><td rowspan="2">소속의 욕구</td></tr>
<tr><td>• 대인관계</td></tr>
<tr><td>• 직업의 안정</td><td rowspan="2">안전의 욕구</td><td rowspan="4">생존 욕구</td></tr>
<tr><td>• 조직 방침</td></tr>
<tr><td>• 급여</td><td rowspan="2">생리적 욕구</td></tr>
<tr><td>• 근무조건</td></tr>
</table>

2 사회복지조직의 의사결정

의사결정이란, 조직이 문제해결이나 최적의 조건을 통하여 목적을 달성하기 위하여 대안들을 비교하고 선택하는 방법을 통해 조직의 목적을 효과적으로 달성할 수 있는 대안을 최종적으로 선택하는 과정과 행위를 뜻한다. 이를 위하여 다음과 같은 이론이 적용될 수 있다. 첫째, 합리주의적 사고로 목적의 달성에는 최선책이 존재한다는 가정에서 최선책을 통하여 정책을 형성하는 것이 바람직하다는 이론이다. 그러나 현실의 세계에서 초합리주의의 모형은 존재하지 않으며, 다만 이상적인 가정하에 성립한다. 둘째, 게임이론은 경쟁적인 상황하에서 합리주의를 추구하며 미니맥스의 기준을 설정하게 된다. 미니맥스의 의미는 경쟁상대자가 어떤 위치에 있든 그 기대치 상실을 극소화하고, 극소치에 대한 이득을 극대화하는 기준을 의미한다.

1) 의사결정모형

앞서 설명한 대로 최선책이 존재한다는 현실가치중심모형은 현실에서는 존재하기 어렵다. 이에 대한 현실적 모형으로는 점증주의 모형과 만족모형과 쓰레기통모형이 있다. 이를 간략히 소개하면 다음과 같다.

① 점증주의 모형은 과거의 것보다 나은 정책을 선정하고, 과거로부터 점증적으로 수정한 형태의 대안을 선택하는 모형이다.

② 만족모형이란 합리성을 기준으로 한 최선의 개념이란 현실적으로 가능하지 않다는 관점이며, 이에 대하여 만족을 기준으로 하여 의사결정을 하는 모형이다(예 쇼핑).

③ 쓰레기통모형은 의사결정에 있어서 애매성과 불확실성으로부터 영향을 받으며, 현실적으로 무작위로 우연한 기회에 의사결정에 대한 권위를 가지고 있는 집단이나 리더 등의 개인에 의하여 선택되어 상황에 따라서 선택이 되는 경향이 있다는 이론이다(예 우연한 선택).

그러나 쓰레기통모형은 조직이 경험하는 극단적인 불확실한 상태로 조직화된 무정부 상태에서는 제한된 합리적인 시각으로 조직의 문제를 파악할 수 없다는 특징이 있다. 조직의 의사결정은 따라서 일련의 합리적인 의사결정과정이 아닐 수 있으며, 문제가 무엇인지 파악되지도 않은 상태에서 우연하게 제안된 아이디어 해답으로 제시될 수 있고, 따라서 문제는 존재하지만 결코 합리적인 해결책을 창출하지 못할 수도 있다는 것을 전제로 하는 개념이다. 여기에서 문제와 해결책이 서로 연결되지 않는 이유로는 의사결정에 관계되는 조직 내의 제반요인으로 문제, 해결책, 구성인, 선택의 기회가 문제 자체가 지니고 있는 복합적인 속성, 해결책에 대한 관점, 구성원들의 관점의 상이함에 따라 의사결정 선택기회의 우연성이 발생하며, 의사결정자에게 부과되는 외부의 압력과 내부 권력의 요인들로 말미암아 실상 원칙보다는 의사결정이 편중되어 있을 가능성이 있기 때문이다. 따라서 의사결정의 쓰레기통모형에 의하면 문제, 해결책, 구성원, 선택기회가 우연히 연결되어 있을 때, 문제가 해결될 수도 있으며 해결되지 않을 수도 있다고 본다. 또한 해결된다고 하더라도 적절하지 않은 선에서 타협될 가능성이 있다.

④ 그밖에 체제이론에 의하면, 정책은 환경의 영향을 받아 체제 내에서 일정 여과과정을 거치게 되어 형성되므로 정책은 체제의 산물이나 환경의 산물이라는 것이다. 따라서 그 시대의 체제가 프로그램 형성 등의 의사결정에 작용할 수 있다.

2) 이상적 가치 중심의 모형

(1) **합리주의** : 우리 사회에는 하나의 최선책이 항상 존재한다는 가정하에 최선책을 찾아 정책형성을 할 수 있다는 이론으로, 현실상 초합리주의 모형은 존재하지 않으며

이상적인 모형으로 설정되었다.

(2) **게임이론** : 경쟁적 상황에서 합리주의를 추구하고 미니맥스의 기준을 설정한다. 미니맥스란 경쟁상대자가 어떤 위치에 있든 기대치 상실을 극소화하고, 극소치에 대한 이득을 극대화시키는 기준을 뜻한다.

3) 현실적 가치 중심의 모형

앞서 제시한 바와 같다.

(1) **점증주의** : 과거의 것보다 좀 더 나은 정책을 선정하여 과거로부터 점증적으로 수정한 대안을 선택하는 모형이다.

(2) **만족모형** : 최선이 존재할지 모르지만 현실적으로 가능하지 않다는 관점에서 보고 있으며, 이상에 대하여 현실적 여건을 반영한 모형이라 할 수 있다.

(3) **쓰레기통모형** : 애매성과 불확실성으로부터 영향을 받으며, 현실적으로는 무작위로 특정 의사결정에 대한 권위를 가지고 있는 집단이나 개인에 의하여 선택되거나 우연적 상황에 의하여 상황에 따라 선택되는 경향이 있다는 이론이다.

(4) **체제이론** : 정책은 환경으로 영향을 받아 체제 내에서 일정한 여과과정을 거쳐 형성되므로, 정책은 체제의 산물 혹은 환경의 산물이라는 것이다. 따라서 그 시대의 체제가 프로그램 형성 등의 의사결정에도 작용할 수 있다는 의미이다.

4) 정치과정 중심의 모형

추가로 정치체제는 개인뿐 아니라 그룹 간의 갈등을 상호 조정하는 임무를 가지고 있다는 입장이며, 엘리트주의는 사회복지정책이 소수의 지배 엘리트의 가치관을 반영하고 있다고 보는 개념이다. 따라서 이러한 정치과정 중심모형은 소수 집권자의 정치적 성향이 의사결정에 반영될 수 있는 가능성을 가지고 있는 특징이 있다.

5) 기관형성모형

그밖에 기관형성모형의 의미는 정책을 기관의 산물로 보기 때문에 전통적으로 정치학자들이 정책을 연구할 때 주로 사용한다. 그러므로 정책의 형성은 정부조직이 일상적으로 하는 일이며, 정부조직의 구조 그 자체가 곧 정책의 형성과 직결된다.

3 리더십

1) 리더십의 개념과 필요성

리더십의 개념은 조직의 목표달성을 위하여 조직구성원들이 조직과 관련한 행동에 몰입하여 일을 수행할 수 있도록 주어진 상황에서, 특정인이 사람이 영향력을 행사하는 정도로 해석될 수 있다.

2) 리더십 이론

리더십의 정의는 지도자가 갖추어야 할 행동의 특질과 능력 및 지위로 정의될 수 있으며, 리더십과 관련한 이론은 다음과 같이 정리하여 제시할 수 있다. 메이요(Mayo)에 의하면, 리더십은 타인의 생각을 받아들이고 조직 공통의 과업에 동질적인 참여를 촉진하도록 하기 위하여 다른 사람들의 태도나 생각에 반응하는 능력이나 기술을 기본으로 하는 개념이다. 스키드모어(Skidmore)에 의하면, 따라서 리더십은 지시하거나 지도하는 지위이며 상황의 통제를 통하여 타인이 지도자의 방향을 따르도록 사람 간의 관계에 영향을 미치는 기술이나 능력이고 이를 통하여 바람직한 변화가 유도되도록 하는 능력을 포함하는 개념이라고 하였다. 그리고 테드(Tead)는 훌륭한 행정적 지도자는 사회적으로 정당한 목적을 가지고 집단에 창의적인 호소를 통해 호소를 불러일으킬 수 있다고 하였다.

(1) 특성이론

특성이론이란 어떤 리더의 특성을 통하여 리더의 자질이 입증될 수 있다는 것으로, 리더의 조건이 특성에 있음에 주목한 이론이다. 이 이론에 따르면, 성공적인 리더는 독특한 특성에 의하여 리더의 개념이 성립될 수 있다고 본다. 특성이론에서 보는 리더의 특성은 연령, 신장, 외모, 관상, 건강상태 등이 포함되며, 한편으로는 올바른 판단과 이해 및 결단을 할 수 있는 능력과 의사표현 및 지식 등이 요구된다. 또한 리더로서의 자신감, 독립심, 민첩성, 적극성, 창의력이 요구되고, 관리능력으로 성취의욕, 책임 및 솔선, 과업지향의 특성이 있다. 그러나 리더의 특성에 대한 단점은 리더의 특성이 너무 많아 해석이나 적용의 어려움이 있다는 것이다(Bass, 1990; Northouse, 1997). 또한 연구결과 역시 상반되는 결과가 많아 타당성이 낮다. 그리고 부하나 상황의 특성을 고려하지 못하는 상황에서 예측능력이 떨어질 수 있다.

(2) 행동이론

행동이론이란 특별한 리더십을 발휘하는 행동에 의하여 리더로 구별될 수 있다고 보는 이론이다. 이를 뒷받침하는 연구로는 오하이오 연구가 있는데, 오하이오 연구는 리더행동기술의 질문지를 개발하여 리더의 행동을 분석하였다. 이를 통하여 과업을 조직화하여 정의하고 업무를 할당하며, 의사소통의 망을 확립하는 등 업무집단간의 성과평가를 통하여 구조주도 행동을 정의내렸다. 그리고 배려행동으로는 구성원 간의 신뢰, 존경, 우정, 지원 및 복지에 대한 관심 등을 행동이론에 포함시켰다.

한편, 미시간 연구에서는 직무 중심적 리더십으로 업무계획표에 따라 실천하고 업무성과를 평가할 수 있도록 하였으며, 구성원 중심적 리더십으로 인간 지향적인 책임의 위임과 구성원의 복지, 승진, 성장욕구 등을 리더의 행동이론으로 분석하였다. 그 밖에 리더의 행동이론으로 관리격자이론을 통해 리더의 행동을 무기력형, 컨트리클럽형, 과업중심형, 중도형, 팀형으로 구분하였다.

(3) 상황이론

상황이론에 의하면 관리자 및 하위자의 특성과 집단구조와 과업의 성격, 그리고 조직의 특성에 따라 리더십이 발현된다는 이론이다. 즉, 리더는 상황이 만든다는 이론이며, 따라서 상황적합이론에서는 결국 리더의 유형과 상황적 조건을 결합시키려는 이론이라고 볼 수 있고, 리더십 상황요소로는 리더와 구성원 간의 관계, 과업구조와 직위권력이 모두 고려되어야 한다. 상황리더에 대하여 피들레(Fiedler)는 관계지향적 리더와 과업지향적 리더로 분류하기도 하였다. 또한 경로 · 목표이론에 의하면, 조직의 다양한 과업에 대하여 수단적 리더십이 있으며, 그 밖에 지원적 리더십이 있다.

▌표 5-4 리더십 이론의 특징

리더십이론	주요 사항
리더십 특성이론(1940~1950년대)	성공적인 리더의 자질, 지능적, 성격 및 육체적 특성을 다룸
리더십 행동이론(1950~1960년대)	리더의 행동스타일 • 민주적인가, 자유방임적인가, 혹은 권위적인가 등 • 구조주도적 vs 고려적 vs 공감적 • 생산 중심적 vs 과업 중심적 vs 부하 중심적
리더십 상황이론(1970년대)	네트워크와 환경적 상황요소를 고려하는 특징 • 업무 및 과업의 특성 • 집단구조의 성격 • 조직체의 강화정도

3) 관리 수준에 따른 리더십의 특성

최고관리층은 조직의 내부운영을 지시 및 조정하며, 환경과의 관계를 확립하는 과업달성을 위해서 조직의 기본적인 임무를 설정하고, 외부의 이해관계 집단과 교섭 및 중재함으로써 조직의 정통성을 확립하는 역할을 한다. 그리고 임무수행을 위하여 서비스 기술을 선정하고 내부구조를 발전 및 유지시키며, 변화를 주도하는 것과 관련하여 의사결정을 수행해야 하는 의무가 있다. 그리고 중간관리층은 조직의 주요 프로그램의 부서 책임자로 최고관리층으로부터 지시를 구체적인 프로그램의 목표로 전환하고, 프로그램의 전략을 선택하여 이로 인한 직원 및 물자확보를 점검하며, 내부운영 절차를 조직의 특성에 맞도록 개발하는 활동과 프로그램 활동을 감독, 조정 및 평가하는 역할을 담당하게 된다. 따라서 중간관리자는 일선직원과 최고관리층 간의 연결역할을 담당하게 되며, 다른 부서와의 수평적 관계의 유지도 중요 임무로서 직원들의 욕구를 조직의 목표에 통합시키는 기술을 필요로 한다. 한편, 하위관리층은 일선직원들과 일상적으로 접촉하는 슈퍼바이저(supervisor)로서, 일상적인 관계를 통하여 업무의 기술적 측면의 지침을 제공하고, 부족한 지식이나 기술을 개선하고 개인적 성과를 평가하게 된다. 이를 정리하면, 최고관리층 리더십은 전반적인 의사결정과 책임을 지고 있는 사람이며, 중간관리층 리더십은 조직의 주요 부서의 활동을 책임지는 사람이다. 그리고 하위관리층의 리더십은 기관에서 슈퍼바이저로서의 역할을 담당하게 된다.

상기 내용에 따라 영역에 의한 사회복지행정의 관리자 수준에 따라 분류하면 〈표 5-5〉와 같다.

표 5-5 사회복지행정의 영역별 관리자 활동

사회복지조직 영역	관리수준	활동 내용
정책적 영역	최고관리인	제도 및 법령, 이사회 관련 의사소통
관리적 영역	중간관리인	인사 및 재무관리, 프로그램의 관리
서비스적 영역	일선관리인	일선 영역의 관리, 클라이언트 관리, 문서 및 기록관리

사회복지의 관리기술의 영역은 개념적 기술로 조직의 비전을 제시하고 문제상황에 대하여 의사결정을 통하여 관리하는 기술이 있다. 첫째, 기능적 기술은 기관의 핵심활동을 수행에 필요한 기술로 상담과 사례관리, 프로그램의 기획 및 점검 등의 클라이언트의 서비스 전달에 필요한 기술이다. 둘째, 인간을 다루는 인간기술이 있다(Katz, 1974). 다음 〈표 5-6〉은 리더십 스타일의 차이에 대한 도표이다.

표 5-6 리더십 스타일의 비교

	지시적 스타일	참여적 스타일	위임적 스타일
초점	리더 중심적	집단 중심적	개인 중심적
결정	리더가 대부분의 의사결정을 하게 됨	조직원들이 결정에 참여	현장인들이 결정
의사소통	일방적 의사소통	양방향 의사소통	개방적 의사소통
파워	파워와 규율을 사용	설득 및 토론	자기 통제적 방식
하급자 정서	무관심	고려됨	지배적
지향	과업 중심	사람 및 집단 중심	개인적 성취 중심
리더의 역할	방향 제시	조직 참여	지지와 자원 제공
심리적 연계	지시 복종과 의존	협력 및 참여	독립적인 수행

반면, 위임적 리더 스타일은 조직구성원들을 직접 의사결정과정에 참여시킴으로써 일에 관한 적극적인 동기를 끌어내고, 이러한 과정을 통해 업무자 들은 조직의 목표를 개인에게 내재화하여 업무 수행력이 높아지게 된다. 다음은 참여적 리더십의 장단점이다.

표 5-7 참여적 리더십의 장단점

참여적 리더십의 장점	참여적 리더십의 단점
1. 조직의 목표에 관한 참여동기의 증대	1. 조직원의 참여에 따르는 시간적 소모
2. 집단의 지식과 기술의 활용이 용이함	2. 타협에 대한 어중간한 결정도달 가능성
3. 조직활동에 더욱 헌신하도록 동기부여	3. 책임분산으로 인한 동기 저하
4. 개인적 가치, 신념 등을 관철	4. 대처적이고 창의적인 지도자이어야 함
5. 자유로운 의사소통을 장려할 수 있음	5. 구성원들의 자격이 서로 비슷한 상황에서만 제한적으로 효과성 발휘

그 밖에 조직에서의 리더의 역할과 성격에 따라 리더십은 지시형(directive)과 참여형

(participative) 리더십으로 구분될 수 있으며, 각각의 장점과 한계는 다음 〈표 5-8〉과 같다(장인협 · 이정호, 1993).

표 5-8 지시형 · 참여형 리더십의 장단점(Carlisle)

	장 점	단 점
참여형	1. 개인의 자유와 심리적 요구에 대한 호소로, 동기부여가 됨 2. 집단의 지식과 기술을 잘 활용함 3. 구성원들이 보다 헌신적임 4. 개인의 중요성을 강조하며, 인간의 가치, 신뢰, 개방성을 형성함 5. 구성원들은 많은 정보를 얻으며, 참여를 통해 개인의 기술을 발전시킴 6. 개방적인 의사소통을 촉진함	1. 타인을 참여시키는 데 시간이 소요됨 2. 타협, 혹은 맥빠진 결정이 됨 3. 참여와 관련된 책임의 확산으로 무관심이 초래됨 4. 참여는 혁신적이며 넓은 안목을 지닌 지도자를 억제함 5. 참여기술은 학습이 어려움 6. 참여는 구성원들이 비슷한 지식과 지위를 가질 때만 이루어짐
지시형	1. 중앙집중적 통제와 조정이 가능함 2. 정책의 해석, 수행에 일관성이 있음 3. 신속한 결정이 이루어짐 4. 변화를 일으키고 위기에 대처하는 데 중요한 역할을 할 수 있음	1. 사람들은 과도한 통제를 싫어하므로 사기가 저하됨 2. 잠재력 개발의 기회가 적음 3. 일방적 의사소통은 다른 사람을 이해시키지 못함 4. 적대감, 소외, 비융통성이 초래될 수 있음

출처 : 장인협 · 이정호(1993)

20세기 이후 리더십(leadership) 현상에 대한 연구는 주로 리더십 효과성의 결정요인을 규명하는 데 초점을 맞추어 왔다. 행태론자들은 주로 지도자의 어떠한 리더십 자질과 리더십 스타일이 리더십 효과성을 높여, 궁극적으로 조직 효과성을 제고시키는가에 관심을 기울여 왔다. 리더십은 거의 100여 년 동안 사회과학의 여러 분야에서 다각적으로 연구되어 왔으며(Van Fleet & Yukl, 1986), 이러한 오랜 역사에도 불구하고 아직도 통합적인 이론이나 확고한 결론은 형성되지 못하고 있다. 또한 리더십에 관한 정의도 학자들에 따라서 매우 다양하다.

CHAPTER 05

다음은 리더와 부하 간의 관계를 중심으로, 리더의 행동을 통하여 리더십 효과성을 설명하고자 하는 행태론적 접근법(behavioral approach)을 살펴보기로 한다.

4) 관리그리드 모형

행태론적 접근법(behavioral approach)에는 오하이오 주립대의 리더십 연구, 미시간대의 연구, 관리그리드(Managerial Grid) 모형 등을 들 수 있는데, 이 곳에서는 관리그리드 모형만을 설명한다.

관리그리드 모형은 블레이크와 모턴(Blake & Mouton, 1964)에 의해 리더십의 유형을 분류하는 개념적 틀로 개발되었는데, [그림 5-1]에서 보듯이 두 가지의 차원(dimensions)으로 구성되어 있다.

첫 번째 차원은 생산에 대한 관심(concern for production)이다. 생산에 대한 리더의 관심은 9점 척도로 측정되는데, 9는 높은 관심을 1은 낮은 관심을 나타낸다. 생산에 대해 높은 관심을 보이는 리더는 과업 중심적이고, 결과를 얻고 임무를 완수하는 데에 초점을 맞춘다.

두 번째 차원은 인간에 대한 관심(concern for people)으로서 역시 9점 척도로 측정되는데, 9는 높은 관심을 1은 낮은 관심을 나타낸다. 인간에 대해 높은 관심을 보이는 리더는 갈등을 피하고 부하들과 우호적인 관계를 가지려고 노력한다.

관리그리드 모형은 [그림 5-1]에서 제시하는 바와 같이, 이러한 두 가지 차원을 이용하여 리더의 행동을 다섯 가지로 분류하였다(Blake & Mouton, 1964).

첫째, 무관심형(impoverished management)이다. 이것은 생산 및 인간에 대한 관심이 모두 낮은 유형이다. 즉, 리더가 생산 및 인간에 대해 관심을 기울이는 것은 최소의 수준이며 주로 조직 내 자신의 직분을 유지하기 위한 최소의 노력만을 하는 유형이다.

둘째, 친목형(country club management)이다. 이것은 인간에 대한 관심은 높고 생산에 대한 관심은 낮은 유형이다. 즉, 리더는 주로 구성원의 욕구와 만족에 관심을 갖고 인간적인 분위기를 조성하는 데만 주력하는 인기형적 리더 유형이다. 또한 일명 컨트리클럽형이라고도 불리우며, 인간에 대한 관심은 높으나 생산에 대한 관심은 낮다.

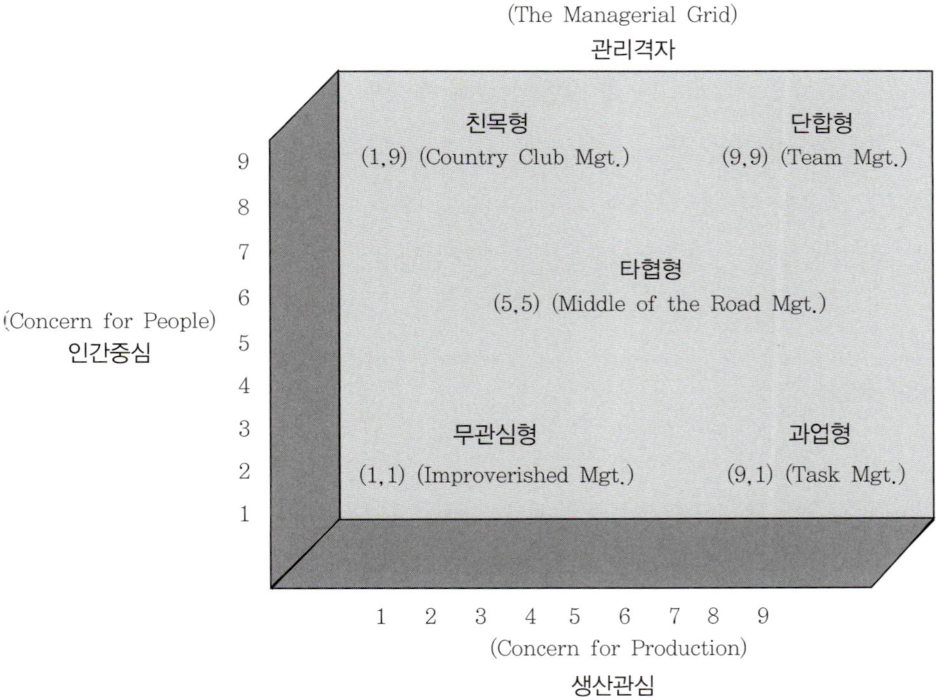

[그림 5-1] 관리그리드의 리더행동 유형(Blake & Mouton, 1964)

셋째, 과업형(authority-obedience management)이다. 이것은 생산에 대한 관심은 높고 인간에 대한 관심은 낮은 유형이다. 즉, 인간적인 요소는 최소화하고 과업에 대한 능력을 보다 중시하는 유형이다.

넷째, 타협형(organization man management)이다. 이것은 인간과 생산에 절반씩의 관심을 두는 유형이다. 즉 생산에 있어서의 능률과 인간적 요소를 절충하여 적당한 수준의 성과를 지향하는 유형이다.

마지막으로, 단합형(team management)이다. 이것은 생산 및 인간에 대한 관심이 모두 높은 유형이다. 즉, 조직의 목표달성을 위하여 조직과 조직구성원들의 상호의존관계와 공동체 의식을 강조함으로써 구성원들 간에 신뢰와 존경의 관계가 형성되고, 조직목표 달성을 위해 헌신하도록 유도하는 유형이다.

관리그리드 모형을 제시한 블레이크와 모턴(Blake & Mouton)은 이러한 다섯 가지 리더행동의 유형 중 단합형이 가장 이상적임을 주장하였다(이창원, 최창현, 1999).

리더십 유형 설문지

[작성방법]

다음은 여러분의 리더십 유형을 알아보는 설문입니다. 각 문항을 주의 깊게 읽고 여러분이 평가하는 사람이 얼마나 자주 각 문항과 같은 행동을 하는지 생각해 보시고, 각 항목의 밑에 있는 1부터 5까지의 숫자 중 해당되는 숫자 위에 0표를 해주십시오.

각 숫자는 다음과 같이 정도를 뜻합니다.

1. 전혀 그렇지 않다. 2. 좀처럼 그렇지 않다. 3 때로 그렇다. 4. 자주 그렇다. 5. 항상 그렇다.

[설문문항]

1. 집단구성원에게 해야 할 일을 구체적으로 말해 준다.
2. 집단구성원들에게 친절하다.

3. 업적기준을 정해 준다.
4. 다른 사람을 도와 집단 내에서 만족감을 갖도록 해 준다.
5. 문제해결을 위한 제언을 한다.
6. 다른 사람이 내놓은 제안에 대해 회의적이다.
7. 자신의 생각을 다른 사람에게 분명히 밝힌다.
8. 모든 사람에게 공정하다.
9. 자신이 직접 행동계획을 작성한다.
10. 집단 구성원들이 예측가능하게 행동한다.
11. 역할 및 책임을 명확히 정해 준다.
12. 의사소통에 적극적이다.
13. 집단 내에서 자신의 역할을 분명히 한다.
14. 다른 사람의 개인적 복지에 관심을 보인다.
15. 작업 수행계획을 세운다.
16. 의사결정 시 융통성이 있다.
17. 집단의 업적 기대치에 대한 기준을 설정해 준다.
18. 자신의 생각 및 감정을 털어놓는다.
19. 집단구성원들의 작업의 질을 향상시키도록 장려한다.
20. 집단구성원들이 잘 지내도록 도와준다.

[결과해석]

1. 홀수 문항의 점수 총합 = 생산(구조주도적) 지향성
2. 짝수 문항의 점수 총합 = 종업원(배려) 지향성
3. 점수대 : 20 – 24 = 최저, 25 – 29 = 저 30 – 34 = 중하 35 – 39 = 중상 40 – 45 = 고 45 – 50 = 최고

CHAPTER

06

우리나라의 사회복지행정에 대한 전달체계의 점검

Social Welfare Administration

학습목표

1. 우리나라의 사회복지행정의 전달체계에 관하여 논해보자.
2. 우리나라의 보건복지부의 기능에 관하여 학습해보자.
3. 우리나라의 여성가족부의 지원체계에 대하여 학습해보자.
4. 우리나라의 국가복지시스템의 활용범위와 방법에 관하여 학습해보자.

1 보건복지부의 활동[1)]

1) 생애주기별 맞춤형 복지

(1) 보육정책

보육정책으로 보건복지부(2016)는 영유아보육료 지원 사업을 다음과 같이 실시하고 있다(2016.3월 기준).

첫째, 만 0~2세 보육료로 양육수당, 종일제 아이돌봄서비스를 지원받지 않고 어린이집을 이용하는 만 0~2세 영유아에 대해 보육료를 지원하고 있다. 연령별 보육료 지원 단가는 0세는 418,000원, 1세는 368,000원, 2세는 304,000원이다.

둘째, 만 3~5세 보육료(누리공통과정)는 양육수당, 유아학비를 지원받지 않고 어린이집을 이용하는 만 3~5세 아동에 대해 보육료를 지원하고 있다. 보육료 지원단가는 만 3~5세의 경우 220,000원이다.

1) 보건복지부(2016)

셋째, 다문화 보육료는 다음과 같이 지원하고 있다. 어린이집을 이용하는 만 0~5세 영유아 중 「다문화가족 지원법」 제2조 1호에 따른 다문화가구를 대상으로 소득 · 재산 수준과 무관하게 보육료를 지원하고 있다. 「다문화가족 지원법」 제2조 1호에 따른 다문화가족의 결혼이민자(인지신고 또는 귀화허가를 받은 자 포함)와 「국적법」 제2조부터 제4조까지의 규정에 따라, 대한민국 국적을 취득한 자 사이에서 출생한 자녀 및 「다문화가족 지원법」 제2조 1호에 따른 다문화가족과 동일세대원으로 생계를 같이 하는 전처 또는 전남편의 사이에서 출생한 자녀(대한민국 국적인 아동에 한함)에게 지원한다.

넷째, 장애아 보육료로는 어린이집을 이용하는 만 12세 이하의 장애아동에 대해 보육료를 지원하고 있다. 그리고 가구의 소득 · 재산 수준과 무관하며, 장애인복지카드 또는 특수교육 대상자 진단 · 평가 결과 통지서를 미소지한 만 5세 이하 영유아도 장애소견이 있는 의사 진단서를 제출한 경우에는 지원이 가능하다. 장애아 보육료 지원단가는 2016년 기준으로 0~5세의 경우 438,000원으로 지원되고 있다.

표 6-1 보육료 지원대상 및 지원수준 현황

구분	지원대상(선정기준 소득액 참조)	지원금액
만 0~2세 보육료	전 계층(소득 · 재산 수준과 무관)	만 0세 418,000원 만 1세 368,000원 만 2세 304,000원
만 3~5세 보육료	전 계층(소득 · 재산 수준과 무관)	만 3~5세 220,000원
만 0~5세 장애아 보육료	장애아동(소득 · 재산 수준과 무관)	438,000원
다문화 보육료	다문화가구(소득 · 재산 수준과 무관)	만 0세 418,000원 만 1세 368,000원 만 2세 304,000원 만 3~5세 220,000원

출처 : 보건복지부(2016).

보육료의 지원신청방법은 아동 주소지의 읍 · 면 · 동 주민센터를 직접 방문 또는 복지로에서 온라인 신청이 가능하다. 보육료, 양육수당 등 서비스는 신청일 기준으로 지원하므로, 지원신청을 하지 않을 경우 지원되지 않으며 읍면동 주민센터 또는 복지로를 통해 서비스 신청이 필요하다. 그 밖에 가정양육수당 지원사업으로 어린이집 · 유치원 · 종일제 돌봄서비스를 이용하지 않는 취학 전 만 84개월 미만 가정양육 아동에게 양육수당을 지원하여 부모의 양육부담을 경감하고, 보육료 지원아동과의 형평성을 제고한다. 지원 대상은 취학 전 만 84개월 미만 전 계층 아동이며, 소득재산 수준 무관하게 지원하고 장애아동 양육수당으로 취학 전 만 84개월 미만의 등록 장애아동과 농어촌 양육수당(농식품부사업 이관)으로, 취학 전 만 84개월 미만 아동으로 농어촌지역에 거주하는 농어업인 가구의 가정양육 아동에게 농여촌 양육수당이 지원되며, 그에 대한 지원금액은 다음과 같다.

표 6-2 가정양육 시 지원금액

<table>
<tr><th>연령(개월)</th><th>양육수당</th><th>연령(개월)</th><th>농어촌양육수당</th><th>연령(개월)</th><th>장애아동
양육수당</th></tr>
<tr><td>0~11</td><td>200,000원</td><td>0 ~ 11</td><td>200,000원</td><td rowspan="3">0~35</td><td rowspan="3">200,000원</td></tr>
<tr><td>12~23</td><td>150,000원</td><td>12 ~ 23</td><td>177,000원</td></tr>
<tr><td>24~35</td><td>100,000원</td><td>24 ~ 35</td><td>156,000원</td></tr>
<tr><td rowspan="4">36개월 이상
~84개월 미만</td><td>100,000원</td><td>36 ~ 47</td><td>129,000원</td><td rowspan="4">36개월 이상
~84개월 미만</td><td rowspan="4">100,000원</td></tr>
<tr><td>100,000원</td><td>48개월 이상</td><td>100,000원</td></tr>
<tr><td>100,000원</td><td rowspan="2">~84개월 미만</td><td>100,000원</td></tr>
<tr><td>100,000원</td><td>100,000원</td></tr>
</table>

출처 : 보건복지부(2016)

이와 같은 지원은 수요자 욕구에 맞는 보육서비스를 제공하기 위한 것으로, 다문화가정 영유아 보육서비스를 강화하여 다문화 특성화 보육시설 지정 및 한국어 교육 프로그램을 지원하고 보육교사를 대상으로 다문화 관련 교육을 강화하며, 장애아동에 대한 보육환경 개선 및 법적 · 제도적 지원을 강화하게 된다. 지역별로는 균형 있는 장애아 보육시설 확충, 편의시설 · 장비비 등을 지원하며 장애아 어린이집의 특수교사 배치기준을 강화하고 다양한 시간 유형의 보육서비스를 제공하게 된다.

첫째, 어린이집 건강 · 영양 · 안전관리 강화사업으로 어린이집 건강관리 효율화를 위하여 영유아의 예방접종 및 건강검진 정보를 보육통합 정보시스템과 연계하여 어린이집에서의 아동의 체계적인 건강관리를 지원하게 된다. 이를 위하여 어린이집 CCTV 설치를 의무화하고, 「영유아보육법」 개정을 통해 모든 어린이집 CCTV를 설치('15.12.18)하도록 하였다.

한편, 어린이집 통학차량 안전관리의 강화를 위하여 통학차량을 운행할 경우 「도로교통법」에 의한 어린이통학버스 신고를 의무화('14년)하였으며, 통학차량 운행 간 안전관리 강화를 위해 보육교직원 동승의무 위반에 대한 행정처분을 강화('15년)하였다. 또한 보육교직원 동승 없이 어린이통학버스 운행 중 발생한 교통사고로 영유아 중상해 이상 시 시설폐쇄가 가능하도록 하였다. 그 밖에도 어린이집 보육교직원에 대한 아동학대 및 안전교육의 강화일환으로, 보육교직원의 보수교육과 연계하여 육아종합지원센터와 어린이집 안전공제회가 주관하는 아동학대 예방 및 안전교육을 실시하도록 하였다. 그리고 아이행복카드(구 아이사랑카드)를 통하여 2009년 9월부터 정부가 지원하는 보육료를 바우처 형태로 전자카드(아이행복카드)에 담아 부모가 직접 결제할 수 있도록 하여, 정부지원금에 대한 수요자 체감도를 제고하고 부모가 직접 보육료를 결제함으로써 어린이집에 대한 관심, 신뢰도 제고할 수 있도록 하였으며 어린이집 및 지자체의 보육료 지원 관련 행정업무 전산화 및 절차의 간소화로 행정부담을 경감할 수 있도록 하였다.

그 밖에도 임신육아종합포털 아이사랑 홈페이지를 구축하여 임신, 출산, 육아, 어린이집 · 유치원 관련 종합정보제공과 복지서비스 검색 · 신청, 온라인 전문가 상담 등을 One-Stop으로 제공하는 종합포털 사이트를 구축('15. 8.) 하고, 국공립 어린이집 확충 등을 통하여 저소득 밀집지역, (국공립)어린이집 미설치 지역 등 취약지역에 국공립어린이집 확충하도록 하였다[2]. 저소득층 영아(0~12개월)에게는 기저귀 · 조제분유를 지원('15. 10.~) 관할 시 · 군 · 구 보건소를 통하여 전달하도록 하여 부모의 양육부담을 덜었다. 한편 만0~5세 보육료 또는 양육수당을 전 계층으로 확대('13. 3.~)하여 어린이집이나 유치원을 이용하는 경우에는 보육료 또는 유아학비를 지원하고, 가정에서 양육하는 경우에는 양육수당을 소득과 관계없이 지원함으로써 영유아 보육 · 양육에 대한 국가책임을 강화하였다.

신청처는 관할 읍 · 면 · 동 주민센터(해당 영유아 주민등록소재지)이다. 그 밖에 보건복지부는 만 0~12세 어린이 국가예방접종(14종)을 무료로 지원하도록 하여, 거주지에 관계없이 총 14종의 국가예방접종비 전액을 지원받을 수 있게 되어 아이의 건강을 체계적으로 관리할 수 있게 되었다. 신청은 관할 보건소나 국가예방접종 지정 의료기관이다.

다섯째, 그 밖의 활동으로는 초등 돌봄교실을 운영하여 방과 후 돌봄이 필요한 맞벌이, 저소득층, 한부모가정의 초등학생에게 질 높은 프로그램을 제공해 부모와 아이 모두 안심하고 즐겁게 지낼 수 있도록 지원하고, 교육부에서는 전국 229개 시 · 군 · 구 드림스타트에서 0~12세 취약계층 아동에게 맞춤형 통합서비스를 지원하여 아이가 꿈과 희망을 갖고 행복한 사회구성원으로 성장할 수 있도록 건강관리, 학습지원, 양육부담 완화 등

2) 평가인증을 유지하고 있는 어린이집에는 교재 및 교구비를 지원할 수 있도록 하였으며, 농어촌 소재 사회복지법인 어린이집에 급 · 간식비, 교직원 인건비 등의 운영비 일부를 지원하도록 하고 있다. 그리고 농어촌 소재 어린이집, 정부지원 장애전담 어린이집에 차량운영비를 지원하고 공공형 어린이집 확충을 통하여 우수한 민간 · 가정 어린이집을 선정하여 운영비를 지원하고 지속적인 품질관리를 실시하도록 하였다.

아동발달 영역별 맞춤형 통합 서비스를 연계하고 있다. 이에 대한 신청은 시 · 군 · 구 드림스타트팀에 신청할 수 있다.

한편, 보건복지부에서는 초 · 중 · 고등학생들에게 교육급여를 확대지원('15. 7.~)하여 우리나라의 저소득층 아이들이 열심히 공부할 수 있도록 공정한 교육기회를 제공하고자 입학금, 수업료, 학용품비, 부교재비, 교과서대 등을 지원하고 있는데, 이에 대한 신청은 읍 · 면 · 동 주민센터, 교육급여 콜센터로 할 수 있다. 또한 교육부에서는 저소득층 아동 방과후 학교 자유수강권을 제공하여, 저소득층 자녀가 자기계발과 학업성취도를 높이기 위해 방과후 학교 프로그램을 수강할 경우 수강료를 지원해 주는 제도를 실시하고 있는데, 이에 대한 신청은 시 · 도교육청으로 할 수 있다.

그밖에 교육부와 문화체육관광부에서는 초 · 중 · 고 예술 · 스포츠 강사파견으로 전인적 성장을 위해 체육, 예술교육을 강화할 수 있도록 초 · 중 · 고등학교에 예술강사, 스포츠 강사를 파견하여 예술 · 스포츠에 접할 수 있는 기회를 제공하고 있다. 그 밖에도 농어촌학교 ICT 활용 확대를 위하여 총 4,000개 학교('15년)에 스마트기기 보급, 스마트러닝을 도 · 농 간 교육격차 해소를 위하여 실시하고 있는데, 이를 위하여 농어촌 초 · 중학교전체에 ICT 인프라를 구축하여 다양한 교육활동에 활용할 수 있도록 지원하도록 하고 있다. 또한 교육부는 위기학생의 학업중단 예방을 위한 학업중단 숙려제를 실시하여 학업중단 위기 학생에게 2주 이상의 기간 동안 학업중단에 대해 신중하게 고민하는 기회를 제공하고 있으며, 이때 상담, 진로체험, 예체능 등 맞춤형 프로그램에 참여할 수 있도록 지원하고 있다. 신청처는 일선 초 · 중 · 고교이며 지역사회 청소년 통합지원체계 구축을 통해서는 학교 밖 청소년 지원센터 [꿈드림]을 통해 학력취득, 직업체험, 자립, 건강관리, 상담, 멘토링 지원 등을 제공함으로써 성공적으로 사회에 진입하거나 학업에 복귀할 수 있도록 하고 있는데, 신청은 꿈드림 홈페이지를 참조할 수 있다.

이것은 대학생 및 사회초년생에게 맞춤형 장학금을 지원하여 등록금 부담을 줄이고 경제적 여건과 관계없이 누구나 의지와 능력에 따라 고등교육 기회를 가질 수 있도록 국가장학금 등을 한국장학재단에서 지원하고 있다. 그리고 행복 공공 기숙사, 행복연합 기숙사 등의 운영은 열악한 대학생 정주여건 개선을 위해 정부에서 공공기금을 활용한 공공기숙사를 건립하여 기숙사를 확대하고, 기숙사비를 인하하여 기숙사비(2인실 1인당 기준)으로 월평균 24만 원 이하를 유지하도록 하고 있는데, 신청은 한국사학 진흥재단에서 받고 있다.

그 외에도 행복주택은 젊은 층(대학생, 신혼부부, 사회초년생 등)의 주거안정을 위해 교통편리, 접근 쉬운 지역에 6년까지 거주 가능한 행복주택을 공급하는데, LH공사 홈페이지 등에서 신청이 가능하도록 하였다. 그 밖에도 만 44세 이하 난임부부 지원서비스로(전국 가구 월평균소득 150% 이하)인 경우 아이를 원하는 난임부부에게 체외수정 · 인공수정 등 큰 비용이 소요되는 시술비 중 일부를 지원해 경제적 부담을 덜 수 있도록 하였으며, 이는 관할 보건소에서 신청이 가능하며 3대 고위험 임산부의 의료비지원(전국 가구 월평균소득 150% 이하) 제도는 고위험 임신질환(조기진통, 분만관련 출혈 및 중증 임신중독증)으로 진단받고 입원치료 받은 자에 대해 비급여 본인부담금 90%(300만 원까지)를 지원하고 있다.

한편, 저소득 직장인과 주부를 위해 주거급여를 확대 개편하여 주거비 부담능력이 취약한 저소득층에게 소득, 거주형태, 임대료 부담수준 등을 종합적으로 고려하여, 맞춤형 급여체계로 전환해 주거비를 지원하는 제도를 실시하고 있는데, 이는 읍면동 주민센터, 주거급여콜센터를 통해서 신청할 수 있다.

국토교통부에서는 공공임대주택 공급의 확대를 무주택 서민들이 안심하고 거주할 수 있는 공공임대주택을 공급하는 사업을 실시하고 있는데, 임대주택포털에서 '내집마련 디딤돌대출(금리 연 2.3~3.1%(최저 2.0), '15.4.27 기준)'을 실시하여 보다 많은 이에게 저리로 대출을 지원하기 위하여 주택금융공사의 우대형 보금자리론 및 국민주택기금(현 주택도시기금)의 최초주택구입자금과 근로자서민구입자금 상품 3개를 하나로 통합한 상품을 운영하고 있다. 현재 6개 은행(우리, 국민, 신한, 하나, 농협, 기업)과 주금공홈페이지, 국토교통부 콜센터를 통하여 실시하고 있으며, 임차보증금 버팀목 대출제도를 통하여 주택도시기금이 소득수준이 낮을수록, 보증금 규모가 작을수록 저리로 전세와 월세 임차보증금을 지원하고 있다(금리 연 2.5~3.1%(최저 1.5), '15.4.27 기준). 이를 위한 상품은 국민주택기금(현 주택도시기금)의 저소득가구 전세자금대출 및 근로자서민전세자금 대출상품 2개를 하나로 통합한 상품이 있다. 기타 4대 중증질환 3대 비급여 보장성 강화를 위하여 (4대 중증질환)암, 심장질환, 뇌혈관질환, 희귀 · 난치성질환 등 4대 중증질환 치료에 필요한 첨단검사 및 수술, 고가 항암제 등에 대한 건강보험 적용범위를 확대해 실질적인 의료비 부담을 줄이기 뒤한 노력을 하고 있으며(3대 비급여) 선택진료비, 상급병실료, 간병서비스에 건강보험을 적용하도록 하였다.

두루누리 사회보험에서는 영세사업장의 저임금근로자를 위해 국민연금 · 고용보험의 보험료를 50% 지원하는데 국민연금공단 각 지사, 근로복지공단 각 지사(1355)에 문의가 가능하다. 한편, 여성가족부에서는 일가정 양립제도를 활용하여 만 8세 이하 또는 초등학교 2학년의 자녀가 있는 부모는 누구나 육아휴직이나 육아기 근로시간 단축을 합하여 부모가 각각 최대 1년을 사용하실 수 있도록 전국고용센터(1350)에서 이를 실시하고 있다. 한편, 어르신을 위해서는 기초연금제도가 실시되어 그동안 국가의 발전과 자녀양육에 힘쓴 어르신들의 노후생활을 안정적으로 지원하고자 만 65세 이상, 소득하위 70%에 해당하는 어르신에게 매월 최대 20만 2,600원을 주소지 읍 · 면사무소 및 동주민센터, 국민연금공단지사에서 지급하도록 하였다.[3] 한편, 노인일자리 지원사업으로는 만 65세 이상의 어르신에게 다양한 사회활동 기회와 능력과 적성에 맞은 일자리를 제공해 어르신의 생활안정과 사회활동 참여를 돕는데, 읍·면사무소 및 동주민센터, 노인사회활동 수행기관(노인복지관, 시니어클럽, 대한노인회 지회 등) 및 한국노인인력개발원에서 이를 담당한다.

한편, 복지서비스 접근성이 떨어지는 도서벽지 등에 의료봉사, 문화예술공연 및 장수사진 등의 서비스를 원스톱으로 제공하는 제도의 운영은 사)농촌사랑 범국민운동본부에서 실시한다. 그리고 장애인 연금 확대는 만 18세 이상의 등록한 중증 장애인 중 본인과 배우자의 소득과 재산을 합산한 금액(소득인정액)이 선정기준액 이하인 소득하위 70%에게 지원하는 제도로 읍·면사무소 및 동주민센터에서 실시한다. 에너지 바우처 지급의 제도는 동절기 적정 난방이 필요한 노인, 영유아, 장애인을 포함하는 저소득가구를 대상으로 가구원 수에 따라 전기, 도시가스, 지역난방, 연탄 등을 선택적으로 구입할 수 있는 에너지바우처를 신규로 지원하는 제도로 에너지바우처콜센터나 읍·면사무소 및 동주민센터에 신청할 수 있으며, 장애인 문화체육관광 지원으로 장애인들의 문화예술 및 체육·관광활동 지원 등을 통해 누구나 참여할 수 있는 전생애적 문화 향유 환경을 구축하고자 하는 제도가 실시되고 있는데, 이는 찾아가는 장애인 생활체육서비스를 통해서 실시되고 있다. 신청처는 한국문화예술위원회, 장애인체육회나 문화체육관광부의 한국관광공사이다.

여섯째, 복지전달 체계개편으로는 다문화가족 정착 및 자녀양육 지원서비스로 다문화가족의 안정적인 정착과 가족생활을 지원하기 위해 가족통합교육·상담, 자녀양육 지원, 통번역, 자조모임 운영 등 종합적인 서비스를 제공하는 다문화가족지원센터(전국 217개소)를 운영하는데, 다문화가족지원센터나 다누리콜센터에서 이를 담당한다. 기타 다문화

3) 보건복지부에서는 틀니 임플란트 건강보험 확대로 어르신 구강건강을 위해 75세 이상 건강보험 적용되던 레진상 완전틀니, 금속상 부분틀니, 치과임플란트의 연령이 70세로 확대(15. 7.)되고, 금속상 완전틀니도 건강보험이 적용된다. 16년 7월부터는 65세로 적용 연령이 확대되는데 진료받을 치과, 국민건강보험공단 지사, 국민건강보험공단(1577-1000)에서 가능하며, 보건복지부에서는 치매노인에게 장기요양서비스 제공하여 치매로 인해 일상생활에 어려움을 겪고 있는 어르신들에게 인지기능 악화방지 및 잔존능력 유지를 위한 인지활동형 프로그램 등 장기요양서비스를 제공하고 있다.

예비학교에서는 중도입국, 외국인 학생 등에게 한국어와 한국문화 교육을 집중적으로 제공하여 다문화학생의 공교육 진입 및 조기적응을 지원하는데, 이는 시 · 도 교육청 또는 중앙다문화교육센터에서 실시하며, 교육부에서는 한부모가정 자녀양육비 이행지원으로는 1회 신청으로 자녀가 성인이 될 때까지 상담, 소송, 추심지원 등 한부모가정의 양육비 이행확보를 위한 단계별 원스톱 종합서비스를 제공하는데, 이는 양육비 이행관리원에서 가능하다.

[그림 6-1]

출처 : 보건복지부(2016).

그리고 문화누리카드 지급을 통하여 저소득층에게 문화예술 · 국내여행 · 프로스포츠 관람 지원, 개인별 5만 원 범위에서 문화누리카드를 발급하도록 하고 있는데, 그 담당은 문화누리콜센터에서 가능하며 주민센터 또는 문화누리 홈페이지에서 가능하다. 한편,

문체부에서는 스포츠강좌 이용권 카드를 발급하여 저소득층 유 · 청소년에게 매월 7만원(1강좌) 범위 내 스포츠강좌 수강료를 지원하고 있다, 신청은 스포츠강좌 이용권 홈페이지에서 가능하다. 그 밖에도 문체부에서는 문화가 있는 날을 선정하여 우리나라 국민이 일상에서 보다 쉽게 문화생활을 향유할 수 있도록 매달 마지막 수요일에 공연 · 전시회 등의 무료 또는 할인혜택을 제공하는 사업을 실시하고 있다.

또한 긴급복지 확대서비스로는 갑작스런 위기상황으로 생계유지조차 힘든 저소득 위기가구에 생계비, 의료비, 주거비, 시설비, 교육비, 전기료, 해산 · 장제비, 연료비 등을 신속히 제공할 수 있도록 하고 있는데, 신청은 보건복지콜센터 129에서 가능하며 신청처는 읍 · 면 사무소 및 동 주민센터이다.

그 외에도 찾아가는 서비스를 위한 복지공무원 확충을 위하여 2014~2017년간 단계적으로 복지공무원 6천 명을 확대 배치해 취약계층에 대한 찾아가는 서비스를 활성화하고, 위기가구에 대한 맞춤형 복지서비스를 강화하고 있으며, 정보연계를 통한 복지사각지대를 선제적으로 발굴하고자 한다. 이는 주민 협력을 통한 복지사각지대 발굴망 구축을 통하여 마을의 통(리)장, 부녀회장 등 지역주민으로 구성된 읍면동 허브 지역사회보장협의체를 통해 취약가구 등을 발굴하고, 민간에 있는 자원을 확보하여 필요한 사람에게 연계하는 제도이다.

기타 복지전달체계 개편의 주요골자는 보건복지부에 의하여 주요 국정과제 이행계획에 따라, 국민 모두가 개인의 상황에 '꼭 맞는 복지서비스를 원스탑으로 간편하게' 제공받을 수 있는 맞춤형 복지전달체계 구축 방안을 마련하고 있는데, 복지전달체계 개편의 가장 큰 특징 중 하나는 도시와 농촌의 지역 상황을 고려하여 설계되었다는 것으로 주민센터 이용이 용이한 도시에서는 센터의 복지행정 기능을 강화하는 한편, 농촌에서는 희망복지지원단 등을 통해 서비스 접근성을 높이는 데 중점을 두었다. 아울러 복지 인프라를 강화하고, 맞춤형 서비스를 확대하기 위한 계획도 함께 마련되었다. 이러한 계획은 2014년 주민센터 기능 개편을 시작으로, 다양한 시범사업을 거쳐 단계적으로 확대될 예정이다.

이러한 복지전달체계 개편은 17개 부처 170개 복지사업의 핵심적 복지전달체계의 역할을 담당하고 있는 지자체의 복지깔때기 문제를 해소하고 복지관련 서비스들의 분절적 운영체계 개선을 통한 국민 불편을 최소화하며 농촌 특성(넓은 면적, 적은 인구, 자원부족, 보건서비스에 대한 높은 수요 등)을 고려한 농촌형 복지전달체계 구축을 위해 실시되게 되었다. 그 특징으로는 도시와 농촌의 특성을 고려해 TWO－TRACK으로 추진하게 되는데, 도시형으로는 접근성 · 편의성이 높은 동 주민센터의 복지행정 기능을 강화하여 맞춤형 복지허브기관으로 개편하며, 농촌형으로는 희망복지지원단의 강화를 통해 접근성 및 서비스 제공기능을 향상하고 보건소, 학교, 농협, 우체국 등 기관 간 연계 · 협력을 강화하게 된다. 희망복지지원단이란, 군청 내 다양한 문제를 가진 지역주민에게 통합서비스를 제공하는 조직으로 복지전달체계 개편이 되면 상담 · 신청의 내실화 및 종합적 서비스 안내를 통한 원스톱(One－Stop) 통합서비스가 구현되어 이동의 제약이 있는 계층의 방문상담 · 신청 체계화 및 방문형 서비스 연계협력 강화를 통한 찾아가는 서비스가 활성화되게 된다. 또한 저소득가구에 대한 보건 · 복지 · 고용 · 교육 · 주거 등 맞춤서비스 제공 및 희망복지지원단의 맞춤형 사례관리가 활성화되며, 지역의 인적 · 물적자원 동원 등 민관연계협력 활성화를 통한 주민 주도의 지역 내 문제가 해결되어 맞춤형 복지전달체계 구축을 통한 체감도 높은 복지가 구현되게 되는데, 그에 따른 복지전달체계 개편[4] 일정은 다음과 같다.

4) 기능보강형으로는 현 주민센터에 복지인력을 추가 배치하여 복지기능 강화를 위하여 실시된다. 통합형은 동 주민센터 2~3개소를 통합하고 복지인력 추가 배치하게 된다. 거점형은 동 주민센터 2~3개소의 복지업무를 별도기관에서 운영하고 복지인력을 추가 배치하게 된다. 부분거점형은 시 · 구에 4개 내외의 권역센터를 설치하여 통합사례관리와 지역복지지원 업무를 전담하게 된다.

표 6-3 복지전달체계 개편 일정

'14. 6월까지	'14. 4월~	'14. 4~12월	'15년~
기능보강형 개편	시범사업(통합형, 거점형, 부분거점형) 개시	시범사업 모니터링 및 결과분석	원스톱서비스 단계적 확대

출처 : 보건복지부(2016).

2) 건강가정지원센터의 구축[5)]

주요 사업 및 중점사업의 추진사항에 따른 전달체계는 다음과 같이 구축되어 있다.

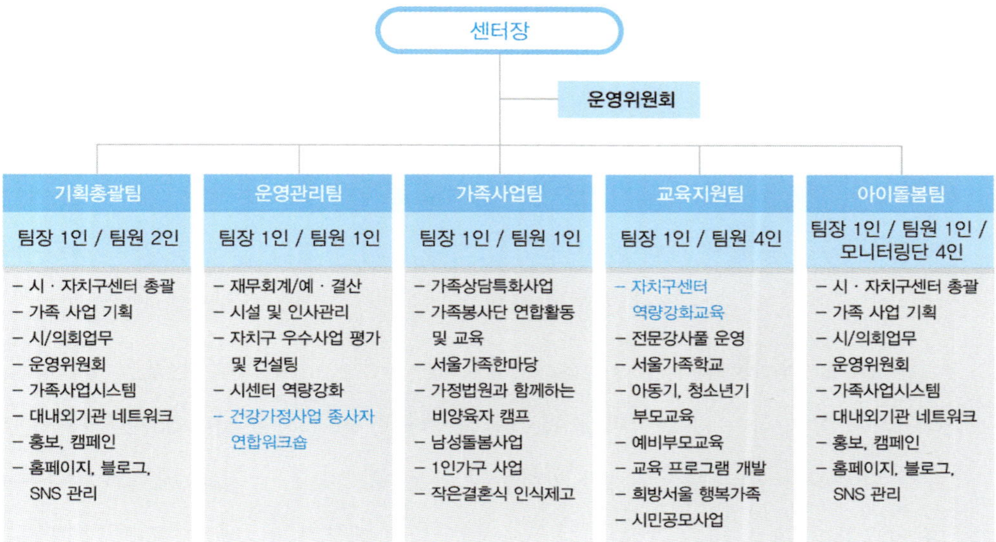

출처 : 건강가정지원센터(2016).

[그림 6-2] 건강가정지원센터의 전달체계

5) 서울시 건강가정지원센터(2016) 기준임.

건강가정지원센터의 전략과제별 주요사업은 다음과 같다.

① 자치구 특성화 사업으로는 가족지원나눔으로 행복가족 프로젝트와 가족상담 특화사업이 실시되고 있다. 행복가족 프로젝트를 통해서는 한부모가족 지원사업으로 가족관계 향상을 위한 맞춤형 관계 증진 프로그램과 역량강화 교육 등을 지원하며, 또한 한부모가족의 심리적, 정서적 지지체계 구축을 위한 한부모 자조모임(리더 및 실무자 간담회)을 운영하고 있다. 한편, 가족상담 특화사업은 현대사회에서 가족갈등이 심화되어 가족과 부부갈등의 해결을 위한 가족상담에 대한 필요성이 증가됨에 따라, 가족의 건강성 향상을 위한 지속적인 가족상담 실시로 가족문제를 사전에 예방하고, 가족갈등을 감소시키고자 건강가정지원센터의 가족상담의 전문성 향상을 위한 가족상담사업의 특성을 보다 체계화한 가족상담 시스템의 구축을 지향하고 있다.

② 가족역량강화 사업으로는 가족동작놀이 지도사 양성과정을 실시하고 있는데, 가족동작놀이 지도자 양성과정은 가족동작놀이를 통하여 부모와 자녀 간 스킨십, 신체적 교감 등을 통해서 자녀를 이해하고, 가족 간의 친밀감 증진 및 가족 건강성을 도모할 수 있도록 돕는 효율적인 가족 프로그램이다. 그 밖에 가족봉사단 한마당(가정의 달, 연합활동)을 통하여 매년 5월, 가정의 달 기념행사 및 유공자 포상 등 시민이 참여하고 함께 하는 가족 한마당 행사를 진행하고, 또한 서울 시내 25개 자치구센터에서 활동하고 있는 가족봉사단 연합봉사 활동(전체 가족봉사단 참여 캠페인)과 가족봉사단 실무자 간담회 및 교육, 리더교육 및 네트워크 활동을 지원하고 있다. 그 밖에도 이혼가정의 비양육자 부모−자녀관계 개선을 위한 숙박형 캠프를 제공하여 이혼으로 인한 생활의 변화에 대한 자녀의 이해를 돕고, 부모와 자녀의 관계에 긍정적인 변화를 주어 관계가 유지되고 강화될 수 있도록 지원하고 있는데, 비양육자 캠프는 비양육자 부모−자녀 친밀감 형성을 위한 신체 및 가족활동, 가족관계 이해를 위한

부모 및 자녀 집단활동, 자치구센터 연계 사후상담 관리체계 구축으로 구성되어 있다. 한편, 예비부부교실에서는 미혼남녀를 대상으로 결혼준비교육을 통해 진정한 결혼의 의미를 일깨우고, 건강하고 행복한 결혼생활을 돕도록 DISC를 이용한 기질 이해, 의사소통 및 대화법, 결혼의 의미, 결혼을 위한 재무계획과 결혼 체크리스트를 가지고 『서울시 예비부부교실 "우리, 결혼할까요?"』의 교육을 제공하고 있다.

③ 자치구센터 전문성 향상을 위해서는 건강가정지원센터 종사자 교육을 위하여 건강가정지원센터에 대한 관심과 수요가 증가하면서, 서비스에 대한 요구도가 다양화되고 있다. 이에 따라, 건강가정지원센터에서는 자치구 건강가정지원센터 종사자들을 대상으로 사업을 보다 효과적으로 수행할 수 있도록 차별적인 프로그램을 개발하고, 새로운 지식과 기술 등을 습득할 수 있는 기회를 제공하며, 종사자 개인과 센터의 조화 및 균형을 이룰 수 있도록 체계적인 교육을 실시하도록 힘쓰고 있다. 자치구센터 우수사업평가로 자치구센터 사업의 효율성과 효과성을 점검하고 지원하는 사업은, 자치구센터에서 시행하고 있는 시 지원사업에 대한 분석과 평가를 통해 센터의 전문성을 강화하고 활성화 방안을 모색한다. 이를 위하여 평가단 구성, 평가기준 및 지표마련, 사업수행 지원, 사업평가, 평가우수사업시상 등을 진행하며 자치구센터 가족사업서비스의 질적 향상을 위한 평가인증개발도 진행 중에 있다.

④ 광역센터 역량강화사업으로는 요구도 조사[6]를 진행하여, 서울시 각 지역의 가족실태 및 시민과 건강가정지원센터 종사자들의 욕구파악 및 향후 가족정책 사업의 연계와 기초자료로 활용하고, 건강가정사업 홍보를 위하여 자치구센터의 다양한 사업을 소

6) 가족지원통합시스템 운영을 통하여 자치구센터의 사업영역 및 이용자 실적 등을 효과적으로 관리한다. 또한 월 · 분기 · 반기 · 연간별 데이터 자료를 효율적으로 수집하여 자치구 특성과 현황을 분석 및 파악하고, 향후 서울시 가족정책사업의 객관적 자료 및 근거에 활용하고 있다.

개하는 E-뉴스레터를 제작 · 배포하고 있으며, 홈페이지 및 블로그, SNS 등 온라인 공간운영과 기관방문의 날, 캠페인 진행 등 다양한 홍보방법을 통해 시민과 소통하고 있다. 또한 협의체계 구축 및 네트워크를 통하여 건강한 가정구현에 기여하기 위해 지역사회 자원개발 활용(「건강가정기본법」 제10조)에 근거하여 건강가정사업의 관계 자원 연계 및 진흥원, 자치구센터와 협력 사업을 수행하고, 인적 · 물적자원의 인프라를 구축하고 협력방안을 조성하며, 정보 및 의견교환을 위한 정기적 소통의 장을 마련하고 있다. 그 밖에 건강가정세미나를 통하여 건강가정지원센터의 기능 및 역량을 강화하며, 신혼기부부 교육 프로그램 개발 등의 활동을 실시하고 있다.

⑤ 수탁사업으로는 서울시의 경우 찾아가는 아버지 교실을 실시하여 기업 · 공공기관 등 직장으로 찾아가 기관의 구성원 특성과 인원 수에 따라 맞춤형 아버지교육을 실시하고 있다. 이를 통하여 야근, 승진, 인간관계 등 직장에서 받은 스트레스 때문에 자칫 소홀해질 수 있는 가족의 행복을 유지하고 향상시켜 균형 있는 일과 가족생활을 실현하고, 가족 친화적 직장문화를 조성하고자 하였다. 그리고 아이돌봄서비스가 원활하게 제공될 수 있도록 지역 관할 내 아이돌봄서비스 수요를 파악하고 돌보미 활동상황을 분석 · 조정하여 아이돌보미 양성 및 보수교육을 진행하고 있다. 또한 서비스 이용자 전화모니터링 및 아이돌보미 활동현장 모니터링, 서비스제공기관 운영현황 파악을 통해 아이돌봄서비스를 사후관리하고 있다.

⑥ 가족학교의 운영으로는 가족 Talk Talk 학교를 운영하여 가족생애주기별 · 유형별 교육 프로그램으로 예비부부교실과 신혼부부교실, 베이비부머(중 · 노년기)세대 가족교실, 찾아가는 아버지교실 등을 운영한다. 서울시의 기준으로 올해(2015년)부터 자치구 10개소를 시작으로, 2018년에는 25개 모든 자치구에서 사업을 진행할 예정이

다. 그 밖에도 부모자녀 하나되기 '패밀리 셰프'를 통하여 부모와 자녀가 함께 요리하고 식사하는 시간을 통해 부모-자녀 간 소통을 증진하고 성장기 자녀의 인성을 함양하기 위한 프로그램이며, 기존 "밥상머리 교육"의 강의위주 교육의 보완하여 강의 · 실습 · 가정에서 실천방법까지 지도하는 찾아가는 코칭 프로그램을 마련하여 제공하고 있다. 그리고 부모교육 프로그램 개발을 통하여 임신기 부부를 대상으로 부모됨의 소중함을 일깨우고, 올바른 양육지식과 태도형성을 위한 교육 및 아동 청소년기 자녀를 둔 부모를 대상으로 부모-자녀관계를 향상하고, 공감과 이해를 돕는 프로그램을 개발하여 2016년부터 실시하고 있다. 한편, 한부모 이해교육으로 한부모가족이 경험할 수 있는 다양한 분야의 심리적 문제를 부모-자녀 관계증진 프로그램 및 부모역할훈련 등을 통해 스스로 한부모가족의 강점과 자원을 관리할 수 있는 문제해결 능력향상을 키울 수 있도록 지원하고 있다. 그 밖에도 건강한 가족생활 영위를 위해 필요한 종합정보를 제공하는 가족보고서를 발간하고 있다.

[그림 6-3] 자치구 특성화 사업

출처 : 건강가정지원센터(2016).

CHAPTER 06

2 여성가족부의 활동[7)]

우리나라는 저출산 · 고령화 사회로 접어들면서 전통적 가족구조와 역할이 변화하여 가족해체 문제 등이 발생함에 따라, 이를 예방하고 다양한 형태의 가족이 가족공동체로서 역할을 할 수 있도록 지원하기 위해 「정부조직법」을 개정(2005. 3. 24)하였다. 그리하여 여성가족부가 수행하는 기능 이외에도 통합적인 가족정책을 수립하여 각 부처의 가족정책을 수립과 조정 및 지원하는 기능을 수행할 수 있도록 여성가족부로 개편되기에 이르렀다. 여성가족부의 업무는 기존의 여성특별위원회 업무와 보건복지부의 가정폭력, 성폭력 피해자 보호, 성매매방지 및 일제하 일본군 위안부에 관한 생활안정지원 사무를 이관받았고, 노동부에서 일하는 여성의 집 사무를 이관 받아 수행하고 있다. 또한 2004년 6월 12일 보건복지부로부터 영유아 보육업무도 이관받아 수행하게 됨으로써, 여성가족부는 여성정책의 기획에서부터 성차별 금지 등 여성의 지위와 권익뿐 아니라, 여성의 성장을 통한 국가경쟁력 제고 및 양성 평등사회의 구현이라는 역할을 담당하고 있는 국가기구이다. 이에 보다 창의적으로 일하는 정부를 구축하기 위해 정부기능을 효율적으로 재배치하는 내용을 근간으로 「정부조직법」을 개정(2008. 2. 29)하여 여성가족부가 기존에 수행했던 가족 및 보육정책 기능은 보건복지가족부로 이관되었고, 여성가족부는 현재 여성정책의 조정 · 종합, 여성의 권익증진 등 지위향상 기능을 수행할 수 있도록 개편되었다. 한편, 가족 해체와 다문화가족 등의 새로운 현안에 적극 대응하기 위하여 보건복지가족부의 청소년 및 다문화가족을 포함한 가족기능을 여성가족부로 이관하는 내용으로 「정부조직법」이 개정(2010.1.18)되었고, 이에 따라 여성가족부는 여성 · 종합 및 여성의 권익증진 등 지위향상뿐만 아니라 가족정책, 건강가정사업을 위한 아동 업무 및 청소년의

7) 여성가족부(2016) 참조.

육성 · 복지 및 보호기능을 수행하게 되었다(여성가족부, 2016). 이에 대한 여성가족부의 설립목적은 다음과 같다.

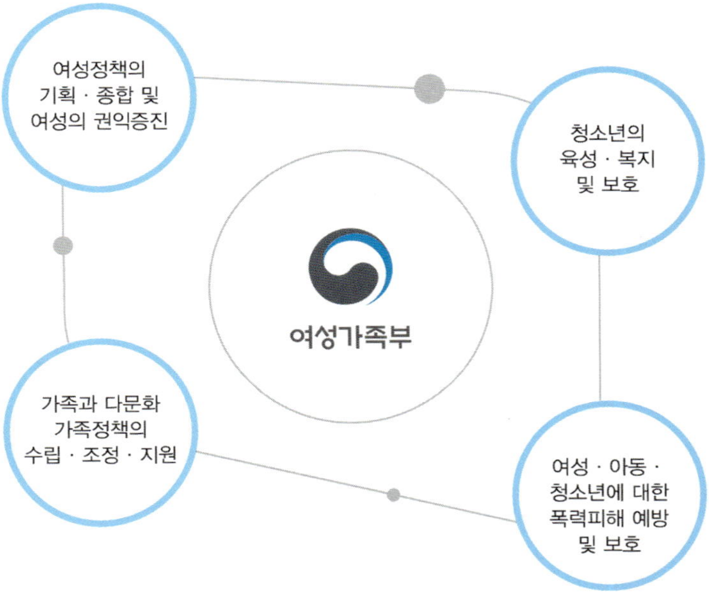

[그림 6-4] 여성가족부의 설립목적

출처 : 여성가족부(2016)

이에 따른 주요 업무는 다음과 같다(여성가족부, 2016).

첫째, 여성정책의 기획 · 종합 및 여성의 사회참여를 확대한다.

둘째, 정책의 성별영향을 분석 및 평가한다.

셋째, 여성인력을 개발하고 활용한다.

넷째, 청소년정책을 협의 및 조정한다.

다섯째, 청소년 활동진흥 및 역량을 개발한다.

여섯째, 유해환경으로부터 청소년을 보호한다.

일곱째, 위기청소년 등을 보호하고 지원한다.

여덟째, 가족 및 다문화 가족정책을 기획하고 종합한다.

아홉째, 양육 · 부양 등의 가족기능을 지원한다.

열번째, 다문화가족의 사회통합을 지향한다.

열한번째, 성폭력 · 가정폭력, 성매매 예방 및 피해자를 보호한다.

열두번째, 결혼이주여성 및 여성장애인 등의 권익을 보호한다.

이에 따른 여성가족부의 비전과 소관 법률현황은 다음과 같다.

1) 여성가족부의 비전

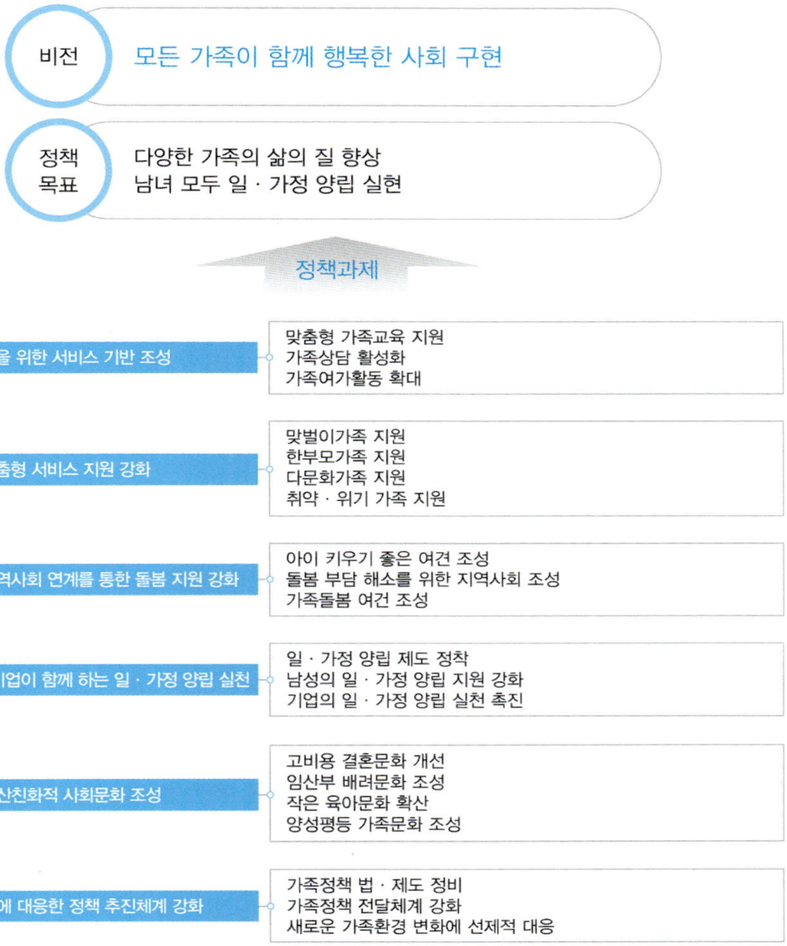

[그림 6-5] 여성가족부의 비전

출처 : 여성가족부(2016)

2) 여성가족부의 소관 법률현황(여성가족부, 2016)

표 6-4 여성가족부 소관 법률현황

구분	법률
여성(양성평등)정책 (3개)	• 양성평등기본법(2014.5.28. 전부개정) • 성별영향분석평가법(2011.9.15. 제정) • 경력단절여성등의 경제활동 촉진법(2008.6.5. 제정)
청소년정책 (7개)	• 청소년기본법(1991.12.31. 제정) • 청소년활동진흥법(2004.2.9. 제정) • 한국청소년연맹 육성에 관한 법률(1981.4.13. 제정) • 스카우트활동 육성에 관한 법률(1969.7.28. 제정) • 청소년보호법(1997.3.7. 제정) • 청소년복지지원법(2004.2.9. 제정) • 학교 밖 청소년 지원에 관한 법률(2014.5.28. 제정)
가족정책 (8개)	• 건전가정의례의 정착 및 지원에 관한 법률(1999.2.8. 제정) • 건강가정기본법(2004.2.9. 제정) • 가족친화 사회환경의 조성 촉진에 관한 법률(2007.12.14. 제정) • 한부모가족지원법(1989.4.1. 제정) • 양육비 이행확보 및 지원에 관한 법률(2014.3.24. 제정) • 결혼중개업의 관리에 관한 법률(2007.12.14. 제정) • 다문화가족지원법(2008.3.21. 제정) • 아이돌봄지원법(2012.2.1. 제정)
권익증진정책 (5개)	• 성매매방지 및 피해자보호 등에 관한 법률(2004.3.22. 제정) • 성폭력방지 및 피해자보호 등에 관한 법률(2010.4.15. 제정) • 아동 · 청소년의 성보호에 관한 법률(2000.2.3. 제정) • 가정폭력방지및피해자보호 등에관한법률(1997.12.31. 제정) • 일제하 일본군위안부 피해자에 대한 생활안정지원 및 기념사업 등에 관한 법률(1993.6.11. 제정)

이러한 여성가족부의 조직도는 다음과 같다.

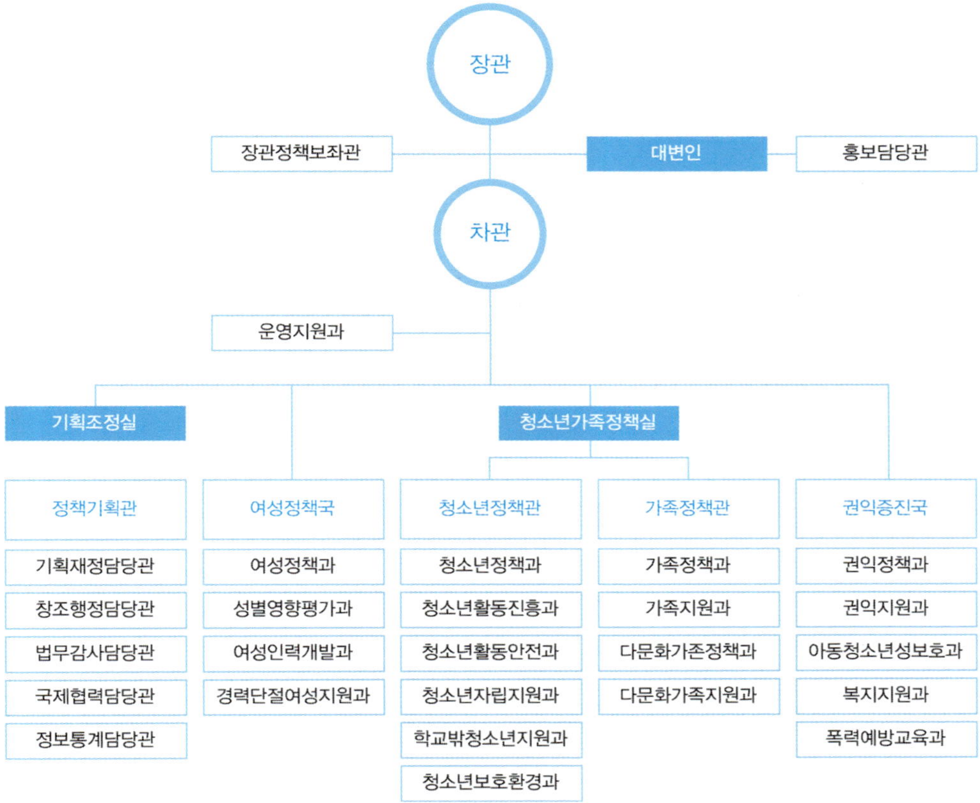

[그림 6-6] 여성가족부 조직도

출처 : 여성가족부(2016).

3) 여성가족부의 서비스 전달체계

여성가족부는 건강가정지원센터, 다문화가족지원센터 기능의 다양화 뿐 아니라 각 센터에서 상호 원활한 기능을 수행하여 다양한 수요에 선제적으로 대응하며 서비스 접근성을 제고하고 있다. 이에 대한 조직도는 다음과 같다.

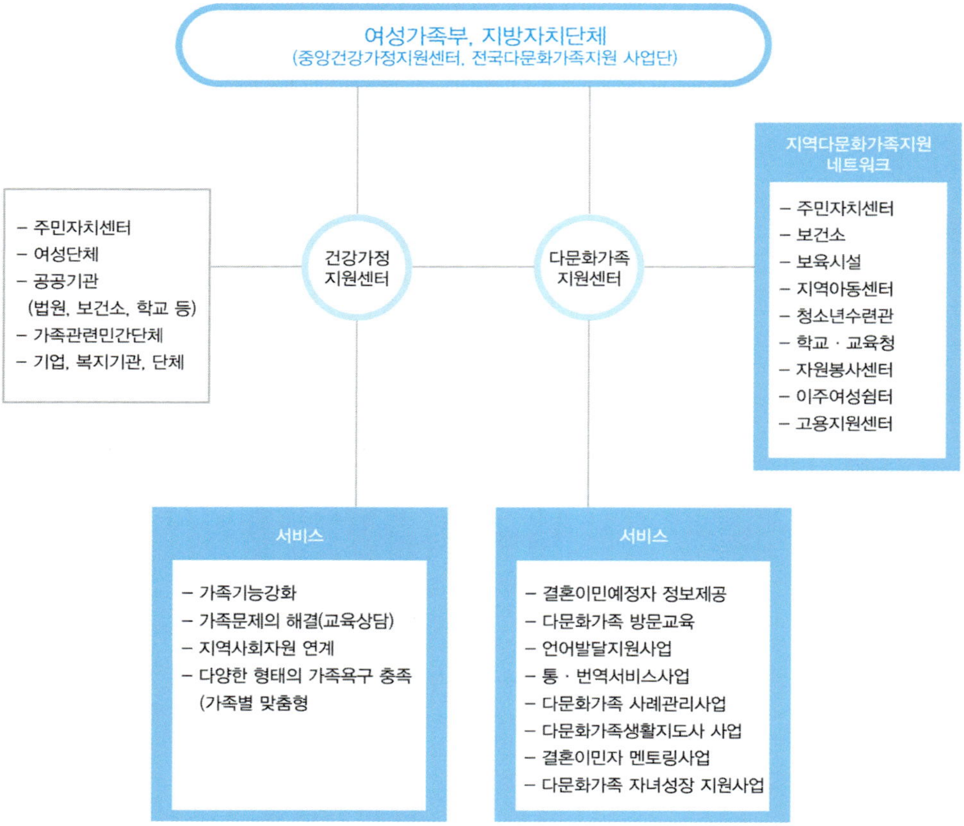

[그림 6-7] 여성가족부 서비스 전달체계

출처 : 여성가족부(2016)

우리나라의 여성가족부에서 정책적으로 담당하고 있는 가족정책의 기본방향 및 추진 과제를 정리하면 다음과 같다(여성가족부, 2016).

첫째, 생애주기별 · 가족유형별 수요에 따른 맞춤형 가족정책을 강화하여 보편적 가족서비스로서 가족교육 · 상담, 여가활동 등을 지원하고 있다.

둘째, 가족규모의 축소, 맞벌이가족, 한부모가족 증가 등의 가족형태의 다양화에 따라 유형별 가족에 맞춘 정책 및 서비스 지원을 강화한다.

셋째, 정부와 가족 그리고 지역사회 연계를 통한 돌봄지원 서비스를 강화하여 자녀 돌봄과 노인 돌봄에 대한 사회적 책임을 강조하는 동시에 가족 및 지역사회의 돌봄의 책임 분담과 연계를 강조하여 다양한 돌봄의 수요에 따른 지원방식의 다양화를 추구한다. 특히 지역사회를 기반으로 하는 돌봄 공동체 및 돌봄 인프라를 확충하여, 이웃 간 돌봄을 활성화하고 지역사회 중심의 자녀양육 친화환경을 조성한다.

넷째, 남성과 기업의 참여를 기반으로 일 · 가정양립 실천 강화배우자 출산휴가, 남성 육아휴직 활성화, 남성 대상 맞춤형 교육 등을 지원하여 남성의 일 · 가정 양립을 지원 및 강화한다.

다섯째, 가족친화인증제도 내실화 및 일 · 가정 양립 홍보 등을 통하여 기업에서 자발적으로 일 · 가정 양립문화를 실천하도록 유도하도록 한다.

여섯째, 가족정책 환경 변화에 대응한 추진체계의 강화로 가족구조 및 정책환경의 변화를 반영하고, 미래가족의 변화를 예측하여 가족정책의 패러다임의 전환 및 중장기 발전 과제를 발굴 및 추진한다.

일곱째, 가족지원 서비스 전달체계의 접근성을 높이고, 기능 재정비 등으로 보편적인 가족정책 전달체계로서의 위상 강화와 효율적 가족정책의 서비스를 추진한다.

여덟째, 아이돌봄 서비스를 통한 가족양육 지원부모의 야근 · 출장 · 질병 등으로 양육

공백이 발생하는 취업부모 가정에 직접 아이돌보미가 찾아가 돌봄서비스를 제공하고, 소득수준에 따라 이용요금 차등 지원하도록 한다.[8)]

또한 가족에 대한 상담, 교육, 문화사업 확대하며 가족에 대해 상담한다. 즉, 실직 등으로 가족기능의 약화 등 위기가족에 대한 맞춤형 가족상담 등을 실시하여 가족보호지원시스템을 구축하고 운영한다. 이를 통해 가족상담 매뉴얼 개발 및 지역센터별 가족상담 연계망을 구축하는 등 가족을 보호하고 역량을 강화한다.

4) 가족생활교육 및 가족친화 문화조성의 기능

① 생애주기별 가족생활교육을 실시한다. 이를 위하여 청소년기 자녀를 둔 가족생활교육, 중년기 가족생활교육, 노년기 생활교육, 아버지교육 등을 실시하며, 예비부부 및 신혼기 부부교육과 가정경영아카데미를 실시한다.

② 가족친화문화 조성으로 가족문화캠페인, 가족여가 및 체험 프로그램의 운영 그리고 가족봉사단 축제, 지역 내 이웃 간 나누기, 문화 프로그램, 가족생활문화개선 캠페인, 지역축제 등을 실시한다.

③ 삶의 질을 높이는 건강한 가족의 가치를 확산하고 민 · 관 협력으로 가족의 의미와 역할에 관한 긍정적 인식 확산 유도의 활동으로 매주 수요일에는 「가족 사랑의 날의 일환으로 정시퇴근 실천운동을 활성화한다. 또한 양성 평등한 가정생활 참여를 위한 '부모교육'을 확대하고, 가족단위의 여가활동의 확대로 가족 유대감을 강화하며

8) 돌봄서비스는 아이돌봄 홈페이지를 통하여 만12세 이하 아동을 필요한 시간만큼 돌보는 시간제 서비스와 영아를 하루종일 돌보는 영아종일제 아이돌봄서비스로 구분하여 2007년 시간제 시범 서비스를 38개 지역에서 운영한 이래, 2009년 전국 시군구로 확대하고 2010년에는 영아 종일제 돌봄서비스를 도입하였다. 이후 2012년에는 「아이돌봄지원법」을 제정하고 2013년에는 「아이돌봄지원법」에 '아이돌봄서비스 우선 제공'의 근거를 신설하였으며, 2014년에는 영아종일제 돌봄 지원의 연령을 확대하고 서비스의 다양화를 추진하여 2015년에는 영아종일제 대기시스템 및 자격요건에 따른 가점제를 개편 · 운영하고 있다.

일과 가정이 조화로운 사회환경의 조성을 통하여 가족친화적 직장문화를 조성하여 가족친화기업의 인증을 활성화한다. 그 밖에 가족친화포럼 운영 등 민간의 자율적인 가족친화경영 확산을 지원하고, 가족친화 사회환경조성의 실태조사를 통한 중장기 정책기반을 마련한다.

5) 지역사회관련기관 가족돌봄 지원의 연대구축

첫째, 나눔과 통합의 가족친화 마을을 조성하고 활성화한다. 이를 위한 1단계로는 이웃사촌 한 가족 관계 맺기 및 가족 역량 강화를 실시한다. 2단계로는 지역사회 내 한마음 가족친화마을을 조성하고 활성화하는 것을 목표로 하고 있다.

둘째, 지역공동체의 활성화와 지원의 구심점으로 건강가정지원센터 및 다문화가족지원센터의 역량을 강화한다.

셋째, 가족과 지역사회의 소통과 연대 강화를 위하여 마을 내 품앗이 등 상부상조 공동체 문화를 조성하여 다양한 가족에 대한 문화적 수용을 강화한다.

넷째, 포괄적 가족지원서비스를 실시하기 위하여 기본방향으로 가족의 유형별로 이원화되어 있던 가족지원서비스를 가족의 유형과 상관없이 한 곳에서 원스톱으로 다양한 가족에게 보편적이고 포괄적인 서비스를 제공할 수 있도록 한다. 또한 사업목적 소득수준과 가족유형에 상관없이 지역사회에 거주하는 가족이면 이용 가능한 보편적인 서비스와 가족 내 문제 상황이나 가족유형별 특성과 여건 등을 고려한 맞춤형 서비스를 제공하도록 한다. 그 주요 내용으로는 2016년 전국 78개소의 건강가정 및 다문화가족지원센터에서 서비스를 실시하며, 통합서비스 지원 대상을 확대하여 다문화가족의 지원을 일반, 다문화가족, 맞벌이가정, 취약위기 가족 등 다양한 모든 가족으로 확대하였다. 그 밖에도 한부모, 조손가족 등 취약계층에 대한 지원을 강화하여 가족역량(family empowerment) 강화를 도모할 뿐 아니라, 결혼이민자 중심의 지원을 모든 다문화가족의 구성원과 자녀지원으로 확대하였다. 또한 지원시간을 확대하여 가족지원서비스 접근성 제고를 위하여 주간 · 주중의 중심에서 야간 · 주말 운영까지 확대하였으며, 서비스에 있어서도 지역여건 및 정책 수요자 특성에 맞는 맞춤형 서비스를 강화하였다.

그 밖에도 워킹맘의 직장 내 고충해소와 워킹 대디(working daddy)의 육아참여 활성화 지원 등 맞벌이가정의 일 · 가정 양립지원을 강화하였으며 결혼이민자, 다문화 자녀에 대한 지원확대 등 다문화가족에 대한 생애주기별 맞춤형 서비스를 강화하였다. 이에 대한 아이돌보미 서비스의 내용은 다음과 같다. 지원목적은 만 12세 이하 아동을 둔 맞벌이 가정 등에 아이돌보미가 직접 방문하여 아동을 안전하게 돌봐주는 서비스를 실시하여, 가정의 아이돌봄을 지원하며 아동의 복지증진과 보호자의 일 · 가정 양립을 통한 가족구성원의 삶의 질 향상과 양육 친화적인 사회환경을 조성하는 것에 있다. 지원내용은 시간제 돌봄서비스는 맞벌이가정, 다자녀가정 등의 만 12세 이하 아동에게 아이돌보미가 집으로 찾아가 임시보육, 놀이활동과 등 · 하원 동행 등의 돌봄서비스를 제공하는데, 지원비용은 기준 중위소득 120% 이하 가정의 소득 수준에 따라 1,625원~4,875원을 차등 지원한다.[9)]

그 밖에도 영아종일제 돌봄서비스의 서비스 내용으로는 생후 3~24개월 영아를 대상으로 하여 이유식 먹이기, 젖병 소독하기, 기저귀 갈기, 목욕 등 종일 돌봄서비스를 제공한다. 지원비용은 기준 중위소득 120% 이하 가정의 소득 수준에 따라 월 200시간을 기준으로 39~91만 원을 차등 지원한다. 지원시간은 월 120~200시간 이내로 1일 최소 4시간

9) 시간당 6,500원으로 2008.12.31. 이전 출생 아동은 '가'형만 지원하며 지원시간은 연 480시간 이하로 1회 최소 2시간 이상 사용을 원칙으로 하고 있다. 그러나 정부지원 시간을 초과하는 경우 전액 본인부담으로 서비스를 이용 가능하며, 서비스 이용시간 및 적용기간은 예산 상황에 따라 조정될 수 있다. 그 밖에 종합형/가사추가형은 시간제 돌봄에 아동과 관련한 가사를 추가하여 돌봄을 제공하고 있다.

이상 사용을 원칙으로 한다.[10)]

지원대상으로는 소득활동 및 다자녀 양육 등으로 양육공백이 발생하는 가정으로 취업한 부모, 장애부모, 맞벌이가정, 다자녀가정, 기타 양육부담가정에 대해서 지원한다. 정부지원 대상에 해당하지 않는 가정은 전액을 본인부담으로 서비스 이용이 가능하다. 정부지원이 가능한 양육공백가정은 취업한 부모로 맞벌이가정, 장애부모가정(가정에서 아동을 양육하는 부 또는 모가 「장애인복지법」 제2조의 규정에 의한 장애인인 경우), 다자녀가정으로 만 12세 이하 아동이 3명 이상인 가정이나 만 36개월 이하 아동 2명 이상인 가정이다. 그 밖에는 중증(1~3급) 장애아 자녀를 포함하여 아동 2명 이상 양육(비장애아에게 돌봄 제공)하는 경우가 해당한다. 단, 부모 모두 비취업으로 가정에서 아동을 양육하는 경우는 정부지원 대상에서 제외한다. 기타 양육부담가정으로는 부 또는 모의 입증 가능한 장기입원 등의 질병 및 상해에 의한 양육공백과 부 또는 모가 학교에 재학 중이거나 취업준비(학원수강 등 입증할 수 있는 경우에 한함) 중인 경우, 혹은 모의 출산으로 출생 아동의 형제자매에 돌봄 공백이 발생한 경우에 지원이 가능하다.

신청방법은 정부지원 신청 가정의 읍 · 면 · 동 주민센터나 복지로에 정부지원을 신청하면 정부지원 유형을 결정 후 통지를 받게 된다. 이후 아이 돌봄 홈페이지에 회원가입을 한 후 서비스 신청과 본인부담금 선입금 후 서비스 이용이 가능하다. 정부미지원 가정은 아이돌봄 홈페이지에 회원가입을 한 후 서비스 신청 및 본인부담금 선입금 후 서비스 이용이 가능하다. 맞벌이부부 및 「한부모 가족지원법」에 의해서 등록된 한부모가구 중 직장건강보험 가입자인 경우에는 복지로(www.bokjiro.go.kr)에서 공인인증서를 통해 온라인 신청이 가능하다.

10) 정부지원 시간을 초과하는 경우는 전액 본인부담으로 서비스 이용이 가능하며 서비스이용시간 및 적용기간은 예산 상황에 따라 조정될 수 있으며, 보육교사형으로 영아종일제 돌봄 시 보육교사 자격 아이돌보미가 돌봄을 제공한다.

그리고 정부지원 대상이 아닌 가정은 읍 · 면 · 동 주민센터를 거치지 않고 곧바로 아이돌봄 홈페이지 회원가입 후 서비스제공기관에서 정회원 승인을 받아 전액 본인부담으로 서비스 이용이 가능하다.

6) 부모학교의 운영

부모학교의 취지는 '좋은부모, 행복한 아이! 대한민국이 부모교육을 시작한다'는 취지 아래 부모교육 활성화를 통하여 아동학대 예방 및 건강한 가정을 위한 가족가치를 확산하기 위해 부모학교를 운영한다. 부모학교는 생애주기별 맞춤형 부모교육 강화로 일회성이 아닌, 지속적 교육을 받을 수 있는 시스템을 구축하는 것을 목표로 하고 있다. 이를 통하여 교육 사각지대에 놓여있는 취약가정 부모를 중점 지원하여, 자녀양육의 역량을 강화하며 부모교육 필요성 및 효과성을 지속적으로 홍보하여 자발적인 부모교육의 참여를 유도하도록 한다.

주요 내용으로는 생애주기별 및 가족유형별로 다양한 부모교육 표준 프로그램 및 콘텐츠를 개발하여 활용한다. 한편, 부모교육 전문가 관리를 위하여 부처별 · 기관별 관리되고 있던 부모교육 강사자료를 통합하여 수요기관에 제공하고 찾아가는 부모교육으로 교육 접근성 및 부모교육 참여도의 제고를 위해 생활 속에서 쉽게 접근할 수 있는 직장, 어린이집, 유치원, 공동 육아 나눔터, 군부대 등 생활 속으로 '찾아가는 부모교육'을 실시한다. 또한 부모교육의 사회적 공감대의 확산을 위하여 부모교육의 필요성 및 효과성에 대한 긍정적 인식 및 사회적 공감대 확산에 주력하여, 자발적인 교육참여 분위기를 조성한다. 그 밖에도 부모교육을 받을 수 있는 곳은 건강가정지원센터와 육아종합지원센터, 학부모지원센터 등이 있다.

7) 건강가정지원센터의 운영

건강가정지원센터의 운영의 기본방향은 가족문제 예방 및 해결을 위해 가족돌봄사업, 가족교육, 가족상담, 가족문화 활동 등 예방적 선제적 가족지원서비스를 제공하여 가족의 건강성을 증진할 뿐 아니라, 다양한 가족에게 맞춤형 서비스 지원강화에 기본 방향을 두고 다음의 사업의 목적을 갖는다.

사업목적으로 건강가정지원센터를 통해 수요자 중심의 서비스 전달체계를 갖추고 지역주민의 특성을 고려한 맞춤형 가족지원서비스를 제공함으로써 가족의 안정성 강화 및 가족관계를 증진한다. 주요 내용으로는 중앙건강가정지원센터를 통하여 가족서비스 전달체계의 중추기관으로서 지방건강가정지원센터 운영을 지원하고 강화하는 역할을 수행하여 다음과 같은 기능을 담당한다.

첫째, 다양한 가족지원 프로그램 개발 및 보급을 활성화한다.

둘째, 가족 관련 정보의 구축 및 보급, 전국 단위의 대국민 홍보 및 센터 종사인력 등에 대한 교육을 실시하며 지방건강가정지원센터 사업을 운영 지원하고, 평가를 실시한다. 그리고 지방건강가정지원센터의 운영을 통하여 지역주민의 가족생활과 관련한 문제를 종합적으로 상담하고 관련 서비스를 직접 제공하는 창구역할을 수행한다. 또한 다양한 가족형태에 맞는 가족교육 및 가족상담을 제공한다.[11] 그 밖에도 지역 주민 대상의 가족문화 개선 · 홍보사업을 추진한다.[12] 이를 통하여 지역주민의 가족서비스 욕구조사, 지역사회 가족관련 정보를 제공하며 가족돌봄 기능지원 및 한부모와 조손가족 등에게 다양한 가족 지원서비스를 실시한다.[13]

11) 결혼준비교육, 부부교육, 부모교육, 가족갈등 및 이혼 전 · 후 상담을 실시한다.
12) 가족사랑의 날, 전통문화체험교실 운영, 가족사랑 걷기 대회 등을 실시한다.
13) 가족봉사단, 모두가족품앗이, 토요 돌봄, 초등취학적응 돌봄 서비스, 방학 돌봄서비스 등

8) 다문화가족 지원

다문화가족을 위하여 가족교육 · 상담 · 문화 프로그램 등의 서비스 제공을 통해 결혼이민자의 한국 사회 조기적응 및 다문화가족의 안정적인 가족생활 지원을 기본방향으로 한다. 1단계로는 입국 전 결혼준비기에 필요한 국제결혼 과정의 인권보호와 교육 프로그램을 실시한다.[14)]

2단계로는 입국 초 가족관계 형성시기로 결혼이민자의 조기적응 및 안정적 생활지원을 위하여 한국어교육[15)], 다문화가족통합교육, 다문화가족취업연계 및 교육지원, 개인 · 가족상담 등 종합서비스를 제공한다. 그리고 다국어판 생활 및 정책정보 매거진(Rainbow+, 연4회), 한국 생활 가이드북을 제공할 뿐 아니라, 다문화가족지원 포털 '다누리' 운영 등으로 한국 생활의 다양한 정보를 제공하며 다문화에 대한 실태조사[16)]를 실시한다.

다문화가족지원센터의 기본방향은 다음과 같다. 먼저 사업의 목적은 지역사회 다문화가족을 대상으로 한국어교육 · 가족통합교육, 자조모임 육성 등 종합서비스를 제공하여 다문화가족의 조기적응 및 사회 · 경제적 자립지원 도모할 수 있는 서비스 전달체계를

---

14) 결혼중개업의 관리에 관한 법률을 제 · 개정하여 시행하였는데 이를 살펴보면, 국제결혼중개업 등록제 시행('08년), 결혼중개계약서 작성 및 중개업자의 신상정보 사전제공 의무화('10년), 18세 미만 및 집단맞선 소개 금지, 국제결혼중개업 등록 시 자본금 요건(1억 원 이상) 상향('12년) 국제결혼 중개행위 관련 외국 현지형사법령 등 위반 시 결혼중개업 운영 3년간 금지('13년) 등의 내용이 있다 그 밖에 국제결혼 실태조사 3년 단위 실시('14년) 및 결혼중개업체에 표준약관(계약서 포함) 권장, 국제결혼중개업자의 자본금 상시 보유요건 명시('15년), 국제결혼중개 손해배상 입증책임을 국제결혼중개업자에게 부과('16년), 결혼중개업자 전문지식 및 윤리의식 향상교육 실시, 결혼중개업제도, 인권보호, 소비자보호, 상담실무 등을 교육, 결혼이민(예정)자 현지사전교육 운영의 내실화로 베트남, 몽골, 필리핀, 캄보디아 현지에서 표준교재(한국문화, 한국어 등)를 활용한 한국 입국 전 정보제공(4개국 6개소 실시) 등의 내용이 있다.

15) 다양한 매체를 통한 한국어교육을 위하여 전국 시 · 군 · 구에서 집합 한국어교육을 실시한다(다문화가족지원센터 등에서 운영 실시). 이를 통하여 정규과정(1~4단계), 중도 입국 자녀반, 특별반(한국어 심화과정 등) 운영하며 다문화가족지원센터에서 한국어 방문교육을 실시한다. 2015년 기준 한국어교육지도사(937명)가 다문화가족 6,648명을 지원한 바 있다.

16) 다문화가족 실태조사 실시 (「다문화가족지원법」 제4조)를 통하여 전국 규모의 다문화가족 실태를 조사 · 분석해 정책수립에 필요한 기초통계자료 확보 및 맞춤형 서비스를 개발한다. 조사항목(「다문화가족지원법」 시행규칙 제2조 제3항)으로는 성별, 연령, 학력, 취업상태 등 가족구성원의 일반 특성에 관한 사항과 소득, 지출, 자산 등 가족의 경제 상태에 관한 사항 및 자녀양육, 가족부양 등 가족행태 및 가족관계에 관한 사항, 그리고 가족갈등 가족문제에 관한 사항 및 다문화가족 지원관련 교육 · 상담 등 서비스 수요에 관한 사항을 조사한다. 그 밖에 다문화가족의 현황 및 실태파악에 필요한 사항을 조사한다.

운영 지원한다.

다문화센터 기본 프로그램은 다음과 같다. 먼저 방문교육사업으로 지리적 여건 등으로 센터이용이 어려운 다문화가족 대상 '한국어교육' 및 '부모교육 · 자녀생활서비스'를 제공하고 있다. 또한 결혼이민자에 대한 통 · 번역서비스 사업으로 결혼이민자를 통역 및 번역 전문인력으로 채용하여 의사소통이 어려운 결혼이민자에게 통 · 번역서비스를 제공하고 있다. 기본 사업내용으로는 가족생활 및 국가 간 문화차이 등에 관하여 입국초기 상담을 실시하고 결혼이민자 정착지원 및 국적 · 체류 관련 정보제공 및 사업을 안내하고 있다. 기본 내용으로는 임신, 출산, 양육 등의 생활정보 안내와 상담 및 교육과정 통역뿐 아니라 가족 간 의사소통의 통역과 행정 · 사법기관, 병원, 학교 등 기관이용 시 통 · 번역을 제공하고 있다. 그 밖에도 위기상황 시 긴급지원, 전화 및 이메일 통 · 번역의 업무처리를 실시한다. 서비스 이용방법으로는 해당 다문화가족지원센터에 방문 및 전화 혹은 이메일로 신청이 가능하다.[17)]

이것은 다문화가족의 이중언어 가족환경 조성사업의 실시일환으로, 다문화가정 내에서 영유아기부터 자연스럽게 이중언어로 소통할 수 있는 환경을 조성하고 다문화가족 자녀(영 · 유아기)의 정체성 확립 및 글로벌 인재로의 성장을 지원하기 위한 것이다. 사업내용으로는 부모－자녀 간의 이중언어의 상호작용교육, 부모교육 및 사례관리, 자조모임 지원 등을 내용으로 하고 있다. 이에 대한 프로그램의 내용은 다음과 같다.

17) 2016년 통번역 전담인력은 282명이 활동하고 있으며, 이를 통하여 다문화가족 자녀의 언어발달지원사업을 실시하고 있다. 이를 통하여 다문화가족의 자녀에 대한 체계적이고 전문적인 언어발달지원을 통해 이들이 건강한 사회구성원, 나아가 글로벌 인재로 성장할 수 있도록 지원한다. 사업내용으로는 다문화가족의 만 12세 이하 자녀에 대한 언어발달 진단 및 교육을 실시하고 센터에 언어발달지도사를 배치, 센터 내 자체 프로그램 운영 및 인근 보육시설(어린이집, 유치원 등)에 파견해 건강한 성장을 지원하는데, 2016년 언어발달지도사 300명이 활동하고 있다.

표 6-5 다문화가족의 이중언어 가족환경 조성사업

서비스	대상	서비스 내용
한국어 교육	입국 5년 이하 결혼이민자, 중도입국자녀 (만 24세 이하, 1992.1.1. 이후 출생자)	• 한국어교육 1~4단계 • 어휘, 문법, 화용, 문화
부모교육 서비스	생애주기별 각 1회 지원 (최대 15개월, 총 3회 지원) ① 임신 · 신생아기(임신 중~생후 12개월 이하) ② 유아기(12개월 초과~48개월 이하) ③ 아동기(48개월 초과~만 12세 이하)	• 자녀양육 지원을 위한 부모교육 (부모성장, 부모-자녀관계 형성, 영양 · 건강관리, 학교 · 가정생활 지도) • 가족상담 및 정서지원서비스 • 기타 한국생활에 필요한 정보제공
자녀생활 서비스	만 3~12세 이하 다문화가족 자녀, 중도입국자녀	• 인지영역 : 독서코칭, 숙제지도, 발표토론지도 • 자아 · 정서 · 사회영역 : 자아 · 정서 · 사회성 발달을 위한 지도 • 문화역량강화 영역 : 문화인식, 정체성 확립, 공동체 인식 지도 • 시민교육영역 : 기본 생활습관, 건강 및 안전, 가정생활, 진로지도

출처 : 여성가족부(2016).

표 6-6

사업영역	내용	
가족	• 다문화가족 이중언어 환경조성 프로그램 – 다문화가족 이중언어 환경조성 프로그램 • 가족의사소통 프로그램 • 가족관계향상 프로그램 • 결혼과 가족의 이해 • 가족의 의미와 역할	• 아버지교육 • 부모–자녀관계 및 자긍심향상 프로그램 • 자녀교육 프로그램 • 부모역할교육, 자녀건강지도 • 자녀생활지도 등
성평등	• 배우자부부교육 • 배우자이해 프로그램	• 예비 · 배우자교육 프로그램 • 부부갈등해결 프로그램 등
인권	• 다문화이해교육 • 인권감수성 향상교육	• 다문화가족 관련법과 제도 • 이주민과 인권
사회통합	• 취업기초소양교육 • 구직자 발굴 및 구직처 연계	• 새일센터, 고용센터 등 취업 관련 기관 연계
	• 다문화가족 나눔봉사단 소양교육 • 다문화가족 나눔봉사단 활동 • 한국사회적응교육 • 소비자 · 경제교육 • 학업지원반(검정고시반 등) 운영 및 연계	• 다문화가족 자조모임 • 다문화인식개선 • 결혼이민자 멘토링프로그램 등 • 결혼이민자 정착단계별 지원 패키지 (미래찾기, 길찾기 등 미래설계 프로그램 중 선택)
상담	• 가족상담 • 개인상담 · 집단상담 • 사례관리 · 심리검사	• 위기가족 긴급지원 • 외부상담기관 연계

출처 : 여성가족부(2016).

CHAPTER 06

9) 사회 취약가족의 지원

추진배경으로는 이혼율의 증가와 가족가치관의 변화 등으로 저소득 한부모가족이 지속적으로 증가함에 따라, 이들의 자립기반 조성을 위한 지원 필요성이 증대되었다.

표 6-7

(단위 : 가구)

구분	2010년	2011년	2012년	2013년	2014년	2015년
전체가구	17,339,422	17,687,001	17,950,675	18,206,328	18,457,628	18,705,004
한부모가족	1,594,138	1,638,537	1,677,415	1,714,419	1,749,969	1,783,882

출처 : 전체가구 및 한부모가족 : 2010년도 인구총조사(통계청), 장래가구추계(통계청).

이에 따라, 사회 취약가족의 지원으로 저소득 한부모가족, 미혼모가족, 조손가족 등 사회취약가족이 가족의 기능을 유지하고 건강한 생활을 영위할 수 있도록 다양한 지원사업을 수행함으로써 한부모가족의 생활안정과 자립기반 조성 및 복지증진에 기여하도록 하였다.

주요 사업으로는 저소득 한부모가족 자녀양육비 등 복지급여 지원, 청소년 한부모가족 자립지원, 저소득 한부모가족 주거지원서비스 지원, 권역별 미혼모 · 부자 지원기관 운영, 가족역량강화 지원사업, 한부모가족 법률 구조지원, 이혼위기가족 회복지원 사업 등이 있다.

이에 대한 근거법령은 「한부모가족지원법」, 「한부모가족지원법 시행령」, 「한부모가족지원법 시행규칙」 등이 있다.

10) 위기개입 및 가족통합교육의 실시

위기개입 및 가족통합교육의 실시를 위하여 가정폭력 피해 상담 및 보호를 위해 다누리 콜센터 및 전용쉼터, 법률구조기관 등 관련기관 간 연계를 강화하여 다문화가족의 생활 적응과정에서 발생하는 각종 고충상담 및 생활정보 제공을 위해 다누리 콜센터를 2011년 6월부터 운영하였으며, 다문화가족과 이주여성에게 각종 한국 생활정보 안내 및 폭력피해 접수 · 상담지원을 위해 이주여성 긴급지원센터를 2014년 부터 다누리콜센터로 통합 운영하여 원스톱 서비스를 실시하였다. 다누리콜센터는 13개 언어로 365일, 24시간 지원하고 있다. 이주여성쉼터는 2016년 기준으로 24개소 운영되고 있으며, 다문화가족(이혼가족 포함)의 개인 및 가족상담을 위하여 다문화가족구성원 간 가족 내 역할 및 가족문화에 대한 이해 향상을 위하여 가족통합교육을 추진하고 있다.

제 3단계는 자녀양육 및 정착기로 보아 다문화가족 자녀의 양육 및 교육을 지원하게 된다. 주요 내용으로는 부모의 자녀양육 능력향상을 위하여 부모교육서비스를 실시하여 학업성취가 낮고 자아 · 정서 · 사회성 발달에 어려움을 겪고 있는 다문화가족 자녀에게 자녀생활서비스를 제공하고 있다. 이는 다문화가족 자녀 언어발달을 지원하는 것으로 언어발달 진단, 교육 프로그램 제공(언어발달지도사 300여 명)을 통하여 센터 내 다문화 언어교실 개설 및 보육시설 파견서비스를 제공하며 이중언어 가족환경조성사업을 지원하게 되는데, 다문화가족 자녀가 한국어와 함께 결혼이민자 부모의 언어를 자연스럽게 쓸 수 있도록 지원하는 것이다. 또한 '다문화가족 이중언어 가족조성사업'을 실시한다. 이는 다문화가족 학령기 자녀 및 부모대상 자녀 성장지원 프로그램 "多재多능" 실시('16년~, 81개소)를 통하여 다문화가족 자녀의 정체성 회복, 사회성 · 리더십 개발을 위한 프로그램을 제공하게 된다.

한편, 제 4단계의 역량 강화기를 통해서는 다문화가족의 경제 및 사회적 자립지원을 실시하여 다문화가족 취업연계 및 취업 기초소양교육을 실시하고 결혼이민자 적합 직종 개발 및 직업교육훈련을 실시한다. 통 · 번역사, 진료 코디네이터 등 결혼이민자 적합 직종을 개발하여 결혼이민여성 특성 · 선호 및 인력수요 등 고려한 직업훈련 및 직장에 적응할 수 있는 인턴기회를 제공하며, 각종 자조모임 및 봉사단 등 운영을 지원하고 국가별 자조모임 및 일반가족과 함께하는 나눔봉사단 등을 운영 지원한다.[18)]

11) 가족친화사업

가족친화사업으로 '가족친화인증제'란, 가족친화제도를 모범적으로 운영하고 있는 기업, 공공기관에 대하여 심사를 통해 인증을 부여하는 제도로, 법적 근거는 「가족친화 사회환경의 조성 촉진에 관한 법률」 제15조(제정년도 2007.12.14.) 이며, 자녀출산 및 양육지원, 유연근무제도, 가족친화직장문화의 조성 등을 목적으로 하고 있다.

인증주체 및 대상으로 인증주체는 여성가족부장관이며, 인증대상은 기업, 공공기관, 중앙행정기관, 지방자치단체, 대학 등이 있다. 이에 대한 가족친화인증의 추진체계는 다음과 같다.

18) 다문화가족지원 포털사이트 '다누리'를 운영 지원하여, 다문화 인식개선을 위한 콘텐츠를 개발 및 보급한다.

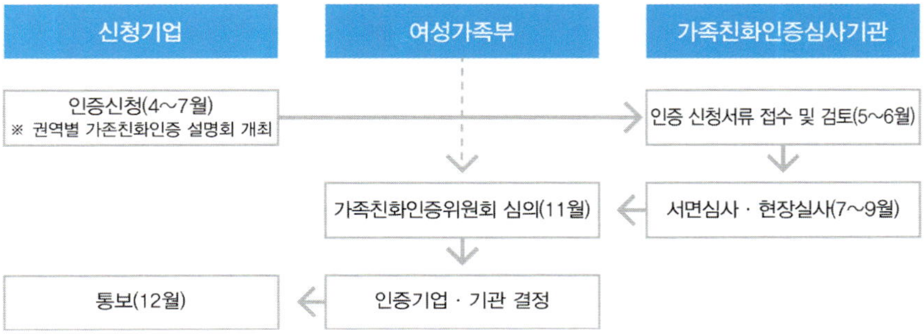

[그림 6-8] 가족친화인증 추진체계

출처 : 여성가족부(2016).

신청기업의 인증신청은 5~6월로 매년 초 권역별 가족친화인증 설명회를 개최한다. 그리고 가족친화인증심사기관을 통하여 인증 신청서류 접수 및 검토(5~6월)를 실시하며, 서면심사와 현장실사(7월~9월)를 통하여 여성가족부가 가족친화인증위원회 심의(10월)를 거쳐서 인증기업 및 기관을 결정하고 신청기업에 통보(11월)하게 된다. 인증의 기준은 최고경영층의 리더십, 가족친화실행제도, 가족친화경영 만족도 등을 평가하여 70점 이상을 (중소기업은 60점 이상) 획득한 경우 인증을 부여하게 된다. 점수의 배점기준은 최고경영층의 리더십으로 최고경영층의 관심 및 의지(20), 가족친화 실행제도(60)로 자녀출산 및 양육지원, 유연근무제, 정시퇴근제 등이 점수에 반영되며, 그 밖에도 가족친화경영 만족도(20)의 점수로 가족친화실행제도에 대한 근로자의 만족도가 참조된다. 이러한 가족친화기업 등의 인증기준은 여성가족부 고시 제 2015-18호에 명시되어 있다.

인증의 효력(3년, 2년 연장가능)으로 인증마크를 상품광고와 홍보 등에 활용하여 기업 이미지를 제고하고, 인증을 통한 가족친화경영 도입 촉진으로 근로자와 가족구성원의 삶의 질 향상, 이직률 감소 등을 통하여 기업의 경쟁력 강화에 기여하게 된다.[19)]

CHAPTER 06

19) 기업 및 공공기관에 대한 적용은 「가족친화 사회환경의 조성촉진에 관한 법률 시행규칙」 제7조와 관련하여 기본적으로 서로를

기 업	공공기관
Best Family Friendly Management · 가족친화 우수기업 ·	Best Family Friendly Management · 가족친화 우수기관 ·

(가족친화 사회환경의 조성촉진에 관한 법률 시행규칙 제7조 관련)

기본적으로 서로를 배려하며 사랑을 품고 있는 사람들이 정겹게 어울리는 모습을 형상화 한 것으로서, 그러한 배려와 사랑으로 서로 조화를 이룰 때, 비로소 하나의 완성된 꽃 '가족친화경영' 을 피울 수 있다는 의미

밝은 다홍색은 가족의 사랑,

노란색은 기업의 배려와 열정,

초록색은 사회적 관심과 안정된 제도 상징

[그림 6-9] 가족친화인증의 표시

출처 : 여성가족부(2016)

배려하며 사랑을 품고 있는 사람들이 정겹게 어울리는 모습을 형상화 한 것으로, 그러한 배려와 사랑으로 서로 조화를 이룰 때, 비로소 하나의 완성된 꽃 '가족친화경영'을 피울 수 있다는 의미이며 밝은 다홍색은 가족의 사랑을 상징하고 노란색은 기업의 배려와 열정, 초록색은 사회적 관심과 안정된 제도를 상징하고 있다. 가족친화 인증기업에 대한 인센티브 지원으로 정부사업 참여 시 가점 · 우선권을 부여한다. 은행 금리우대 등(32개 기관, 104개 인센티브, '15년 12월 기준) 가족친화 우수기업 정부포상('11년~), 가족친화경영 대상('12년~) 등의 권장이 있다.

표 6-7 가족친화 인증기업 · 기관 현황(총 1,363개, 2015년말 기준)

연도/구분	계	대기업	중소기업	공공기관
계	1,363	258	702	403
2008	9	3	0	6
2009	14	5	3	6
2010	20	6	4	10
2011	86	24	22	40
2012	84	24	13	47
2013	279	84	111	84
2014	444	77	257	110
2015	427	35	292	100

출처 : 여성가족부(2016). * 2015년말 기준 인증이 유효한 기업 · 기관임.

12) '가족사랑의 날'의 지정

'가족사랑의 날'은 매주 수요일은 가족과 함께하자는 날로, 바쁜 주중에 수요일 하루라도 가족과 함께 시간을 보내는 작은 실천이 가족사랑의 첫걸음이 된다는 의미에서 시작되었다.

여성가족부는 기존의 **'매월 셋째 주 수요일을 Family day'** 로 지정 · 운영하던 캠페인을' 2010년부터 한글이름 공모전을 통해 대상을 수상한 명칭 **'가족사랑의 날'** 로 변경, 매주 수요일로 확산 전개 추진중

출처 : 여성가족부(2016).

권장사항으로 직장에서는 '알찬 일과, 정시퇴근 일터 만들기'를 위하여 매주 수요일에 정시퇴근하여 가족과 함께하고 '가족사랑 약속을 실천'하여 가족사랑을 키우고, 가족의 사랑이 이웃까지 확산되도록 하고 있다. 이에 대한 가족사랑의 날 캠페인 내용은 다음과 같다.

• **가족의 실천사항 : '나부터 시작하는' 우리 가족 실천약속**

하나. 대화, 놀이 등 매일 30분 이상 가족과 함께 시간을 갖는다.
하나. 매주 2회 이상 가족과 저녁식사를 함께 한다.
하나. 매월 1일 이상 가족과 함께 데이트한다.
하나. 매년 4회 이상 가족과 함께 지역사회에 봉사활동을 한다.

• **일터의 실천사항 : '알찬 일과, 정시퇴근 일터 만들기' 실천약속**

하나. 알찬 일과로 정시퇴근을 실천한다.
하나. 매주 수요일에는 '가족사랑의 날'로 하여 정시퇴근 후 가족과 함께 하는 직장 분위기를 조성한다.
하나. 직장탐방, 가족친화교육 등 가족까지 배려하는 활동을 마련한다.
하나. 사회공헌활동을 실시하여 나눔 문화를 확산한다.

13) 가족폭력방지

가정폭력의 방지를 위하여 여성긴급전화로는 1366을 운영하고 있으며, 이를 통하여 가정폭력 피해자의 보호와 지원 사무에 대한 정책정보를 제공하고 있다. 이를 통하여 긴급피난처의 제공, 의료복지서비스, 긴급피난처, 법률구조서비스, 피해자보호시설의 제공, 검찰 · 경찰서비스의 제공, 상담소의 운영 및 각종 사회복지서비스를 제공하고 있다. 이에 대한 근거법률로는 가정폭력방지 및 피해자 보호 등에 관한 법률이 있다.

[그림 6-10] 가정폭력방지 및 피해자 보호사업추진체계

출처 : 여성가족부(2016).

3 국가정보관리시스템

1) 정보관리시스템의 정의

정보관리시스템의 정의는 각종 조직 활동과 성과에 관한 다양한 정보를 수집하고 관리하여, 그 정보를 활용하여 기관 내부 및 외부의 다양한 의사결정을 지원하는 일련의 구조 및 과정을 의미한다. 이는 조직운영의 효과적이고 효율적인 조직관리를 위해서 전산화된 업무 환경에서 정보처리기술을 적용하는 경우로 전산화를 사회복지조직의 목적과 조직의 성과에 초점을 두고 활용하는 방법에 관련한 것이다. 따라서 사회복지조직의 정보관리는 조직이 가지고 있는 목적과 프로그램의 목적을 효과적이며 효율적으로 달성하는 데 기여하며, 사회복지행정가의 전문성 확보 및 사회복지조직의 합리적인 평가를 위해 기여한다.

결국 정보관리시스템이란 조직의 활동과 성과에 관한 정보를 수집하고 관리하며, 정보를 이용하여 기관 내부 및 외부의 다양한 의사결정을 지원하는 구조 및 과정을 뜻한다. 즉, 전산화가 자동적으로 자료를 수집하고 정리하는 것이라고 본다면, 정보관리시스템은 전산화를 사회복지조직의 목적과 조직성과에 초점을 두어 활용하는 방법에 관한 것이라고 할 수 있다. 사회복지조직의 정보관리는 조직의 목적과 프로그램의 목표를 효과적이며 효율적으로 달성하는 데 기여할 뿐 아니라, 사회복지행정가의 전문성 확보를 위해, 그리고 사회복지조직의 합리적인 평가를 위해 필수적인 과정이다.

한편, 국가복지시스템의 정의로는 사회복지의 정보화를 위하여 효율적이며 효과적인 업무의 처리를 위하여 전자정부의 서비스 제공의 추진과제 일환으로, 보건복지부에서 구축한 웹 기반의 사회복지시설의 통합관리시스템이라 할 수 있다. 이와 같은 시스템을 통하여 사회복지시설 정보화 기반을 조성하고, 사회복지시설 회계의 투명성을 제고하는 효과가 있으며, 사회복지시설 관리업무를 간소화 및 표준화하는 효과가 있다. 그 밖에도 사회복지정책의 기초자료를 확보하는 것 등을 목적으로 하고 있다.

2) 사회복지정보화 기능적용의 필요성

사회복지분야에서 정보기술의 활용범위는 매우 넓다. 즉, 조직관리 및 교육, 정보의 교환, 다양한 임상치료 등의 업무에서 활용될 수 있다. 네트워크 커뮤니케이션(network communication)은 내부적 사무자동화에서 네트워킹으로 광범위하게 사용된다. 이러한 기반은 사회복지서비스의 정보화를 바탕으로 하여 클라이언트의 욕구에 효과적으로 대응할 수 있게 한다. 또한 정보화의 기능은 서비스의 질을 높이며, 각 기관이 개발한 프로그램과 전문지식을 공유할 수 있는 정보체계를 통하여 효과적인 클라이언트 및 사례관리가 가능하다. 그리고 정보화의 창구는 각종 복지서비스의 통합 네트워킹의 역할을 담당할 수 있으며, 복지수요에 대한 서비스의 연결기능에 있어서 탁월한 역할로 기여할 수 있다. 그러므로 최근 사회복지정보화에 따라 복지기관들 간의 네트워크 구축 및 연계는 많은 기능을 담당하고 있으며, 향후 통합적인 사회복지서비스의 제공에 있어서 클라이언트에게 많은 도움을 줄 수 있을 것이라 사료된다.

3) 사회복지정보화의 목표

사회복지정보화의 기반은 보다 향상된 서비스를 제공하고, 과학적인 정책결정의 체계를 확보하여 궁극적으로 복지사회의 실현에 기여하는 궁극적인 목표를 지니고 있다. 이에 사회복지정보화의 과제는 다음과 같다.

첫째, 정보화를 통한 업무의 효율성 확보는 일선의 행정가에게 매우 중요하다. 그 예로는 전산화, 표준화, 전자결재, 타 전산망과의 연계 등이 있으며 이는 효율적인 업무수행에 매우 중요한 부분이다. 둘째, 국민들은 정보화를 통하여 향상된 행정서비스를 제공받을 수 있다. 포털서비스는 보다 합리적이고 통합적이며, 신뢰할 수 있는 정보를 제공하도록 하는 기능을 가지고 있다. 셋째, 국민들의 전자정보화 환경은 각종 전자서비스의 활용으로 정보접근을 용이하게 하고, 불필요한 시간과 비용을 절감할 수 있도록 한다. 넷째, 사회복지기관이나 공공 복지서비스 공급자의 입장에서 볼 때에는 개선된 정보체계를 통하여 클라이언트에 관한 신속한 정보의 제공과 종합적인 서비스의 구축 및 사례관리, 서비스 의뢰 등이 보다 원활하게 이루어질 수 있는 정보환경을 제공한다. 이러한 환경은 서비스의 공급자 간 정보연계와 통합으로 서비스를 효율화하여 제공자와 공급자 간의 원활한 접근을 돕는다. 또한 공급자 간의 소통을 통하여 원활한 인테이크 및 클라이언트의 사후관리를 원활하게 한다. 다섯째, 복지 분야 연구자나 정책결정자는 축적된 사회복지분야의 각종 통계자료 등을 적절한 정보체계를 통하여 확보하게 되어, 더욱 효율적인 의사결정이 가능하도록 할 수 있다.

4) 정보관리시스템의 유형

정보관리시스템은 사회복지조직의 업무를 지원하고 해결하기 위해 다양한 정보관리시스템이 제공되며 프로그램으로 활용되고 있다. 그에 관한 몇 가지 기능은 다음과 같다. 첫째, 사회복지시설정보시스템의 운영은 사회복지통합관리망의 구축과 함께 각종 온라인보고 등으로 사회복지시설의 업무를 전자방식으로 수행할 수 있도록 하고, 사회복지시설의 업무의 표준화 및 투명화를 위해서 업무처리 절차를 제시하고 있다. 한편, 사회복지시설담당 공무원이 사회복지시설의 신고나 변동관리 및 온라인 보고정보의 시설보조금 등 각종 복지급여 지급의 전자처리 등의 업무에 쉽게 적용할 수 있도록 체계화하였다. 적용대상 시설로는 사회복지관, 노인 · 장애인시설, 한부모 지역자활센터, 노숙인이나 아동 및 개인운영 신고시설 등으로 보건복지부 소관의 사회복지시설을 포괄한다.

둘째, 사회복지통합관리망의 제공으로 각종 사회복지급여와 서비스 지원 대상자의 자격 및 이력에 관한 정보를 통합적으로 관리하고, 지방자치단체의 복지업무 처리를 지원하기 위한 정보시스템이라고 할 수 있다. 공공전달체계에서의 정보시스템은 또한 민간전달체계도 영향력이 크다.

5) 국가 사회복지정보시스템의 현황

국가 사회복지정보시스템은 사회복지 정보화의 패러다임에 부응하여 사회복지서비스 전달체계의 혁신과 업무 효율성 및 투명성 제고를 위한 정보시스템의 필요성에 따라 2004년부터 국가 차원의 정보화 사업으로 국가정보시스템으로 구축되었다. 대표적인 시스템 사례로는 사회복지 시설정보시스템, 사회복지 통합관리망, '행복e음' 사회보장정보시스템 등을 들 수 있다. 또한 사회복지시설정보시스템은 2004년부터 2007년까지 국가복지정보시스템 구축에 따라 2008년에 통합관리시스템으로 자리를 잡고 사회복지시설 업무의 표준화를 도모하며, 사회복지서비스의 질적 제고와 회계의 투명성, 복지정보화 기반조성에 목적을 두고 운영되고 있는 시스템이다.

사회복지정보시스템 영역에서 가장 대표적인 사업으로 실시되었던 사업은 2010년에 개발된 중앙정부 차원의 사회복지통합관리망 '행복e음' 사업이며, 사회복지통합관리망은 보건복지부 차원에서 복지수급자 개인별 가구별의 통합 DB를 구축하고 운영함으로써

복지지원의 중복과 누락을 차단하고, 수요자 중심의 맞춤형 복지서비스를 제공하는 것을 목적으로 종래의 장애인, 노인, 아동, 등 복지서비스 대상자별로 구축 운영되던 사회복지시설정보시스템을 정부가 통합적으로 운영하는 것을 목적으로 하였다.

이후 2013년에는 맞춤형 복지기반 조성을 보다 확장하여, 범정부 사회보장정보시스템을 개통하고 부처별로 분산되어 운영되던 복지정보를 연계하여 통합관리하기 위해 17개 부처의 사업을 연계하여 국가 차원의 복지정보시스템을 운영하고 있다. 국가차원의 복지정보시스템의 운영목적은 다음과 같다.

(1) 유관기관의 공적 자료 연계구축

기존 시스템을 통해서는 지역이나 사업별 소득재산 조사를 통하여 복지대상자의 이력관리나 개인별 관리는 불가능했다. 또한 복지대상자 선정을 위해서 필요한 소득재산 등의 공적 자료를 시 · 군 · 구에서 확인하기가 어려워 부정수급 등이 발행하는 원인이 되기도 했었다. 따라서 이러한 문제점을 해결하기 위해서는 사화복지통합관리망의 관리가 필요하며, 타 유관기관에서의 서비스 제공 이력정보 등을 연계하여 이를 각 지방자치단체에게 제공하도록 하는 것이 중요하였다.

(2) 복지수급자의 개인별 및 가구별 통합 DB의 구축

사회복지통합관리망은 지방자치단체에서 집행하는 것으로 약 120여 개의 복지급여 및 서비스 이력을 개인별 및 가구별로 통합 관리하는 시스템이기도 하다. 또한 복지업무의 표준화와 효율화를 위하여 기초생활 보육 기초노령 등 15개 복지 사업별로 소득 및 재산 조사방법이 달라 서비스 대상자 한 명이 여러 개의 서비스를 신청하면 각 사업별로 별도의 소득재산 조사를 실시해야 했었던 기존의 비효율적인 업무를 통합하여 1회 조사 이후 모든 사업에 공동으로 활용하도록 하고 있다. 또한 업무절차의 효율화를 위하여 하나의 정보시스템에서 상담서비스를 신청하도록 하였으며, 소득재산조사 서비스 수급결정 급여관리 변동관리의 사후관리를 일괄 처리하도록 하여 업무절차를 효율적으로 하였다.

(3) 사례관리 기능의 강화

사회복지통합관리망의 구축을 계기로 시 · 군 · 구 차원에서 서비스 연계팀을 강화하여 복지대상자의 복합적 욕구해결을 위해서 공공서비스뿐 아니라, 민간서비스를 연계 및 제공하는 사례관리 체계를 강화하였다. 그 밖에 사회보장정보시스템으로 맞춤형 복지기반 조성을 위해서 부처별로 분산되어 운영되고 있었던 복지정보를 연계하여 통합관리하기 위하여, 2013년에 개통된 국가 차원의 복지정보시스템은 이와 같이 개인별 가구별 복지서비스 이력관리 중복 부정수급방지와 정부부처복지사업의 정보제공 복지사업 업무처리지원 등을 개통하였다.

6) 국가복지정보시스템의 추진경과

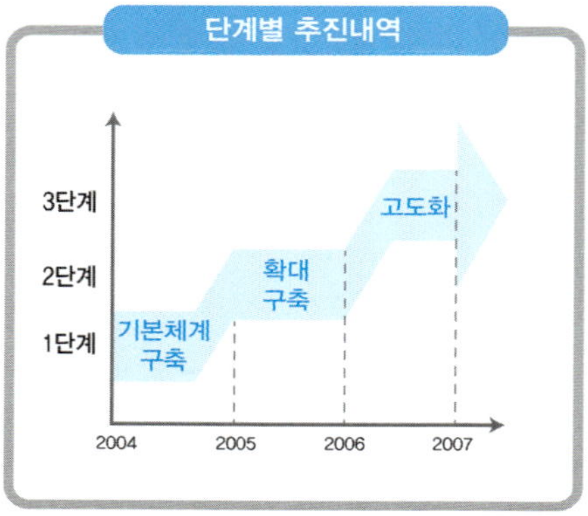

국가복지정보시스템 보급 확산 (2007.5~현재)
- 국가복지정보시스템 기능개선
- 사회복지시설업무의 전자화 시책 마련(사회복지사업법 제6조의2)
- 사회복지시설의 온라인 보고의 의무화

3단계 국가복지정보시스템 고도화 (2006.8~2007.4)
- 아동, 재기노인 등 복지시설 정보시스템 구축 범위 확대
- 시설 ↔ 시군구 간 보고, 신청 시스템 구축
- 아동, 청소년, 여성 등 사회복지 전분야로 정보 공동이용 체계 확대

2단계 국가복지정보시스템 확대구축 (2005.11~2006.7)
- 노인 복지시설(노인복지관, 노인복지시설 등) 정보시스템 구축
- 정보 공동이용 체계 확대 구축(노인 및 재가서비스 분야)
- **국가복지정보시스템과 사회복지시설 회계정보시스템 통합**

1단계 기본체계 구축 확대구축 (2004.11~2005.8)
- 수해자별 복지정보 단일창구 제공
- 장애인 복지시설 정보시스템 구축

ISP 국가복지정보시스템구축 ISP수립 (2003.8~2004.2)
- 국가복지정보시스템 단계별 추진계획(로드맵) 수립

출처 : 국가복지정보시스템 홈페이지(2016).

7) 국가복지정보시스템 주요 기능

국가복지정보시스템의 주요 기능은 다음과 같다. 첫째, 통합회계 관리의 기능으로 회계 관리, 인사 관리, 급여 관리, 예산 관리, 세무 관리, 자산(비품, 소모품) 관리 등이 있다. 둘째, 시설의 유형별 사회복지서비스의 이력 관리로 생활인 및 이용자 관리, 사회복지서비스 관리, 사례 관리, 일지 관리 등이 있다. 셋째, 통합고객 관리로 고객(후원자, 봉사자, 방문자)관리, 후원금 관리, 자원봉사 등의 관리가 있다. 넷째, 시군구의 보고로 보조금 신청 및 정산, 정기 및 수시보고로 결산보고 등이 있다. 다섯째, 통합복지 DB 즉, 표준연계 모듈을 통해 기관별로 분산된 사회복지시설 정보를 통합하는 기능으로 요약할 수 있다.

사용대상으로는 사회복지법인과 사회복지시설로 개인운영 신고시설 포함 등이 있고, 장점으로는 무료이며 언제, 어디서나 자동으로 사용할 수 있으며 무료교육 및 맞춤서비스의 정보접근이 용이하며, 체계적인 정보의 관리와 보안 등이 유지될 수 있다는 장점이 있다. 따라서 사회복지시설 운영의 회계 투명성 확보와 사회복지시설 업무의 표준화 및 효율성 제고가 가능하다. 또한 보건복지가족부 · 지자체 · 시설 간 정책 네트워크 구성이 용이하여, 사회복지정책 수립을 위한 기반조성과 각종 보고절차 간소화 등 행정비용 감소의 효과가 있다.

8) 사회복지시설정보시스템 – 사회보장 정보원

사회보장 정보원은 첫째, 정보시스템을 통한 복지 사각지대 발굴을 강화할 수 있도록 하여 더욱 촘촘한 대한민국의 사회보장망을 실현해 나가고, 둘째, 정부 부처와 지자체, 사회서비스 제공기관, 어린이집, 사회복지시설, 보건기관 등에 정보 및 서비스를 제공하여 복지행정의 효율을 높이는 데 기여하고 있다. 셋째, 수요자 중심의 맞춤형 복지를 실현하여 정부의 사회보장 정책을 차질 없이 집행한다. 넷째, '복지로', '공공보건포털', '임신육아종합포털' 등 대국민포털을 통해 맞춤형 보건복지서비스를 제공하여 국민들의 체감도를 향상시키고자 노력하는 사회보장 정보화 중추기관이다.

이러한 시스템의 활용은 효과적인 사회복지 정책수립 지원과 대국민 시설이용 편의성 중대가 목적이며, 사회복지시설정보시스템의 홈페이지를 통하여 다양한 회계 및 세무, 고객관리, 이력관리 등이 가능하다. 뿐만 아니라, 이용자 참여 및 정보제공의 서비스로 시설 및 이용자의 서비스 맞춤검색이 가능하고 사회복지시설정보시스템 기능개선 사항 결정, 재조정, 철회 등 시스템의 구축 및 운영참여가 가능하다. 따라서 사회복지시설의 업무의 표준화 및 업무감소가 가능하고, 전산시스템 유지보수 비용이 절감되며 복지시설 자원의 효과적·체계적 관리가 기능하여 행정업무 간소화 및 효율성 증대가 가능하다. 그리고 보건복지부의 효과적인 정책수립의 기반 확립과 시설현황 파악 및 자동화 통계 지원의 기본정보를 제공하여, 국민의 시설이용을 위한 편의성 증대와 투명성 확보를 통한 신뢰 구축이 가능하다.

따라서 정보화의 궁극적인 목표설정에 대한 고민으로 향후 정보의 불평등이 발생하지 않도록 체계성을 보강하고 국민이 누려야 할 권리는 누릴 수 있는 정보화의 기본 인프라의 정비가 필요하며, 질적으로도 시스템 간의 호환성 강화, 관련 규정과 제도의 정비 및 표준화 과정의 정비 등이 중요하다. 이를 통하여 향후 사회복지분야에서 책임 있는 정책결정단위의 구축이 필요하고 나아가 사회복지사와 기관, 시설 및 관련 기업 등의 연계성이 증진될 수 있도록 하여야 할 것이다.

CHAPTER

07

사회복지조직의 기획과 정보관리

Social Welfare Administration

학습목표

1. 사회복지행정의 기획을 위해 필요한 점검사항을 학습한다.
2. 기획의 과정에서 고려되어야 하는 것은 무엇인지 알아본다.
3. 그룹별로 지역사회를 위한 기획안을 제시해본다.

다음은 각종 조직에서 요구되는 프로그램 개발의 접근에 앞서서 사회복지기관의 사업수행에 있어서의 기본사항의 점검을 통하여 실천적 프로그램의 접근방식과 의사결정에 관해서 살펴보고자 한다. 행정 및 지역사회의 기관은 종합적인 사회복지사업을 관리를 통해 운영할 수 있으며, 지역사회문제를 예방 및 치료하고 지역사회 및 주민의 연대감 조성 뿐 아니라 지역사회 구성원의 복지증진을 수행할 수 있다.

1 사회문제의 정의

1) 사회문제의 정의

사회문제는 사회의 조건이나 상황이 개선될 필요가 있다고 다수가 인지할 때 존재한다. 다시 말해, 사회문제란 “사람들의 가치규범을 침해하고 정서적 및 경제적 고통을 주는 사회적 반응을 유발하는 인간과 인간, 인간과 환경 간의 조건들”로 정의되며, 사회문제의 대표적 예로 범죄, 사회적 일탈행위, 사회적 불평등, 빈곤, 인종차별주의, 약물남용, 가족문제 등 제한된 자원의 불공정 분배 등이 있다(중앙사회복지연구회 역, 1996 : 109). 사회문제를 보다 구체적으로 보면 인구문제, 노동문제, 실업문제, 여성문제, 노인문제, 도시

문제, 농촌문제, 주택문제, 청소년문제, 가정문제, 범죄문제 등이 있으며, 발생원인은 사회제도나 사회구조의 결함, 모순에서 생기는 문제들이 많다. 따라서 사회문제를 해결하려면 개인적 차원이 아닌 사회 정책적 차원에서의 해결방안을 모색하여 시정하여야 한다(류종훈, 김근식, 김철진, 배성찬, 2013). 사회문제에 대해 학자들은 다음과 같이 정의하였다(김종명 · 구재관 외, 2013).

① Mertom과 Nisbet(1966) : 사회문제란 사회질서의 상당부분이 일반적으로 받아들여지고 있는 하나 혹은 그 이상의 규범을 위해하고 있다고 간주되는 행동양식이라고 정의하였다.

② Hortom과 Leslie(1970) : 사회문제란 바람직하지 않은 방식으로 많은 사람들에게 영향을 주는 조건, 그리고 집합적 사회행동을 통해 해결되어져야 한다고 느끼는 것이라고 정의한다.

③ Barker(1991) : 사회문제는 사람들의 가치와 규범을 침범하여 사람들을 사회적 대응으로 이끌고, 사람들을 감정적 · 경제적 어려움으로 이끄는 조건이다.

이러한 사회문제의 정의에 따라 인터넷 검색과 신문기사 등을 통하여 우리의 일상생활 중에서 규정할 수 있는 사회문제를 찾아보고, 문제를 분석해보는 활동이 필요하다.

2) 문제의 분석을 위한 단계

(1) 사회 및 개인의 문제분석

가. 사회문제의 규정

사회복지사의 프로그램 개발은 사회문제의 분석으로부터 시작될 수 있다. 즉, 현재 사회적으로 혹은 지역사회를 통하여 혹은 개인이 관심을 가져 왔던 이슈화되고 있는 문제는 무엇인가 하는 문제의 파악부터 출발하는 것이다. 자신의 주변과 매스컴의 관심은 문제 분석의 기준으로 사회에 대한 문제 즉, 사회구성원의 심신 및 사회적 건강성과 사회적응, 사회통합과 같은 다양한 문제와 사회적 가치 등을 기준을 점검해보는 것에 유용하게 활용될 수 있을 것이다.

나. 개인문제의 규정

개인에 대한 문제로 개인의 일상생활 중에서 심리적 안녕, 사회적 안녕, 임파워먼트, 자존감, 사회적 적합성, 자립 등이 점검될 수 있는 요인이며, 환경과 일상생활을 통하여 건강과 체면유지를 위한 최저기준의 박탈, 학대와 착취와 위협, 완전한 사회적 참여에 대한 장애 등이 점검될 수 있다면 그것을 개인 및 사회의 문제로 규정할 수 있다. 이것은 인간이 사회적인 존재인 만큼 개인뿐 아니라 개인이 몸담고 있는 지역사회, 가족, 사회, 역사, 정치적인 요인들에 의해 발생될 수 있으며, 타인과 더불어 다양한 사회 및 심리 그리고 경제적인 문제들이 복합적으로 상호 연결되어 있음을 알 수 있다.

이러한 과정을 통하여 기획 및 개입 수행을 위한 다양한 목표설정이 필요한데, 이에 선행하여 먼저 정확한 문제분석이 필요하다. 즉, 무엇이 문제인지를 규정하는 단계가 중요하다. 문제가 무엇인가? 과학적으로 분석하여 해결하고자 하는 문제 분석단계에서는 문제의 확인, 욕구사정, 대상자의 선정 등의 과정으로 진행되는 것이 좋다. 즉, 이 단계에서 해결하고자 하는 문제에 대한 원인분석과 목적과 목표의 설정, 그리고 프로그램을 통해 이 문제를 해결해야 하는 이유에 대하여, 어떠한 대상을 가지고 어떻게 해결해 나갈 것인가? 어느 정도의 문제를 해결해 갈 것인지, 그리고 어느 정도의 문제가 어느 수준으로 해결 가능한지에 관한 실현가능성이 관건이 될 것이다.

(2) Heus와 Pimcus의 문제분석방법

- 클라이언트에 대한 진단(diagnosis)과 분류(labeling)는 가급적이면 피해야 한다.
- 문제를 정의할 때 폐쇄형보다는 개방형의 문제 정의를 선호해야 한다.
- 통합적인 사고(whole-mind thinking)에 의한 정보를 수집해야 한다.
- 클라이언트 주위의 환경과 자원을 인식해야 한다.

(3) 문제분석을 위한 고려사항

- 동원 가능한 자원을 인식하고, 선별적인 정보의 수집을 해야 한다.
- 클라이언트의 특성을 파악하여 감정을 최대한 활용하는 것이 좋다.
- 자원의 다양한 기능을 파악하여야 한다.
- 문제의 해결에 대한 목적의식을 가지고 실천해야 한다.

3) 사회문제분석에 임하는 사회복지사의 태도와 자세

사회문제란 '사회적'(Social)이라는 용어와 '문제'(Problem)라는 용어가 합성된 단어이다. 따라서 '사회적'이란 단어는 많은 사회구성원들에게 영향을 미치는 범위라는 의미이고, '문제'란 사회현상이 부정적이고 바람직하지 않는 조건이 되는 것을 뜻한다. 따라서 사회문제의 정의는 사회의 가치, 규범, 윤리에 비추어 사회적 다수가 바람직하지 않다고 판단하거나, 이들의 삶에 부정적 영향을 미치므로 시정이 요구되는 사회현상이라고 할 수 있다(김종일, 2005). 사회문제는 급변하는 현대사회의 변화에 따라 정치, 경제, 사회, 문화 등 각종 제도적인 모순에 따라 빈번하게 발생하며, 특히 산업화와 도시화, 그리고 자본주의가 고도로 발전하면서 핵가족화로 인한 가족해체현상, 혈연의 결속력 약화, 물질만능

주의 등이 더욱더 만연하면서 발생하게 되는 각종 문제이다. 이런 다양한 사회문제를 해결하고, 보다 인간적으로 풍요롭고 행복한 사회를 만들어가기 위해서는 사회복지적 차원에서의 제도적인 장치와 사회적 자원도 필요하며, 이때 운영과 관리를 위하여 사회복지 행정의 역할은 중요하다.

2 개인이나 집단의 욕구파악

사회문제의 파악 뒤에는 정확한 클라이언트 개인이나 집단의 욕구설계가 필요하다. 욕구조사설계의 과정은 다음과 같다. 즉, 클라이언트 집단은 사회문제의 선정을 통하여 일반집단(general population) 중에서 위기집단을 설계하고, 그에 표적이 되는 표적집단(target population) 중에서 실제 프로그램에 참여할 수 있는 클라이언트 집단(client population)을 선정하여 본격적인 욕구를 반영하는 프로그램이 될 수 있도록 설계한다. 이러한 욕구를 반영하기 위해서 고려되어야 하는 사항으로는 기획안의 작성에 대한 실행의 수용능력을 고려해야 한다. 즉, 클라이언트의 접근성과 같은 구체적 문제와 기획안의 재원에 따른 가능성의 영역, 그리고 효과적인 클라이언트의 선정 등이다. 이때 효과성을 달성하기 유리한 클라이언트만을 선정하는 크리밍 현상이 일어나지 않도록 유의한다. 이러한 욕구사정을 위하여 SWOT분석이 활용될 수 있는데, 이것은 다양한 제한요건을 파악하고 인적 · 물적 자원을 활용하는 데 점검될 수 있다.

각종 정책 및 입안에는 행정적 과정에 있어서 지역사회 구성원의 욕구파악이 중요하다. 욕구란 결국 인간의 생존과 성장 발달을 위해 필요로 하는 것을 구하는 것인데, 혹은 Need(요구) 즉, 결핍의 상태라 할 수 있다. 예를 들면, 생존에 필요한 적절한 음식, 주택, 소득, 지식, 사회참여, 개인의 자유 등이 이에 해당될 수 있다. 이러한 욕구들이 사회의 다수에게로 확대되면 사회적 욕구가 되고, 특정인이나 소수의 개인들에 국한될 때는 개인적 욕구가 되며, 이러한 욕구는 충족되어야 할 문제로 보기 때문에 많은 경우 욕구는 문제와 같은 의미로 사용되고 있고, 특히 사회적 욕구는 사회문제로 보는 경향이 있다(남세진 · 최성재, 1996). 이에 대하여 조지(George, 1988)는 인간의 욕구는 절대적이라고 주장하였다. 즉, 주변상황과 여건과는 상관없이 개인에게 절대적으로 필요한 것이 존재한다는 것이다. 이에 반하여, 타운젠드(Townsend, 1993)는 인간의 상대적 욕구를 주장하며, 이 상대적 욕구의 기준은 그가 속해 있는 사회에 의하여 결정된다고 하였다. 한편, 스픽커(Spicker, 2000)는 욕구가 박탈 또는 문제로 표현되기도 하지만, 실제로는 인간이 인간답게 살기 위해서 갖추어야 하는, 혹은 해소되어야만 하는 조건이라고 정의하고 있어 학자마다 다양하게 정의되고 있음을 알 수 있다.

1) 욕구조사의 필요성

욕구조사는 클라이언트가 당면한 문제나 필요로 하는 것, 혹은 낮은 수준에 처해 있는 삶의 질, 그리고 사회복지전문가적 필요 등에 대하여 정확하게 사정하고 이를 수량화하는 방법으로 정의된다. 따라서 욕구조사의 결과를 토대로 어떻게 개입해야 할지, 욕구가 무엇인지가 결정되고, 이 욕구에 따라 가장 적합한 개입방법을 결정할 수 있으며, 이 때 클라이언트가 지닌 욕구의 강도에 따라 투입될 자원의 양을 배분 및 조절하여 프로그램의 기획을 할 수 있다. 동시에 클라이언트의 참여의식에 의하여 어느 수준으로 클라이언트의 참여를 고취시켜야 할지에 관한 방법도 모색한다. 즉, 클라이언트의 욕구가 무엇인지 명확하게 안다면 적절한 개입방법의 개발도 가능해지며, 적절한 홍보방식과 그에 대한 효과성 평가도 클라이언트의 욕구충족의 달성도, 즉 프로그램의 목적의 달성정도가 가능해진다. 따라서 욕구조사의 필요성은 프로그램 설계의 기본이 되며, 그것은 다음과 같은 중요성을 가진다(채구묵, 2001).

첫째, 클라이언트의 욕구와 필요에 맞는 사회복지 프로그램을 개발하는 데 도움을 줌으로써 사회복지조직이 현실적이고 효과적인 사회복지서비스를 제공할 수 있도록 해준다.

둘째, 사회복지조직의 효율적이고 체계적인 행정과 전문적인 성격의 기관운영을 수행할 수 있도록 도움을 준다.

셋째, 서비스 또는 사회복지 프로그램을 지역주민의 다양한 욕구변화에 따라 탄력성 있게 변화시켜 줄 수 있다.

넷째, 문제의 다각적인 접근을 위해 지역사회 내 다른 조직들 간의 네트워크가 형성되어야 하며, 연계성 및 협력사항을 파악하는 데 도움을 준다.

다섯째, 지역사회 주민들에게 부각된 문제를 알리고 사회복지 프로그램의 추진의 필요성을 인식시킴으로써 지역사회와 주민의 자원을 효율적으로 운영하고, 나아가 이를 위한 정책추진에 대한 압력을 가할 수 있는 자료가 된다.

여섯째, 사회복지조직들이 사회로부터 그 존속의 정당성을 인정받고 지원받을 수 있는 근본적인 근거가 된다고 할 수 있다(채구묵, 2001).

그 외에도 클라이언트의 현재 상태와 문제를 판단할 수 있는 정보의 획득과 함께 클라이언트의 변화 의지에 대한 목적달성의 가능성을 짐작할 수 있으며, 체계적이고 과학적인 조사방법을 통하여 객관적인 자료들을 확보할 수 있다. 그 밖에도 욕구조사를 통해 단기적인 프로그램뿐만 아니라 중장기적인 사업비전의 마련에 도움이 될 뿐 아니라, 반복적인 욕구조사를 통하여 시계열적으로 지역주민의 경향을 분석하는 것에 도움이 된다. 올바른 프로그램은 실행 전에 법, 정책과 행정과의 부합성 여부를 살펴보는 것이 필요하다.

2) 욕구조사모델

(1) 비수렴적 욕구조사모델

- 욕구조사를 진행함에 있어 욕구조사에 대한 이론적 배경 없이 단일 자료수집방법으로 이루어지는 조사를 뜻한다.
- 단일한 시각과 방법에 의하여 진행되므로 신뢰성과 타당성에 문제가 있을 수 있다.

(2) 수렴적 욕구조사모델

욕구이론이나 욕구조사모델을 기반으로 클라이언트의 욕구를 다차원적으로 파악하는 것이 필요하며, 욕구조사를 바탕으로 의사결정과정에 보다 적극적으로 활용하는 것을 뜻한다.

가. 조직요소모델

- 투입, 과정, 생산, 산출, 결과로 프로그램의 5개의 영역을 구분할 수 있다.
- 욕구를 재구성하고 변화시키며, 향상시키는 조직요소모델에 있어 주요 관점을 채택하고 순위를 정하고 이에 대하여 피드백하는 것이 필요하다.

나. 욕구조사 피라미드형

- 욕구조사를 계획함에 있어 조사과정에 다양한 정보를 다양한 시기에 투입할 것을 강조하는 모델이다.

3) 욕구측정방법

클라이언트에 대한 욕구조사는 재원, 시간, 전문지식과 능력의 보유정도, 정보의 유용성 등에 따라 다양한 방법이 시도될 수 있으며, 여러 가지 방법이 동시 활용되는 것도 가능하다. 욕구측정의 기본방식은 일반적인 방법들과 다른 점이 많으므로 여기서는 주된 자료수집방법으로 첫째, 설문조사를 활용한 욕구조사, 둘째, 문헌자료를 통한 욕구조사, 셋째, 인적자원의 면대면 인터뷰를 통한 욕구조사 등에 대하여 알아보기로 한다.

(1) 설문조사

첫째, **주민설문조사**(General population survey) : 욕구조사를 위하여 가장 많이 활용되는 방법 중의 하나로, 지역사회의 일반 주민들 중에서 조사대상을 확률 표집하여 적정 수를 추출하여 이를 대상으로 조사하는 것으로, 표본을 통하여 조사된 욕구를 파악하고 이를 바탕으로 전체 주민의 욕구를 추정하여 실시하는 조사이다. 주민설문조사의 장점으로는 표본의 대표성으로 다른 방법보다 신뢰할 수 있고, 지역사회 주민의 다양한 문제나 욕구를 파악하는 것에 유리하다. 그러나 단점으로는 많은 시간과 인력과 비용이 소요된다. 반면, 적정 수 미만의 표본이 선택되어 조사된다면 대표성이라는 부분에서 문제가 제기될 수 있다.

둘째, **표적설문조사**(Target population survey) : 특수한 문제를 가진 대상자를 목적으로 하여 조사되는 것을 의미한다. 예를 들면, 장애, 실직, 비행 청소년, 한부모 가족 등과 같이 특정한 조건을 갖춘 대상 혹은 프로그램의 목표가 되는 대상(target)을 중심으로 설문조사하는 것이다. 이러한 방법의 장점은 프로그램과 직접적으로 관련이 있는 대상만을 선택적으로 다루므로, 문제와 욕구를 심도 깊게 다룰 수 있으나 경우에 따라서는 대상의 특수성으로 인하여 접근성이 제한될 수 있다.

셋째, **주요 정보제공자에 대한 설문조사**(Key informant survey) : 프로그램의 운영이나 서비스 전달에 직접 참여하지 않지만, 지역사회 내의 사정이나 문제 또는 특정 대상의 집단욕구를 잘 아는 사람들이 주요 정보를 제공한다(예 지역 유지, 마을 이장, 해당 지역의 공무원 등). 이는 전문적인 설문조사로 진행되므로 심도 깊은 정보를 얻을 수 있다. 그리고 일반주민조사에 비해 비용이나 시간이 상대적으로 적게 들 가능성이 있다. 그러나 현장 주민들의 실제 욕구를 반영 못할 가능성이 있으며, 응답자의 정치성향이 반영되는 경우에는 편견적인 결과로 이어질 확률이 높다.

넷째, **델파이 기법**(Delphi) : 델파이 기법은 전문가의 예측에 의존한다. 즉, 일련의 전문가들을 대상으로 인터뷰나 설문조사하여 다양한 지역사회의 욕구나 문제들을 가지고 합의점을 도출하여 적용하는 방법으로, 특정 주제나 문제에 관해 익명 처리된 설문조사를 여러 번 반복함으로써 전문가적인 합의에 이르는 방법을 활용한다.

(2) 문헌자료를 통한 욕구조사

첫째, **사회지표분석방법**(Indicator approach) : 지표를 활용한 욕구의 조사이다. 즉, 각종 정부기관이나 연구기관 등에서 제공하는 다양한 사회지표나 통계연보 등의 자료를 활용하여 지역사회가 가지고 있는 욕구를 측정하는 방법이다. 예를 들어, 시 · 군 · 구 통계, 인구사회통계, 보건복지통계, 기관보고서, 통계청, 청소년진흥원 등으로 지역사회가 가지고 있는 문제를 진단할 수 있다. 단점으로는 특정 지역주민의 욕구를 정확하게 파악하는 것에는 한계를 가질 수 있다.

둘째, **프로그램의 이용률 통계 활용** : 특정한 사회복지 프로그램의 이용자 현황이나 프로그램의 이용 현황을 통해서 지역사회의 욕구파악이 어느 정도 이루어질 수 있다.

(3) 인적자원을 통한 욕구조사

첫째, **지역주민 공청회나 공개토론회** : 지역사회의 공청회를 통해 지역사회에 거주하는 다양한 계층의 사람들로부터 직접 욕구나 문제를 파악하는 방법으로, 지역사회가 가지고 있는 욕구나 이슈를 다루는 데 도움이 되는 욕구조사기법이다. 이러한 방법은 일정한 지역사회 내에 거주하는 집단의 자유로운 의견을 확인할 수 있으나, 모든 주민이 참석하는 것은 어려우며, 적극적으로 표출하는 사람의 의견이 크게 반영될 수 있을 가능성은 비전문적인 정보가 될 수 있다.

둘째, **초점집단기법**(Focus group technique) : 초점집단이란 주제가 분명하고 다루는 이슈의 초점이 분명하다는 의미로, 집단의 동질성을 가진 8~10명 정도의 사람들이 참여하여 의견을 조사하는 방법이다. 이러한 방법은 양적 조사방법인 서베이를 통해서 얻을 수 없는 심층적 · 심리적 혹은 표현적 욕구를 파악할 수 있는 질적 조사방식으로, 클라이언트 집단의 특수한 역동성을 최대한 깊이 있게 살펴볼 수 있는 질적 자료로 활용이 가능하다.

셋째, **프로그램 운영자 및 서비스 제공자 조사** : 서비스를 제공하거나 프로그램을 직접 운영하는 사람들에게 이용자의 정보를 파악하는 방법으로, 지역사회 내의 활용자원에 대한 정보, 기존 혹은 유사사업계획서의 수행근거 및 평가에 대한 정보를 파악한다.

이와 같은 다양한 욕구조사방법은 어느 것이 보다 상위에 있다고 하기보다는 상호보완관계에 있으며, 프로그램 기획자는 환경의 제반 여건과 요인을 종합적으로 판단하여 최소한 두 가지 이상의 욕구조사를 복합적으로 사용하여 비교를 통해 정확한 욕구측정의 신뢰성을 기하는 것이 바람직하다.

4) 욕구의 분류

(1) 매슬로우(Maslow)의 5단계 욕구 위계(needs hierarchy)

매슬로우(Maslow)의 욕구의 개념을 규정하는 전통적 분류법(1954)은 욕구라는 추상적 관념을 알기 쉽게 그림으로 표현하고 있다. 이를 통하여 욕구조사표에 구체적인 내용을 통하여 조작적 정의를 내리거나, 보다 근간이 되는 욕구를 파악하는 것에 도움이 된다. 매슬로우(Maslow)에 의하면, 인간이 일상생활을 영위하는 데 있어서 필수적인 것과 선행되는 것이 결핍될 때 나타나는 공통적인 위계가 있다는 욕구의 위계설을 제시하였다. 이와 같은 다섯 단계 욕구의 위계에서 제일 기초에는 생리적 욕구(생존욕구)가 있으며, 이러한 욕구가 충족되면 그에 대한 상위욕구로 안전욕구, 사회적 욕구, 자아충족욕구, 자아실현욕구순으로 단계적으로 욕구충족이 일어난다고 하였다. 만약 하위욕구가 충족되지 않으면 상위욕구충족을 위한 행위나 동기를 보이지 않기 때문에 하위욕구가 긴급하고 절실한 욕구라고 하였다.

첫째, **생리적 욕구**(Physiological Needs) : 인간은 주로 생물체로 생존하기 위해 필수적인 충족을 위한 기본적인 욕구가 있다는 것이다. 예를 들면, 의식주에 대한 기본적 욕구가 충족되어야 하며, 이와 같은 욕구는 인간의 생존하기 위해 필수적으로 충족되어야 하는 욕구이며, 이 욕구가 충족되어야 다음 단계의 욕구를 갈망한다고 주장한다. 이러한 생리적 욕구는 우리나라 헌법의 생존권에도 명시되어 있다.

둘째, **안전에 대한 욕구**(Safety Needs) : 선행 충족된 생리적 욕구를 바탕으로 인간의 신체적인 안정상태의 유지 및 외부적 위험으로부터 자신을 보호받으려는 욕구다.

셋째, **사회적**(소속) **욕구**(Belongingness Needs) : 1단계, 2단계 욕구를 충족한 이후, 타인과

친밀하고 정서적 만족을 얻을 수 있는 관계를 희망한다는 것이다. 따라서 인간은 일차적으로 가족과 같은 집단을 형성하고, 그 이후에는 사회적 활동에 대한 소속을 희망한다는 것이다.

넷째, **자아존중욕구**(Self-esteem Needs) : 자신을 스스로 존중하고자 하는 욕구이며, 동시에 다른 사람으로부터 존경받으려는 욕구라고 정의할 수 있다. 이것은 자신의 힘, 능력, 지위 및 우월성을 인정받고 싶어하는 욕구로 자아존중의 욕구가 충족되지 않을 시 열등감, 의기소침이 일어날 수 있고 달성될 시 성취감과 자신감이 증대될 수 있다.

다섯째, **자아실현의 욕구**(Self-Actualization Needs) : 선행된 네 가지 욕구가 충족된 이후 인간의 잠재력을 최대한 발휘하고, 인간으로서의 이상이 실현되는 상태를 뜻한다. 즉, 자아발견, 탐구, 표현, 창의성 등을 추구하는 인간으로서 가질 수 있는 최상의 고차원적 욕구로 간주되며 이를 자아실현의 욕구라고 하였다.

(2) 브래드쇼우(Bradshaw)의 사회적 욕구 유형

브래드쇼우(Bradshaw)는 '누가 바람직한 상태로 욕구의 기준을 어떻게 설정하느냐'에 따라 다음과 같이 네 가지 사회적 욕구로 인간의 욕구를 분류하였다.

가. 규범적 욕구(Normative needs)

규범적 욕구란 전문가나 역사, 전통, 사회적 여론에 기반한 어떤 규범으로 전문가적 기준에 의하여 지식이나 판단에 의한 기준이 정해지고, 이를 통한 기준이 마련되는 것을 뜻한다. 예를 들면, 성인 영양기준에 따라 하루 영양 섭취량을 산정한다거나 빈곤에 대하여 최저생계비를 산출하는 것 등의 예가 이것에 해당한다. 이러한 방식의 장점은 프로그램을 통해 목표설정과 계량화가 용이하다는 것이며, 목표달성정도를 측정하기 쉽다는 것이다. 단점은 전문가에 의하여 시대적인 지식과 가치에 영향을 받을 수 있으므로, 시대나 문화에 따라 달리 적용되어 클라이언트의 욕구에 대하여 절대적이지 않다는 단점이 있다.

나. 인지적 욕구(Perceived needs)

인지적인 욕구란 특수한 욕구를 갖는 클라이언트가 스스로 인지하여 결정하는 욕구로, 욕구를 갖는 클라이언트들이 스스로 무엇이 결핍된 것을 욕구로 정의하고 욕구충족이 필요하다고 느끼는 욕구를 뜻한다. 인지적 욕구는 면접, 전화, 우편조사 등의 사회조사를 통해 개인이 어떤 욕구상태에 있는지 혹은 어떤 서비스를 필요로 하는지 물어보는 형식으로 파악된다. 이에 대한 단점으로는 자신에게 가장 필요한 것이 무엇인지를 잘 모르는 자아존중감이 낮거나 지능이 낮은 사람을 대상으로는 인지적 욕구를 파악할 수 없다. 또한 응답자별로 인지욕구의 수준이 다양하므로 적절한 기준을 정하기 어려우며, 문제가 있는 알코올 중독자의 욕구를 직접적으로 해석하는 것에 대한 위험성이 있다. 경한 문제를 가지고 해결의지가 있는 사람의 경우에는 욕구의 반영이 적용될 수 있을 것이다.

다. 표현적 욕구(Expressed needs)

표현적 욕구란 인지된 욕구가 실제로 어느 수준으로 욕구 충족행위로 표현될 수 있는가 하는 것을 나타내는 것이다. 이것은 주로 서비스의 수요(demands)에 기초한 욕구라고 할 수 있으며, 서비스를 얻기 위한 노력으로 표현되는 서비스 대기자 수로 측정할 수 있다. 따라서 이것의 장점은 표현적 욕구에 기반하여 프로그램을 개발하여 시행하는 경우, 욕구의 정도가 비교적 정확히 추정되기 때문에 수요에 따른 서비스의 공급 정도를 적절하게 조절할 수 있다는 장점이 있다. 그러나 단점으로는 자격요건이나 접근성(교통편이나 정보접근성)에 문제를 겪고 있는 사람들이 표현적 욕구에서 배제될 가능성이 높다는 점이 간과되어서는 안 된다.

라. 상대적 욕구(Relative needs)

상대적 욕구는 비교적 욕구라고도 하며, 이것은 욕구를 갖는 사람과 타 지역인과 비교하여 정해지는 욕구라고 할 수 있다. 즉, 충족되어야 하는 절대적인 바람직한 수준 또는 기준이 있다는 가정에서 출발하지 않으며, 유사한 타인과의 욕구를 비교하여 정하게 되는 욕구측정방식이다. 이것은 지역의 비교를 통하여 비교적 용이하게 욕구를 측정할 수 있으나, 정확한 비교대상인가 하는 점에 관해서는 점검이 필요하다.

다음의 네 가지 욕구 유형 중 규범적 욕구와 비교적 욕구는 규정하는 주체가 전문가 또는 사회지표로 주로 기관의 입장에서 클라이언트의 문제나 욕구규정 때 적용될 수 있으며, 인지적 욕구와 표현된 욕구는 그 규정 주체가 클라이언트 당사자라는 차이가 있다. 이러한 네 가지 욕구 유형은 상호 관련성이 높으며, 문제나 욕구에 대한 종합적 이해에 도움을 줄 수 있다 정책의 실현은 다음과 같은 과정의 환류를 통하여 개선된다.

① **투입**(Inputs Process)

프로그램에 투입된 일련의 모든 활동과 자원 등 프로그램에서 사용된 제공물이다. 또한 투입에는 또한 프로그램에 대한 법률이나 규제사항도 포함한다. 따라서 정책 및 행정적 관리 등이 고려되어야 한다.

② **전환**(Throughputs) **및 활동**(Activities Process)

전환이란 프로그램의 투입물들에 의하여 변화되는 일련의 것들을 말한다. 활동에는 프로그램에 적용되는 각종 유형의 전략이나 기법도 포함된다. 이는 자원활용의 정도가 고려되어야 한다.

③ **산출**(Outputs Process) **및 결과**(Outcomes)

프로그램 활동을 통해 생산된 것으로 분석을 통하여 결과물을 측정한다. 산출은 클라이언트나 대상집단에게 본래 목적과 목표한 변화가 주어졌을 때 가장 이상적인 것이며, 지속적인 효과를 지닌다면 매우 바람직하다. 이러한 결과는 프로그램의 산출물들에 의하여 변화한 결과로 행동, 지식, 태도, 기술, 가치 등의 바람직한 변화를 의미한다.

3 지역사회의 점검사항

1) 지역사회복지관 사업의 수행에 있어서 점검되어야 할 10가지 사항

사업수행에 있어서 점검되어야 할 사항이다.

① **전문성** : 전문적 지식과 기술을 통하여 전문인력에 의해 사업이 수행되어야 한다.

② **인프라 구축** : 사회복지실천에 필요한 기준 시설을 확보해야 한다.

③ **인권의 존중** : 사회복지관에는 정치활동, 영리활동, 특정 종교 활동이 직접적으로 개입할 수 없다. 수혜인에게는 자존과 인간의 존엄성 등이 유지되면서 서비스가 제공되어야 한다.

④ **자립성** : 사회복지기관은 수혜인이 당면한 욕구와 지역사회의 실정과 특수성에 따라서 사회복지관의 사업이 발생하고 이에 준하여 운영되어야 한다.

⑤ **연계성** : 치료적 차원과 예방적 차원의 사업이 연계적으로 수행되어야 한다.

⑥ **주민참여** : 자조정신에 입각하여 주민 스스로도 참여하여 해결해 나갈 수 있도록 한다.

⑦ **통합성** : 지역사회 주민의 문제는 상호 연계되어 있으므로, 사업의 연계적인 운영에 의해 종합적으로 반영되어야 한다.

⑧ **자원활용** : 주민 욕구의 다양성에 따라서 다양한 기능인력과 자원을 필요로 하게 되므로, 사회잠재자원을 동원할 수 있도록 하며 이를 활용해야 한다.

⑨ **민주주의** : 모든 서비스는 가능한 민주주의적인 방법으로 진행되어야 한다.

⑩ **예산 및 평가** : 모든 서비스는 지속적으로 평가되어야 하며, 예산배정의 적정성과 피드백의 원리가 지속적으로 적용되어야 한다.

2) 지역사회의 사회복지관의 역할

① **사회서비스센터의 역할** : 주민의 욕구와 문제에 부응하여 조정하고 통합하여 효과적인 서비스 체계를 수립하는 것이 필요하다.

② **공동이용센터** : 지역사회의 주민이 모여 집단활동을 하거나 토론을 할 수 있도록 한다. 그 밖에도 다양한 활동의 장이 되도록 지역사회의 구심점이 되도록 한다.

③ **직업안정센터** : 직업훈련과 부업의 알선 및 중개를 하는 매개체가 되도록 한다.

④ **사회교육센터** : 각종 취미활동을 가능하게 하고 이를 통하여 주민욕구를 반영한다.

⑤ **주민통합의 장** : 지역사회를 통한 통합이 가능하도록 한다.

⑥ 그밖에 레크리에이션센터의 운영 및 지역사회 조사 및 평가 등의 역할을 수행할 수 있다.

3) 의사결정

대표적인 의사결정의 모형으로는 합리모형, 점증모형, 혼합관조모형, 쓰레기통모형이 있다. 사실 최적화된 초합리모형은 존재하지 않으며, 보통 점증모형이 프로그램 개발에서 피드백을 통하여 활용되게 된다. 그러나 경우에 따라 극단적인 불확실 상태에서는 랜덤형식이라고 볼 수 있는 쓰레기통모형이 발언권이 강한 구성원에 의하여 채택되는 경우도 있다. 조직의 의사결정을 위해서는 먼저 문제로부터 출발하여 해결책이 제시되기까지 문제가 무엇인지 파악되어야 한다. 그러나 해결책이 서로 연결되지 않는 경우로 의사결정에 관계되는 조직 내의 제반요인(문제, 해결책, 참가자, 선택기회)이 문제 자체가 지니고 있는 복합적인 속성과 해결책이 지니고 있는 또 다른 문제 및 참가자들의 이질성 및 참가자들 간의 정치성, 선택기회의 우연성과 의사결정자에게 부과되는 외부의 압력과 같은 요인들로 적절한 선에서 타협될 수도 있다.

이러한 과정에서 유용하게 활용될 수 있는 모형이 사고모형으로, 이는 인간이 경험하는 현상들을 이해하는 체계 또는 준거의 틀로 작용할 수 있으며, 인간의 철학적 기반에 해당할 수 있다. 이러한 개인의 사고의 틀은 개인과 조직의 사고체계 및 행동양식에 간접 및 직접적인 영향을 미치게 된다. 또한 이러한 철학적 기반을 부단히 성찰하는 것은 새로운 사고의 전환을 도모할 수 있게 한다.

아울러 공유비전으로 조직이 추구하는 방향이 어떠하며, 그것이 왜 중요한지에 관해 조직구성원의 공감대 형성이 중요하다. 그런데 이러한 비전은 개인이나 소수집단에 의하여 제시되는 것이 아니라, 리더와 구성원 간의 합의된 방식으로 형성되는 것이 바람직하다. 비전이 형성되면 팀 학습을 통하여 팀 구성원들이 바람직한 결과를 얻기 위해 체계적이며 지속적인 학습행위가 필요한데, 결론의 도출과정에서 타인의 관점이나 의견존중을 통한 상호작용이 중요하며, 민주적 의사결정이 기본이 되는 것이 바람직하다.

4) 기획

기획은 미래에 대한 계획인 기관의 목표를 달성하기 위한 구체적 행동방안을 선택하는 일련의 과정으로, 미래에 대한 '목표설정'과 이를 달성하기 위한 '최적의 접근방법의 선택'이 기획의 핵심과정이므로, 기획의 궁극적 가치는 기관의 목표를 보다 효과적이고 효율적으로 성취하여 기관 책임성을 증진시키는 데 있다(김형식 · 이영철 · 신준섭, 2010 : 141). 또한 기획이란 길버트와 스펙트(Gilbert & Specht)에 의하면, 최적의 수단으로 조직의 목표를 달성하기 위해 미래에 부합하는 전략과 관련하여 통찰력 있고 체계적 사고와 조사를 통한 의사결정과 행동노선의 선택에 있어, 가치선호의 행사를 통해 문제를 해결하고 일의 방향을 통제하고자 하는 의도적 시도이다. 사회복지조직에서의 기획의 필요성은 수행의 불확실성을 감소시키게 된다. 따라서 기획은 결국 합리성, 효율 및 효과성, 책무성, 구성원의 동기부여 및 수행에 대한 사기진작을 함양하기 위해 꼭 필요한 활동으로 자리매김될 수 있을 것이다. 기획의 순서는 첫째, 문제의 파악, 둘째, 구체적 목적과 목표의 설정, 셋째, 관련 정보의 수집 및 자원점검, 넷째, 목표달성을 위한 대안적 방법의 모색, 다섯째, 대안의 실시조건 및 기대효과와 평가, 여섯째, 최종대안의 선택, 일곱째, 구체적 실행계획의 수립이다.

기획의 종류는 장기와 단기로 나뉠 수 있는데 장기기획은 1년 이상의 시간을 요하는 기획으로, 외부환경의 영향을 중시하고 단계별로 조직의 목적 및 목표를 재설정하는 것을 포함하고 있다. 단기기획은 1년 미만의 구조화된 기획으로 구체적이고 통제적이며, 실행방법을 구체화하고 있는 것이 특색이다. 대상에 따른 유형을 살펴보면 크게 전략적 기획(strategic planning)과 관리운영적 기획(operational planning)이 있다. 첫째, 전략적 기획은 조직의 구체적 목표설정 및 변경, 목표달성을 위한 자원획득과 사용, 그리고 분배를 위한 정책을 결정하는 과정으로 목표의 설정뿐 아니라 조직목표의 우선순위의 설정, 자원획득 및 분배에 관한 것이 포함된다. 이때 관리운영기획은 조직의 목표가 효과적으로 달성될 수 있게 획득된 자원을 관리하고 사용하도록 하는 기획의 과정은 영리조직, 공공조직의 기획과정과 흡사하며 사회복지조직의 특성을 반영하는 것이 바람직하다(Skidmore, 1990).

(1) 정책 및 프로그램의 필요성에 대한 정보수집단계

사회복지행정은 주요 아젠다의 형성에 앞서, 지역사회의 상황이나 문제, 욕구, 이슈 등은 무엇인가 또는 사회적 문제는 시간의 경과에 따라 어떤 변화를 거쳐 왔는가에 대한 역동성과 인과관계 등을 살펴보는 것이 중요하며, 이는 관리적 측면에서 고려되어야 한다.

(2) 지역사회의 아젠다 형성: 욕구사정에 따른 목적과 목표의 설정

사회복지정책으로 사회적 문제와 공감대 형성에 있어서 어떠한 변화의 산출을 기대하고 있으며, 이에 따른 관리의 목적과 그를 달성하기 위한 목표는 무엇인가에 대한 질문과 답이 사회복지행정의 방향이 될 수 있다. 사회복지정책과 행정은 매우 유기적인 관계에 있다.

(3) 사회복지행정과 서비스 제공에 대한 정보획득

설정된 문제의 해결을 위해 사회복지행정의 어떠한 방향을 가지고 노력을 기울이는 것이 바람직하며, 현재 제공되고 있는 프로그램과 정책은 어떠한지 혹은 서비스 제공에 있어서의 전달체계 등은 효과적인가 하는 부분의 점검이 필요하다.

(4) 인적 및 물적자원에 대한 정보수집

해당사업에 필요한 자원의 동원 가능성을 사전에 파악하고 점검해보는 것이 필요하다. 또한 행정에 있어서 해당사업의 수행과 관련하여 이용자 체계(개인, 집단, 조직 등의 혜택을 받는 집단), 목표체계, 복지관체계 등을 관리하는 행정체계를 사전에 파악하는 것이 필요하다.

(5) 기관 내 · 외의 승인 획득

기관 내의 의사결정기구의 승인을 획득하고 그 밖의 법률적, 행정적, 제도적인 부분의 행정관리에 대한 이상은 없는지 등에 관하여 살펴본다.

사회복지실천분야에 있어서 사회복지행정가(social administrators)의 전문적 기술이 적용되는 분야가 바로 입안을 위한 제안서 형성의 분야이다. 각종 기획안은 사회적인 문제 혹은 개인의 문제해결을 위하여 정부나 단체의 재원의 자원을 통하여 특수한 목적을 성취하기 위하여 실시되는 경우가 많다. 이때 충분한 문제의 파악과 성찰은 목적달성에 중요한 요인이고, 이를 통하여 클라이언트의 욕구충족이 가능하게 된다.

현대사회는 다양하고 복잡한 문제와 양상을 갖는다. 사회적 아젠다의 형성에 대하여 Taber와 Finnegan(1980) 다음과 같은 것들에 관한 점검이 선행되어야 한다고 주장한다.

첫째, 사회에 대한 문제의 파악이다. 이것은 사회의 구성원에 대한 건강과 안전을 위협하는 요인과 사회통합과 같은 사회의 가치를 위협하는 요인에 대한 점검을 포함한다.

둘째, 개인에 관한 문제의 점검이다. 이것은 개인의 존엄에 대한 최소한의 품위와 건강을 박탈하는 것은 무엇인가? 혹은 개인의 인권과 관련하여 학대와 착취의 위협을 가하고 있는 것은 무엇인가 하는 것으로부터 사회적 참여로부터 소외되는 것은 무엇인가 하는 점을 다루고 있다.

셋째, 기타 문제에 관한 요인으로는 개인, 가족, 지역사회, 역사, 정치, 심리, 경제, 사회, 생물학적 혹은 물리적인 사회의 이슈들을 통하여 문제를 진단하고 파악해보는 것이 필요하다. 그렇다면 문제분석의 과정은 어떻게 시작하는 것이 바람직할까? 그것은 보다 구체적일수록 그 결과 역시 더욱 구체적일 수 있다. 구체적인 문제로의 접근은 구체적인 결과를 도출해 낼 수 있다.

5) 전달체계 – 사회복지행정의 활용

사회복지기관은 어떻게 하면 한정된 자원을 가장 필요로 하는 클라이언트의 욕구충족을 위해 최적화된 서비스를 제공할 수 있을지에 관심을 가지고 있다. 이것은 한정된 희소자원을 어떻게 하면 최대한의 효용을 발휘할 수 있도록 서비스가 꼭 필요한 클라이언트 집단에게 전달하도록 할 것인가에 대한 고민이다. 전달체계를 통한 서비스 제공에 있어서 다음 사항들이 고려되어야 할 것이다.

(1) 사회복지서비스 전달에 대한 접근성 고려

사회복지 프로그램을 적절한 서비스를 적절한 시기에 적절한 클라이언트에게 공급하기 위한 시도로 실시되는 의도적인 활동은 욕구를 갖는 표적인구집단에서 서비스를 실제로 이용하는 클라이언트 인구집단이 선정될 때, 접근성 면에서 어려움이 없도록 가능한 한 표적집단과 클라이언트 집단이 일치될 수 있도록 노력하는 것이 필요하다. 이때 선정집단의 차이는 다음과 같은 의도하지 않은 결과를 야기할 수 있다.

(2) 사회복지서비스의 과활용에 대한 행정적 관리

사회복지서비스에 대한 욕구가 낮은 사람들이 서비스를 이용하는 경우에 나타나는 현상으로, 수요자의 기대와 공급자의 기대가 맞지 않는 경우에 발생한다. 따라서 과활용에 대한 비용은 서비스 자원이 실제로 필요로 하는 사람들에게 미치지 않고, 필요 없는 사람에게 쓰이게 되어 보다 생산적으로 쓰이지 못하다고 할 수 있다. 또한 기회비용(opportunity cost)으로 잠재적인 개인적 서비스 및 사회적 급여의 상실이 발생할 수 있으므로 이에 대한 점검이 필요하다.

(3) 서비스의 저활용에 대한 행정적 관리

사회복지서비스의 욕구를 가진 인구가 사회복지 프로그램이나 서비스 접근에 어려움을 겪는 경우는 서비스의 저활용 현상이 일어날 수 있으며, 프로그램에 대한 낮은 전달은 효과성을 낮추는 요인으로 작용할 수 있다. 이는 서비스의 홍보미흡이나 접근성 부재 혹은 클라이언트에 대한 과한 선별성에 의해 발생할 수 있다. 저활용에 따른 비용은 욕구를 가지고 있으나 서비스를 받지 못한 사람들이나 해결되지 않은 사회적 문제 때문에 발생하는 비용이기 때문에, 접근성을 높이거나 좀 더 포괄적으로 전반적인 행정비용을 높여가는 노력이 필요하다. 행정비용이란 과활용과 저활용을 줄이기 위한 노력에 드는 비용으로 이에는 인력, 수송비용, 정보시스템에 대한 시설 및 점검, 절차 등에 따른 비용이 있을 수 있다. 따라서 서비스 활용의 적절성을 위한 전략을 다음과 같이 생각해보아야 한다. 예를 들면, 아웃리치, 정보의 위탁의뢰, 다양한 방식의 홍보, 서비스 조직의 개선, 클라이언트와의 강한 신뢰관계의 구축 등이 있을 것이다.

첫째, 아웃리치(outreach)란 출장서비스란 의미로 서비스 이용자가 찾아오기를 기다리는 것이 아니라, 서비스 기관이나 담당자가 이들을 찾아 적극적으로 이용자를 발굴해내기 위해 찾아 나서는 시도를 의미한다. 이것은 정보의 홍보와 욕구사정의 발굴 및 활동과의 연계, 그리고 서비스 활용에 대한 동기 및 참여유도 등의 효과를 가져올 수 있다. 이러한 아웃리치서비스는 찾아가는 서비스의 역할을 담당할 때 서비스 활용에 대한 이용자들의 심리적 장애 극복에 도움을 준다. 예를 들어, 셔틀버스나 방문서비스가 제공된다면 그것은 클라이언트의 서비스 활용에 도움이 될 것이다. 또한 이것은 다양한 인테이크를 가능하게 할 뿐만 아니라 서비스 종료 후의 후속확인 절차(follow-up)에도 도움을 줄 수 있다.

둘째, 정보와 의뢰(Information and Referral)는 각 기관이나 프로그램이 자신들이 제공하는 서비스와 일치하지 않는 클라이언트를 만나게 된 경우, 인테이크의 형식으로 다른 적절한 서비스의 종류 및 소재를 파악하여 의뢰하도록 하는 전문 사회복지시스템 구축의 근간이 된다.

셋째, 홍보란 전단지나 광고의 수단, 혹은 대중매체에 뉴스레터나 혹은 각종 방송과 선전의 형태로 나타날 수 있으며 여기에는 안내 소책자(booklet), 전단지(flier), 소식지(news letter) 기타 리플릿(leaflet) 등이 포함될 수 있다. 또한 기관의 발표회를 통한 프로그램 소개와 마을 축제 그리고 기관이나 전문가 회의를 통한 프로그램 안내 및 지역사회 주민의 초청, 기관방문 및 견학 등을 통해 각종 프로그램을 소개할 수 있다.

(4) 서비스 조직의 개선

서비스 조직의 개선으로 관료제적 병폐 즉, 효과성이 높은 클라이언트에게 서비스를 제공하는 크리밍(creaming) 현상에 대응하는 시스템이 필요하다. 크리밍 현상은 각종 사회복지서비스 조직들이 접근성 메커니즘을 조정하여 다루기 유순하고 프로그램의 효과성에 있어서 성공 가능성이 높은 클라이언트를 위주로 선발하고, 비협조적이거나 다루기 어려울 것으로 예상되는 클라이언트는 배척하는 현상에 대한 감독이 가능한 체계가 필요하다. 즉, 관리의 이원화나 전문조직의 배치는 이러한 현상을 지양하는 것에 도움이 될 수 있다. 그러나 아직까지 민간기관은 클라이언트 선별에 있어서 재량권의 폭이 넓어 크리밍 현상이 비교적 잘 나타나므로, 공공기관의 공정한 위탁이 필요하다. 단, 이러한 개입에는 시간과 비용이 들고, 조사연구와 관련한 전문적인 능력을 필요로 한다.

4 지역사회 자원의 활용

사회복지 프로그램의 형성은 지역사회의 다양한 구성원들로부터 가치, 태도, 의견 등을 직 · 간접적으로 수렴해서 자료를 수집할 수 있다. 그 형태는 포럼이나 공개토론회 혹은 공청회 형식이 될 수 있으나 중요한 것은 의사소통의 장이며, 그에 대한 수용능력과 개선의지일 것이다. 지역사회 주민의 초청은 자유로운 지역사회의 의견을 도출할 수 있고 지역사회의 특성과 분위기를 파악할 수 있다. 또한 서베이 등에 비해 비용 즉, 시간과 경제적 비용이 적게 들지만 지역사회의 대표성을 고루 갖춘 참석자를 확보하기 어렵다는 단점을 극복해야 하는 과제가 있다.

1) 지방분권과 사회복지서비스의 역할분담

지방분권이 사회복지서비스에 미치는 영향은 긍정적 측면과 부정적 측면이 함께 공존할 수 있다. 즉, 전달체계에 대한 사회복지서비스의 역할분담이 중앙정부와 지방정부 간, 그리고 정부와 민간 간에 어떻게 분담되고 교류되는 것이 바람직한지가 주요과제가 되고 있다. 클라이언트의 욕구를 정확히 반영하면서 보다 효과적이고 효율적인 서비스 제공이 이루어지기 위해서는 중앙정부와 지방정부의 사회복지서비스 업무분담의 정확성, 사회복지서비스 전달체계의 변화와 개혁, 사회복지서비스에 대한 재정문제 개선 및 사회복지서비스의 질적 수준의 향상을 위한 정부와 민간의 노력이 중요하다.

이러한 지방분권의 추진방향은 지방의 특색과 지방살리기 정책 또는 수도권 초집중화 현상을 극복하기 위한 대안적 발전전략의 모색, 지역균형 발전으로서 행정복합도시 건설 등 보다 구체적으로 지방분권의 방향에 대한 실천적 관점에 중점을 두고 있다. 이러한 현상은 프로그램 개발의 운영주체에도 영향을 줄 수 있으며, 이러한 지방재정력의 확충은 다양한 지방특색과 지역의 개성을 극대화하고 시민사회를 활성화시킬 수 있으며, 자치행정에 대한 역량을 강화하고 주민의 참정력과 민주적 과정에 대한 집행능력을 배양할 수 있어 결국 중앙정부와 지방정부 간 협력적 관계 정립의 중요한 토대가 된다. 즉, 지방분권이 사회복지서비스에 미치는 긍정적 측면은 다음과 같다(유진석, 2003).

첫째, 중앙정부와 지방정부 간의 권력관계의 재조정을 통하여 사회복지서비스의 발전방향을 가늠할 수 있다. 둘째, 복지의 다원화와 분권화를 통해 복지집행체계 구축이 용이하다. 셋째, 정책결정과정에 대한 지역주민의 참여 활성화를 앞당긴다.

그러나 지방분권이 사회복지서비스에 미치는 부정적 측면은 다음과 같다(유진석, 2003). 첫째, 사회복지서비스의 급여와 전달은 재정력과 밀접히 연관되어 있다. 둘째, 지방의 자율성 강화로 복지발전의 지역적 균형 간의 긴장관계가 발생한다. 셋째, 중앙정부와 지방정부 간의 책임성과 관련하여 복지재정의 책임전가현상이 발생할 수 있다.

따라서 행정의 민주성 측면과 행정의 효율성 측면에 기초하여 사회복지서비스업무분담의 원칙을 제시하면 다음과 같다(최성재 · 남기민, 1993). 이는 첫째, 분권성, 둘째, 현실성, 셋째, 전문성, 넷째, 종합성, 다섯째, 책임성으로 요약될 수 있다. 또한 사회복지서비스 전달체계 원칙에 관한 합리화 방안으로 최성재와 남기민(1993)은 다음과 같이 요약하고 있다. 첫째, 계층의 단순화, 둘째, 서비스 업무를 하급기관으로 이양, 셋째, 사회복지서비스 전달체계는 수직적이고 지시적, 감독적, 후견적 관계에서 상호보완 및 수평적이며 협동적 관계로 전환, 넷째, 독자적 전달체계의 확립을 위해 전문인력의 적극적 활용과 독자적 조직의 완비, 다섯째, 정부담당업무 중 민간부문 담당서비스 업무는 민간조직에서 담당하도록 한다는 내용을 골자로 하고 있다.

2) 정부와 민간의 사회복지서비스 역할분담

(1) 사회복지서비스 역할분담 유형의 변천

정부부문과 민간부문의 사회복지서비스 역할분담의 변화역동성을 구분하면 다음과 같다(Karmer, 1981). 먼저 정부부문이 서비스 전달체계의 대부분인 국유화모형(nationalization model)과 정부만이 보편적이고 형평성과 책임성이 있고, 권리로 이용 가능한 포괄적 사회복지체계를 운영하는 정부주도모형(goverment operation model)에서부터, 차츰 정부가 기본적 서비스의 제공을 지속적으로 추구하지만 서비스 전달과정에서 비영리 민간부문에 자금을 제공하고 운영권을 위임하여 관료화를 방지하고 다양성을 살리는 실용적 동반자모형(pragmatic partnership model)으로 변화하고 있다. 또한 비영리 민간부문 및 비공식 민간부문에 대한 믿음에서 출발해서 자원단체, 종교단체, 근린지역, 일차적 사회체계의 활용을 강조한 민간강화모형(empowerment voluntary organization model) 및 영리부문을 활용하고 합리적 가격으로 양질의 서비스를 전달하기 위해 시장경제에서의 경쟁에 의존하는 민영화모형(privatization model)의 형태로 확장되고 있고, 성격 또한 다채로운 다양성을 지향하는 다원화 추세에 있다.

(2) 사회복지서비스의 영역분담 필요성

사회복지서비스의 역할분담 필요성에 대하여 정경배는 정부와 민간의 사회복지서비스 역할의 변화에 따라 정부와 민간의 역할분담의 필요성을 다음과 같이 설명하고 있다(정경배, 1998). 첫째, 한정된 자원에 비해 사람들의 욕구는 다양하므로 역할분담이 필요하다. 둘째, 연대성 강화와 사회통합을 유지를 위한 역할분담이 필요하다. 셋째, 사회구성원들의 욕구에 효율적으로 대응하기 위한 역할분담이 필요하다. 따라서 사회복지서비스 영역분담의 필요성에 의해 사회복지서비스를 어떤 차원에서 제공하는 것이 바람직한지에 대한 기준은 다음과 같다.

첫째, 서비스 선택에서 서비스에 대한 정보가 없거나 비용이 많이 소요되는 경우 정부에서 제공하는 것이 바람직하다(김태성, 1992). 둘째, 서비스 공공재적 성격의 정도 및 외부효과의 정도를 고려해야 하며, 민간부문의 자발적 가입인 경우 유지의 어려움이 있는 경우는 정부부문에서 제공하는 것이 이상적이다(송근원 · 김태성, 1995). 셋째, 어떤 서비스 제공은 추구하는 중요한 가치가 평등인 경우 민간부문보다 정부부문에서 제공하는 것이 바람직하다. 어떤 서비스를 사람들한테 제공할 때 지속적으로 제공할 필요가 있을 때 정부예산의 사용이 가능한 정부부문이 바람직하다. 넷째, 그러나 사람들의 사회복지서비스에 대한 욕구형태는 시간이 지남에 따라 변한다. 따라서 다음과 같이 사회복지의 주요 영역인 소득보장, 의료보장, 주거보장, 사회서비스 등의 두 가지 영역에서 역할분담 방향을 제시하면 다음과 같이 나타낼 수 있다.

첫째, 국민의 최소한의 소득보장은 정부부문에서 이루어져야 한다. 둘째, 공공재적 성격이 강하고 산업사회에서 건강한 노동력의 지속적 공급이라는 외부효과가 있으므로 의료보장의 복지분야도 정부부문에서 제공하는 것이 바람직하다.

우리나라의 경우 재원의 비중이 크지 않아 복지공급량 자체가 선진국에 비해 적고, 그에 따라 정부부문의 사회복지지원의 비중에 따른 정부의 국민복지 수준은 보다 향상시키기 위한 방안모색이 필요하다. 이에 따른 사회복지서비스의 재원조달방법은 현재 다음과 같은 것이 있다. 즉, 중앙정부가 지방정부에 재정지원을 하는 방법은 다음과 같다(송근원 · 김태성, 1995). 첫째, 항목별 보조금(categorical grants)으로 재원이 사용될 세부적인 항목을 지정한다. 둘째, 기능별 보조금(block grants)을 통해 프로그램의 기능별로 묶어 지원한다. 셋째, 특별보조금(special revenue sharing)의 형식으로 중앙정부의 예산 중 일부분을 지방정부에 위임하는 방법이 있다. 이러한 방법 등을 정부에서는 활용하게 되며, 이를 통하여 향후 보다 다양한 사회복지분야의 지원이 있기를 바란다.

CHAPTER 08

사회복지조직의 재정관리

Social Welfare Administration

학습목표

1. 사회복지기관의 예산편성을 이해한다.
2. 사회복지기관의 예산편성을 직접 작성해본다.
3. 프로그램 및 목적에 따른 예산을 작성할 수 있다.
4. 사회복지기관의 재원사용에 있어서 예산의 기능을 이해한다.
5. 예산의 편성방법을 이해한다.

다음은 각종 조직에서 요구되는 프로그램 개발의 접근에 앞서서 사회복지기관의 사업 수행의 기본사항의 점검을 통하여 실천적 프로그램의 접근방식과 의사결정에 관해 살펴보고자 한다. 행정 및 지역사회의 기관은 종합적인 사회복지사업의 관리를 통해 운영할 수 있으며, 지역사회문제를 예방 및 치료하고 지역사회 및 주민의 연대감 조성뿐 아니라 지역사회 구성원의 복지증진을 수행할 수 있다.

1 사회복지예산의 개념 및 유형

1) 사회복지예산의 개념 및 특징

사회복지행정에 있어서 예산의 개념은 매우 중요하다. 예산의 개념은 학자에 따라, 예산을 바라보는 안목에 따라 다양하게 정의될 수 있다. 이를 행정적인 입장에서 보면 정책의 집행에 따른 효과적 안배가 되겠지만, 경제적 입장에서 본다면 기관운영의 수단이며 효율적인 자원의 분배와 같은 개념으로 기술될 것이다. 그러나 공통적인 정부예산의 개념은 인정기간 동안 세입과 세출에 대하여 기관이나 조직이 가지는 예정적인 계산이라는 것이다. 그러므로 예산은 사전에 예상되는 수입과 지출에 대한 계획으로 이러한 계획안은 기업이나 가계의 성격과는 다르고, 그에 대한 영리적 목적보다는 책무적 성격, 클라이언트의 효과성을 지향하는 기본목적의 성격이 다르다고 할 수 있다. 이러한 예산수립의 과정은 다음과 같은 특징이 있다(최성재 · 남기민, 2000).

첫째, 예산수립은 정치적 과정이다. 즉, 예산은 자원배분이 초점이 되는데 이러한 자원배분에 대한 의사결정은 정치적으로 이루어진다.

둘째, 프로그램의 기획과정이다. 예산수립은 조직의 목표달성을 위한 프로그램을 수행하기 위한 것이며, 예산수립과정은 목표설정, 대안개발 및 기대효과분석, 효과성 평가기준 설정 등의 프로그램 기획절차와 병행 및 통합되므로 프로그램 기획과정이라고 할 수 있다.

셋째, 프로그램의 관리과정이다. 예산수립은 조직의 관리자가 조직 각 단위의 활동과 그 책임자 및 시행일정 등을 검토하므로, 전체적인 안목에서 볼 때 프로그램 관리과정이 된다.

넷째, 회계절차이다. 예산서는 회계담당자자 자금의 내적 및 외적 흐름을 통제하고 재정활동을 승인하는 근거가 되기 때문에, 예산수립은 회계절차의 성격을 가진다.

다섯째, 인간적인 과정이다. 예산은 클라이언트와 예산을 집행하는 조직성원, 지역사회인들에게 중요한 영향을 미치게 되므로, 예산수립을 잘하려면 이들과 접촉하여 의사소통하는 기회를 가질 필요가 있으며, 그러므로 예산수립은 인간적인 과정이라고 할 수 있다.

여섯째, 예산은 미래를 변화시키는 과정이다. 예산은 장래에 대한 활동계획에 대한 재정계획이므로, 미래의 목표를 새로 설정할 수 있고, 이에 따른 새로운 활동을 할 수 있기 때문에 현재보다는 미래의 변화시키는 과정이 된다(최성재 · 남기민, 2000).

2) 예산의 유형분류

예산의 유형을 분류해서 살펴보면 예산은 조직활동의 형태와 구조를 분석하고 관찰하는 데 필요한 정보와 수단을 제공한다. 그러므로 예산분류의 가치는 예산을 운용하는 성격이나 예산과정의 각 단계에 따라서 특징 있게 적용되는 결정을 용이하게 할 수 있는 정도에 따라 기획되고 운영되어야 한다.

(1) 조직체별 분류와 품목별 분류

① **조직별 분류** : 조직별 분류란 예산을 소비하고 담당하는 각 부서 간 혹은 팀별로 기획된 세출과목의 금액이 표시된 것을 의미한다.

② **품목별 분류** : 품목별 분류란 말 그대로 세출예산을 구입하고자 하는 용역이나 물품 기타 지출품목(강사비나 소모품 등)에 기준하여 분류하는 것으로, 이것은 조직체별로 배분된 예산을 다시 품목별로 세분하여 근거를 마련하는 것으로, 궁극적으로는 회계책임을 분명히 하고 낭비를 억제하도록 하는 장점을 갖는다.

(2) 사업계획별 분류와 기능별 분류

① **사업계획별 분류** : '사업계획별 분류는 무엇보다 활동'에 초점을 두고, 광범위한 '사업계획이나 프로그램'에 따른 분류로 나타낸 것이다.

② **기능별 분류** : 기능별 분류는 행정수반의 정책수립에 따라 정부활동이나 기관의 활동에 관한 일반적이며 집약적인 정보를 제공하는 것을 목적으로 한다.

(3) 예산의 유형

예산 유형은 사회복지서비스 기관과 다양한 프로그램 운영에 따라서 다양한 관점으로 사용될 수 있다. 예산의 유형은 비예산, 항목별 예산, 기능별 예산, 프로그램 예산, 영기준 예산 등 다양하게 목적에 따라 사용될 수 있다.

가. 비예산(Non－Budget)

비예산이란 일차적으로 수입에 초점을 두고, 수입과 지출을 분리하지 않고 '투입예산 관리'의 측면에서 지칭되는 용어이며, 총계로서의 수입과 지출에만 관련된다. 따라서 오늘날의 사회복지서비스 기관의 예산관리에 적절한 방식으로 사용되고 있다.

나. 기능별 혹은 성과 예산(Functional of Performance Budget)

성과예산이란 1913년 뉴욕 리치몬드에서 사용한 원가계산제에서 기원을 찾을 수 있으며, 정부의 활동 및 사업계획을 기초로 하여 정부예산을 편성하는 것으로 많이 쓰여 왔다. 즉, 정부의 기능, 활동 및 사업계획을 기초로 하여 정부예산을 편성하는 것으로, 정부가 구입하는 물품과 용역보다 정부가 수행하는 업무에 중점을 두는 관리지향적인 예산제도이다. 프로그램에서는 다양한 운영기능과 활동별로 분류할 수 있는데, 예를 들면 프로그램의 기획, 접수, 조사 및 슈퍼비전, 각종 교육 등에 관련하여 예산을 편성하는 방법을 뜻한다.

다. 품목별 예산(Line－item Budget)

품목별 예산이란 예산수립의 방법 중 가장 빈번하게 쓰이는 방법으로, 지출에 대한 항목을 크게 인건비, 사무실비, 시설기자재, 소모품비, 교통비 등으로 항목별로 분류하고 각 품목에 대한 세부항목의 지출을 계산하는 예산편성법이다. 품목별 예산은 활용도가 높고 일반적으로 많이 쓰이는 방식으로, 개별 지출항목(품목)을 나열하여 예산을 계상하는 방식을 취하고 있다. 여기에 활용될 수 있는 것이 점증식(incremental) 예산의 편성인데, 이것은 지난 해 예산과 대비 투입(input)의 비용을 중시하는 반면, 산출(output)에 대해서는 무관심한 측면을 가지고 있기도 하다. 이를 덧붙이면, 지출대상을 품목별로 분류하여 지출대상과 한계를 규정하는 통제 지향적 예산편성이며, 현재 정부나 민간기관 및 사회복지기관 등에서 보편적으로 사용되는 예산체계이다. 이러한 품목별(항목별) 예산은 구입하거나 지출하고자 하는 품목 또는 항목별로 수입과 지출을 기재하는 예산수립방법으로, 예를 들면 급여, 상여금, 수당 등에 대하여 모든 수입과 지출이 품목 예산안에 포함되어야 하고, 모든 예상되는 수입이 모든 지출의 총계와 일치해야 하는 특징을 가진다.

이러한 품목별 예산의 특징은 예산의 과도한 세 분류의 성격이 행정활동의 자유재량을 제한하기 때문에 예산에 대한 신축성을 저해할 우려가 있고, 의사결정에 대한 충분한 정보제공이 곤란하며 그에 대한 책임소재 규명이 어려울 수 있다. 그러나 지출근거가 명확하므로 예산 통제에 효과적이다. 즉, 지출의 정확성과 합법성을 통제하므로 부정, 낭비, 오류를 방지하는 데 효과적이고 예산이 항목별로 지출이 정리되게 되므로 회계에 유리한 장점이 있으며, 다른 예산제도와 쉽게 결합할 수 있다. 또한 예산삭감이 이루어질 때 이익집단의 저항이 상대적으로 적을 수 있는 장점이 있으나, 전년도 예산을 기준으로 점진적으로 편성하기 때문에 예산 증감의 신축성이 없으며 전반적인 인상률을 적용하므로, 예산증감 기준의 타당성이 희박하고 효율성을 무시할 수 있는 특징을 지닌다. 또한 프로그램의 목표나 내용, 결과에 대한 고려가 부족한 특성이 있다.

표 8-1 품목예산(항목별 예산관리)의 예

(단위 : 천 원)

수입		
1. 정부의 보조금		350,000
2. 민간 기부금		200,000
3. 클라이언트 수수료		250,000
4. 기타 수입		125,000
	계	925,000
지출		
1. 직원 급여		600,000
2. 아르바이트 고용관련 수수비용		150,000
3. 건물 임대료		220,000
4. 내부 시설비		112,000
5. 직원 여비		110,000
6. 사무 및 소모품비		27,000
7. 장비비용		45,000
8. 기타		41,000
	계	1,305,000

품목별 예산의 장점은 다음과 같다. 첫째, 예산에 대한 목표와 운영의 전반적인 사항에 대한 모니터링이 가능하다. 둘째, 예산의 할당의 기준을 성과에 두고 있기 때문에 프로그램의 효율성을 기할 수 있다. 그러나 단점으로는 조직의 규모가 클 때에는 원가의 계산이 복잡해질 수 있으므로 소규모의 조직에 보다 적합하다. 단점으로는 업무의 측정단위의 결정이 어려울 수 있어서 계량화가 어려운 사업의 수행 시에는 부적합하다.

라. 성과주의 예산

성과주의 예산이란 사회복지조직이 달성하고자 하는 목표를 세부 프로그램의 활동으로 세분화하여 나누어, 각 프로그램이나 활동의 단위원가와 업무량을 고려하여 예산을 수립한다. 본 예산방식은 지출항목에 대한 비용은 표시하지만 왜 지출하는지를 설명하지 못하는 예산의 단점을 보완하기 위해 개발된 것이다. 따라서 장점으로는 기관목적과 주요 사업을 이해하기 쉽고, 실적 평가에 용이하며 프로그램 비용과 행정비용이 분리되어 파악될 수 있다. 그러나 단점으로는 프로그램에 소요되는 계산이 어렵고, 업무측정단위설정이 용이하지 않다는 단점이 있다.

산정방식으로 사회복지기관은 기관의 활동을 사업과 프로그램으로 구분하고, 이를 다시 세부적으로 각 사업별 단위원가와 업무량을 계산하여 편성하도록 한다. 품목별 예산방식은 품목별 예산이 투입요소(inputs)를 중심으로 예산을 편성하는 것에 반해, 성과주의 예산은 산출(outputs)을 중심으로 예산을 편성하는 제도로 업무측정단위로 예산을 편성하고 성과를 측정한다는 특징이 있다. 그리고 사업예산의 총액만이 승인되고 집행은 집행기관의 자유재량에 맡겨지며, 구체적인 지출에 대한 외부의 간섭은 배제된다는 특징이 있다.

성과주의 예산이라 지칭되는 이유는 예산이 집행된 후에 실제 발생원가를 예산과 비교하여 사업의 성과를 측정할 수 있기 때문이며, 산출물의 양을 미리 설정하고 그것을 달성하기 위한 투입비용을 통해 지출을 필요로 하는 사업계획과 이러한 사업계획을 구성하는 활동으로, 세부사업에 따라 예산을 편성한다는 특징이 있다.

이러한 성과주의 예산방식은 프로그램의 목표와 운영에 대한 모니터링이 가능하고 예산 할당의 기준을 성과물에 근거를 두기 때문에, 프로그램의 효율성을 기대할 수 있다. 이러한 방식은 조직이 클수록 원가계산이 복잡하기 때문에 소규모조직에 적합하고, 업무측정단위의 결정이 어렵기 때문에 계량화가 어려운 사업에는 부적합하다. 또한 단위원가의 계산이 어려운데, 특히 간접원가 · 공통원가의 배분이 어려운 특징이 있다.

업무 단위원가 × 산출단위 = 예산액

[그림 8-1]

성과주의는 상기와 같이 단위원가와 업무량을 산출단위로 하여 예산을 편성한다. 단위원가는 업무측정단위나 혹은 성과를 산출하는 산출단위에 따른 소요경비를 뜻한다. 그리고 업무량이란 이를 통하여 달성하고자 하는 단위의 수라고 할 수 있다. 이에 따라 성과주의의 예산의 사례를 다음과 같이 제시할 수 있다.

표 8-2 성과주의 예산의 예

(단위 : 천 원)

1. 노인주간보호서비스 (단위 당 2,000원의 비용으로 300일의 서비스를 1회 제공)	600
2. 노인보호서비스 (단위 당 5,000원의 비용으로 500건의 가정조사 2회 수행)	5,000
계	5,600

마. 프로그램 예산(Program Budget)

프로그램 예산이란 각 프로그램별로 지출을 분류하여 기록하는 방식이다. 따라서 본 방식으로는 프로그램을 각 프로그램을 별도의 목적, 목표를 가지고 기능하는 단위로 기술하게 된다. 예를 들면, 청소년, 상담, 캠프, 아동 문화행사 등으로 구분될 수 있으며 대표적인 예로 프로그램 기획예산제도가 있다. 이는 기관의 목적달성을 위한 장기적 계획아래 프로그램을 "비용–편익분석"에 의해 선정하여 예산을 수립하는 방식으로 나타낼 수 있다.

바. 영기준예산(ZBB : Zero–Based Budgeting)

영기준예산은 사업부서와 프로그램이 전년도 예산을 고려하지 않고 매년 예산수립과정에서 영(zero)의 상태로 돌아가서 예산을 계획·할당받는 것을 뜻하며, 다음과 같은 특징이 있다. 즉, 영기준의 어원은 조직이 지금까지 추진한 사업을 처음부터 영(zero)의 상태에서 다시 시작한다는 것으로, 전년도 예산에서 각 항목별로 배정된 예산에 전혀 구애받지 않고 새로운 조직목표와 우선순위에 따라 예산을 수립하는 혁신적인 예산제도이다. 따라서 매 회계연도마다 처음의 원점으로 돌아가 신규사업이나 계속사업이나를 막론하고, 사업이나 정책의 타당성을 새로이 비용편익분석이나 비용효과분석을 통하여 검토하여 사업 우선순위를 결정하고, 그에 따라 예산을 편성하게 되는 제도로 사업의 수준을 0부터 대폭 증액된 수준까지 다양히 검토 분석하여 사업의 우선순위를 매년 다시 결정하는 예산제도이다.

산정방식은 전년도 예산기준에 따라 예산을 확보하는 기존의 방식에서 탈피하여 모든 사업의 타당성을 영(zero)의 기준에서 엄밀히 분석하여 예산을 편성하는 방식으로, 장점은 예산배분이 합리적이고 사업의 효과성을 향상시킬 수 있으며, 예산편성과정에서 직원들이 참여할 수 있도록 의사결정을 이끌어낼 수 있다. 또한 자원배분의 효율성을 높이고 신속하게 예산을 조정할 수 있어, 외부 환경변화에 따른 프로그램 및 사업의 신속한 변화 요구에 적절히 대응할 수 있는 장점이 있다. 그러나 단점으로는 현실적으로 기존 사업의 축소나 폐지가 어렵고, 사업의 빈번한 변경에 따라 많은 시간이 소요될 수 있으며 정보 및 기술분석을 요하게 된다.

즉, 영기준예산은 지금까지의 예산 할당근거를 완전히 무시하고 원점에서 새롭게 검토를 하기 때문에, 매 회계연도마다 원점으로 돌아가 신규 사업이나 계속 사업이나 막론하고, 모든 사업 및 정책의 타당성을 새로 분석하고 검토하여 비용편익분석이나 비용효과분석을 반영하여 사업의 우선순위를 결정한다. 그에 따라 예산을 편성하는 제도이기 때문에 사업의 제공수준을 0수준부터 대폭 증액된 수준까지 다양하게 적용이 가능하고, 사업의 우선순위를 고려할 수 있기 때문에 국회의 예산 등에서 다양하게 적용된다.

사. 기획예산(PPBS, Planning Programming Budgeting System : 기획프로그램 예산)

기획예산은 조직의 장기적 발전계획이나 사업계획 하에 각 연도별 목표달성을 위해 예산을 조직목표에 통합시켜 작성하는 예산의 유형을 뜻한다. 이것은 중장기예산과 사업의 성과 및 원가를 결합한 예산제도이므로, 기획과 예산이 연계된 예산제도라고 할 수 있다. 이 예산의 작성과정은 다음과 같다. 먼저 조직의 장기적 목표를 확인한다. 그 다음으로 목표를 세분화하여 연도별 목표를 설정한다. 이후 비용효과분석을 통해 목표의 우선순위를 확정하고 실행예산을 수립한다. 즉, 기획 프로그램 예산시스템, 즉 계획예산은 결국 장기적인 기본계획수립을 프로그램 작성을 통하여 단기적인 예산편성과 유기적으로 연결시켜 예산배분의 합리화를 기하려는 제도로, 'Planning(계획) → Programming(프로그램) → Budgeting(예산)'의 순서로 진행되며 중장기예산과 사업의 성과 및 원가를 결합한 예산제도이기 때문에 기획과 예산이 연계된 예산제도라고 할 수 있다. 주요 특징을 재정리하면, 구체적인 목표를 성취하여 발생하는 성과를 화폐단위로 환산한 후 편익-비용분석을 하므로, 정책분석(비용편익분석)에 의해 목표달성을 위한 최적대안을 선정한다는 특징이 있으며, 성과주의예산이 산출중심인 데 반하여 기획예산은 결과중심이다.

중심특징은 첫째, 장기계획 수립의 수립이다. 즉, 장기적인(10~20년) 목표를 설정하고 그 목표를 달성하기 위하여 대안을 작성하여 장기계획을 수립한다. 둘째, 프로그램의 작성이다. 이는 장기계획을 실행하기 위한 구체적인 활동을 결정하는 방식이다. 이는 비교적 예측 가능한 기간, 예를 들면 3~5년에 걸쳐서 결정된 계획을 실행하기 위한 프로그램을 수립하고, 이에 대한 연도별 투입과 산출을 결정하게 된다. 이에 대한 예산의 편성은 셋째, 목적달성을 위한 활동에 대하여 자금지출을 조직적으로 관련시키는 단년도 예산(1년)을 편성하는 것으로 기획과 예산이 적절히 연계된 예산제도이다.

기획예산(PPBS : Planning Programming Budgeting System)의 장점은 다음과 같다. 즉, 장기적 사업목표와 이를 달성하기 위한 사업예산의 관계를 명확히 제시하여 사업계획과 예산수립 간의 발생할 수 있는 괴리를 방지할 수 있다. 그리고 목표와 프로그램을 명확하게 알 수 있고, 재정자원을 합리적으로 배분할 수 있다. 반면 단점으로는 비용/편익분석을 위해 필요한 자료가 너무 방대하여 자료분석을 위해 많은 비용이 추가로 발생할 수 있으며, 사회복지기관과 같이 명백히 합의된 목적과 목표의 설정이 어려운 경우에는 활용하기 어려운 단점이 있다. 또한 사회복지기관의 모든 활동을 해야 하는 어려움도 수반될 가능성이 있다. 즉, 대규모의 인력과 시간이 소요되기 때문에 복잡한 계산과 방대한 정보가 필요하며, 성과의 측정 및 화폐단위 환산이 어렵고 서비스 조직이 쉽게 수량화할 수 있는 목적과 전략을 선호하게 만들 수 있으며, 결과에만 치중하여 과정을 무시하여 권력과 의사결정이 중앙집권화될 경향이 있다. 그 밖에도 주관적인 요소의 고려에 취약한 계량적 방법으로, 예산은 정치적 합리성과 경제적 합리성을 동시에 추구해야 함에도 정치적 요인을 고려하지 못하는 한계를 가지고 있다.

예산의 특징으로는 정책분석은 주로 비용편익분석에 의하여 목표달성을 위해 적합한 대안을 선정하는 것이 보통이며, 성과주의 예산은 산출중심인 데 반하여, 계획예산은 결과중심이라는 특징이 있다. 다양한 예산편성방법의 특징을 정리하면 〈표 8-3〉과 같다.

표 8-3 예산편성방법의 특징

모형	품목별 예산(LIB) 투입중심 예산	성과주의 예산(PB) 과정 중심 예산	계획예산(PPBS) 산출 중심 예산	영기준예산(ZBB) 우선순의 중심 예산
정의	• 구입하는 물품 또는 서비스별로 편성하게 되는 예산 • 항목별 기재 • 수입 대비 지출	• 활동을 기능 또는 프로그램 단위로 나눈 후에 세부 프로그램으로 다시 나누고, 각 프로그램의 단위원가 및 업무량을 평가하여 편성하는 예산	• 목표달성을 위한 장기적 기본계획 수립과 기본계획의 연차적 실행을 위하여 프로그램별로 편성하는 예산임	• 전년도 예산을 고려하지 않고 처음부터 신규 프로그램화 하여 그 정당성을 매년 제시하고, 다른 프로그램과의 경쟁적인 기반 위에서 우선순위를 통하여 편성되는 예산임
특성	• 전년도예산이 주요 기준 • 구입품목별 작성 회계계정별 편성 • 통제적 기능강점 • 회계자에 적합함	• 단위원가X업무량X횟수=예산 • 장기계획 고려하지 않음 • 효율성을 중시함 • 관리기능이 강함 • 관리자 입장에 유리	• 장기적 계획+단기적 예산편성 프로그램 실행계획으로 연결 • 장기적 계획에 유리 • 계획기능에 유리함 • 기획자에게 유리함	• 매년 프로그램 목표와 수행능력 새로 측정한다. • 목표달성위한 다양한 프로그램을 우선적으로 고려함 • 사업의 비교평가에 따라 우선순위 통해 프로그램 선택 • 성과의 한계 증가량에 초점 • 의사결정기능이 매우 강함
장점	• 지출근거의 명확성으로 예산의 통제에 효과적이다. • 회계관리의 편리 • 수입대비 지출의 파악이 용이함	• 프로그램 목표를 분명히 이해 가능함 • 자금분배 합리성 • 프로그램별 통제성 • 프로그램의 효율성	• 목표와 프로그램의 취지를 분명히 이해 • 자금분배의 합리성 • 장기적 프로그램 계획의 신뢰 • 프로그램 계획과 예산 수립 간의 조화 • 프로그램 효과성 지향	• 예산절약과 프로그램의 혁신에 기여 • 재정운영과 자금배분의 유연성을 지향함 • 자금배분을 합리화 • 프로그램 효과성 및 효율적 실행 • 신축성

단점	• 예산 유연성 저해할 수 있음	• 예산통제가 어려울 수 있음	• 목표설정이 어려움 • 구성원 합의가 전제됨	• 효과적 의사소통 방식과 의사결정 및 프로그램 평가에 관한 관리자의 지식이 필요

2 예산편성방법

1) 예산수립과정

예산수립과정은 단적으로 재정계획을 세우고, 그에 따른 재원을 조달하여 기관 등의 목적에 따라 예산을 할당하는 방법을 말한다. 따라서 일반적인 사항의 점검은 다음과 같다. 첫째, 프로그램 수립 때 프로그램 수행을 뒷받침할 재정의 상태를 먼저 검토하는 것이 필요하다. 둘째, 계획된 프로그램에 재원이 충분하게 제공될 수 있는지 평가하는 재정계획을 수립하는 것이 필요하다. 셋째, 계획된 재정을 조달할 수 있는 방안을 마련할 수 있도록 재원조달의 과정에 따라 적절하게 할당하는 과정을 포함하여야 한다.

2) 예산편성방법

(1) 산출근거

프로그램 총예산을 항목에 따라 구분해 본다. 이를 위해서 인건비, 사업비, 관리비, 기타 등의 항목으로 각 항목의 산출근거를 통하여 직접비와 간접비로 구분하여 구체적으로 기록한다.

(2) 예산조달 계획

예산선정을 위하여 예산항목별 자금조달계획을 알 수 있도록 신청 프로그램에 소요되는 총예산을 신청분과 자부담금액으로 나누어, 각각에 소요되는 항목별 산출근거를 구체적으로 제시하여야 한다. 예산은 자부담의 경우와 예산조달 부분의 구분에 대하여 숙지하고 있어야 하는데, 기부금, 본인부담금을 조달방법으로 기재할 수 있으며, 통상적으로 20~50% 정도의 자부담의 비율을 가지고 있는 것이 일반적이다. 다음은 프로포절 예산편성의 예로 기관의 예산선정의 기획을 통하여 재원에 맞는 합리적인 자원배분이 가능하도록 하는 예산집행의 준비과정이 필요하다. 수립된 예산을 통하여 그 예산이 프로그램의 목적을 성취하기에 적합한지를 평가할 수 있는 기준에 대해 챔버스(Chambers, 2000)는 사회문제와의 적합성, 예산의 지속성, 인플레이션이나 디플레이션 등 경제적 변화에 대한 안전성, 적절성, 효과성, 효율성, 형평성 등의 네 기준을 제시하고 있다. 문제분석과 욕구사전, 그리고 프로그램의 측정과 목표가 설정되고 개입전략에 따라 변화를 도모할 표적체계가 확정되고, 구체적 프로그램의 내용에 따라 프로그램 수행을 위한 재원조달의 계획이 확정되면 설계단계의 마지막 단계는 프로그램의 예산을 편성하는 과업을 수행해야 한다(황성철, 2009, 재인용).

비용의 구분으로는 산출물의 성질(변화량)에 따라 가변비용, 반가변비용, 고정비용으로 나눌 수 있으며, 프로그램이나 서비스의 직 · 간접 목적에 의해 직접비용과 간접비용으로 나뉠 수 있다. 또한 비용할당의 명확성에 따라 기술비용과 임의비용으로 구분할 수 있으며, 기타로 행정비용이 있다.

가. 반가변비용, 가변비용, 고정비용의 산출

반가변비용이란 생산량의 증가에 대하여 단계적인 증가를 보이는 비용을 말하는데, 예를 들면 인건비 등이 있다. 가변비용은 생산량에 정비례하여 움직이는 비용을 의미하며, 고정비용은 생산량의 증가와 관계없이 일정하게 드는 비용을 의미하는데, 가령 건물의 임대료나 건물에 대한 보험료 등을 들 수 있다.

나. 직접비용과 간접비용의 산출

직접비용이란 프로그램의 운영에 직접적으로 투입되는 비용으로, 예를 들면 프로그램 홍보비나 직접서비스 비용 등이 있으며, 간접비용은 프로그램 활동에서 단지 부분적이거나 간접적으로 나타나는 비용으로 일반 행정비와 일반 목적의 회의비가 있다.

다. 기술비용과 임의비용

기술비용이란 특정 활동에 대해 한 단위에 부과해야 할 비용을 결정할 수 있을 때, 이를 기술비용이라 지칭한다. 대부분의 가변비용은 다른 비용에 비하여 기술적으로 결정하기 쉬운 기술비용이라 할 수 있다. 임의비용이란 행정관리자가 특정 활동에 대해 특정 부서나 단위들에게 비용을 할당하기 위하여 합리적인 근거가 없는 경우, 행정관리자의 재량으로 각 부서나 단위에게 비용을 할당하는 것을 의미한다. 이때 고정비용과 반가변비용의 경우에는 임의적으로 비용할당이 될 가능성이 높다. 예를 들면, 건물유지비의 경우에는 행정관리자가 재량적으로 각 부서에 비용을 할당하는 경우가 많다.

라. 행정비용

행정비용이란 사회복지조직의 행정 및 관리활동에 소요되는 비용을 뜻한다. 이는 다수의 프로그램이 행정비용을 분산하여 공유하므로, 개별 조직단위나 프로그램에 할당하는 것이 어렵다. 이는 주로 행정관리자에 의하여 임의적 할당방식에 의존하게 되거나, 합리적인 근거를 제시하지 못하는 경우에는 재원의 활용에 성공적이지 못하게 된다. 그러므로 임의비용 처리방식에서 기술비용 처리방식으로 바꾸어나가려는 일환의 노력이 필요하게 된다.

표 8-4

산출물의 변화에 의한 구분	가변비용	생산량에 정비례하여 변화하는 것	물품구입비, 전기세 등
	반가변비용	생산량의 증가에 관해 단계적인 증가의 양상을 보이는 것	임대료 등
	고정비용	생산량의 증가에 무관하게 일정하게 드는 비용	보험금 등
프로그램이나 서비스의 직 · 간접적인 목적에 따라	직접비용	한 프로그램 운영에 직접적으로 투입되는 비용	직접서비스 비용
	간접비용	일반적으로 각종 행사비나 간접적 경비	회의비 등
비용할당의 명확성에 의한 구분	기술비용	관리자가 특정한 활동에 관하여 부서 혹은 단위에 부과하는 비용을 결정하는 비용	물품비 등
	임의비용	비용 할당에 대한 근거가 애매한 경우	건물유지비 등
기 타	행정비용	다수의 프로그램이 분산, 공유하기 때문에 할당에 어려움이 있음	진행비 등

3 예산의 원칙

예산수립에 있어서 고려해야 하는 사항은 다음과 같으며, 이는 기관에 적용되어 활용될 수 있다.

① **예산의 공개성** : 예산과정의 주요 단계는 공개되어야 한다.

② **명료성** : 국민이 쉽게 이해할 수 있도록 합리적인 관점에서 분류되고, 수지의 추계가 명확하고 수입의 유래와 용도가 분명하게 표시되어야 한다.

③ **정확성** : 예산에 따른 수입과 지출의 결산은 가급적으로 일치하여야 한다.

④ **통일성** : 모든 수입에 대해서는 공통된 하나의 일반세원에 포함하여 지출해야 한다.

⑤ **단일성** : 가능한 한 예산은 단일하게 편성하여야 한다. 왜냐하면 독립된 복수의 예산은 전체적인 조망에 있어서 혼란을 야기하고, 예산에 대한 국민의 감사를 어렵게 할 우려가 있고 의회의 예산통제권도 제한될 수 있다.

⑥ **포괄성**(완전성) : 모든 세입과 세출은 예산상에 나타나야 한다. 이를 예산총계주의 원칙이라고 한다. 따라서 조세징수비를 공제한 순세입만을 기재해서는 안 되며, 세입과 세출을 기재해야 한다.

⑦ **한정성** : 정해진 목적을 위해 예산은 정해진 금액을 정해진 기간 내에 사용하는 것을 원칙으로 한다.

⑧ **연례성** : 예산은 예산단년주의에 의해서 회계연도 단위로 작성되는 것이 좋다.

⑨ **사전 의결성** : 예산을 집행하기 이전에 반드시 입법부(국회)의 승인을 받아야 한다는 원칙을 가지고 있다.

⑩ **배타성** : 예산에 있어서 재정적인 문제만을 취급하고 입법문제를 배제한다.

기획안의 설계와 진행에 따른 평가계획도 미리 계획해 놓는 것이 바람직하다. 물론 현재는 수혜자들에 대한 만족도 조사가 보편적으로 실시되고 있으나, 그 밖에 사전에 사회문제와의 적합성과 예산의 적합성 또한 기획안의 성공이 가져오는 기대효과 등이 점검되어야 한다. 또한 각종 기획의 지속성과 연계성에 관한 부분의 구상도 사전에 이루어지는 것이 필요하다. 적절한 수준의 서비스의 제공은 서비스의 대응성으로 측정될 수 있다. 그 밖에도 대표적으로는 사회복지서비스의 궁극적인 목적을 달성하기 위한 형평성, 즉 한정된 재원과 예산 가운데에서도 모든 사람들에게 공평하게 서비스가 제공될 수 있는가 하는 부분을 고려해야 한다. 이는 대상자 선정의 과정에서 평등한 선정이 되었는가를 통하여 점검될 수 있다. 또한 대상자 선정의 문제뿐 아니라, 재원의 투입에 대하여 투입된 재원 대비 산출된 결과를 평가하는 효율성의 개념의 적용과 함께 설정된 목적에 대한 달성도인 효과에 대해 비용으로 나누어 분석하는 비용효과분석이 기본적인 기획안에 대한 평가계획을 세워보는 과정에서 고려할 필요가 있다. 이러한 점검에 대한 커다란 청사진은 기획이 원래 가지고 있던 목적과 목표가 얼마나 구체적으로 달성되었는가, 클라이언트에게 기대했던 변화들이 일어났는가 하는 문제에 대한 구체적인 프로그램의 효과성 측정과 함께 프로그램의 기획과정에서 고려되어야 하는 사항이다. 이러한 부분은 평가요인을 점검하는 것에 있어서 점검되어야 할 과정이다.

4 감사

감사의 형태는 사회적으로 할당된 자원들이 올바로 쓰이고 있는가 하는 관점에서 조직이나 프로그램들의 운영과 역할들에 대한 적절성과 흐름 등을 확인하는 작업으로, 다음과 같이 크게 규정순응감사와 운영감사로 구분할 수 있다.

1) 규정순응감사

규정순응감사는 재정감사라고도 하는데 기관의 재정운영이 적절한 회계절차에 의하여 시행되고 있는지, 혹은 재정이나 다른 보고서들이 계획에 따라 적절하게 진행되었는지,

기관에 적용된 각종 규칙과 규제들을 기관이 적절하게 준수하고 있는지 등을 확인하는 과정이다. 그러나 규정순응감사는 경우에 따라 지나치게 규율대로 하는 경우에는 유연성의 저하로 산출의 효율성을 저해할 수 있는 단점이 있다.

2) 운영감사

운영감사는 바람직한 프로그램 결과의 산출 여부, 목적과 목표의 성취에 고려될 수 있는 경제성과 효율성의 문제에 관심 갖으며 예산 관련성에 무엇보다 초점을 두는 감사방식이다. 첫째, 경제성과 효율성의 측정으로 담당부서가 예산 등이나 자원을 경제적이거나 효율적으로 관리 활용하고 있는지 점검을 통해 비효율적인 요인에 대한 원인을 분석한다. 프로그램 결과의 평가로는 의도된 결과가 성취되었는지, 자원을 제공하는 기관에 의하여 당초 계획된 목적들이 효과적으로 달성되었는지, 혹은 더 효율적으로 산출할 수 있는 대안들이 점검되었는지 등을 평가하게 된다.

CHAPTER

09

사회복지조직의 서비스 질과 프로그램 개입의 점검

학습목표

1. 사회복지조직의 책무성이 중요한 이유에 관하여 설명할 수 있다.
2. 사회복지조직의 서비스 질의 요인 및 점검사항에 관하여 학습한다.
3. 사회복지조직의 프로그램 개입 후 평가요인에 관하여 학습한다.
4. 사회복지조직의 서비스 질과 인사관리 프로그램 제공의 책무성에 관하여 이해한다.

1 사회복지조직의 책무성

1) 책무성 요구의 배경

책무성이란 사회복지 프로그램의 실천을 위해서 조직이 주어진 자원을 목적달성을 위해 얼마나 효과적이며 효율적으로 달성하였는가를 객관적으로 증명하는 것이다. 책무성을 강조하게 된 배경으로는 사회복지기관들에 대한 시민단체들의 모니터링 참여로 인하여 책임성에 대한 논란이 제기되었고, 시민사회의 기능이 강화되면서 평가를 통한 책임성의 중요성이 설득력을 얻어 제도화한 것이다.

각종 단체의 사회복지행정가들은 책무성의 도전에 적절히 대응하기 위해 프로그램의 기획과 분석에 필요한 능력을 개발하는 것이 필요하다. 가치 있는 목적을 달성하고 목표를 개발하며, 측정 가능한 세부목표를 규정하는 전문적인 능력은 사회복지사의 입지를 굳건히 하는 길이다. 또한 비용과 산출의 관계에서 프로그램의 상대적 효율성을 분석하는 것은 프로그램의 개발에 따른 책무성뿐 아니라, 궁극적으로 클라이언트에게 보다 나은 서비스 제공을 달성하는 의미 있고도 중대한 개념이다.

2) 사회복지실천 주체의 점검

사회복지서비스를 실천 및 전달하는 주체로는 정부기관, 공공기관, 민간기관 사회복지전문가, 전문직 종사자 등이 있다. 이러한 기관은 모두 사회복지실천의 주체자로 사회복지의 책무성을 실천하는 기관과 사람들이며, 평가자로 개입할 수 있다. 또한 서비스 받는 수혜자인 대상으로 개인, 집단의 다양한 클라이언트는 수혜대상이나 프로그램 평가자의 주체가 될 수도 있다.

서비스를 실천하는 방법으로는 사회사업실천의 미시적 · 직접적 접근방법과 사회정책의 거시적 · 간접적 접근방법이 있는데, 예를 들어 소득보장, 교육, 건강, 주택, 환경, 고용, 보험, 여성 및 기타에 대한 개입이 있다. 또한 서비스를 창출하는 데 소요되는 재정으로 국가재정, 기업의 사회사업의 지출로 복지비 개인의 부담금 등이 있다. 따라서 사회복지분야는 정책과 실천과 대상과 재원이 조화를 이루어 복지가 실현되는 분야이다. 그러므로 각 분야와 영역에 대한 책무성과 평가는 클라이언트에게 양질의 서비스를 제공하는 점검의 일환으로 매우 중요하다.

2 서비스 질의 개념 및 적용

1) 서비스 질의 구성요인

케트너(Kettner, 1999)는 서비스 질이란 총체적인 품질관리의 기본개념으로 비영리조직, 특히 사회복지시설 조직의 생존을 좌우하는 중요한 지표라고 강조 하였다. 또한 건터(Gunther, 1998)는 사회복지시설 이용자가 양질의 서비스를 받을 때, 이는 후원 등의 지속적인 지지가 가능할 것이며 높은 사회복지서비스의 질은 결국 사회복지시설의 생산성을 높이는 효과가 있다고 하였다.

서비스 질에 관련한 연구는 1970년대 본격적으로 이루어진 이래(Swan & Warren, 1979), 1980년대에 많은 발전이 있었다(Oliver, 1980; Anderson & Zeithmal, 1984; Parasuraman, Zeithmal & Berry, 1985). 이 분야에서 파라슈라맨, 제이스멀과 베리(Parasuraman, Zeithmal & Berry, 1985)는 서비스 질에 대한 연구 전통을 수립하고 선구적 역할을 하였다(신영출, 2007). 서비스 질을 평가하는 방법은 클라이언트에게 제공된 서비스 질에 관하여 평가하는 방법이며 서비스 질을 자각과 기대의 차이로 인지하는 관점으로 파라슈라맨, 베리 그리고 제이스멀(Parasuraman, Berry & Zeithmal, 1991)이 제시하였다.

서비스 질은 일반적으로 서비스가 산업제품과 같이 만져볼 수 있고 보여지는 것이 아니라 사람을 대상으로 하는 무형적인 행위의 성과이다(Zeithmal & Bitner, 1997). 따라서 파라슈라맨, 제이스멀과 베리(1985)는 서비스의 질이 서비스의 우월성과 연관된 판단(judgement) 또는 태도(attitude)이며, 지각된 서비스 질(perceived service quality)은 소비자의 기대나 지각 간의 불일치 정도라 하였다. 이에 대하여 파라슈라맨, 제이스멀과 베리(1985)는 서비스의 질에 영향을 미치게 되는 요인에 대하여 10가지 차원으로 구분하였다.

그것은 서비스의 신뢰성(정확성), 서비스의 대응성(신속성), 서비스의 제공능력, 이용자의 접근 용이성, 서비스 제공자의 정중한 태도, 고객과 의사소통의 능력, 고객의 신뢰도, 서비스 제공의 안정성, 고객과 의사소통의 기술적 측면, 고객이 인식하는 신뢰의 정도, 서비스의 안전, 고객이해, 제공된 서비스 유형성의 총 10개 차원이다.

이후 파라슈라맨, 제이스멀과 베리(1985)는 서비스 질에 영향을 미치는 10가지 요인을 5가지로 요약하여 서비콸(SERVQUAL) 모형을 제시하였다. 이것은 소비자가 제공받게 되는 서비스 유형에 무관하게 서비스 질을 평가하는 구성요인이 근본적으로 흡사하다는 인식에서 출발한 것이다(이영선, 최낙관, 2010). 즉, 파라슈라맨, 베리와 제이스멀(1991)이 서비스 질에 관한 평가의 하위구성을 압축하여 제시한 5가지의 측정방식은 다음과 같다. 그것은 사전약속의 서비스 수급에서 이를 정확히 수행하는 능력인 '신뢰성', 서비스 이용자에 대한 도움과 신속하고 자발적인 서비스 응대, 그리고 신뢰감을 전하고자 하는 마음과 의도한 바대로 수행하는 '대응성', 공급자가 지닌 예절, 지식, 믿음을 주는 자질과 안정에서의 '보증성', 접근 용이성 및 의사소통의 원활함으로 서비스 이용 측에 공급하는 개별적인 배려를 뜻하는 '공감성', 환경, 물리적인 시설, 장비, 직원과의 커뮤니케이션 등으로 구성되는 자료의 형태에 의한 '유형성'으로 분류할 수 있다. 이에 대한 개념은 다음과 같다.

첫째, 신뢰성이란 약속한 시간에 대한 정확한 이행 및 준수 등의 신뢰를 줄만한 서비스의 수행의 개념이다. 이는 서비스 이용자의 기대에 대하여 수행과 업무처리를 정확하게 통보할 수 있거나 사전 약속한 서비스를 적절한 시간에 전문적 자세로 실행하는 태도를 뜻한다. 이것은 서비스를 수급자에게 안정감을 제공하며, 서비스에 대한 일관적인 태도로 서비스의 질을 평가할 수 있는 중요한 요인이다. 둘째, 대응성은 서비스 수급자의 욕구에 관하여 돕고자 하는 마음으로 신속한 서비스를 제공하겠다는 의지이다. 즉, 자발적이며 전문가적인 입장에서 신속하게 문제를 시정하고 복구하고자 하는 능력이 서비스의 질을 향상시키는 데 도움이 된다. 셋째, 보증성은 서비스를 필요로 하는 사람에게 문제해결에 대한 충분한 지식 및 능력을 통하여 믿음과 확신을 주며 전문가로서 충분히 설명하여 지식과 호의를 가질 뿐 아니라, 시간여유도 있어야 한다는 관점이다. 이러한 보증성은 서비스의 수행과 고객을 응대하는 태도의 친절 및 존경의 마음, 그리고 고객에게 공손한 태도와 효과적인 의사소통을 통해 이용자의 인격 존중이나 배려를 포함한다. 넷째, 공감성은 수급자에 대한 개별적인 상황의 인식과 관심의 정도로 인간적 배려를 포함한다. 이는 수급자 욕구를 인지하고 민감성과 서비스에 관련한 접근 가능성을 포함 한다. 다섯째, 유형성은 서비스의 물리적인 시설이나 통신기능 및 장비의 확보, 청결한 용모 등을 의미하며, 이것은 제공자가 쾌적한 환경에 대하여 총체적으로 관심을 가지는 것을 통해 기관에 대한 긍정적인 서비스 인식에 기여하게 된다(강용구, 2010).

이에 대하여 그론로스(Gronroos, 1982)는 서비스 질을 세 가지의 질로 나누어 기술하였다. 서비스의 질은 기술적인 질, 기능적인 질, 조직 이미지의 차원화로 구분이 가능하다. 첫째, 기술적인 질은 고객이 서비스에 관한 기술적 수용 가능성과 연관이 있으며, 서비스 조직과의 상호작용은 서비스 생산과정의 기술적 결과에 따른 평가로, 고객이 어떤 서비스를 받느냐에 관한 입장이다. 두 번째, 기능적인 질이란 기술적인 질이 고객에게 전달되는 방식 혹은 표출방식과 연관이 있으며, 서비스 조직에의 접근 가능성과 장기적 고객과의 접촉 그리고 서비스 조직 내부관계와 고객을 대하는 직원의 태도나 행동 및 서비스 열의의 영향을 받는다. 세 번째, 서비스 조직 이미지는 고객이 서비스 조직을 어떻게 인식하느냐에 따른 결과로 기술적인 서비스 질과 기능적인 서비스 질에 의해 만들어지는 이미지라 하였다. 결국 서비스의 질은 조직의 성과에 대해 직접적 관련이 있으며, 조직의 생산성 차원에서 조직의 경쟁력 확보를 위해 중요한 요인으로 강조된다(권용신, 2009). 이에 대하여 시저와 올슨, 그리고 와이코프(Sasser, Oslen & Wyckoff, 1978)는 서비스는 궁극적으로 시설환경의 질과 직원이 제공하는 서비스의 질에 의하여 결정이 된다고 하였다. 그러므로 헤이우드-파머(Haywood-Farmer)와 스튜어트(Stuart, 1990)는 최적의 서비스를 위해서는 물질적인 요인, 인간 행태적인 요인, 그리고 전문가적인 요인의 관점이 중요하다고 강조하였다. 이에 대하여 우리나라의 최세민(2012)은 서비스가 무형적인 자산으로 서비스가 수요자에게 전달될 때 수요자가 받은 서비스에 만족하거나 혹은 불만족하는 것에 관해 서비스 소비의 다양한 반응을 보일 수 있다고 하였다. 이를 종합하여 볼 때, 서비스 질이란 서비스를 경험하는 과정상의 평가로 평가의 전반적인 태도라고 할 수 있다(Bitner, Boms & Tetreault, 1990).

이러한 서비스 질의 측정에 대하여 서브콜(SERVQUAL) 척도는 개발된 이래 타 분야의 서비스에 이러한 모형이 적용 가능한가 하는 부분에 있어서 그동안 공공서비스, 간호, 의료, 사회복지서비스 등 각종 연구들을 통하여 본 척도가 무리가 없으며, 다양한 분야의 적용이 가능하다는 것을 입증하였다(오세윤, 2000). 이후 서브콜(SERVQUAL)의 척도를 활용한 사회복지분야와 관련한 연구는 공공서비스 부분 및 시설서비스 부분 연구로 확대되었다(신현석, 2005; 오창근, 2005; 임혁, 2007). 그 밖에 서브콜(SERVQUAL) 모형을 활용한 연구는 기타 연구진행에도 적합하다는 사실이 입증되었으며(문신용, 윤기찬, 2004), 그 외에도 공공서비스, 의료, 간호 및 사회복지서비스 등 다양한 연구에 그 척도의 타당성과 신뢰성 및 일관적 특성이 입증된 바 있다(이미애, 2002; 이인영, 2003).

그런데 서비스 질의 평가 관점은 두 가지의 구분이 가능하다. 즉, 서비스의 질에 대하여 접근방식을 자각과 기대 간의 차이로 인식하는 관점(Gronroos, 1984; Parasuraman, 1988)과 고객에 의한 총괄적인 평가와 태도로 보는 관점(Bitner, Boms & Tetreault, 1990; Castleberry & McIntyre, 1993)이다. 결국 서비스의 질은 총체적 품질관리의 기본개념으로, 특히 사회복지서비스 조직과 같이 비영리를 통하여 생존을 결정하는 조직의 중요한 지표로 조직성과 측정에 있어서 서비스 질에 적용될 수 있는 핵심사항이다(김문동, 2007).

2) 사회복지서비스 제공의 점검

사회복지행정의 평가방법은 방법론적에서 크게 볼 때는 질적 평가와 양적 평가로 나뉜다. 이 부분은 뒤에서 구체적으로 다시 다루기로 하겠지만, 질적 평가는 질적 연구방법을 적용한 평가이며 관찰과 인터뷰를 주로 활용하고, 특수한 집단이나 개인에 나타나는 내면적 인간행위와 외면적 상호작용, 그리고 그 흐름 속에서 심도 깊은 통찰을 끌어내어 평가하는 방법이다. 질적 연구는 맥락을 이해하고, 해석하고, 이미지를 부여하고, 새로운 결론을 도출해내는 작업으로, 해당분야의 전문성뿐 아니라 통찰력과 전문가로서의 경험적 지식 등이 갖추어져 있어야 한다. 반면, 양적 평가는 양적 연구방법을 적용한 평가이다. 척도나 설문지 혹은 계량화된 측정기준을 통해서 인과관계를 측정하거나 수집된 결과들에 대해 통계 및 확률적 이론을 기반으로 그 결과를 해석하고, 가설을 검증하는 평가방식이다. 즉, 질적 연구와 양적 연구 모두 철저한 사회과학적인 조사에 관한 전문적 지식을 필요로 한다.

그 밖에 프로그램의 평가시점에서 볼 때, 형성평가와 총괄평가는 프로그램 과정에 따른 분류이다. 형성평가는 프로그램의 과정을 모니터링하는 데 사용하고, 직원들로 하여금 양질의 서비스를 유지하도록 하기 위하여 사용하므로 진행 중 수정과 보완이 그 목적이다. 반면 총괄평가는 최종 결과성, 산출된 실적, 파급효과까지 분석하여 프로그램에 반영한다.

또한 성과적인 측면의 시간차원으로 볼 때는 효과성평가와 효과성 평가가 있는데, 이것은 프로그램이 이루고자 하는 목적과 목표에 대한 실제 달성된 정도를 측정하는 것이다. 만일 취업 프로그램이라면 취업하게 된 클라이언트의 수가 기준이다. 가령, 100명이 취업 프로그램에 참가하여 80명이 취업하게 되었다면 효과성은 80%라고 할 수 있을 것이다. 효율성 평가는 프로그램의 실행결과로 얻어진 실적에 대해 투입된 자원을 대비하는 것으로, 최소의 노력으로 최대의 산출을 얻었는지 평가하는 기준이다. 따라서 비용으로 효과를 나누어 분석하면 비용효과분석이 되고, 비용에 따라서 발생한 이윤을 대상으로 분석하는 경우에는 비용편익분석이 된다. 그러므로 이를 통하여 얻어진 결과가 비용효과의 단위가 될 것이다. 가령, 50명에게 직업교육을 시키는 데 100만 원이 소요되었다면 1인당 2만 원의 비용이 소용된 것이며, 2만 원은 비용효과 단위가 되는 것이다.

한편, 사회복지서비스의 측정은 품질과 만족도에 관하여 살펴볼 수 있는데, 품질은 프로그램의 질과 수준이 어느 정도 확보되었는지에 대하여 클라이언트의 이용자 입장에서 평가하는 것이다. 즉, 프로그램의 제공자 입장이 아니라 프로그램의 수혜자의 입장에서 평가한다. 서비스 질의 평가는 다양하게 평가될 수 있는데, 대응성, 노력성, 형평성, 적법성, 접근성, 적절성 등이 있다. 즉, 품질의 측정이 어렵기 때문에 클라이언트 만족도를 이용하여 이를 평가하게 된다. 이는 높은 품질의 서비스가 제공된다면 클라이언트의 만족도가 높아진다는 논리이다.

(1) 대응성

대응성이란 클라이언트의 욕구나 문제에 대하여 사회복지 프로그램이 클라이언트의 욕구에 얼마나 적절하게 대처하였는가에 대한 기준이다. 즉, 대응성은 클라이언트의 욕구에 대한 반응과 처리가 얼마나 신속하고 정확하게 이루어졌는가가를 평가하는 것이다. 예를 들어, 경제적인 어려움이 있는 클라이언트에게 경제적인 서비스를 적절한 수준으로 제공하였다면, 이는 대응성을 충족시킨 것이라 볼 수 있다.

(2) 노력성

노력성이란 프로그램 수행을 위해서 목표달성을 위해 얼마나 많은 노력을 기울였는지 평가하는 것이다. 즉, 필요한 물적 · 인적자원을 얼마나 더 투입하였는가에 대한 관심으로 볼 수 있다. 따라서 기관별 프로그램 지원금이 100만 원이라면, 이에 더하여 후원자금을 80만 원 개발했다면, 같은 지원금을 받고도 후원금을 개발하지 않은 기관보다 더 노력성이 높다고 볼 수 있다. 그러므로 전문적 사회복지사는 프로그램의 개발과 함께 이에 대한 후원금을 개발하는 활동도 중요하며 후원금을 모금하고자 하는 다양한 활동 등이 기획되고 있다. 예를 들어 기관별로 실시하는 홈 커밍데이, 일일 호프, 자원봉사 및 물품 기증제 등의 방법이 활용되고 있다.

(3) 형평성

형평성이란 분배의 가치 실현에 초점을 두는 개념으로, 프로그램과정에서 클라이언트에게 미치는 영향력이 편애되었거나 한쪽으로 치우치지 않아야 한다는 논리이다. 따라서 대상자 선정에 대한 차별이 없어야 하고, 이에 대한 자격기준이 명확하고, 자격의 결정과정이 객관적으로 공개되어야 한다.

(4) 적법성

적법성이란 프로그램의 준비과정 수행, 마무리과정이 합목적적으로 적법한 방식으로 진행되었는지, 혹은 기관의 가치와 목적이 정관을 준수하며 진행되었는지에 관하여 평가하는 것이다. 특히 예산의 투명성과 집행과정의 적법성은 매우 중요하다. 또한 혜택을 받는 프로그램의 경우에는 대상자 선정에 있어서의 차별이 없는지도 중요하다.

(5) 접근성

접근성이란 프로그램의 참여와 활동에 있어서 클라이언트의 접근이나 교통 및 이용기회의 제공이 특정 대상에게 편중되어 있거나 차별이 있는지 진단하는 것으로, 생활편의시설에 있어서 임산부나 장애인, 어린이 등이 사용하는 데 불편함이 없는지 혹은 정보의 접근성과 같은 비물리적 접근성에 관해서도 평가할 수 있어야 한다.

클라이언트의 서비스 이용에 있어서 접근성은 매우 중요한 요인이다. 아무리 훌륭한 프로그램이라도 쉽게 이용할 수 있도록 접근성이 고려되어야 한다.

(6) 적절성

적절성이란 클라이언트에게 제공되는 프로그램이 클라이언트의 상황이나 특성과 제공되는 기관을 고려하여 적절히 제공되고 있는가를 평가하는 것이다. 클라이언트의 입장에서의 대응성과 개념이 유사하지만, 사회복지기관이나 사회복지사의 차원에서도 과연 적절한지를 평가하므로 좀 더 포괄적인 성격을 갖는다.

3 사회복지행정의 프로그램 개입의 점검

사회복지 프로그램의 점검은 형성평가를 통하여 프로그램 개입과정을 살펴보고, 개입과정의 어떤 요인이 좋은 성과를 보여주었는지 살펴보아 운영 도중에 이루어지는 조사로서 계속되는 프로그램을 수정 · 보완한다. 총괄평가는 개입의 결과를 분석하여 프로그램의 전반적 효과성 및 효율성에 대한 분석을 통하여 프로그램의 피드백의 관련 사항을 결정하는 데 활용한다. 전문가적인 입장에서 평가하는 것은 실무자 평가와 사회복지사의 행동, 태도, 속성 등이 개입과정에 어떤 영향을 미쳤다고 생각하는지에 대한 피드백까지 포함하여 클라이언트, 즉 이용자에 대한 만족도 평가가 있으며 이를 통하여 평가가 가능하다. 이러한 평가는 결국 바람직한 변화를 통한 프로그램 종결과 관련되는 행위이다. 클라이언트의 변화를 위한 활동을 끝내는 시점에 원만하고 만족스러운 종결로 종결할 수 있는 능력이 효과적인 사회복지 실천의 핵심요소이다. 사회복지 프로그램의 종결은 적절한 시간에 긍정적인 결과와 함께 이루어져야 하지만, 만족스러운 성과가 따르지 않는 경우에도 어떠한 이유에서 그러한 결과가 도출되었는지 점검하고, 이에 대하여 클라이언트와의 합의에 의해 종결을 실시할 수 있다.

1) 프로그램의 총괄평가

(1) 프로그램의 욕구조사에 관한 평가

프로그램의 기본사항은 다음과 같이 평가할 수 있다.

① **욕구** : 인간의 생존과 성장발전을 위해 요구되는 문제의식으로 충족되고, 해결되어야 할 문제로 간주된다.

② **목적** : 특정 프로그램이 달성하고자 하는 것이 클라이언트에게 필요한 것인지를 객관적으로 판단하기 위한 것으로 알아보고자 하는 문제의 정의와 실제적이고 바람직한 조건에 관한 묘사, 그리고 충족되지 못한 욕구의 발견과 욕구가 충족되지 못한 이유나 장애물을 진단하는 것이 포함된다. 이에 따라 어떤 유형의 정보들을 수집하며, 어떠한 서비스가 필요하며, 얼마나 제공해야 하는지에 관하여 살펴본다.

(2) 프로그램 과정에 대한 평가

대표적으로는 프로그램의 중간에 실행되는 과정평가(형성평가)를 통하여 원래 의도대로 프로그램이 수행되었는지 평가하고, 프로그램 개선을 위한 제안점을 발견하여 프로그램의 목적달성을 용이하게 하며, 서비스 전달체계 및 효율성 증진을 도모하도록 한다.

(3) 프로그램 결과에 관한 평가

프로그램이 원래의 목적을 성취하고 본래 임무를 달성하였는지를 판별하기 위하여 목적의 달성정도를 최종적으로 평가하여, 프로그램 효과성(목적 성취 여부)과 프로그램 효율성(얻은 결과와 투입된 노력 및 자원과의 관계)에 대하여 최종적으로 평가한다.

(4) 비용편익분석

프로그램으로 인해 발생하는 가시적 및 비가시적 편익과 프로그램을 수행하는 데 소용되는 직접 및 간접 비용을 알아보기 위한 시도로 비용편익분석을 시행한다. 여기에서 소요 비용에 비하여 나타난 편익비율을 통하여, 평가자는 프로그램의 실시에 따른 사회투자의 결과를 측정하는 지표를 측정한다.

(5) 프로그램 영향 분석

프로그램의 실시에는 다양한 변수의 개입 가능성이 존재하고 있다. 그러므로 프로그램 효과를 구분하기 어려운 특징이 있으며, 프로그램 결과의 장기적인 효과 분석이 관심대상이 될 수 있다.

(6) 평가자

평가자는 연구조사와 평가에 관한 지식을 갖고 있고 기관의 내부 직원인 사람을 평가자로 선정하여, 해당 프로그램 대상자의 특성, 프로그램에 대한 해석에 대한 이해도가 높으며 비용절감이 가능한 내부 평가자에 의한 진행방법이 있다. 그러나 이 방법은 평가와 관련된 객관성이 미확보될 수 있으며, 내부 종사자와의 관계에 영향을 받을 수 있다.

그 밖에는 전문성, 객관성이 확보된 외부 평가자에 의한 진행방법이 있으나, 이 방법은 비용이 발생하며, 경우에 따라 기관의 상세 상황과 프로그램이나 참여대상에 대한 이해도가 부족할 수 있다. 또한 기관평가로 프로그램이 지역사회 욕구에 반응하는 정도와 제공하는 서비스의 질, 그리고 클라이언트의 만족도 및 자원이용의 효율성 등을 사정하는 기관평가를 통하여 프로그램의 전략과 계획수립, 동기부여 등의 사항을 체크하는 평가방식이 있다. 마지막으로 프로그램의 수혜대상자인 클라이언트의 만족도 평가가 있다.

2) 프로그램의 사후관리

프로그램을 종결한 후 일정기한이 지났을 때, 클라이언트의 변화가 유지되고 있는지 경우에 따라서 사후세션을 갖는 것이 필요하다. 사회복지사는 항상 목적과 목표를 명확하게 설정하여 개입해야 한다. 목표를 설정하지 않고서는 이후의 개입이 성공적이었는지 평가할 수 없다. 프로그램의 성공여부를 분석하는 척도는 다음과 같은 것이 있다.

(1) 과제달성척도

클라이언트와 사회복지사가 개입과제를 완수한 정도를 분석하는 척도로, 개입의 기초선의 설정이나 단일사례설계의 적용이 어려운 경우에 유용하다.

(2) 목적달성척도

목적달성척도는 클라이언트가 개별화된 목적을 달성한 정도를 측정하기 위해 사용된다. 이 척도는 정신건강, 알코올 및 약물남용 프로그램, 보호관찰과 가석방, 비행 등 기타의 많은 현장에서 사용되어 왔다.

(3) 서비스 결과 체크리스트

서비스 결과, 체크리스트는 한 기관에서 접수에서 종결까지 클라이언트가 수행한 개선의 자료를 수집하는 데 활용하기 위한 기록과 점검의 도구이다.

(4) 개별화된 척도

개별화된 척도는 개별 클라이언트와 상황에 독특한 측정척도를 만들어 사회복지사와 클라이언트의 특정한 클라이언트의 문제 등을 측정하기 위해 고안한 척도이다.

(5) 동료검토

동료검토는 사회복지사의 활동을 일련의 원칙과 기준에 따라 그 실천의 질을 동료가 평가하는 방식이다. 기관의 구성요인, 클라이언트, 정책, 절차 등에 관하여 이를 이해하고 있는 동료 사회복지사가 사회복지사의 수행을 정기적으로 평가하는 품질관리의 한 형태이다.

(6) 사회복지사 수행평가

수행평가는 사회복지사와 기관 모두에게 생산적인 것이 되도록 수행평가의 목적과 절차를 먼저 이해시키는 것이 중요하다. 이를 통하여 기관의 직원들이 일정기간 동안 그들의 일을 얼마나 잘 수행하고 있는지 체계적으로 사정하는 것과 연관된다.

(7) 프로그램의 반영 및 개선

프로그램의 결과를 분석한 이후 그에 대한 실시에 의미 있고 가치 있는 정보가 산출되었다면, 프로그램의 체계를 전체 범위에서 반영할 때이다. 이를 통하여 더 많은 경험이 축적된 이후, 프로그램 결과의 반영은 계속하여 프로그램을 통하여 반영될 것이며 또한 계속적인 모니터링을 통하여 프로그램이 향상될 것이다. 이를 통하여 프로그램의 실시 및 평가체계의 기획 및 실행이 이루어졌다면, 프로그램을 개선시키기 위해 결과와 분석을 최대한 활용할 때가 온 것이다. 비록 결과측정실행이 기금유치의 요건을 충족시키기 위해서였다 하더라도, 그 결과에 대한 정보를 프로그램 설계와 관리에 적용하는 것은 매우 의미 있고 유용한 작업이 된다.

가. 피드백과 모니터링의 반영

프로그램의 시범운영 동안 다양한 측면들이 모니터링되고, 다양한 평가측정으로부터 피드백을 얻었으며, 수집된 자료가 분석물로 전환되고 다양한 관련당사자들에 대한 보고를 준비하는 과정이 필요하다. 이러한 평가를 통하여 무엇이 잘 되고 그 체계가 어떻게 반영될 수 있는지 살펴보아야 한다. 시작은 결과에 대한 분석자료를 통해서이다. 이에 따라 다음과 같은 사항들이 점검되어야 한다.

첫째, 자료수집도구의 점검으로 도구에 대한 사전검사를 하더라도, 운영과정에서 많은 개선점들이 나타날 수 있으므로 이에 관하여 점검하여야 한다.

둘째, 자료수집자 훈련의 점검으로 자료수집자들이 전문성을 갖추고 있는지 그에 따른 개선점들이 바람직한지를 점검한다.

셋째, 자료수집절차로 절차과정의 적절성과 프로그램의 질을 점검하기 위해 획득한 자료를 검토하여 그것이 의도한 것이었는지와 자료수집자들이나 기관관계자, 서비스수혜자들이 요청하고 실시한 서비스에 대한 정보제공과의 매칭이 적절한 것이었는지 등에 관하여 점검한다. 설문지를 사용하였다면 문항의 적정성, 인터뷰라면 질문의 적정성 등도 포함되며, 샘플링 단위 등도 점검될 수 있다.

넷째, 자료입력절차로는 과정이 원활히 진행되었는지 하는 부분과 자료입력 담당자들의 훈련성 여부가 점검되어야 한다.

다섯째, 자료수집 및 분석의 시간과 비용으로 가장 많이 드는 비용은 인력비용이며 기타 비용은 사무용품비, 컴퓨터사용비, 분석비, 자문시간 등을 포함할 수 있다.

여섯째, 절차 모니터링으로 모니터링절차가 제공한 정보를 검토한 후에 절차 자체의 적정성을 검토한다. 무엇을 알고 싶은 것인지, 새로운 형식을 도입할 것인지, 현재 절차에서 문제가 없는지, 세부사항들이 추가되는 것이 필요한지 점검한다.

이러한 검토에 기반하여 더 효과적이고 용이하게 일련의 과정에 어떤 수정을 가할 수 있다.

나. 체계에 대한 정기적 점검과 검토

A. 다양한 클라이언트 특성 간의 결과성 측정

프로그램 관리자가 효과가 있는 클라이언트 집단에 대하여 그 이유를 분석하고 서비스를 배치하는 것이 좋으며, 그렇지 않은 클라이언트에게는 더 효과적인 전략을 모색하는 것이 바람직하다.

B. 프로그램 단위 간의 결과 비교

프로그램 단위별로 결과를 산출함으로써 프로그램의 어떤 부분들이 더 나은 결과들을 성취했는지 살펴보고, 그에 대한 부분을 반영한다. 과학적이고 계량화된 결과가 도출되었다면 보다 정밀한 반영이 될 것이다.

C. 다양한 서비스 전달전략의 필요성과 결과 비교

프로그램 입안자들은 서비스의 유형과 제공 면에서 다양한 서비스 전달접근법들과 전달체계에 대한 상대적인 성과를 비교할 수 있다. 이것은 기존의 서비스와 도입될 새로운 접근법 모두를 적절히 사정하는 것에 도움이 될 수 있다.

D. 프로그램 이전 시행의 결과와 비교

프로그램의 이전 시행과의 결과를 비교함으로써, 프로그램 검토와 개선을 하는 데 도움이 될 수 있다. 특히 프로그램 결과에 영향을 미치는 외부 영향들과 지역환경 및 경제의 변화, 의식의 변화 등을 통해 해결하려는 문제들에 대한 아젠다 형성과 합의를 불러일으키는 이슈들, 프로그램의 수행을 지원하는 재원수준의 변화들 등을 인식하고 이를 반영하는 능력이 중요하다.

(8) 향후 기획의 반영

가. 예산 조율과 자원의 정당성 제공

피드백된 자료는 자연스럽게 차기의 자금 및 기타 자원에 관하여 결정하는 것으로 연결된다. 어떤 결과를 더 반영하여 차기 목적한 결과를 달성하기 위해 어떤 자원을 투여해야 하는 것에 관한 기획이 정당화된다. 어떤 그룹에게 성공적이었던 프로그램을 확대시키는 것과 지지하는 결과자료들의 적용은 전문가의 몫이기도 하고, 확대된 서비스에 참여할 클라이언트들에게 배분하는 자원의 정당성이 확보된다.

나. 재능 있는 인적자원의 투입

바람직한 결과를 반영하여 서비스를 향상시키기 위해서는 정보를 활용할 줄 아는 전문적 인적자원이 필요하다. 이런 노력이 클라이언트들을 위한 더 좋은 프로그램의 진행과 그에 따른 혜택을 만들고, 사회복지서비스에서 책임성을 증대시키는 기반이 된다.

전문가가 정확한 비전으로 미래의 효과성에 대한 그림을 그릴 때, 프로그램의 목적과 가치관이 구현된다. 이것은 근무환경의 개선과도 연결이 되어야 하는 문제이지만 개선된 좋은 근무조건, 경쟁력 있는 혜택들을 전문적 기술을 제공하는 전문가에게 제공하는 것과 더불어 프로그램이 클라이언트에게 어떤 도움이 될 것인가에 대한 지식적인 기반과 경험적인 기반이 축적되어야 할 것이다.

다. 프로그램 홍보

클라이언트들이 프로그램에서 얻은 변화들을 프로그램을 통하여 확인하였다면, 그러한 욕구를 가진 클라이언트와 집단에 대하여 특정 서비스를 제공할 수 있다는 정보는 이용자에게 매우 도움이 되는 정보가 될 것이다. 클라이언트들은 그들이 어떤 프로그램을 활용할 수 있을 것인지, 그에 대한 정보 및 의뢰서비스에 대한 프로그램들이나 기타 서비스를 제시할 때, 클라이언트들의 기대가 어느 정도 충족될지를 예측할 수 있다. 또한 프로그램에 소개된 내용들이 클라이언트가 욕구로 제시한 것에 대한 의도한 결과를 낳을 수 있는지, 혹은 서비스를 통하여 개선될 수 있다는 재확신도 제공할 수 있다.

라. 협력자들의 인식

분석결과에 대한 결과를 다른 기관과 공유한다면, 이것은 프로그램의 중복을 피하거나 더욱 개선되는 효과를 얻거나 혹은 협력들을 촉진할 것이다. 또한 서비스를 혜택이 적은 접근성이 낮은 지역으로 확대하거나, 기존의 서비스 범위를 개선하여 확대하는 촉진적 활동으로 이어질 수 있다. 각 기관은 상호 서비스의 질을 모니터하고, 향상시키기 위해서, 훈련에 대한 노하우를 공유하거나, 기법상의 조언, 특수자원들 등을 공유하는 것에 도움이 될 수 있다. 이러한 협력의 가치는 비영리사회복지에게 점점 더 중요해지고 있으며, 국가기간과 민간기관 간의 협력에도 도움이 될 수 있을 것이다.

마. 프로그램의 사회적 이미지 향상

프로그램은 개인 및 집단들에게 실제 효과가 있음을 결과분석을 통해 보여줌으로써, 클라이언트가 가지는 프로그램의 효과성에 대한 확신을 가질 수 있게 한다. 따라서 프로그램은 객관적인 비교자료를 통해 결과물의 맥락을 제시하는 것이 좋다. 그렇지 않다면 개인적 판단과 취향에 따라 주관적 평가가 될 수 있다. 또한 자료를 받아볼 클라이언트들이 표본의 결과와 연관성이 있을 때, 결과관련 정보의 활용은 더욱 유용할 것이다.

바. 기금의 확보 및 증액

기금 확보문제는 중요하며 이는 기관과 지방 및 중앙정부뿐만 아니라, 법인기금제공자에게도 해당된다. 이것은 제 3의 기금제공자들도 결과를 제공하는 프로그램들에 의해 깊은 신뢰를 갖게 된다. 프로그램 지원금을 요청하고 개선사항을 보고할 때, 객관적 결과물, 측정물, 연구성과물 등을 포함시킨다면, 기금제공자들에 대한 책무성과 책임성에 대한 신뢰가 높아지며 관심도 이끌어 낼 수 있다. 이 때 비교수치를 제시하는 것이 바람직하고, 실질적인 정보를 포함시키는 것이 중요하다.

사. 평가와 모니터링

'모니터'라는 용어는 '경고한다'는 의미로, 라틴어 "monere"에서 유래하고 있다. 모니터링이란 로지와 프리먼(Rossi & Freeman, 1993)에 의하면, 프로그램이 설계된 대로 실행되는지에 관하여 대상 집단을 정도와 계획에 맞게 원조하고 있는지 사정하는 것이라 하였다. 이것은 프로그램 실행 중에 행한다는 측면에서는 형성평가(formative evaluation)의 개념이라 할 수 있다.

프로그램이 설계대로 수행되고 있는가? 목적에서 이탈하지 않았는가? 프로그램이 지역사회 클라이언트의 욕구를 어느 정도 충족시키는가? 적격한 대상 집단의 클라이언트에게 서비스가 제공되고 있는가? 따라서 모니터링의 목적은 피드백을 가능하게 하는 자료 및 정보를 적용하여 프로그램의 실행에 필요한 변화 및 개선을 위한 것이다.

프로그램 평가의 주요 목적은 프로그램 결과와 영향에 관한 정보를 제공하여 정책결정자와 기획가로 하여금 프로그램을 통한 사회적 개입의 타당성을 규명할 수 있도록 하는 것이다. 프로그램 평가에서는 다음과 같이 질문될 수 있다. 즉, 프로그램이 기획된 대로 실천되었는가? 프로그램을 통해 성취한 결과는 어떠한가? 프로그램을 통해 파급된 영향은 무엇인가? 프로그램의 비용 대비 효과성은 어떠한가? 그런데 프로그램을 통한 클라이언트의 '영향(impact)'이란 오직 프로그램에 의해서만 성취되는 결과의 사정만을 의미한다(Mohr, 1992). 즉, 프로그램의 영향이 기타 외부요인이 아닌 인과관계를 수립하기 위한 프로그램의 영향에 대한 사정으로 이루어져야 하며, 따라서 이를 분별할 수 있는 연구조사기법과 통계의 적용이 있어야 한다. 따라서 프로그램 기대에 관한 가정이 이론 및 실천적 배경으로 명확해야 한다. 그리고 내적 일관성을 살펴보기 위하여 프로그램으로 인한 투입, 전환, 산출 및 결과의 일련적 사항과 상호관계가 면밀히 분석될 수 있도록 해야 한다.

그러나 프로그램은 애초의 의도된 기획대로 성공적으로 수행될 수도 있으나, 이론과 기획과 현장의 적용에 따라 실패가 따르기도 한다. 물론 어느 부분에서의 미스가 있었는지 대상자의 분석에 따른 오류가 될 수도 있다. 대상자의 처지에 관한 다양한 역동성을 고려하지 않아서 문제가 발생할 수도 있기 때문이다. 그 중에서 '이론의 실패' 경우에는 프로그램이 기획대로 실행되었지만, 예상된 결과가 달성되지 않은 상황을 의미한다. 즉, 프로그램을 뒷받침하는 개입 가설이나 특정 인과관계과정이 바람직한 결과를 이끌어내는 데 결함이 존재할 수 있음을 뜻한다. 프로그램의 실시 결과, 프로그램의 효과에 대한 가설이 검증되지 않았다면 프로그램이 기대했던 이론의 실패일 가능성이 있다. 그리고 이러한 경우에는 프로그램의 가설이 문제였는지 프로그램이 기획대로 실행되지 않은 것인지에 관한 점검이 필요하다.

4 사회복지기관의 평가제도 도입

사회복지기관은 프로그램 평가의 기능을 가지며, 기관은 프로그램과정상의 환류, 사회적 책임성 이행, 이론형성을 위한 연구기능 등을 수행한다. 따라서 기관은 프로그램 수행 후 다음과 같은 사항을 점검하여 평가한다.

1) 사회복지기관의 프로그램 평가목적

기관의 프로그램 평가는 환류기능을 가지며, 프로그램 계획이나 운영과정에 필요한 정보를 확보하여 다음 프로그램에 바람직하게 반영되도록 한다. 이를 통하여 책임성 이행기능을 통하여 프로그램 담당자가 프로그램과정의 활동에 대하여 사회적 책임을 다하는 것을 의미한다. 기관의 프로그램 등의 평가는 또한 이론 형성에 기여하는 기능이 있으며, 이를 통하여 프로그램에서 살펴볼 수 있는 각종 변수의 인과관계 검증할 수 있다. 이것은 차후의 계획이나 운영과정에 필요한 환류적 정보를 제공하며, 그 평가는 프로그램의 중단, 축소, 유지 및 확대여부를 결정하는 데 필요한 정보를 제공한다.

2) 평가의 기대효과

① 각종 사회복지시설 프로그램 운영의 질적 향상 및 시설운영의 관리 체계를 구축한다.
② 각종 사회복지시설 프로그램 운영을 위한 객관적 기준 마련을 제시한다.
③ 각종 사회복지시설 프로그램 운영자의 의식을 개선한다.
④ 각종 사회복지시설 프로그램 운영의 투명성을 제고한다.
⑤ 각종 비교평가를 통한 시설운영 프로그램 개선의 근거를 마련한다.

3) 사회복지 프로그램 평가의 발전방향

(1) 사회복지 프로그램 평가의 기본방향

사회복지 프로그램 평가의 기본방향은 복지현장의 욕구와 현실을 반영한다. 따라서 사회복지현장의 욕구와 현실을 반영하고, 투명성 및 신뢰도를 높일 수 있도록 객관성을 확보한 평가위원의 블라인드 평가, 즉 평가위원이 모든 항목에 관하여 독립적으로 채점한 후 그 평균값을 구하는 방식 등이 도입될 수 있다. 이러한 평가는 사회복지 프로그램의 관리능력을 향상시키고, 사회복지 프로그램의 자원을 개발하는 데 영향을 미치므로 긍정적인 환류를 가져온다.

(2) 사회복지 프로그램 평가의 틀과 기준

현대사회의 사회복지평가의 틀과 조직이 급변하는 외적 환경에 적응하려고 하기 때문에 조직이 가지는 목표가 보다 복잡해지고 다양해지고 있다. 또한 환경을 고려하는 체계모델의 적용으로 목표나 산출물 자체보다 목표달성을 위해 필요하게 되는 수단과 과정에 보다 초점을 두고 있으며, 조직의 효과성의 평가는 조직 내의 주요 기능 간의 상호 독립성을 강조한다. 사회복지 프로그램의 평가의 기준은 수행, 적절성, 효율성, 노력 및 과정의 다섯 가지가 통상적으로 쓰인다.

① 수행은 사업의 산출에 관한 것으로 노력의 결과를 측정하는 것이다.

② 적절성은 크기와 범위를 적정하게 운용하는 정도를 나타낸다.

③ 효율성은 노력과 실행의 효과대비 비용의 개념이다.

④ 노력성은 사회복지 프로그램과 사업을 위해 투입된 서비스의 양과 질이다.

⑤ 과정은 노력이 산출로 옮겨지는 과정 또는 절차부분에 관하여 평가하는 것이다.

(3) 평가방법을 기준으로 한 모형

평가방법을 기준으로 다음과 같이 프로그램 평가의 접근방식을 분류할 수 있다.

첫째, 실험적 접근은 통제집단과 실험집단을 비교하여 프로그램의 효과를 인과적 관계로 도출하여 객관성과 과학적 방법을 확보하도록 하였다.

둘째, 목표 중심적 접근은 목표를 명확히 설정하고 그 달성 여부를 평가하는 것이다.

셋째, 의사결정적 접근은 관리상의 의사결정과 프로그램 실행을 모니터링 하기 위해 체계적인 정보수집과 분석을 강조하는 모델이다.

넷째, 이용자 접근적 접근방식은 이용자의 입장에서 평가의 유용성을 강조하는 것이다.

다섯째, 사회적 접근은 사회적 파급효과 및 영향은 어떠한가를 평가하는 방식이다.

프로그램 평가는 이용자의 욕구와 제공된 서비스의 관계에 대하여 조사되고 평가되어야 하는데, 성과측정뿐 아니라 프로그램의 목표와 관련하여 평가에 대한 사후관리시스템을 가지고 있어야 한다. 프로그램 평가의 시스템은 이용자 선정기준, 제공된 서비스, 목표, 시간, 효과성과 효율성, 프로그램에 대한 클라이언트의 만족측정을 포함해야 한다. 그리고 프로그램 평가에서 얻은 정보는 다음 운영에서 활용하도록 한다.

따라서 사회복지사는 평가를 위하여 전문적 기술을 갖추고 사회복지 개념에 대한 정확한 이해와 사회문제의 분석, 이용자의 욕구사정, 사회복지서비스의 대상자 선정, 소요되는 예산확보와 공정한 실행, 프로그램의 효과성과 효율성을 높이기 위한 명확한 목표설정, 프로그램 수행능력과 정확한 평가가 이루어지도록 실천적인 자질을 갖추어야 한다.

4) 기타 평가방식

평가방식은 맥락과 성격상 PDCA 등 여러 측면의 접근이 있다[1]. 그 예로 성과평가와 과정분석평가를 소개하면 다음과 같다.

(1) 성과평가

성과평가는 성과측정으로 휴먼서비스 프로그램의 효율성과 품질, 그리고 효과성에

1) PDCA란 'PLAN DO CHECK ACTION'의 의미로 조직의 관리용어이다. 이것은 '계획 → 실천 → 확인 → 조치'를 반복해서 환류로 실행하여 소기의 목적과 목표를 달성하고자 하는 데 사용하는 기법을 의미한다. 이러한 PDCA(Plan – Do – Check – Act, PDSA)는 사업활동에 있어서 생산 및 품질 등을 관리하는 방법이기도 하다. 'Plan(계획) – Do(실행) – Check(평가) – Act(개선)'의 4단계를 반복하여 업무를 지속적으로 개선하는 이러한 과정은 월터 슈하트(Walter A. Shewhart), 에드워즈 데밍(W. Edwards Deming)에 의하여 보편적인 용어가 되었다.

관한 정보를 일정 규칙에 의하여 보고하는 것으로, 성과측정은 단지 프로그램의 책임성에 대한 접근방법 중 하나이며, 포괄적으로 효율성 관점, 품질 관점, 효과성 관점의 주요 관점을 측정하고 있다. 즉, 성과는 프로그램이 달성하고자 하는 목적과 목표로 그 과정에서 나타나는 모든 활동이 포함된다. 따라서 결과성과, 산출성과, 품질성과는 성과평가의 핵심과정이라 할 수 있을 것이다.

(2) 결과성과평가

결과성과란 프로그램에 의하여 의도된 결과들이 성취되었으며, 이로 인해 클라이언트가 어떤 영향을 받았고 변화하였는지에 주된 관심을 둔다. 따라서 결과성과는 프로그램의 과정이나 그 종결에서 나타나는 참가자들의 변화라고 할 수 있다. 결론적으로는 프로그램이 달성하고자 하는 효과성의 관점이다. 또 산출(output)보다 달성목표나 변화된 것을 중심을 측정하므로, 실적보다 목표구현에 더 관심을 두고 있다. 따라서 휴먼서비스 평가에 유용한 개념이다. 이는 기간에 따라 단기, 중기, 장기성과로 구분된다.

(3) 산출성과평가

프로그램에서 생산하는 산출이라고 정의할 수 있으며, 산출성과의 측정은 체계가 생산하는 산출의 유형과 양에 대한 정보를 평가한다는 것을 의미한다. 산출성과는 투입대비 산출을 계량적 비율로 산출하여 생산성의 수준을 파악할 수 있는 표준화된 평가방식으로 효율성의 관점이다. 따라서 여기에는 비용편익분석과 비용성과분석이 포함된다. 비용편익분석은 프로그램의 수행에 따라 나타나는 산출량을 실적으로 하여 평가하는 것이며, 산출량 대 비용의 비율을 계산하는 것이다. 그리고 비용성과분석은 프로그램이 달성하고자 하는 결과성과의 달성정도를 실적으로 평가하는 것으로, 달성효과 대비 비용비율을 계산하는 것으로 나타낸다.

(4) 품질성과평가

품질 관점에서의 평가는 비용과 실적 중심의 효율성과 달리, 서비스의 질적인 측면에 관심을 갖는 것으로, TQM이론에 근거한 것이다. 사회복지 프로그램에서 생산성에 대한 이러한 평가는 기부자와 재원, 그리고 클라이언트에게 높은 만족도를 제공하여 낮은 비용의 소용으로 더 좋은 효과성이 도출되도록 하는 것이다.

(5) 과정분석평가

과정분석평가는 성과평가에서의 준비, 진행, 종결과 그와 상호작용하는 인적 및 환경적 요인과의 관련성을 프로그램의 과정에 따라 분석하는 기법으로, 첫째, 연구가 진행되는 과정에서의 상호작용과 이를 통한 성장과 발전이 고루 분배되었는지, 둘째, 연구의 구조화된 단계별로 각기 어떻게 진행되거나 서로 영향을 미치는지, 셋째, 프로그램과정에서 나타난 상호작용에 대한 체계적인 기록, 넷째, 현상과 상호작용에 대한 기록을 토대로 추정될 수 있는 프로그램의 적합성과 목표달성 등에 대한 해석이라 할 수 있다. 마지막으로 사회복지 프로그램 평가가 가지는 총체적인 장점과 효과는 무엇이며, 단점과 애로사항, 즉 변수, 돌발사항, 특수사항 등은 무엇인지 구체적으로 고찰한다. 이러한 평가는 신뢰성 확보를 위하여 가급적 다수의 평가자가 참여하고 수행하며, 이에 대한 상호 피드백을 존중한다.

5) 평가의 기준

어떠한 성과평가척도가 관리자 혹은 피고용자 개발의 용도로 쓰여지기 위해서는 다음 세 가지 중요한 요구사항을 충족해야 한다. 타당도, 신뢰도, 그리고 실용성이 그것이다.

(1) 타당도(Validity)

타당도(때때로 "적절성(relevancy)"으로 설명됨)는 측정되어 얻어질 수 있는 숙련도(proficiency)가 부합되어지는 정도 내지는 궁극적이거나 실제로 측정되어지는 것과 관련된다. 궁극적인 척도는 이상적인 것을 나타내며 그것을 얻는 것을 실행 불가능하다, 예를 들어, 생산 근로자들에 대한 궁극적인 성공측정을 조직에 대한 총 장기생산 기여도로서 정의 된다(예를 들어, 결과의 양, 결과의 질; 훈련비용; 질병과 파업, 사고 등에 의한 시간 손실; 불만; 승진가능성). 통상적으로 성공의 궁극적인 척도들을 보장할 수 없기 때문에, 즉각적으로 이용할 수 있고, 궁극적인 측정에 가능한 한 가깝게 접근한다고 추정되는 피고용자 숙련 척도에 의존한다. 타당도는 관리자의 판단과 조직의 목적에 정통한 전문가들에 의해 결정된다. 예를 들어, 압축공정 근로자(press operators) 집단 사이에서, 몇몇 사람들은 다름 사람보다 더 생산적으로 보인다. 생산적인 듯 보이는 집단은 더 새롭고, 더 효율적인 기법을 사용하며, 이것이 생산성에 있어서 뚜렷한 차이를 설명한다. 타당도는 어떠한 숙련도 측정보다도 가장 중요한 요소이다. 이것이 없다면, 측정은 무용지물이다. 왜냐하면 그것은 측정이 측정하고자 하는 것을 측정하는 것이 아니기 때문이다.

효과적인 성과평가방법을 설계하는 초석은 일명 직무분석(job analysis)이라 불리는 기법이다. 어떠한 직무분석이라도 작업행동과 그것과 연관된 직무에 초점을 맞춰야 한다.

CHAPTER 09

(2) 신뢰도(Reliability)

성과평가에서 두 번째로 중요한 기준은 신뢰도이다. 숙련도의 측정은 때에 따라서, 그리고 평가자에 따라서 개개인에 대한 일관적인 수량적 기술을 한다는 점에서 신뢰로워야 한다. 물론 이것은 측정된 특성을 일정하게 유지된다는 것을 강조한다.

신뢰도를 측정하는 첫 번째 방법은 기간을 다르게 해서 두 가지 분리된 상황에서 같은 집단의 고용자들을 측정하는 것이다. 여기서 적용되는 시간간격을(예를 들어, 1년 혹은 3개월) 특정 직무 및 사용되는 숙련도 척도에 따라 달라진다. 두 측정 세트 사이의 일관성 정도는 상관계수로 알려진 통계치로서 측정된다. 일반적으로 높은 정적 상관계수를 가지는 것이 바람직하다. 따라서 판매량에 비중을 둔 측정은 모든 개개인의 판매량이 월별로 크게 변화가 없을 경우, 신뢰롭다고 할 수 있다. 유사하게 평가자로부터의 측정들이 시간이 경과함에 따라서 안정적으로 유지될 때, 신뢰로운 것으로 간주된다.

신뢰도를 측정하는 두 번째 접근은 둘 이상의 독립적인 평가자에게 동시에 이루어진 고용인 집단에 대한 평가 사이에 상관량(예로, 일관성)을 결정하는 것이다. 이 경우에서 얻어진 높은 정적 상관은 한 평가자로부터 높은 평가를 받은 고용인이 다름 사람들로부터도 높은 평가를 받는 경향이 있다는 것을 나타낸다. 그 역도 역시 성립해서, 한 평가자로부터 낮은 평가를 얻은 평가자들은 타인으로부터 낮은 평가를 얻게 된다.

신뢰도를 측정하는 세 번째 접근은 일반적으로 내적 일관성으로 불려진다. 내적 일관성은 여러 가지 구성요소(예를 들면, 평가 척도)를 가진 평가도구들에 있어서 중요하다. 성과평가도구는 측정하려고 계획된 관점에서 직무성과를 측정해야 한다. 내적 일관성은 성과측정의 여러 요소들이 높은 수준으로 상호 상관관계(intercorrelated)를 갖는가를 조사하는 것으로서 결정된다.

(3) 총체적 품질관리(TQM)

총체적 품질관리이론은 조식이 산출하는 서비스의 질을 중점적으로 강조하여 이를 향상시키는 것에 보다 중점을 두고, 궁극적으로는 수요자인 소비자의 만족을 추구하여 조직의 경쟁력을 살리고자 하는 효과적인 조직 관리기법이다.

(4) 목표관리(MBO)이론

목표관리이론이란 조직참여의 과정을 통하여 조직단위와 구성원들에게 측정 가능하도록 1년 미만의 비교적 단기적인 목표를 명확히 하여 전달함으로써, 이를 체계적으로 실행하여 그에 따른 생산활동을 수행하도록 하는 것에 보다 중점을 두어 조직의 활동에 대한 활동결과를 평가 및 환류를 통하여 반영시키는 관리체계이며, 기업에 많이 적용되었던 모델이다.

(5) 현대사회의 신공공관리론

신공공관리론은 비교적 현대인 1980년대 정부혁신운동을 통하여 기존의 관 중심의 과중한 복지비용을 민영화와 정부의 축소 등을 통하여 혁신적으로 공공부문의 비효율을 고객만족과 같은 민간의 경영기법을 도입하여, 기존의 공공행정부문에 적용함으로써 효과적인 운영을 지향하고자 한 변화의 운동이라고 할 수 있다. 따라서 신공공관리론의 특징은 시장지향적 행정의 특성을 지니며, 한편으로는 기업가적 정부, 성과관리 등의 다양한 명칭으로 불리며 민간이나 기업가적 정신을 공공분야에 도입하고자 시도하였다.

5 인사관리

1) 직무분석

(1) 직무분석의 의의

- 직무의 내용과 성격에 관한 체계적인 조사를 의미하며, 직무기술서와 직무명세서의 기초
- 직무를 구성하고 있는 일과 그 직무를 수행하기 위하여 담당자에게 요구되는 경험, 기능, 지식, 능력, 책임 등 그 직무가 타 직무와 구별되는 요인을 각각 명확하게 밝혀 기술하는 방법이다.

2) 직무기술서 및 직무명세서

(1) 직무기술서(job description)

- 직무분석의 결과는 그 직무를 수행하거나 감독하게 될 모든 사람들이 일목요연하게 그 직무가 지니고 있는 성격, 내용, 수행방법 등을 간단하게 정리하여 문서로 기록
- 직무기술서는 직무분석의 결과이며, 그 목적이 된다.

(2) 직무명세서(job specification)의 작성

직무명세서의 첫 부분에는 직무를 수행하는 데 필요한 기술, 지식, 능력, 적성 등에 대해 서술한다. 여기서 지식이란 직무수행에 적용되는 종사원이 보유하고 있는 정보의 집합을 의미하고, 적성이란 필요한 것을 학습할 수 있는 잠재력을 의미한다. 직무명세서의 두 번째 구성요인은 인성과 개인적 특성부분으로 현재의 전문성을 어떻게 성취하였으

며 미래에 조직을 위해 어떻게 활용할 것인지를 평가할 수 있도록 한다.

인성(personality)이란 인간이 인간, 사물, 상황 등에 대하여 어떻게 대응하는지를 묘사하는 심리적 특성과 변수들의 통합체이다. 이러한 인성을 내성적 혹은 외향적, 진지한 혹은 쾌활한, 현실적 혹은 이상적, 외유내강형 혹은 예민한 형, 자신감의 충만 혹은 결여, 편안한 혹은 긴장하고 있는 등의 관점을 포함한다. 종사원의 인성에 대한 지식은 특정한 상황에서 인간의 행동을 예측할 수 있어 인성과 직무수행의 질과 양의 상호관계에 대한 연구가 지속되고 있다. 직무와 이를 수행하는 조직원을 효과적으로 관리하는 것이 사회복지행정에서 중요한 부분이다.

표 9-1 인사관리직의 직무기술서

<table>
<tr><td colspan="2">1. 직무명 : 인사관리원</td><td>2. 직무번호 : 3123</td></tr>
<tr><td colspan="2">3. 직군 : 사무직</td><td>4. 직종 : 인사</td></tr>
<tr><td colspan="2">5. 직등급 : 4직급, 13직급</td><td>6. 근무처 : 본사</td></tr>
<tr><td colspan="3">7. 직무개요
종사원의 채용, 훈련, 배치, 승진, 퇴직에 관한 업무를 수행하고 인사운영방침
과 종합관리계획을 입안하여 안전관리, 임금관리. 직무분석. 훈련개발 등 인사관리 전반에 관한 업무를 수행하여 보조원의 업무수행을 지도한다.</td></tr>
<tr><td colspan="3">8. 직무내용
① 연간 인원 수급계획을 입안하고 종사원의 채용, 배치, 승진, 퇴직에 관한 업무
② 표준 업무량을 조사하여 적정인원을 책정, 관리 및 기구의 신설과 개폐에 따른 증감변동요건을 조사, 검토
③ 종사원의 능력개발을 위한 부문별 교육, 훈련계획을 입안 · 실시
④ 안전관리와 산업재해 보험업무를 수행하며 사원의 정기건강진단과 위생업무
⑤ 노사협의회 운영에 관한 업무와 노동관계법령과 사원의 비공식조직의 관리
⑥ 노동관련 비용의 연간계획을 입안하고 이를 분석관리하며 적정노무비의 책정
⑦ 사원 표창과 징계에 관한 업무
⑧ 기타 위의 관련업무를 지시에 따라 수행하고 보조원의 업무 지도</td></tr>
<tr><td colspan="3">성별 : 남 최적연령 : 30~50세</td></tr>
<tr><td colspan="3">9. 작업조건</td></tr>
<tr><td>노력</td><td colspan="2">신체적 노력 : 비교적 적다.
정신적 노력 : 지도력, 기억, 계획, 창의에 대한 노력이 크다.</td></tr>
<tr><td>책임</td><td colspan="2">감독책임 : 보조원에 대한 지도감독 책임
물적책임 : 보통</td></tr>
<tr><td colspan="3">작업환경 : 좋음
위험도 : 없음
직업병 : 없음</td></tr>
<tr><td>특기사항</td><td colspan="2"></td></tr>
</table>

출처 : 김식현, 1993, p.66

개인적 특성(characteristics)은 개인의 흥미, 가치관, 태도, 동기 등을 포함한다. 여기서 흥미란 취미나 여가활동, 다른 사람들과 어울림 등의 특별한 행동에 대한 취향(inclination)을 의미한다. 가치관이란 인생에 대한 개인적 시각과 행동지침 등을 의미하며, 태도란 인간이 특정한 대상에 대해 보이는 자세를 의미한다. 직무명세서의 마지막 부분에는 직무수행에 필요한 최저경력, 교육사항 등을 포함한다.

- 직무분석의 결과에 의거하여 직무수행에 필요한 직원의 행동, 능력, 지식 등을 일정한 양식에 기록한 문서
- 직무기술서에서 발전한 것으로, 특히 직무에 의해서 요구되는 인간의 특성을 강조하는 문서

표 9-2 복지 인사과장의 직무명세서

1. 성별 : 여
2. 교육 : 다음과 같은 교과목을 포함하는 최저 석사이상의 교육을 졸업한 자
   (교과목 : 사회복지학개론, 사회복지정책론, 사회복지행정론, 사회조사방법론)
3. 경험 : 사회복지 관련기관에서 3년 이상 유경험자
4. 성격 : 조직을 이해할 수 있는 능력, 클라이언트에 대한 관심이 깊고 사명의식이 확고한 자
5. 지식 : 조직일반에 관한 이해, 적성, 흥미 등이 높으며 관계법령, 인사관리 및 조직행동에 관련한 지식을 보다 중점적으로 필요로 한다.

CHAPTER

10

사회복지행정의 평가

Social Welfare Administration

학습목표

1. 사회복지행정의 법령 및 집행과정의 평가 및 지표적용에 관하여 학습한다.
2. 사회복지기관의 평가에 관하여 학습한다.
3. 사회복지기관의 인적자원의 평가에 관하여 학습한다.

1 행정평가

다음은 정책집행 분석틀을 소개하고자 한다. 메즈메니언(D. Mazmanian)과 사바티어(P. Sabatier)[1)]는 다양한 현실의 정책분야에 관한 연구에 공통적으로 적용할 수 있다고 보는 정책집행에 관한 일반분석틀을 제시하였다.

1) Daniel A. Mazmanian & Paul A. Sabatier, "The Implementation of Public Policy : A Framework of Analysis," in D. Mazmanian & P. Sabatier (eds.) *Effective Policy Implementation* (Lexington, mass : D.D. Heath & Company, 1981) pp. 3–35

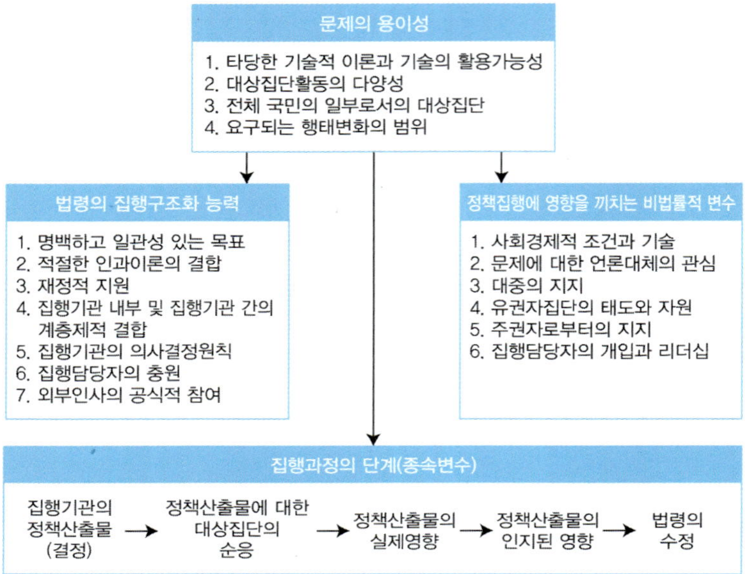

[그림 10-1] 메즈메니언과 사바티어(Mazmanian & Sabatier)의 일반정책집행 분석틀

이 때 집행의 개념은 규정된 기본정책결정을 수행하는 것이고, 이에 따라 결정의 가장 이상적인 형태는 해결해야 할 문제와 추구해야 할 목표가 명확히 규정되어 있고, 집행과정을 다양하게 '구조화'하고 있는 정책이라고 할 수 있다. 그런데 정책집행에 관해 분석한다는 것은 전체 정책과정을 통하여 법령의 목표에 영향을 끼치는 제반요인에 관하여 전반적으로 확인하는 것이며, 그 요인은 아래와 같이 세 가지 범주로 구분할 수 있다.

1) 법령이 규정하는 문제

첫째, 타당한 기술적 이론과 기술(technology)의 활용가능성, 둘째, 대상집단활동의 다양성, 셋째, 전체 국민의 일부로서의 대상집단, 넷째, 요구되는 행태변화의 범위 등의 요인이 포함된다.

(1) 집행과정을 유리하게 구조화시킬 수 있는 법령의 능력

첫째, 명백하고 일관성 있는 목표, 둘째, 적절한 인과이론의 결합, 셋째, 재정적 자원, 넷째, 집행기관 내부의, 또 집행기관 간의 계층제적 결합, 다섯째, 집행기관의 의사결정 규칙, 여섯째, 집행담당자의 충원, 일곱째, 외부인사(outsiders)의 공식적 참여 등의 요인이 포함된다.

(2) 법령의 목표에 대한 지지의 균형(balance of support)에 영향을 미치는 다양한 정치적 변수의 순효과(net effect)

첫째, 사회경제적 조건과 기술, 둘째, 문제에 대한 언론매체의 관심, 셋째, 대중의 지지, 넷째, 유권자집단(constituency group)의 태도와 자원, 다섯째, 주권자로부터의 지지, 여섯째, 집행담당자의 개입과 리더십 등의 요인이 포함된다.

2) 행정제도 적정성 점검지표체계

제도가 얼마나 적정하게 시행되고 있는 것인지를 점검하는 기준과 관련된 지표들은 크게 결과지표(Indicators about Effects)와 원인지표(Indicators about Causes) 두 가지로 분류할 수 있다. 첫째, 결과지표[2)]란 제도를 시행한 결과, 어떤 상태변화가 왔는지를 중심으로 그 제도 자체의 실효성 여부 내지 정도를 판단할 수 있게 하는 관찰도구를 의미한다. 둘째, 원인지표란 제도 시행기관이 해당 제도를 시행하여 일정한 결과를 가져오는데, 영향

2) '제도 시행 결과의 실효성'에 대한 조작적 정의 = 제도 준수도 + 목표달성도 + 목적 성취도 + 제도에 대한 만족도

을 미치는 제반 요인들이 얼마나 적절하게 갖춰져 있는지를 확인할 수 있게 해주는 관찰 도구를 의미한다.

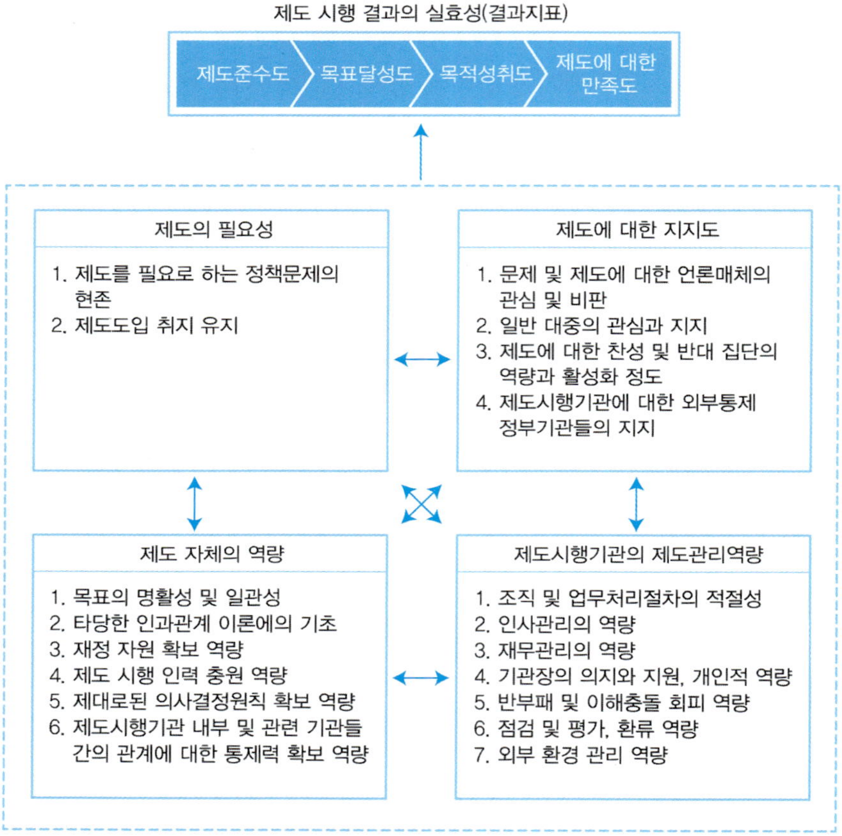

[그림 10-2] 행정제도 적정성 점검기준지표 체계 모형

(1) 행정제도 적정성 점검측정지표

점검자의 상황 및 점검대상 제도의 현황에 따라 핵심지표, 요약지표, 상세지표를 선택하여 사용할 수 있을 것이다. 중요사항 점검을 통해 신속하게 제도의 적정성을 파악하고자 한다면 핵심지표를 활용할 수 있을 것이고, 상세한 내용까지 보다 자세하고 세밀하게 점검하고자 한다면 요약지표 또는 상세지표를 활용하는 것이 유용할 것이다.

가. 상세지표

상세지표는 크게 제도시행여건의 적정성, 제도시행결과의 적정성, 제도시행역량의 적정성으로 분류할 수 있다. 이에 다음 〈표 10-1〉과 같이 예시를 제시할 수 있다.

표 10-1 제도 적정성 점검상세지표

<table>
<tr><th colspan="3">점검항목</th></tr>
<tr><td rowspan="5">제도시행여건의 적정성</td><td colspan="2">제도의 필요성</td></tr>
<tr><td rowspan="4">제도에 대한 지지도</td><td>문제 및 제도에 대한 언론매체의 관심 및 비판</td></tr>
<tr><td>일반 대중의 관심과 지지</td></tr>
<tr><td>제도에 대한 찬성 및 반대 집단의 역량과 활성화 정도</td></tr>
<tr><td>제도시행기관에 대한 외부통제 정부기관들의 지지</td></tr>
<tr><td rowspan="4">제도시행결과의 적정성</td><td colspan="2">제도준수도</td></tr>
<tr><td colspan="2">목표달성도</td></tr>
<tr><td colspan="2">목적성취도</td></tr>
<tr><td colspan="2">제도에 대한 만족도</td></tr>
<tr><td rowspan="4">제도시행역량의 적정성</td><td rowspan="4">제도 자체의 적정성</td><td>목표의 명확성 및 일관성</td></tr>
<tr><td>타당한 인과관계이론에의 기초</td></tr>
<tr><td>재정자원 확보 역량</td></tr>
<tr><td>제도시행 인력 충원 역량</td></tr>
</table>

		제대로 된 의사결정 원칙 확보 역량
		제도시행기관 내부 및 관련기관들 간의 관계에 대한 통제력 확보 역량
	제도시행 기관의 제도관리 역량 적정성	제도운영 기획력 및 여건변화 대응력의 적정성
		조직화 및 절차의 적정성
		인사관리의 역량
		재무관리의 역량
		기관장의 의지와 지원, 개인적 역량
		반부패 및 이해충돌 회피 역량
		점검 및 평가, 환류 역량
		외부 환경 관리 역량
		집행의 효율성

나. 제도 적정성 점검상세지표

제도시행여건의 적정성은 제도의 필요성과 제도에 대한 지지도를 점검하여 제도를 둘러싼 여건이 적정한지를 판단할 수 있다. 제도시행결과의 적정성은 제도준수도, 목표달성도, 목적성취도, 제도에 대한 만족도를 점검하여 제도시행결과가 얼마나 적정한지를 판단할 수 있다. 제도시행역량의 적정성은 제도 자체의 적정성과 제도운영의 효율성을 점검하여, 제도시행결과가 만족스럽지 못할 경우 그 원인을 발견할 수 있다. 그에 대한 예시는 다음과 같다.

표 10-2 제도시행여건의 적정성 지표

점검항목			점검지표
제도시행여건의 적정성	제도의 필요성		• 해당 제도가 계속 시행될 필요가 있는가? • 해당 제도를 필요로 하는 정책 문제가 여전히 존재하는가? • 제도 도입의 당초 목적이 현재에도 여전히 유용한가?
	제도에 대한 지지도	문제 및 제도에 대한 언론매체의 관심 및 비판	해당 제도를 통해 해결하고자 하는 문제에 대해 언론이 얼마나 관심을 보이는가?
			해당 제도를 통해 해결하고자 하는 문제를 언론이 얼마나 중요한 것으로 인식하는가?
			해당 제도를 통해 해결하고자 하는 문제를 얼마나 심각한 것으로 받아들이는가?
			• 해당 제도에 관해 언론이 얼마나 문제있는 제도라고 지적하는가? • 얼마나 많은 언론기관이, 얼마나 빈번하게 또는 오랫동안, 얼마나 강하게 비판하는가?
		일반 대중의 관심과 지지	일반 대중들 중 얼마나 많은 사람들이 해당 제도에 관해 얼마나 잘 알고 있는가?
			해당 제도에 관한 일반 대중들의 생각이 얼마나 통일되어 있는가?
			일반 대중들 중 얼마나 많은 사람들이 해당 제도를 얼마나 강하게 지지하는가?
			일반 대중들 중 얼마나 많은 사람들이 해당 제도를 수정할 것을 얼마나 강하게 바라는가?
			일반 대중들 중 얼마나 많은 사람들이 해당 제도를 폐지할 것을 얼마나 강하게 바라는가?
			일반 대중들이 해당 제도에 관해 찬반양론으로 대립하는 정도가 얼마나 심한가?
		제도에 대한 찬성 및 반대 집단의 역량과 활성화 정도	해당 제도에 대해 찬성하는 집단과 반대하는 집단이 서로 얼마나 첨예하게 대립하고 있는가?
			• 제도에 대한 찬성 집단과 반대 집단 중 어느 집단의 역량이 더 우세한가? • 찬성 집단이 반대 집단에 비해 역량이 얼마나 더 우세한가?
			제도에 대한 찬성 집단이 얼마나 활발한가?
			제도에 대한 반대 집단이 얼마나 활발한가?
			제도에 대한 찬성 집단과 반대 집단 중 어느 집단의 활동이 더 활발한가?
		제도 시행 기관에 대한 외부 통제	해당 제도 관련 국회 상임위 소속 국회의원들 중 얼마나 많은 사람들이 해당 제도에 대해 얼마나 호의적인가?
			해당 제도 관련 국회 상임위 소속 국회의원들 중 얼마나 많은 사람들이 해당 제도에 대해 얼마나 강한 관심을 갖는가?
			해당 제도가 관련 국회 상임위 소속 국회의원들의 선거구 구민들의 이익과 얼마나

CHAPTER 10

			직결되는 것인가?
			해당 제도가 관련 국회 상임위 소속 국회의원들의 재선 가능성과 얼마나 직결되는 것인가?
			해당 제도 관련 국회 상임위 소속 국회의원들이 해당 제도에 관해 찬반양론으로 대립되어 있는 정도가 얼마나 되는가?
		정부 기관 들의 지지	해당 제도에 대해 대통령 또는 관련 대통령 참모들이 얼마나 호의적인가?
			해당 제도에 대해 대통령 또는 관련 대통령 참모들이 얼마나 관심을 가지고 있나?
			해당 제도가 대통령의 지지도에 얼마나 큰 영향을 미치는 것인가?
			해당 제도와 관련된 사법부(헌법재판소 포함) 판례가 얼마나 제도시행기관의 입장에서 볼 때 긍정적인가?
			해당 제도에 대해 헌법 소원이 제기되는 경우, 제도의 수정 또는 폐지를 불가피하게 만드는 판결이 있게 될 개연성이 얼마나 되는가?
			해당 제도와 관련한 제도시행기관의 처분에 대해 행정소송 등 사법적 쟁송이 발생하는 경우, 제도시행기관의 입장에서 볼 때 패소할 개연성이 얼마나 되는가?
			해당 제도에 대해 감사기관들(감사원, 국회)이 얼마나 호의적인가?
			해당 제도에 대해 예산당국(기획재정부 예산실 및 국회 예산심의기구)이 얼마나 호의적인가?

표 10-3 제도시행결과의 적정성 지표

점검항목		점검지표
제도시행결과의 적정성	제도준수도	제도 시행 대상 집단구성원들이 지켜야 할 것으로 제도에서 정하고 있는 제반 기준과 원칙, 절차와 행동들이 실제로 얼마나 준수되고 있나?
	목표달성도	제도를 통해 달성하고자 한 각 목표들이 어느 정도나 달성되었는가?
	목적성취도	• 제도의 당초 도입 취지가 어느 정도나 성취되었는가? • 제도시행에 따라 당초 예상치 못했던 부작용이 발생하지는 않았는가? • 그 부작용의 정도는 제도가 달성하고자 하는 효과보다 더 크지는 않은가?
	제도에 대한 만족도	제도에 대한 대상 집단의 만족도는 적정한가?

표 10-4 제도시행역량의 적정성 지표

<table>
<tr><th colspan="3">점검항목</th><th>점검지표</th></tr>
<tr><td rowspan="15">제도시행 역량의 적정성</td><td rowspan="15">제도자체의 적정성</td><td rowspan="3">목표의 명확성 및 일관성</td><td>해당 제도가 지향하는 목표들이 얼마나 분명한가?</td></tr>
<tr><td>해당 제도의 목표들이 얼마나 상호 일관성을 지니는가?</td></tr>
<tr><td>해당 제도의 목표들이 얼마나 일관되게 추구되는가?</td></tr>
<tr><td>타당한 인과관계 이론에의 기초 여부</td><td>해당 제도가 얼마나 타당한 인과관계 이론에 기초하고 있는가?</td></tr>
<tr><td rowspan="3">재정 자원 확보 역량</td><td>적정한 규모의 재정 자원이 제도 시행기관에 조달되도록 하는 규정이 해당 제도 관련 법령 등에 얼마나 잘 마련되어 있나?</td></tr>
<tr><td>재정 자원이 적시에 제도 시행기관에 조달되도록 하는 규정이 해당 제도 관련 법령 등에 얼마나 잘 마련되어 있나?</td></tr>
<tr><td>재정 자원이 안정적으로 제도 시행기관에 조달되도록 하는 규정이 해당 제도 관련 법령 등에 얼마나 잘 마련되어 있나?</td></tr>
<tr><td rowspan="2">제도 시행 인력 충원 역량</td><td>해당 제도가 적정한 규모의 인적자원에 의해 시행될 수 있게 하는 규정이 해당 제도 관련 법령 등에 얼마나 잘 마련되어 있는가?</td></tr>
<tr><td>해당 제도 시행에 필요한 인력을 제도 시행 기관이 적시에 확보할 수 있게 하는 규정이 해당 제도 관련 법령 등에 얼마나 잘 마련되어 있나?</td></tr>
<tr><td rowspan="6">제대로 된 의사결정 · 원칙 확보 역량</td><td>제도 시행에 필요한 제반 의사 결정 기준과 원칙들이 해당 제도 관련 법령 등에 얼마나 잘 정의되어 있는가?</td></tr>
<tr><td>제도 시행에 필요한 제반 의사 결정 기준과 원칙들이 해당 제도 관련 법령 등에 얼마나 명확하게 정의되어 있는가?</td></tr>
<tr><td>제도 시행에 필요한 제반 의사 결정 기준과 원칙들이 신속한 의사결정을 얼마나 가능케 하는 것들인가?</td></tr>
<tr><td>제도 시행에 필요한 제반 의사 결정 기준과 원칙들이 정확한 의사결정을 얼마나 가능케 하는 것들인가?</td></tr>
<tr><td>제도 시행에 필요한 제반 의사 결정 기준과 원칙들이 공정한 의사결정을 얼마나 가능케 하는 것들인가?</td></tr>
<tr><td>제도 시행에 필요한 제반 의사 결정 기준과 원칙들이 일관성 있는 의사결정을 얼마나 가능케 하는 것들인가?</td></tr>
</table>

	제도시행기관 내부 및 관련기관들 간의 관계에 대한 통제력 확보 역량	제도 시행 기관 내부의 상명하복이 제대로 되도록 하는 규정이 해당 제도 관련 법령 등에 얼마나 잘 마련되어 있는가?
		해당 제도 시행과 관련된 제반 기관들 사이의 상명하복이 제대로 되도록 하는 규정이 해당 제도 관련 법령 등에 얼마나 잘 마련되어 있는가?
제도시행 기관의 제도 관리역량 적정성	제도운영 기획력 및 여건변화 대응력의 적정성	제도의 도입 취지와 실제로 부합되게 제도가 운영되고 있는가?
		제도운영을 위한 연간계획 등을 수립하여 제도를 체계적으로 운영 · 관리하고 있는가?
		제도도입 이후 변화된 여건에 대응하여 제도를 적절히 보완하여 시행하고 있는가?
	조직화 및 절차의 적정성	제도 시행에 필요한 권한과 책임이 관련 부서들 및 담당자별로 얼마나 명확하게 정의되고 제대로 배정되어 있는가?
		제도와 관련된 업무처리 절차가 얼마나 신속, 정확, 공정한가?
	인사관리의 역량	제도 시행 담당자들의 숫자가 얼마나 적절한가?
		제도 시행에 필요한 인력을 얼마나 적기에 수급할 수 있도록 되어 있나?
		제도 시행에 필요한 인력을 얼마나 안정적으로 수급되나?
		제도 시행 담당자가 제도 시행에 필요한 전문 지식과 경험을 얼마나 잘 갖추고 있는가?
		제도 시행 담당자가 얼마나 헌신적이고 리더십을 제대로 발휘하는가?
	재무관리의 역량	제도 시행에 투입되는 재정 규모가 얼마나 적절한가?
		필요한 재정을 얼마나 적기에 공급받으며 제도가 시행되는가?
		필요한 재정을 얼마나 안정적으로 공급받으며 제도가 시행되는가?
	기관장의 의지와 지원, 개인적 역량	제도시행기관장이 해당 제도에 대해 얼마나 많은 관심을 기울이는가?
		제도시행기관장이 해당 제도를 시행할 의지를 얼마나 강하게 가지고 있는가?
		제도시행기관장이 해당 제도 주무 부서의 활동을 얼마나 적극적으로 지원하는가?
		제도시행기관장이 대외적으로 얼마나 영향력이 있는 기관장인가?

	반부패 및 이해충돌 회피 역량	제도 시행 기관에서 공금 횡령, 배임 등의 부패 행위가 발생하는 것이 얼마나 어렵게 되어 있는가?
		제도 시행 기관에서 이해충돌 회피를 위한 노력을 얼마나 적극적으로 펴고 있는가?
		제도 시행 기관에서 이해충돌 회피가 실제로 얼마나 엄격하게 지켜지는가?
	점검 및 평가, 환류 역량	제도가 실효성 있게 시행되고 있는지가 얼마나 상시적으로 점검되는가?
		제도의 실효성에 대한 사후적 평가가 얼마나 적시에 공정하고, 투명하게 이루어지는가?
		제도의 실효성 점검과 사후 평가에 공식적으로 참여한 외부인들이 얼마나 적절한 사람들로 구성되었는가?
		제도의 실효성 점검과 사후 평가에 대한 외부인들의 공식적인 참여 횟수가 얼마나 적절한가?
		제도의 실효성 점검과 사후 평가에 공식적으로 참여한 외부인들이 얼마나 성실하게 임무를 수행했는가?
		제도의 실효성 점검과 사후 평가에 공식적으로 참여한 외부인들이 성실하게 임무를 수행하는 데 필요한 제반 행 · 재정적 지원이 얼마나 적절한가?
		제도의 실효성에 대한 사전 점검과 사후 평가 결과가 얼마나 신속, 정확, 투명하게 제도 개선에 반영되는가?
	외부 환경 관리 역량	국민, 이해관계자 등과 쌍방향 의사소통을 얼마나 잘 하고 있는가?
		외부의 비판적 의견에 대해 얼마나 개방적인가?
		제도 시행에 있어 정부 안팎의 관계 기관들과 얼마나 적극적인 협력관계를 유지하는가?
	집행의 효율성	제도의 비용대비 효과는 적정한가?
		예산절감 또는 집행의 효율성을 제고한 실적이 있는가?

CHAPTER 10

2 사회복지시설의 평가

사회복지기관의 평가는 사회복지서비스의 확대와 사회복지대상의 다양화에 의하여 사회복지시설의 무분별한 증가를 막고, 서비스 질을 향상시키기 위하여 실시되고 있다. 이는 「장애인복지법」, 「노인복지법」, 「아동복지법」, 「정신보건법」 등 「사회복지 사업법」[3] 제2조의 개별법상 요보호 대상자들을 보호하고 있거나 본인이나 가족의 보호요청에 의해 시설에서 거주하고 있는 경우, 혹은 사회복지시설임을 외부에 표방하여 운영하는 경우는 사회복지시설로 구분되고 있다. 사회복지시설 평가제도는 1998년 이후 도입되어 전국적으로 시행되고 있는데, 이는 사회복지시설의 책임성이 검증을 통하여 사회복지조직에 대한 사회적 신뢰의 향상과 사회복지 전문가들에 대한 인식도 좋아져 사회적인 후원이나 지지의 참여를 확대시키는 효과가 있다. 또한 사회복지시설은 지역주민의 복지욕구에 적합한 복지서비스의 자원개발과 국가로부터 위탁으로 사회복지서비스를 전달함에 있어서, 합리적이고 효율적인 시설운영과 효과적인 서비스전달의 책임을 갖게 된다. 또한 이러한 평가방식은 결국 선진화된 복지서비스의 제공을 가능하게 하므로, 매우 바람직하며 공정한 평가로 더욱 질 높은 사회복지서비스가 구현되어야 할 것이다.

3) 사회복지사업에 관한 기본적 사항을 규정하여 사회복지를 필요로 하는 사람의 인간다운 생활을 할 권리를 보장하고 사회복지의 전문성을 높이며, 사회복지사업의 공정 · 투명 · 적정을 기함으로써 사회복지의 증진에 이바지함을 목적으로 한다. (사회복지사업법[社會福祉事業法])

1) 사회복지시설의 정의와 종류

(1) 사회복지시설의 정의[4)]

사회복지시설의 법률상 정의로 사회복지시설이란 법 제2조에 따른 “사회복지사업”을 행할 목적으로 설치된 시설을 의미한다. 「사회복지사업법」은 사회복지사업에 관한 기본법으로, 「노인복지법」, 「아동복지법」 등 개별 법령에 별도의 규정이 있을 경우에는 해당 법령 우선적으로 적용된다.

> 사회복지사업(「사회복지사업법」 제2조)
> 「사회복지사업법」 제2조 제1호에 규정된 개별법령*에 의한 “보호 · 선도 또는 복지에 관한 사업”과 “사회복지상담 · 직업지원 · 무료 숙박 · 지역사회복지 · 의료복지 · 재가복지 · 사회복지관 운영 · 정신질환자 및 한센병력자 사회복귀에 관한 사업” 등 각종 복지사업과 이와 관련된 “자원봉사활동 및 복지시설의 운영 또는 지원을 목적으로 하는 사업”을 말함
>
> * 개별법령
> ① 「국민기초생활보장법」 ② 「아동복지법」 ③ 「노인복지법」 ④ 「장애인복지법」 ⑤ 「한부모가족지원법」 ⑥ 「영유아보육법」 ⑦ 「성매매방지 및 피해자보호 등에 관한 법률」 ⑧ 「정신보건법」 ⑨ 「성폭력방지 및 피해자 보호 등에 관한 법률」 ⑩ 「입양특례법」 ⑪ 「일제하 일본군위안부 피해자에 대한 생활안정지원 및 기념사업 등에 관한 법률」 ⑫ 「사회복지공동모금회법」 ⑬ 「장애인 · 노인 · 임산부 등의 편의증진보장에 관한 법률」 ⑭ 「가정폭력방지 및 피해자 보호 등에 관한 법률」 ⑮ 「농어촌 주민의 보건복지증진을 위한 특별법」 ⑯ 「식품기부활성화에 관한 법률」 ⑰ 「의료급여법」 ⑱ 「기초연금법」 ⑲ 「긴급복지지원법」 ⑳ 「다문화가족지원법」 ㉑ 「장애인연금법」 ㉒ 「장애인활동 지원에관한 법률」 ㉓ 「노숙인 등의 복지 및 자립지원에 관한 법률」 ㉔ 「보호관찰 등에 관한 법률」 ㉕ 「장애아동복지지원법」 ㉖ 「발달장애인 권리보장 및 지원에 관한 법률」

4) 2016 사회복지시설 관리안내, 보건복지부.

※ 「**사회복지사업법**」 **제43조의 2**(시설의 평가)

이러한 법적 근거에 따라 보건복지부장관과 시 · 도지사는 보건복지부령으로 정하는 바에 의하여 시설을 정기적으로 평가하고, 그 결과를 시설의 감독 · 지원 등에 반영하거나 혹은 시설 거주자를 다른 시설로 보내는 등의 조치를 할 수 있도록 하였다. 이때 보건복지부장관이나 시 · 도지사는 제1항의 평가결과에 따라서 시설 거주자를 다른 시설로 보내는 경우에는 제38조 제3항의 조치를 하여야 한다.

※ 「**사회복지사업법**」 **시행규칙 제27조**(시설의 평가)

법적 근거에 의하여, 보건복지부장관 및 시 · 도지사는 법 제43조의 규정에 의하여 3년마다 1회 이상 시설에 대한 평가를 실시하여야 한다. 법률상 규정에 따라 제1항의 규정에 의한 시설의 평가기준은 입소정원의 적정성, 종사자의 전문성 및 시설의 환경과 관련하여 평가하게 된다. 그리고 시설거주자에 대한 서비스의 만족도 및 시설의 운영개선에 필요한 사항을 평가할 수 있다.

이에 제1항의 규정에 의한 평가의 방법과 기타 평가에 관하여 필요한 사항은 보건복지부장관이 정하도록 하여, 사회복지시설에 대한 평가를 통하여 사회복지시설의 운영 효율화 및 서비스의 질 및 사회복지시설 이용자 · 생활자에 대한 사회복지서비스의 질 향상을 도모할 수 있게 되었다. 뿐만 아니라, 합리적 평가지표와 평가체계의 개발을 통하여 사회복지시설에 대한 객관적인 평가의 기틀을 마련하였다.

사회복지시설의 평가의 목적을 정리하면 다음과 같다. 사회복지시설평가제도는 사회복지의 서비스 수급자의 인권을 보호하고, 지역사회와의 연계 속에서 시설평가를 통해 시설운영의 효율성 및 투명성 확보에 기여할 수 있다. 사회복지협의회의 시설평가의 목적의 제시는 다음과 같다(사회복지협의회 시설평가실, 2016).

첫째, 사회복지시설의 평가를 통하여 사회복지시설의 운영의 효율화 및 서비스의 질을 제고하여, 사회복지시설 이용자와 생활자에 대한 사회복지서비스의 질 및 향상을 도모할 수 있다.

둘째, 합리적 평가지표와 평가체계의 개발을 통하여 사회복지시설에 대한 객관적인 평가의 기틀을 마련하였다.

셋째, 전국적으로 사회복지시설 평가를 통하여 사회복지시설 운영수준에 대한 지역별 및 시설종별 차이를 파악하도록 하였으며, 이의 개선을 위한 사회복지시설 운영수준의 균형화 대책마련을 위한 기초자료를 확보하였다.

넷째, 사회복지 수요증대에 따라서 사회복지시설 운영상태에 대한 정보제공으로 사회복지시설에 대한 국민의 선택권 확대 및 보장에 기여하였다.

다섯째, 국민들에게 직접 복지서비스를 제공하는 사회복지시설의 기능강화를 통해 사회안전망을 강화하고 시설운영의 선진화에 기여하였으며 국민의 복지수준 향상에 기여하였다.

이를 통하여 전국적으로 사회복지시설 평가가 가능하게 되었다. 또한 사회복지시설 운영수준에 대한 지역별 및 시설종별 상황을 파악하는 효과가 있었으며, 사회복지시설 운영수준의 균형화 대책마련을 위한 기초자료의 확보가 평가를 통하여 가능하게 되었다. 뿐만 아니라, 사회복지 수요증대에 따른 사회복지시설 운영상태에 대한 정보제공으로 사회복지시설의 국민의 선택권이 확대 및 보장되었으며, 국민들에게 직접 복지서비스를 제공하는 사회복지시설의 기능강화는 사회안전망을 강화를 통하여 시설운영의 선진화와 국민의 복지수준 향상에 기여하는 효과가 있었다.

2) 사회복지시설의 종류

(1) 소관부처별 사회복지시설 종류

소관부처	시설종류	세부종류		관련법
		생활시설	이용시설	
보건복지부	노인복지시설	• 노인주거복지시설 • 노인의료복지시설	• 재가노인복지시설 • 노인여가복지시설 • 노인보호전문기관 • 노인일자리지원기관	「노인복지법」
	복합노인복지시설	• 농어촌에 지역에 한해 「노인복지법」 제31조 노인복지시설을 종합적으로 배치한 복합노인복지시설을 설치 · 운영 가능		「농어촌주민의 보건복지증진을 위한 특별법」
	아동복지시설	• 아동양육시설 • 아동일시보호시설 • 아동보호치료시설 • 자립지원시설 • 공동생활가정	• 아동상담소 • 아동전용시설 • 지역아동센터	「아동복지법」
	장애인복지시설	• 장애유형별 거주시설 • 중증장애인 거주시설 • 장애영유아 거주시설 • 장애인단기 거주시설 • 장애인공동생활가정	• 장애인지역사회재활시설 • 장애인직업재활시설 • 장애인의료재활시설 • 장애인생산품판매시설	「장애인복지법」
	어린이집		• 어린이집	「영유아보육법」
	정신보건시설	• 정신요양시설 • 사회복귀시설 중 생활시설	• 사회복귀시설 중 이용시설	「정신보건법」
	노숙인시설	• 노숙인자활시설 • 노숙인재활시설 • 노숙인요양시설	• 노숙인종합지원센터 • 노숙인일시보호시설 • 노숙인급식시설 • 노숙인진료시설 • 쪽방상담소	「노숙인 등의 복지 및 자립지원에 관한 법률」

<table>
<tr><th rowspan="2">소관 부처</th><th rowspan="2">시설종류</th><th colspan="2">세부종류</th><th rowspan="2">관련법</th></tr>
<tr><th>생활시설</th><th>이용시설</th></tr>
<tr><td rowspan="2"></td><td>사회복지관
결핵 · 한센시설</td><td>• 결핵 · 한센시설</td><td>• 사회복지관</td><td>「사회복지사업법」</td></tr>
<tr><td>지역자활센터</td><td></td><td>• 지역자활센터</td><td>「국민기초생활보장법」</td></tr>
<tr><td rowspan="5">여성 가족부</td><td>성매매피해지원시설</td><td>• 일반지원시설
• 청소년지원시설
• 외국인여성지원시설
• 자립지원공동생활시설</td><td>• 자활지원센터</td><td>「성매매 방지 및 피해자보호 등에 관한 법률」</td></tr>
<tr><td>성폭력피해보호시설</td><td>• 성폭력피해자보호시설</td><td>• 성폭력피해상담소</td><td>「성폭력 방지 및 피해자 보호 등에 관한 법률」</td></tr>
<tr><td>가정폭력보호시설</td><td>• 가정폭력피해자보호시설</td><td>• 가정폭력상담소</td><td>「가정폭력 방지 및 피해자 보호 등에 관한 법률」</td></tr>
<tr><td>한부모가족복지시설</td><td>• 모자가족복지시설 (기본, 공동, 자립)
• 부자가족복지시설 (기본, 공동, 자립)
• 미혼모자가족복지시설 (기본, 공동)</td><td>• 한부모가족복지상담소</td><td>「한부모가족지원법」</td></tr>
<tr><td>다문화가족지원센터</td><td></td><td>• 다문화가족지원센터</td><td>「다문화가족지원법」</td></tr>
</table>

출처 : 2016 사회복지시설 관리안내, 보건복지부.

(2) 보건복지부 소관 사회복지시설의 종류

<table>
<tr><th>대상자별</th><th>형태</th><th colspan="2">시설종류</th><th>소관부서</th><th>관련법령</th></tr>
<tr><td rowspan="9">노인</td><td rowspan="4">생활</td><td rowspan="2">○ 주거</td><td>• 양로시설, 노인 공동생활가정</td><td rowspan="5">요양보험운영과</td><td rowspan="9">「노인복지법」
제31조</td></tr>
<tr><td>• 노인복지주택</td></tr>
<tr><td rowspan="2">○ 의료</td><td>• 노인요양시설</td></tr>
<tr><td>• 노인요양공동생활가정</td></tr>
<tr><td rowspan="5">이용</td><td>○ 재가</td><td>• 재가노인복지시설(방문요양, 주 · 야간 보호, 단기보호, 방문목욕)</td></tr>
<tr><td rowspan="2">○ 여가</td><td>• 노인복지관</td><td rowspan="3">노인정책과</td></tr>
<tr><td>• 경로당, 노인교실</td></tr>
<tr><td colspan="2">○ 노인보호전문기관</td></tr>
<tr><td colspan="2">○ 노인일자리지원기관</td><td>노인지원과</td></tr>
<tr><td rowspan="6">아동</td><td rowspan="4">생활</td><td colspan="2">○ 아동양육시설, 공동생활가정</td><td rowspan="5">아동복지정책과</td><td rowspan="6">「아동복지법」
제52조</td></tr>
<tr><td colspan="2">○ 아동일시보호시설</td></tr>
<tr><td colspan="2">○ 아동보호치료시설</td></tr>
<tr><td colspan="2">○ 자립지원시설</td></tr>
<tr><td rowspan="2">이용</td><td colspan="2">○ 아동상담소, 아동전용시설</td></tr>
<tr><td colspan="2">○ 지역아동센터</td><td>아동권리과</td></tr>
<tr><td rowspan="10">장애인</td><td rowspan="5">생활</td><td rowspan="5">○ 생활시설</td><td>• 장애유형별 거주시설</td><td rowspan="10">장애인권익지원과</td><td rowspan="10">「장애인복지법」
제58조</td></tr>
<tr><td>• 중증장애인 거주시설</td></tr>
<tr><td>• 장애영유아 거주시설</td></tr>
<tr><td>• 장애인단기 거주시설</td></tr>
<tr><td>• 장애인공동생활가정</td></tr>
<tr><td rowspan="5">이용</td><td rowspan="4">○ 지역사회 재활 시설</td><td>• 장애인복지관</td></tr>
<tr><td>• 장애인주간보호시설</td></tr>
<tr><td>• 장애인체육시설, 장애인수련시설, 장애인생활이동지원센터</td></tr>
<tr><td>• 수화통역센터, 점자도서관, 점서 및 녹음서 출판시설</td></tr>
<tr><td colspan="2">○ 장애인의료재활시설</td></tr>
</table>

<table>
<tr><th>대상자별</th><th>형태</th><th colspan="2">시설종류</th><th>소관부서</th><th>관련법령</th></tr>
<tr><td rowspan="3"></td><td rowspan="3"></td><td rowspan="2">○ 직업재활 시설</td><td>• 장애인보호작업장</td><td rowspan="3">장애인자립기반과</td><td rowspan="3"></td></tr>
<tr><td>• 장애인근로사업장</td></tr>
<tr><td colspan="2">○ 장애인생산품판매시설</td></tr>
<tr><td>영유아</td><td>이용</td><td>○ 어린이집</td><td>국공립, 법인, 직장, 가정, 부모협동, 민간</td><td>보육기반과</td><td>「영유아보육법」 제10조</td></tr>
<tr><td rowspan="2">정신 질환자</td><td>생활</td><td colspan="2">○ 정신요양시설, 사회복귀시설[정신질환자생활시설(입소생활시설), 정신질환자지역사회재활시설(공동생활가정, 단기보호시설), 중독자재활시설, 정신질환자종합시설]</td><td rowspan="2">정신건강정책과</td><td rowspan="2">「정신보건법」 제10조, 제15조 및 제16조</td></tr>
<tr><td>이용</td><td colspan="2">○ 사회복귀시설[정신질환자지역사회재활시설(주간재활시설), 정신질환자직업재활시설, 정신질환자생산품판매시설, 정신질환자종합시설]</td></tr>
<tr><td rowspan="2">노숙인 등</td><td>생활</td><td colspan="2">○ 노숙인자활시설
○ 노숙인재활시설
○ 노숙인요양시설</td><td rowspan="2">자립지원과</td><td rowspan="2">「노숙인 등의 복지 및 자립지원에 관한 법률」</td></tr>
<tr><td>이용</td><td colspan="2">○ 노숙인종합지원센터
○ 노숙인일시보호시설
○ 노숙인급식시설
○ 노숙인진료시설
○ 쪽방상담소</td></tr>
<tr><td>지역주민</td><td>이용</td><td colspan="2">○ 사회복지관</td><td>사회서비스자원과</td><td>「사회복지사업법」</td></tr>
<tr><td rowspan="2">기타시설</td><td>복합</td><td colspan="2">○ 결핵 · 한센시설</td><td>질병관리본부
(에이즈 · 결핵관리과)</td><td>「사회복지사업법」</td></tr>
<tr><td>이용</td><td colspan="2">○ 지역자활센터</td><td>자립지원과</td><td>「국민기초생활 보장법」</td></tr>
</table>

출처 : 2016 사회복지시설 관리안내, 보건복지부.

3) 사회복지시설의 평가 실시배경[5)]

사회복지시설 평가는 1998년 「사회복지사업법」의 개정의 이래 1999년부터 실시하였다. 1998년 당시 IMF라는 국가적 경제 위기에서 사회복지분야에 대한 재정지출이 늘고 있으며, 이 과정에서 사회복지 분야에서 사회복지시설 운영의 합리화 및 투명화, 사회복지서비스 질의 향상, 사회복지 재원사용에 관한 효율성 등에 대한 당위성이 제기되었다. 이와 더불어 공급자 중심의 복지에서 수요자 중심의 복지로 전환되었으며, 인권을 중시하는 사회복지 패러다임의 변화에 따라서 사회복지시설에 대한 정부의 평가는 법 개정 이듬해인 1999년부터 시작되어, 현재까지 제5기('15년) 평가가 이루어지고 있다.

(1) 사회복지시설의 평가목적[6)]

사회복지시설 평가의 목적은 크게 장기적 목적과 단기적 목적으로 나눌 수 있는데, 장기적 목적은 다음과 같다(보건복지부, 2013), 첫째, 사회복지시설의 투명성 제고와 서비스 질 향상을 통한 사회복지시설 이용자와 국민 복지수준의 향상에 기여한다. 둘째, 평가결과를 반영한 예산집행의 효율성과 합리성을 유도하며 사회복지시설 운영의 선진화를 지향함으로써 서비스 수준의 상향에 기여한다. 셋째, 사회복지시설의 평가정보를 복지대상자 및 일반 국민에게 정확하게 제공하여 국민에게 서비스와 시설선택에 관한 기초자료로 활용하게 한다. 다섯째, 사회복지시설 운영수준에 대한 지역 및 시설종별 차이를 파악하여, 사회복지시설의 균형적 발전에 기여하고자 한다. 사회복지시설 평가의 단기적 목적은 다음과 같다.

---

5) 2013년 사회복지시설 평가 결과보고서, 보건복지부(2013).
6) 2013년 사회복지시설 평가 결과보고서, 보건복지부(2013).

첫째, 시설 간 선의의 경쟁유도를 통한 시설운영 및 서비스를 향상시킬 수 있다. 둘째, 생활인 · 이용자의 인권을 보호하고 지역사회와의 긴밀한 연계 속에서 사회복지시설이 운영될 수 있다. 셋째, 사회복지시설의 실태파악을 통하여 국가 지원 수준에 대한 객관적인 근거자료를 제공할 수 있다.

(2) 사회복지시설의 평가의 원칙

다양한 사회복지시설을 대상으로 하는 평가의 전체 과정으로 평가기준, 지표개발, 평가의 시행과 평가결과에 대한 조치 등에서 반영되었단 기본원칙들은 한국보건사회연구원(2001)에 의하면 다음과 같이 제시될 수 있다. 첫째, 서비스 질 향상의 원칙, 둘째, 투명한 평가절차의 원칙, 셋째, 평가의 참여원칙, 넷째, 기본선의 확보원칙, 다섯째, 이용자 중심원칙, 여섯째, 지역사회관계의 원칙이다(한국보건사회연구원, 2001). 이에 한국보건사회연구원이 제시한 바는 다음과 같다.

첫째, 사회복지시설의 평가는 시설운영의 개선과 서비스의 질 제고를 유도하는 수단으로 작용하여야 한다. 둘째, 평가기준은 평가지표 개발이 의도하는 바를 모든 사람이 이해하고 수행할 수 있도록 쉽고 상세히 구성하며, 평가기준 및 평가과정을 사전에 공개하여 평가지표에 대한 이해를 명료히 인지시키고 평가절차의 투명성을 확보하여야 한다. 셋째, 평가대상 시설이 평가과정에 참여하는 참여자로 평가과정에서 평가대상의 시설이 스스로 문제점을 객관적으로 인식하고 개선의 노력을 기울일 수 있도록 하여야 한다. 이것은 사회복지시설 평가가 기존의 감사와 달리 시설이 참여하여 평가할 수 있도록 하며, 평가를 통해 긍정적인 발전의 기회를 갖도록 하는 평가의 목적을 수행한다. 넷째, 사회복지시설을 이용하는 이용자 중심의 평가로 이용자 만족도와 서비스의 질을 고려하여야 한다. 다섯째, 사회복지시설이 지역사회 내에서 융화될 수 있도록 지역사회와의 원활한 상호관계를 유도하는 방향이 바람직하다.

(3) 사회복지시설의 평가지표

가. 평가지표의 구성

사회복지시설의 평가지표를 다음과 같이 구성할 수 있으며, 이를 살펴보면 시설 및 환경, 재정 및 조직운영, 인적자원의 관리, 프로그램 및 서비스, 이용자의 권리, 지역사회와의 관계 등으로 구성되어 있음을 알 수 있다.

(1) 시설 및 환경(A)
(2) 재정 및 조직운영(B)
(3) 인적자원관리(C)
(4) 프로그램 및 서비스(D)
(5) 이용자/생활인의 권리(E)
(6) 지역사회관계(F)

표 10-5 사회복지시설 평가지표 공통영역

<table>
<tr><th rowspan="2">평가영역</th><th colspan="3">주요지표</th></tr>
<tr><th>공통</th><th>이용시설</th><th>생활시설</th></tr>
<tr><td>시설 및 환경</td><td>안전관리</td><td>• 편의시설의 적절성
• 식품위생</td><td>• 편의시설의 적절성
• 위생상태의 적절성</td></tr>
<tr><td>재정 및 조직</td><td>• 보조금 대비 운영법인의 자부담(전입금) 비율
• 보조금 대비 사업비 비율
• 보조금 대비 후원금 비율
• 시설의 미션과 비전 및 중·장기계획
• 운영위원회 구성 및 활동 등
• 회계의 투명성</td><td colspan="2">–</td></tr>
<tr><td>인적자원 관리</td><td>• 월평균 확보 직원 대비 자격증소지 직원 비율
• 직원의 근속률
• 직원 교육 활동비
• 직원 외부교육활동시간
• 직원채용의 공정성
• 직원업무평가
• 직원교육
• 직원고충처리
• 직원복지
• 수퍼비전</td><td>• 직원의 충분성
• 관장(시설장)의 전문성
• 최고중간관리자의 전문성</td><td>• 법정직원수 대비 직원충원율
• 시설장의 전문성
• 최고중간관리자(사무국장)의 전문성</td></tr>
<tr><td>프로그램 및 서비스</td><td>–</td><td colspan="2">• 시설 특성에 맞는 프로그램·서비스의 실적, 기획/실시/평가의 여부 및 적절성 등</td></tr>
<tr><td>이용자 (생활인) 권리</td><td>• 이용자의 비밀보장
• 이용자의 고충처리</td><td>• 서비스 정보제공 및 이용자 자기결정권</td><td>• 생활인의 인권보장</td></tr>
<tr><td>지역사회관계</td><td>• 자원봉사자의 활용
• 외부자원개발
• 자원봉사자 관리
• 후원금(품)의 사용 및 관리
• 홍보</td><td colspan="2">–</td></tr>
</table>

※ 시설 개별유형의 특성화지표는 표시하지 않음.

출처 : 사회복지시설 평가 결과보고서, 보건복지부(2013).

(4) 사회복지시설 평가의 중요성

사회복지시설 평가제도는 사회복지시설의 운영과 활동의 기준선을 제공하고, 이를 통해 사회복지시설들이 운영과 활동을 보다 체계화하는 과정이 요구된다. 또한 이러한 과정은 지역사회와의 상호작용에 있어서도 중요한 과정이다. 따라서 앞으로 더욱 구체화된 중요 지표의 적용과 공정하고 엄중한 심사를 통하여 사회복지시설이 평가될 때, 이용자들의 편의와 권리가 증진될 것이다.

3 사회복지조직의 프로그램 평가

1) 프로그램 평가의 자료 유형 : 성과측정

프로그램의 실행에서 성과측정, 모니터링, 프로그램의 평가는 프로그램의 자료가 사용되는 경우에 따라 서로 중복될 수 있다. 즉, 성과측정, 모니터링, 프로그램의 평가 사이의 차이는 상당 부분이 프로그램 자료가 사용되는 시기와 방법의 차이에서 기인하는 것이므로, 프로그램 자료의 유형에 의한 차이는 크지 않은 편이다. 성과측정에는 외부 보고 및 재원투입의 정당성의 목적으로 프로그램 자료가 사용된다. 모니터링은 관리차원의 목적으로 프로그램의 실행 중에 활용된다. 그리고 최종 프로그램 평가는 수행 종료 후 정책 및 기획의 목적으로 차기 프로그램 자료로 사용된다.

(1) 품질 성과측정의 유형별 접근차원

가. 프로그램 성과측정의 정의

성과측정이란 사회복지 프로그램의 효율성, 효과성, 서비스 품질 등에 관한 정보에 대하여 규칙적으로 수집하고 분석하는 것으로 정의내릴 수 있다. 즉, 성과측정은 프로그램에서 제공되는 서비스의 총량에 대하여 서비스의 품질, 프로그램의 적합성이나 영향 및 투입자원, 즉 인적자원과 물적자원 등에 관한 비용과 같은 정보들을 규칙적으로 수집하고 보고하는 것을 의미한다. 성과측정은 프로그램의 책무성의 정당성을 제시하기 위한 많은 접근법 중의 하나이다. 이는 프로그램의 어떠한 측면에 초점을 두어 중시하느냐에 따라 과정평가, 재정감사, 법적 사정, 전달체계의 점검 등이 있게 된다. 따라서 성과측정은 프로그램의 결과와 영향, 효율성 등을 강조하는 평가 방식으로 외부 재원을 지원을 받아 진행하게 되는 프로그램의 성과를 정당화하기 위한 수단이다. 또한 성과측정은 프로그램의 비용 대비 효율성, 서비스 품질, 목적달성의 효과성 등을 중점적으로 분석한다.

성과측정을 수행하는 과정에서는 많은 요인 중에서 어느 것이 더 중요하다는 가정을 하지는 않으며, 다만 성과측정의 결과를 활용하는 사람들의 필요에 따라서 특정 영역을 강조하는 형식을 취할 수 있다.

나. 성과측정의 의의

사회복지 프로그램의 성과측정은 다음과 같은 의의를 지닌다.

첫째, 성과측정은 사회복지 프로그램의 충실한 관리능력을 향상시키기 위한 도구이다.

둘째, 성과측정은 사회복지 프로그램의 재원 할당과 조정에 영향을 미칠 수 있는 도구이다.

셋째, 대부분의 중요한 성과측정은 사회복지 프로그램의 피드백에 필수적인 과정이다.

두 가지 기본 접근, 첫째, 품질차원의 평가에 의한 산출, 둘째, 클라이언트 만족 접근이 서비스 품질의 성과측정을 촉진시키기 위해 존재한다. 각각의 초점에서 품질차원의 평가에 의한 산출은 서비스 품질에 해당되는 개념이며, 클라이언트의 만족 접근은 서비스의 품질뿐 아니라 결과, 영향, 그리고 서비스 이행 등 양쪽 모두를 보여줄 수 있다.

다. 성과측정과 프로그램의 점검사항

사회복지행정과 프로그램의 점검을 적합하게 관리하기 위해서 기본적으로 점검되어야 하는 사항은 다음과 같다.

① 누가 클라이언트이며 어떠한 욕구를 가지고 있는가?
② 그들의 사회 인구학적 특징은 무엇인가? 또한 문화적인 특징은 무엇인가?
③ 그들의 사회적 또는 표출된 문제는 무엇인가?
④ 그들은 어떤 서비스 수혜를 받고 있는가?
⑤ 서비스 제공의 총계는 얼마인가?
⑥ 서비스 품질은 어떠한가?
⑦ 어떤 결과가 예측되고 달성되었는가?
⑧ 비용 대비 효과는 얼마인가?

이와 같은 점검은 사회복지실천가들이 사회복지 프로그램 제공이라는 서비스 향상을 위해 개입시점 및 모니터링뿐 아니라, 어떤 클라이언트들이 존재하며 사회문제 혹은 개인문제의 해결을 위해서 얼마나 많이 도움을 받고 있는지 피드백을 해줌으로써 서비스 실천의 완성도를 높여갈 수 있다.

라. 성과측정과 자원 조정

상기요인에 대한 프로그램의 성과측정은 정부와 민간기관의 사회복지 프로그램에 대한 자원조정할당에 대한 결정에 영향을 미칠 수 있다. 모든 사회복지 프로그램들이 비교할 수 있는 성과측정 도구를 가지고 이를 통하여 분석한다면, 정부와 민간은 예산배분, 보조금 할당, 위탁기관에 대한 계약 결정을 내리는 판단의 정보로 활용할 수 있다. 예를 들면, 주요 재원을 지원해야 하는 두 개의 민간서비스 기관 중 한 곳을 지원해야 하는 입장에 있다고 가정하자. 그렇다면 두 기관 중에서 클라이언트에게 더 나은 결과를 도출하여 목적을 달성하는 체계적이고 투명한 기관, 적은 지원으로 훌륭한 성과를 얻는 기관에 힘이 실리게 된다. 그러므로 성과측정은 사회복지의 예산 집행과정과 정책뿐 아니라, 사회복지 자금정책, 나아가 사회복지정책 및 행정에도 영향을 미칠 수 있다.

마. 산출 성과의 측정

산출의 성과측정은 모든 기관의 운영에서 매우 중요한 과정이다. 성과측정을 투입과 비교할 때, 그 결과로써 생기는 생산성 비율은 사업체의 상대적인 효율성의 측정이다. 산출과 산출 성과측정은 사회복지 프로그램에서도 동일한 기능을 한다.

예를 들면 직업훈련 프로그램은 두 가지 활동, 즉 첫째, 채용하려는 기업과 사원훈련 프로그램을 통한 배치, 둘째, 예상되는 심사과정 및 요구조건 및 연결 등에 관련된다고 할 수 있다. 직업훈련 프로그램의 최종 산출은 한 명의 채용된 클라이언트이다. 중간 산출 즉, 최종 산출을 낳는 데 소비되는 서비스는 투입된 서비스의 횟수이다. 만일 직업훈련 프로그램이 채용된 사원들의 숫자만 계산한다면, 실제 산출된 결과를 얻기 위해 요구되는 활동의 양인 중간 산출은 설명되지 못할 것이다. 따라서 중간과정과 최종결과가 모두 중간 및 최종 산출의 성과측정을 통해서 직업훈련 프로그램의 포괄적인 비전을 제공하게 된다. 중간 산출 성과측정은 서비스 단위(units of service)의 측정으로, 최종 산출의 성과측정은 서비스의 완료(service completion)로 이해된다.

바. 서비스 단위의 정의

서비스 단위는 어느 정도 양의 서비스가 사회복지 프로그램에서 제공되었는지를 결정하고 분석하기 위해 사용되는 표준화 측정의 기본 단위이다. 즉, 서비스 단위는 프로그램을 통해 제공되는 특정 서비스 양의 측정이다. 사회복지는 다양한 프로그램을 포함한다. 예를 들어 주간보호(아동과 성인, 노인 모두), 부모훈련, 레크리에이션, 상담과 직업훈련 등이 사회복지의 범주가 되고, 이들은 서비스 양의 측정을 필요로 한다. 따라서 이에 대한 연구와 개발이 필요하다.

사. 서비스 단위 선택

사회복지 프로그램의 제공에 있어서 서비스의 단위의 선택은 다음의 세 단계의 과정을 포함하고 있다.

첫 번째 단계로, 사회복지 프로그램에 관계되는 이해관계자들 중에서 대표되는 표적집단이나 위원회의 소집이 요구된다.

두 번째 단계로, 사건이나 접촉의 단위, 물질단위, 그리고 시간단위를 포함하여 다양한 서비스의 단위를 예측해 본다. 이러한 접근방식은 향후 더 유용한 서비스 단위 준비에 도움이 된다.

세 번째 단계로, 다음의 5가지 기준, 즉 유용성, 정확성, 실행가능성, 단위 비용 보고,

합의를 기준으로 서비스의 단위 등을 평가해보자.

다음 기본적인 용어에 유의하여 사회복지전문가로서의 평가단위를 숙지하는 것이 필요하다.

① **유용성**(Utility) : 유용성이란 사회복지 프로그램과 그 프로그램에서 다루는 주어진 사회문제의 특징과 프로그램 등의 대처에 대해 적절한 단위물을 제공하는 것이다.

② **정확성**(Precision) : 서비스의 단위가 더 정확할수록 사회복지 프로그램에 대해서 발생되는 영향도 더 정확하게 산출될 수 있다.

③ **실행가능성**(Feasibility) : 실행가능성은 서비스 자료의 단위에 대한 실천적 차원의 점검으로, 프로그램 직원들에 의해 요구되는 시간과 노력에 대한 성과가 목적을 달성할 수 있는가 하는 차원의 문제이다.

④ **단위 비용 보고**(Unit cost reporting) : 서비스의 한 단위를 제공하기 위해서 얼마나 많은 비용이 드는가 하는 점의 단위비용은 손익분기점의 계산, 수익, 그리고 서비스 구매의 계약을 포함해서 사회복지 프로그램의 실천을 위한 다양한 목적달성을 위해 활용된다.

⑤ **합의**(Consensus) : 사회복지 프로그램의 관계자들은 의사소통을 통한 의사결정과 그에 동의한 서비스의 단위의 진행이라는 합의에 이른다.

(2) 성과측정과 체계 모델

사회복지 프로그램의 성과측정을 논의하는 것에서는 체계 모델이 유용하다. 즉, 체계 모델은 사회복지 프로그램이 어떻게 작용하고 있는지에 대한 역동성을 이해하는 데에 활용되어 왔다. 일반적으로 체계 모델의 기본과정은 투입, 과정(전환), 산출, 피드백으로 순환과정을 이루고 있다.

첫째, 투입이란 사회복지 프로그램이 가진 목적을 달성하기 위해 투입되는 일련의 것들이다. 따라서 사회복지 프로그램에 들어가는 자원과 재료들로, 예를 들면 장소, 자금, 직원, 설비, 장비 등으로 프로그램에 관련한 포괄적 개념이다. 둘째, 과정은 투입이 산출로 나타나는 형식이 되고, 프로그램이 진행되는 동안 이루어지는 실질적인 노력들이다. 셋째, 산출은 사회복지 프로그램이 생성한 것들이다. 넷째, 이에 대한 피드백은 이것이 다시 투입으로 이루어질 때 개선되어야 하는 지침과 같다. 이러한 개념이 사회복지 프로그램의 투입, 산출과 피드백의 체계 구성요인을 이루어 사회복지서비스의 효율성, 프로그램 품질, 효과성의 세 가지 책무성의 측면들의 당위성을 얻기 위해 활용된다.

가. 효율성 측면의 성과측정

성과측정은 사회복지 프로그램의 효율성에 대한 초점을 포함하고 있다. 사회복지 프로그램에서 주요 성과측정은 투입 대비 산출의 비교과정이다. 예를 들면, 효율성 측면에서 볼 때 사회복지 프로그램을 살펴본다면, 사회복지 프로그램을 통하여 제공되는 서비스의 양과 프로그램을 통해 성과를 거둔 클라이언트의 수에 대한 산출(outputs)을 사정하여, 이것을 비용인 투입(inputs)과 대비하여 비교할 수 있다. 그러나 효과성과 지속성을 명확히 규명하는 것은 어려우며, 다만 투입 대비 산출비율을 생산성의 표준적인 개념으로 활용한다. 효율성의 관점에 의하면 책무성 있는 사회복지 프로그램은 투입에 대하여 산출을 극대화하기 위한 노력이라 할 수 있다. 이러한 효율성의 개념은 1990년대 이후 사회복지 프로그램의 책무성에 대한 중요한 요인으로 간주되고 있다. 프로그램의 관리자나 재정 부담자 혹은 납세자들이 사회복지분야에서 클라이언트들에게 목적한 서비스가 제대로 제공되고, 재원이 올바로 쓰이는지 확인하고자 하는 욕구가 있기 때문이다.

나. 품질 측면의 성과측정

품질 관점은 서비스의 질에 초점을 갖는 것이다. 서비스의 품질은 총체적 품질관리(TQM) 경향의 필수 구성요인이다. TQM은 프로그램의 생산에서 질적 측면을 고려하기 위한 이론으로, TQM이론에 따르면, 프로그램이 고품질의 서비스를 제공할 경우 생산성이 증대되고, 저품질의 서비스가 제공될 때는 생산성이 감소한다. 따라서 사회복지 프로그램의 생산성에 관하여 고품질의 서비스 제공은 낮은 실패율, 적은 문서작업, 공정에서 더 적은 시간, 클라이언트들에 대한 높은 만족도, 낮은 비용, 좋은 공공 이미지가 도출되는 것에 도움이 된다.

다. 효과성 측면의 성과측정

효과성 측면으로부터 성과측정은 사회복지 프로그램의 성과, 즉 결과, 영향, 달성 등에 초점들을 두고 있으며 사회복지 프로그램의 어떤 제공에 의해 어떤 성과가 달성되는가에 관련이 있다. 이러한 성과측정을 통해 실행기간뿐 아니라, 실행 후 사회복지 프로그램의 효과성의 판단이 가능하게 된다. 효과성 측정에 따르면, 책임감 있는 사회복지 프로그램은 투입의 결과를 극대화하기 위한 노력이다. 이뿐만 아니라, 이를 통한 피드백을 강조한다.

4 사회복지조직의 인적자원에 대한 평가방법

사회복지조직의 인적자원에 대한 평가방법은 중요하다. 따라서 사회복지조직의 인적자원에 대한 평가방법의 열 가지를 소개하고자 한다.

1) 그래픽 혹은 연속 순위 척도(Graphic and multiple-step rating sales)의 방법

평가척도는 몇 가지 다름 포맷을 갖는다. 그래픽 혹은 연속 순위 척도(예를 들어 a와 b)는 연속된 선의 어디에나 체크 표시를 할 수 있다. 이러한 형태의 척도는 선에 표시된 거리를 측정하는 직선을 사용하여 점수화한다. 다단계, 혹은 불연속 척도는 평가자에게 여러 개의 선택할 범주를 제공한다. 이 척도의 점수는 형용사(예 c), 숫자(예 d), 단문(예 e)으로 정의된다.

1. 타인과 잘 지내는가?

2. 직무의 질은?

[그림 10-3]

평가자들에겐 이러한 것들이 널리 쓰여지지만, 이렇게 단순한 평가 형식은 전에 토론했던 인간적은 오류를 범할 여지가 많다. 이러한 형식 중 어떤 것을 사용하더라도 그것이 특정 부하직원에 대하서 얼마나 쉽게 평가 편향이 일어나는지를 잠깐 생각해보자. 또한 이러한 척도가 관용, 엄격, 중심경향, 후광오류 등에 얼마나 취약한지도 고려해보자. 이러한 이유로, 이 관습적인 평가 척도들의 유용성은 제한적이다.

평가자의 마음에 들면서, 동시에 오류를 줄일 수 있는 평가 척도를 개발하는 방법이 있을까? Latham과 Wexely(1981)가 개발한 행동관찰척도(Behaviooral Observation Scale; BOS)와 Smith와 Kendall(1963)이 개발한 행동지향평가척도(Behavirally Anchored Ration Scales; BARS)는 이 요구사항들을 충족시키려고 시도하였다.

2) 행동관찰척도(Behavioral Observation Scales(BOS))의 적용방법

Latham과 Wexley(1981)는 BOS를 개발하기 위해서 다음과 같은 절차를 추천했다.

① 1단계 : 결정적 사건 기법을 사용한 직무분석의 구성(Conduct a job analysis using the critical incident technique)이다. 집단 혹은 개별면접은 그 직무의 의도와 목적을 알고 있으며, 자주 사용되는 기준에 근거하여 사람들의 성과를 보는 관찰자들에 의해 시행된다. 따라서 관리자, 동료, 부하직원, 그리고 고객들은 직무상의 중요한 요구사항들을 관찰한 것에 대해서 인터뷰를 받는 것이다. 관찰자들에게 이전 12개월 동안 관찰해 온 직무행동 중 효과적이었거나 비효율적이었던 직무부석가 사건들을 기술하도록 한다.

일반적으로, 모든 내담자들은 다섯 개의 효과적이었던 사건과 다섯 개의 비효과적이었던 사건은 보고하게 되고, 적어도 30명에 총 300개 정도의 사건들은 면담하도록 한다. 직무가, 분석가는 관찰 가능한 행동을 기술하는 사건들은 수집하는 데 능숙해야 한다. 만일 내담자가 "고용인들은 고객을 대할 때 불손한 태도를 갖고 있다."라고 한다면, 직무 분석가는 "불손한 태도가 의미하는 것은 개인이 어떻게 하는 거죠?"하고 질문해야 한다. 이제, 다음과 같은 내담자의 답변이 행동 가능한 행동들의 리스트가 될 것이다 : 고객들과의 논쟁, 그들의 무릎에 음식이나 음료수를 떨어뜨렸을 때, 사과하기를 거부하는 것, 착석할 때까지 손님을 오래 기다리게 하는 것 등이다.

② 2단계 : 결정적 사건들을 행동목록들로 묶기(Cluster critical incident into behavioral items)이다. 동일한 것이 아니고, 문맥상 유사한 핵심사건은 하나의 행동목록으로 구성하기 위해서 함께 분류한다. 예를 들어, 메뉴 상의 특정 항목에 대해 질문했던 고객문제를 대답했던 서비스 제공자에 대한 둘 이상의 사건들은 한 개의 행동목록으로 군집화될 수 있다 : "고객이 요구했던 메뉴 상의 특별한 항목을 설명하라."와 같다.

③ 3단계 : 행동목록들을 준거로 묶기(Cluster behavioral items into BOS criteria)이다. 유사한 행동목록들을 재직자들 혹은 분석가들이 하나의 준거를 형성하기 위해 분류한다. 일반적으로 이 단계에서는 행동 아이템들이 약 3~8개의 준거들로 모아지는 것이 좋다.

④ 4단계 : 상호 판단의 합의사항 평가(Assess interjudge agreement)이다. 상호동의는 또 다른 개인 혹은 집단이 같은 중심사건에 바탕을 두었을 때, 같은 행동 준거를 개발하는지에 관한 이슈와 관련된다. 이 사건들은 무선적인 순서로 배치될 수도 있고, 3단계에서 세워진 3~8개의 BOS 준거에 따라 사건을 재배치하게 하도록 할 수도 있다.

⑤ 5단계 : 내용타당도 평가(Assess content validity)이다. 전에 언급했듯이, 내용 타당도는 행동의 관심 영역의 대표적인 예를 포함하는지를 알아보는 성과검사 지침에 대한 체계적인 평가와 관련된다. 주요 사건들을 행동목록으로 분류하기에 앞서, 그 사건들의 극단치라 할 수 있는 10퍼센트는 제외시켜야 한다. 범주화가 완성되면, 이 사건들이 아직 나타나지 않은 행동들을 기술한 것은 아닌지 검사한다.

⑥ 6단계 : 도구 구성(Instrument construction)이다. 평가도구는 각 행동목록을 5점 리커트(Likert) 척도로 나타냄으로써 개발되었다. 관찰자들은(관리자, 동료, 고객 등) 각 행동에 관련 제작자들을 관찰한 빈도를 표시하도록 한다.

⑦ 7단계 : 낮은 빈도의 항목들 제거하기(Elimination of infrequent items) BOS의 많은 행동목록들은 매우 효과적이거나 혹은 매우 비효과적인 성과를 정의되었다는 면에서 중요

할지라도, 너무 빈번하거나 혹은 너무 희소해서 훌륭한 재직자들과 나쁜 재직자들을 차별화 할 수 가 없다.

⑧ 8단계 : 신뢰도를 결정하고 모든 BOS 준거들에 가중치를 부여하기(Determine the reliability and weighting of each BOS criterion)이다. 각각의 BOS 준거의 신뢰도(예를 들어, 내적 일관성)는 통계적으로 결정된다. 마지막으로 성과평가 시스템의 최종 사용자들은 여러 BOS 준거들의 상대적인 중요성을 두어 가중치를 부여한다.

행동관찰척도를 작성하는 것은 몇 가지 중요성이 있다(Latham & Wexley, 1981). 첫째, 고용인들을 위해서, 고용인이 제공하는 체계적인 직무 분석을 개발한다. 따라서 평가 도구들의 유용성에 대한 이해와 위원회가 장려되어야 한다. 평가도구상의 항목들이 직무에 부적절하거나 모호한 것이라고 관리자와 하급자들로부터 불평을 자주 듣게 되는 것을 최소화한다. 둘째, BOS 는 직무 기술로서의 역할을 해야한다.

그와 같은 것은 그들이 고용되었을 때 해야하는 것이 무엇인지를 현실적인 개관을 보여준다. 이것은 지원자들이 직무를 원하는지 다른 직무를 원하는지를 결정하는 것을 돕고, 수반하는 이직과 직무 불만족을 줄이도록 한다(Wanous, 1980). 셋째, BOS는 성공적이지 못한 평가자들로부터 성공적인 평가자들을 구별하는 행동들이 척도에 포함된다는 면에서 내용상 타당한(효과적) 것이다. 넷째, BOS는 각각의 BOS 준거들에서만 아니라 전체 도구로서도 점수화되기 때문에, 그 자체가 개개인에게 특수한 성과 피드백과 목표설정을 제공한다. 피고용자들이 칭찬을 받거나, 금전적인 보상을 받기 위한 특정한 BOS 점수들과 관찰가능한 행동을 선호하는 것이 일반적으로 금지된다.

결론적으로, BOS는 타당도와 신뢰도라는 측면에서 합당한 요구조건을 만족시킨다. 내용타당도, 범주화 시스템에 대한 상호판단 동의, 그리고 BOS 준거의 타당도는 대개 규정된 관례에 따라 구성되었을때 만족스럽게 된다. 행동관찰척도 역시 다소 제한점이 있다. 평가자의 지각과 효과적 혹은 비효과적인 행동의 회상에 의지하는 방법은 평가자의 편견이 개입할 가능성이 있으면, 보통 다른 평가방법들보다 완성하는 데 더 시간이 걸린다. 척도의 길이는 관리자가 많은 부하직원들을 평가할 때 문제가 될 수 있다.

3) Behaviorally Anchored Rating Sasles(BARS)의 적용방법

평가척도를 작성하는 또 다른 훌륭한 행동적 접근은 행동적으로 지향된 척도 혹은 행동의 기대척도라고 불리우며, 다양한 장면에서 쓰여지고 있다. BARS는 적어도 세 가지의 장점이 있다. 첫째, 지향성은 본래 행동적인 것이고, 평가자의 자신의 용어로 표현된다. 이것은 "Exceptionally good"과 같이 평가자들마다 다른 의미를 가질 수 있는 문장들의 모호함을 상당히 제거할 수 있다. 둘째, BARS는 고용자에게 개선이 필요한 힘과 영역에 대한 특정한 피드백을 제공함으로서 고용자 개발에 기여한다. 그러나 BARS는 몇 가지 제한을 갖는다. 이들 사이에는 직무분석 동안 상당한 수의 중요한 사건들이 수집된다는 사실이 있다. 예를 들어, 7개의 직무 범주들 혹은 성과 준거들이 평가목적에 중요한 것으로 확인된다면, 직무분석 동안 기록되는 수백 개의 가능한 총 사건들에 중 단지 일부만이 쓰여진다(Latham & Wexely, 1981).

대부분의 경우에, 평가자들은 평가척도상에 여러 개의 포인트에 표시를 하거나 혹은 어느 포인트에도 체크 할 수 없는 경우에 접한다. 평가접근을 증명하기 위해서 가설의 예를 보고, 이러한 평가척도를 설계하는데 필요한 단계들을 보도록 하자.

① 1단계 : 일반적인 직무범위 : 직무에 정통한 관리자 집단이 회의를 열었다. 이 회의의 목적은 직무에 있어서 고용자 능력의 독립적인 차원들을 정의하고 확인하는 것

이다. 다음은 직무에 대해 확인되고 정의된 네 가지 차원의 예이다.

- 직무 지식 : 직무의 모든 양상을 포함하는 절차와 자원에 대한 근로자의 지식
- 동기 : 힘든 일을 하려는 근로자의 욕구와 의지
- 타인과의 대인관계 : 동료, 그리고 상급자와 잘 지내는 근로자의 능력
- 요구되는 관리 : 최소한의 감독(관리)으로 문제를 해결하는 근로자의 능력

② 2단계 : 일반적인 직무행동 : 모든 관리자들은 훌륭한, 평균적인, 열등한 고용인 성과들을 반영하는 각각의 차원들의 행동적인 예를 제공하도록 요구 받았다. 다음 열거된 것이 대인관계 차원에 대해서 특정 관리자들이 제안한 행동목록이다.

- 훌륭함(Good) : 이 근로자들은 도우려고 노력하기 때문에 직무와 관련된 행동뿐 아니라 대안적인 문제들을 토론하는 것에 어려움이 없다.
- 평균(Average) : 이 근로자들은 동료들을 도울 때 우호적이지만 종종 'know－it all' 방식을 가지기 때문에, 다른 사람들이 이 사람과 대화를 하는 것에 짜증을 느낀다.
- 수정요망(Poor) : 이 근로자는 자신의 실수에 대해서 동료와 관리에 대해서 비난을 하고, 다른 사람에게 모욕을 준다.

③ 3단계 : 모든 행정관리자들에게 결정된 차원들을 포함하는 소책자가 주어진다. 각 차원에 대해서, 3단계에서 세워진 규준에 합당한 20개 이상의 목록이 있다. 관리자들은 모든 차원에 대한 정의를 읽고, 모든 항목들에 5~9점 평가척도로 평가를 하도록 한다. 만일 7점 척도가 선택된다면, 1이라는 점수는 항목이 그 차원에서 매우 부적절한 성과임을 나타내고 7점은 "Very good"을 나타낸다. 그리고 4는 평균적인 성과를 나타낸다. 관리자들에게 각각의 목록들이 적절한 지에 따라서 1, 2, 3, 4, 5, 6, 7 중 하나의 값을 가질 수 있음을 전달한다. 또한 목록당 오직 한 개의 값을 할당할 수 있으면, 목록을 빈칸으로 비울 수 없음을 주지시킨다. 아래 열거된 것은

한 관리자가 동기 차원 목록들에 할당한 값의 예이다. 이것은 리커트 척도로 이해하면 편리하다.

4) 체크리스트(Checklists)의 활용방법

성과평가에 대한 또 다른 주관적인 접근은 체크리스트들을 포함한다. 평가척도와는 달리, 평가자는 일반적으로 행동적 진술리스트가 주어지고, 피평가자의 직무 관련 행동의 우수성 혹은 빈도를 판단하는 것보다는 관찰되는가 관찰되지 않는가에 대해서 간단히 기록한다.

5) 근로자비교(Employee comparisons)방법

대안 순위는 평가자가 개개인을 가장 낮은 순위부터 가장 높은 순위까지 순위화하도록 한다. 일반적인 절차는 전체적인 직무 능력을 기초로 고용자를 순위화하는 것이다. 또 다른 접근들은 먼저 직무 능력의 분리된 차원들을 확인하고 나서 고용인들을 각각의 차원에 따라 순위화하는 것이다. 이렇게 분할된 순위들은 다시 분리된 차원들의 순위를 평균화함으로써 각각의 근로자들의 전체적인 순위로 전환된다. 이에 대한 예로는 강제분포방식(Forced Distribution)이 있다. 이 방식은 오직 다음과 같은 경우에 유용하다. 많은 하급자를 한 명의 평가자가 측정할 때 혹은 하급자들의 직무 능력이 정상 곡선, 혹은 종모양 곡선을 따른다고 가정될 때, 일반적으로 관리자들은 피평가자를 다섯 개의 범주로 구분하고, 각각의 범주에 고용자의 비율을 미리 할당한다. 보통 적용되는 비율은 종 모양의 정규분포를 따르면 다음 [그림 10-4]와 같다.

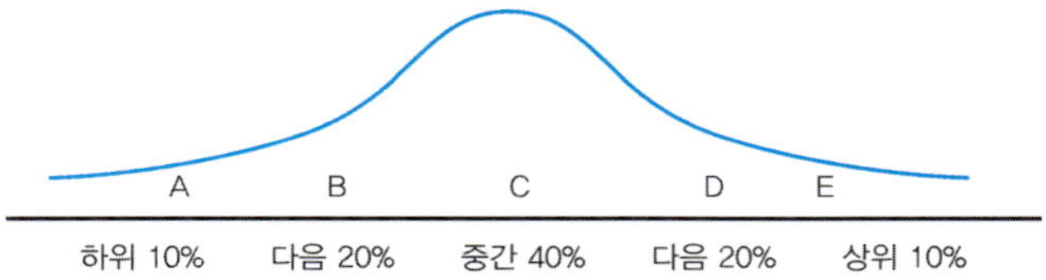

[그림 10-4]

6) 중요사건법(Critical incident)의 활용방법

중요사건기법(Critical incident)은 이제 중요사건들을 자체를 성과평가방법으로서 평가하는 것이다. 이 방법은 직무의 여러 양상에서 보기 드문 성공 혹은 보기 드문 실패를 야기하는 모든 하급자들의 행동에 대한 사건들을 행정 관리자들이 기록하는 것을 포함한다. 관리자가 관찰한 모든 사건들은 여러 행동들을 기록할 수 있게 되어 있는 일반적인 범주들을 포함하는 특별히 설계된 노트에 매일 적어 둔다. 관리자들을 위한 그 범주의 예는 기획(planing), 결정, 파견(delegating), 기록, 대인관계 등이다.

예를 들면, 시간마다 일하는 생산 근로자들에게는 범주화의 예로, 안전, 주도권(initiative, 주도권), 동료와의 협동, 정확성, 문제에 대한 경각(alterness) 등을 포함한다. 노트에서 각 범주의 표제 아래에 긍정적인 사건과 정적인 사건 모두를 기록하기 위한 공간을 둔다.

이 방법은 주기적인 평가상담을 하는 동안 고용인들과 토론된 구체적인 정보를 제공한다. 관리자는 더 이상 애매한 일반화("당신은 동료들과 지내는 데 어려움이 있어요.")를 통해서 말하지 않고, 관찰 가능한 사실들을 토론하는 데 집중할 수 있다. 이러한 절차가 가진 중요한 문제점은 관리자의 기록보관(record keeping)을 지나치게 통제하게 하고, 하급자들이 행정 관리자가 지켜보고 있다고 느끼게 한다.

7) 집단평가(Group appraisal)의 활용방법

집단평가 절차는 세 명 혹은 네 명의 다른 관리자들이 하는 평가과정에서 함께 슈퍼바이저(supervisor)를 포함한다. 관리자들은 고용자의 직무 능력에 대한 어느 정도의 지식을 갖고 있으면, 아마도 평가토론에 어느 정도 기여했기 때문에 신중하게 선택된다. 평가집단은 가능한 한 객관적인 평가를 할 수 있는 책임감이 있는 조정자를 가진다. 이것은 대개 관리자 집단보다 바로 위인 관리자이다. 종종 인사과의 숙련된 협의(conference) 지도자일 수도 있다. 이 방법의 한 가지 방법은 개입의 중간 관리자를 둠으로써, 사적인 편견, 관용오류, 엄격오류, 중심 경향 오류를 제거할 수 있는 복합적인 판단들을 사용한다는 것이다. 고용인 개발은 중요한 절차이다. 왜냐면 집단은 각 영역에 따라 포괄적인 행동 계획에 도달하기 때문이다. 이 방법의 가장 큰 문제들은 비용과 집단의 구성원들로의 역할을 하는 고용자들의 성과에 정통한 직속 관리자를 찾기가 어렵다는 데 있다.

8) 에세이 평가(Essay evaluation)방법

수필식 평가절차에서 평가자는 각각의 하급자의 장점과 약점을 기술하는 글을 쓴다. 또 다른 조직들은 주제에 대한 지침을 제공하지 않는다. 모든 관리자는 무언가를 쓰는 것에 구속을 받지 않는다. 이 접근은 관리자들에게는 시간을 소비하는 일이다. 승진과 임금, 봉급을 결정하는 것은 고용인들을 양적으로 비교하는 것이 불가능하기 때문에 어렵다.

실제적으로 관리자들이 부정적인 평을 하지 않기 위해서, 그들의 능력과 상관없이 하급자에 대한 강렬한(glowing) 기록을 쓴다. 한 중역 관리자는 최근에 이렇게 말했다, "내가 아는 한, 그는 수년 안에 보스가 될 것이다." 이러한 절차 때문에, 고용인의 평가는 작문에서 잘 표현하는 기술과 의지에 달렸다. 이 방법은 분명히 사적인 편견, 관용오류, 후광오류 등등에 취약하다. 따라서 가능한 다각적이며 객관적인 평가방식이 요구된다.

9) 직접측정(Direct measures)방법

이제까지 모든 절차들은 평가자의 역할에 따른 판단을 요구하는 것이었다. 다행스럽게도 주관적인 판단이 필수적이지 않은 특정한 유형의 직무들이 있다. 예를 들어, 조립부품 혹은 인쇄작업을 고려해보자. 이러한 유형의 직무는 주어진 기간 내에 생산되는 유닛의 개수, 불량품의 수, 특정 기간 동안 일어나는 사고의 수 등을 기록함으로써 직접적으로 측정될 수 있다.

직접적인 측정에는 두 가지 유형이 있다 : 생산을 다루는 것과 개인적인 정보를 포함하는 것들(예 결근, 수용 가능한 성과단계에 도달하는 데 드는 훈련시간, 불평, 지각, 보장제도(tenure), 상해)과 관련된 것이 있다. 이때 보통 단 한 가지의 척도만으로 부족하기 때문에, 여러 종류의 생산성 척도들을 얻는 것이 필수적이다(예 결과의 질과 양). 이러한 척도들은 무작위적인 불안정성이 통제되었다는 것을 보장하기 위해서 오랜 기간 충분히 실행되어 온 것이어야 할 것이다. 신뢰로운 도구임을 보장하는 적절한 시간은 쓰여진 척도와 특정 직무에 달려 있다.

둘 이상의 다른 생산 직업군에 있는 고용인의 결과물을 어떻게 비교할 수 있을까? A라는 노동자는 하루에 7시간당 6개의 여객기용 타이어를 생산한다. 반면, B라는 노동자는 같은 시간 동안 2개 반의 산업용 트럭의 타이어를 생산하다. 두 직무의 측정단위가 동일하지 않기 때문에 누가 더 능숙한지를 판단하기가 어렵다. 역시 육중한 트럭 타이어 보다 작은 승객용 타이어를 만드는 것이 시간이 덜 요구된다. 이 문제는 각각의 노동자의 생산량을 그 직무에 할당량 혹은 기준과 비교해서 다룰 수 있다. 예를 들어, 승객용 타이어의 기준은 하루에 8개이고, 트럭 타이어의 기준은 하루에 2개라고 가정해보자. 노동자 A는 75(6/8×100)의 성과 지수를 갖고, 노동자 B는 125(2.5/2×100)의 지수를 가지므로 더 우수하다고 할 수 있다. 이 문제가 갖는 더 어려운 문제는 모든 직무에 대한 적절한 기준을 결정하는 것이다. 생산품에 대한 평가가 이러할진대, 하물며 사람을 다루는 일은 어떠한지 짐작할 것이다.

비록 상급 수준의 관리, 주주들, 그리고 고객들이 일반적으로 이러한 종류의 비용관련 측정들에 관여되어 있지만, 그들은 몇 가지 이유로 직접 고용인의 효과성을 평가하는 것은 부적절하다(Latham & Wexley, 1981). 먼저 고용자가 책임을 져야 할 의무가 있는 중요한 요소를 생략한다는 점에서 부족하다. 성과표가 설정되고 비용 관련 타켓과 관련해서 평가되는 객관적 프로그램(objectives programs)에 의하면, 이러한 결점은 관리에서 중요한 비판점이 된다. 둘째, 직접적 측정들은 여러 직무에 있는 고용인들을 얻기가 힘들다. 그와 같은 측정치들을 얻을 지라도, 그것은 대개 전체로서의 작업 집단에만 적용될 것이다. 왜냐하면 어떤 노동자들도 측정된 결과물 이상을 통제할 수 없기 때문이다. 세 번째, 직접적인 측정들은 개개인이 그것을 거의 통제할 수 없는 것에 비하여, 종종 상황적인 요인들의 영향을 받는다(예산지원, 도구와 장비의 질, 원료의 유효성 등). 이러한 측정은 각각의 고용자 능력에 대하여 중요한 것들을 시사할 수 있다. 고용인이 과하게 지적하거나 결석할 때, 자주 불만을 제기할 때, 훈련 후 바로 그만둘 때, 일을 배우는 데 걸리는 상당한 시간이 걸릴 때 잃게 되는 생산성을 조직의 비용으로 고려해보아야 한다.

10) 능력 테스트(Proficiency Testing)방법

직무 재직자의 성과를 평가하는 또 다른 접근은 여러 종류의 능력검사를 사용하는 것이다. 여러 접근 중 하나는 작업 표본과 시뮬레이션으로 구성된다. 여기서 실제적인 작업환경과 모의상황을 사용함으로써, 고용자는 직무에 포함되는 작업행동을 더 정확하게 평가하게 된다.

두 번째 접근은 고용자의 직무지식과 이해도를 평가하기 위해서 성문화된 시험을 설계하는 것을 포함한다. 그 같은 측정들이 사용될 때, 테스트되는 지식은 실제 직무성과에 필수적인 조건으로 가정할 수 있다.

능력 테스트들은 고용자이 하는 메일의 작업활동을 대표할 수 있는 것이어야 한다. 그렇지 않으면, 측정은 불충분하다. 게다가 몇몇 개인들은 테스트할 때 신경질적이 되고, 결과적으로 서툴게 일을 하게 된다. 이러한 특정한 고용인들에게 숙련도 테스트로는 정확한 평가를 할 수 없다.

CHAPTER 10

CHAPTER

11

사회복지기관의 홍보 및 위험관리

Social Welfare Administration

학습목표

1. 사회복지조직의 홍보에 관하여 학습하고 우리 주변 조직을 조사하여 발표해보자.
2. 사회복지조직의 위험관리에 관하여 학습하고, 우리 주변의 사회복지기관의 위험발생 사례를 조사하며 그에 대한 대처방안을 발표해보자.

1 사회복지조직의 홍보

1) 사회복지조직 홍보의 개념

사회복지기관의 홍보사회사업을 이해하기 이전에 먼저 홍보의 개념이 어떠한 것인지 알아볼 필요가 있다. 먼저 홍보란 어떤 주체의 목적이나 비전 및 운영에 관하여 행해지는 활동을 외부에 알리고, 궁극적으로 상품의 소비와 후원 등의 운영에 참여하도록 유도하는 총체적 활동을 의미한다. 따라서 사회복지사업의 홍보는 지역사회의 사람들이 사회복지활동을 이해하고 동참하는 것과, 클라이언트에게 기관의 활동을 이해하도록 하는 것 등이 포함된다. 결론적으로 홍보란 결국 특정한 목적을 추구하는 기관의 활동과 비전을 외부에 알리고, 자원을 유인하며 연계하는 것을 촉진하는 활동이라고 할 수 있다. 이를 위하여 서비스의 개선사업과 지역사회 내 인지도 증진 및 신뢰의 구축이 필요하다. 신뢰의 구축을 위해서는 기관 내의 신뢰 및 기관의 가치인정 및 홍보전담 인력의 배치 등이 중요한 요인이며 이는 다음과 같다.

첫째, 기관 내에서 신뢰감의 구축을 위해서는 기관운영이 투명해야 하며 직원의 비전과 목적에 따른 합심도 중요하다. 즉, 프로그램 진행 및 필요성에 대한 공감 및 이해가 필요하며, 기관운영 전반에 대한 이해도 필요하다. 또한 좋은 프로그램이 있더라도 그러

CHAPTER 11

한 공급에 따른 올바른 수요가 창출되지 않는다면, 프로그램의 소비가 원활하지 않게 될 것이다. 따라서 프로그램의 기획은 그에 대한 홍보 및 실행 그리고 점검까지의 가정이 포함됨을 알 수 있다.

사회복지기관의 홍보는 사회복지기관과 지역사회와의 양방향적 의사소통으로 통하여 사회복지기관이 지역사회 내 존재하는 능력과 이미지를 향상시키며, 장단기적으로 기관의 운영과 직결된다. 그러므로 사회복지조직의 홍보전략은 매우 중요하며 사회복지기관의 프로그램의 개발 및 제공은 이용자들의 편의를 증진시키고, 그에 대한 효과적인 수혜를 받을 수 있도록 돕는다. 그러나 이러한 과정이 정보의 적절한 제공이 없다면 이루어지기 어려울 것이며, 이에 따라 필요한 것이 효율적인 사회복지기관의 홍보라고 할 수 있다.

2) 사회복지조직 홍보의 패러다임의 전환

(1) 사회복지기관의 경쟁

사회복지기관도 경쟁한다. 즉, 사회복지기관도 이용자들 및 후원자들의 선택에 따라 후원이 이루어지는 경우가 많다. 따라서 후원의 근거가 되는 사항과 그에 대한 투명한 실행을 통한 신뢰감의 구축은 잠재적인 후원의 가능성을 증진시킨다.

(2) 홍보방법의 다양성

현대사회에서 홍보의 방법은 다양하며 이는 기존의 유명인의 이미지 활용의 기초적인 홍보방식에서 일반인 참여의 다양한 정보적 접근을 활용한다. 이것은 홈페이지의 구축, SNS 및 각종 이벤트가 마케팅을 위해 활용되며, 그 밖에도 아웃리치 방식으로 찾아가는 서비스의 제공을 통해 보다 가까이 밀착형으로 홍보하는 방식도 활용될 수 있다.

(3) 기관의 새로운 이미지 창출

사회복지기관이 사회에 선한 일을 하고자 하는 사람들의 잠재된 욕구를 일깨우고, 이를 하나로 수렴하여 조직의 긍정적인 이미지를 창출에 후원자들이 함께 참여하도록 하는 것은 매우 바람직한 홍보방식이다. 참여자들이 홍보하고 선호하는 것만큼 바람직한 것이 없으며, 조직의 구성원 모두가 조직이 가지고 있는 이념과 가치를 자부심을 가지고 내재화할 수 있도록 하는 이미지의 창출이 중요하다.

(4) 매체의 적극적 활용

매체라 함은 시청각자료의 활용으로 기관홍보, 사진 및 현수막 설치, 팜플렛이나 소식지 제작뿐 아니라, 기관의 포럼활동에 대한 책자제작과 인터넷 홈페이지의 제작이나 공청회 활동 등 다양한 방식으로 활용될 수 있다. 또한 각종 비영리분야의 단체와의 협력을 통하여 인적 및 물적자원을 획득할 수도 있으며, 읍면동 허브와 같은 지역사회를 통한 적극적인 연계가 홍보의 연결로 작용할 수 있다. 이러한 것은 기업의 마케팅 기법의 도입뿐 아니라, 지역사회의 변화에 대한 매개체 역할을 할 수 있도록 현대사회에서 클라이언트를 소비자로 인식하고 접근하는 트랜드가 확산됨에 따라, 고객만족을 위한 마케팅 지향의 경영이 중요함을 알 수 있다. 특히 현대사회에서는 시민의 힘이 중요하며, 이러한 시민의 의식과 힘을 모을 때 커다란 시너지가 발현되고, 각종 비영리조직이나 NGO활동의 기본이 됨을 알 수 있다. 그러므로 사회복지기관의 관리자도 이러한 경영마인드를 가지고 다양한 매체를 활용하여 접근하는 것이 중요하다.

2 사회복지행정 및 조직의 위험관리

1) 위험의 개념

위험의 의미는 학자마다 정의하는 바가 다르나, 일반적으로 손해 혹은 손실이 발생할 가능성과 그로 인한 미래의 불확실성 등의 문제를 가지고 있다. 따라서 위험이란 '손해나 손실이 초래될 수 있는 사건의 발생할 가능성'이라 할 수 있을 것이다. 그렇다면 일반적으로 사전에 위험을 예방하기 위한 대응활동은 위험관리(Risk Management)라고 할 수 있다. 반면에 사후적인 관리는 발생한 위험, 즉 위기관리(Crisis Management)라고 한다. 그러나 위험관리는 이 두 가지 개념 모두를 칭하기도 한다. 따라서 위험관리에는 위험을 발견하며 분석하고 평가하여, 이에 대한 대응방식을 선택하는 개념까지 포함하고 있다. 그러므로 효과적이며 효율적인 위험의 관리는 각종 기관의 운영에 있어서 지속적 발전을 가능하게 한다. 위험의 관리는 서비스의 관리 측면에서 발생할 수 있는 고객에 대한 관리의 개념까지 포함할 수 있으며, 기관이나 조직의 관리에 있어서 직원에 대한 안전대책 및 기관이나 조직의 운영상 발생할 수 있는 다양한 요인에 대한 예측과 관리를 포함하는 개념이다.

2) 위험관리의 과정

(1) 위험의 인식 및 확인(Identify risk)

위험의 인식 및 확인 작업은 위험의 발생으로 무엇이 발생하였고, 어떠한 성격을 가지고 있는가 등을 살펴보아 각종 시설 및 기관이 처한 위험의 실태를 정의하고 인식하는 것으로부터 시작한다. 위험요인확인의 보편적인 방법은 먼저 위험이 발생하게 된 배경 및 환경의 역동성을 파악하여 연속되는 위험요인의 파급정도를 예측하고, 이에 따른 비용의 발생에 대하여 손실의 유형 및 피해 등에 대한 정보를 획득하는 것이다. 이는 위험에 대처하는 첫 번째 단계라고 할 수 있다. 이러한 작업의 효율적 수행을 위해서는 사전에 실무자들에게 위험관리의 목적을 분명히 전달한 후, 지속적인 다양한 정보수집의 통로를 마련하는 것이 중요하다.

(2) 위험의 분석과 평가(Evaluate risk)

위험의 분석과 평가에서는 사고발생 상황이나 그로 인한 영향을 분석하고 평가하는 과정이 필요하다. 따라서 이 과정을 통해서는 파악된 손실위험이 얼마나 자주 발생하는지, 손실이 일회성으로 발생하였다고 하더라도 그로 인한 손실이 얼마나 되는지를 파악하고 분석한다. 빈도에 관련한 평가는 그에 대한 대책의 설정에 도움을 주게 된다.

(3) 위험관리방법의 선택(Selecting the risks treatment devices)

위험관리방법의 선택의 과정에서는 위험에 대한 분석 및 평가를 실시한 이후 위험에 대하여 대응하기 위하여 위험관리방법에 있어서 여러 가지 경우의 수에 대한 대처방식의 선택이 필요하다. 즉, 위험요인을 확인, 분석 및 평가한 후에는 위험에 대응하기 위한 대처계획을 통하여 인적 · 물적자원을 어떻게 배치하여 대응할 것인지에 대한 계획을 수립한다. 이때 효율적으로 대처하기 위하여 최소의 비용으로 최대의 위험대처 효과를 선택하는 방법을 모색한다. 이를 위해서는 다양한 경우의 수를 예측하여 위험관리방법으로 단계적인 대처방안을 구상한다. 위험에 대한 대처방법은 상황에 따라 여러 가지가 있을 수 있겠으나 조직원의 합심한 자세가 요구되며, 조직의 목표와 위험관리의 방법이 상호 부합하는 것이 중요하다. 이러한 과정은 사회복지기관의 경우, 기관이 처한 내부 여건이나 환경적 상황을 고려하는 것이어야 한다. 사회복지기관이 처한 위험은 모든 영역에서 신중하여야 하는데, 그것이 도움을 필요로 하는 클라이언트와 관련된 것이 될 수 있기 때문이다.

(4) 위험대처의 모니터링

위험대처의 모니터링이란 위험에 대처방식이 적절했는지를 검토하고, 대처의 과정과 결과에서 예측한 대로 잘 실행되었는지 여부를 관찰하는 것이라고 할 수 있다. 만일 모니터링을 통하여 조정이 필요한 경우에는 어느 단계로부터의 수정이 필요한지 점검하도록 한다. 모니터링의 과정을 통하여 부가적으로 어떠한 위험관리의 처치가 필요한지를 살펴볼 수 있다. 이를 통하여 위험에 대처한 방식을 수정하거나 재평가할 수 있게 된다. 또한 개인과 기관을 둘러싼 환경이 역동적으로 변화하는 상황에서 모니터링의 과정은 연속적으로 진행되는 것이 바람직하다. 따라서 바람직한 사회복지기관의 모니터링은 발생할 수 있는 위험요인이 적절하게 통제되어야 하며, 대처방안이 선택된 이후에는 이러한 위험관리방법이 계획대로 실행되었는지를 감독하고 다음의 위험발생 시 피드백으로 반영되는 것이 중요하다. 이러한 모니터링 단계는 사회복지기관이 처하고 있는 위험관리방법의 문제점의 파악을 통하여 사전에 방지할 수 있는 방안을 발견할 수 있다. 이러한 과정은 기관의 운영 중에 지속적으로 수행되어야 한다.

(5) 위험의 재평가와 재발방지(Reviewing the risk and Checking recurrence)

위험에 대한 사고대처 및 대응을 마치고 나서는 이에 대한 유사한 환경에서 유사한 사고가 발생하지 않도록 조치하는 등의 피드백의 과정의 정보가 축적될 필요가 있다. 이는 유사사고의 재발에 대한 대처에 도움이 되며, 사전에 위험에 대한 대처를 통하여 발생할 수 있는 시간 및 비용을 절감할 수 있는 효과가 있다. 이에 대한 대응활동은 조직적인 차원과 재무적인 차원, 그리고 대인적 차원 등에서 발생할 수 있으며 위험을 수용하는 위험의 감수와 위험을 감소시키는 방법 및 위험에 노출된 영역에서 철수하는 등의 의사결정을 필요로 한다. 그러나 가장 바람직한 것은 경영의 관리의 점검을 통하여 위험에 대처하는 역량을 강화하는 것이 중요하다.

3) 사회복지분야의 위험관리 필요성

사회복지 위험발생의 개념과 관심의 배경으로 '사회복지의 위험'이라는 정의는 학자간에 다양할 수 있으나, 공통적으로는 사회복지현장에서 다양하게 발생할 수 있는 손실의 발생가능성이라 할 수 있을 것이다. 이에 대한 발생배경은 다음과 같이 정리할 수 있다.

(1) 클라이언트의 복지욕구 증가

클라이언트는 사회복지적 차원에서 그 위상이 변화하고 있다. 즉, 기존의 수동적으로 수혜를 받는 입장에서 적극적으로 욕구를 표현하는 소비자의 관점으로 나아가고 있는 추세이다. 즉, 클라이언트는 사회복지사의 하위에 있다는 시각이기보다는 동등한 파트너로 일시적 도움이 필요한 클라이언트로서의 권리가 중요시된다는 것으로, 이는 역할과 위상 및 복지욕구도 변화하고 있음을 나타내주고 있다. 따라서 기관의 사회복지사들은 이들에 대하여 보다 질 높은 서비스를 제공해야 하는 의무와 함께, 전문가의 수준에서 윤리적 범위 안에서 사회적 책무를 다하여야 하는 책임이 있다. 따라서 이러한 변화는 환경에 적합한 기관으로서의 책무를 다하여야 하는 의무를 함께 수반하고 있다.

(2) 클라이언트의 인권의 향상

사회복지현장에서 제공되는 서비스는 인간과 인간의 대면작업을 통하여 이루어지는 경향이 있으며, 이에 새로이 부각되는 문제 중의 하나가 바로 인권의 문제이다. 사회복지현장에서 다루어지는 인권은 서비스를 제공받는 클라이언트가 클라이언트이기 이전에 한 인간이라는 것이며, 이는 사회복지사의 인권의 문제와도 연결이 된다. 따라서 인권의 문제는 각종 현장을 통하여 존중되고 점검되어야 하는 사항이다. 그러므로 수준 높은 서비스를 위해서는 사회복지사의 권리와 함께 클라이언트의 권리도 함께 존중되어야 하며, 이에 발생할 수 있는 위험의 문제를 다루거나 대책이 수립되어 예측될 수 있는 위험에 대한 대처가 가능할 수 있도록 하여야 한다.

(3) 현장의 불확실성에 따른 위기의 대처

우리 사회에서 발생하는 많은 사각지대 및 그로 인한 위험의 발생에 따라 사회복지사는 취약계층을 대상으로 서비스를 제공해야 하는 환경에 놓이는 경우가 많다. 그러므로 사회복지사는 클라이언트가 요구하는 다양한 욕구에 대하여 행정 및 정책의 범위 안에서 대응해야 하는 의무 가운데 사회복지사와 클라이언트의 결정에 대한 책임을 져야 하는 다양한 상황이 발생하게 된다. 이러한 문제는 사회복지사에게 부담으로 작용할 수 있으며, 기관의 각종 보안문제나 관리문제 등에 수반되는 각종 위험에도 대응해야 하는 부담을 가질 수 있다. 특히 전산화된 정보관리와 인권 등의 문제에 있어서 발생 가능한 많은 문제에 대처해야 하는 부담감이 있다. 특히 현대사회에서 정보의 유출문제는 매우 심각한 실정이다. 이와 같은 차원에서 다음과 같이 사회복지분야에서 발생할 수 있는 위험의 분류를 다음과 같이 제시할 수 있다.

4) 사회복지관련 위험의 분류

위험관리의 주요 영역을 살펴보면 첫째, 클라이언트 차원에서 위험이 점검되고 서비스에 대한 만족도를 향상시키며 위험요인을 사전에 통제하는 것이 중요하다. 둘째, 사회복지사 차원에서는 위험에 대한 사회복지사의 예측 및 대처능력을 향상시켜 클라이언트에게 최상의 서비스를 제공하는 것이 중요하다. 셋째, 기관의 차원에서는 클라이언트와 사회복지사의 안전을 확보하는 것뿐만 아니라, 서비스의 질을 보장하는 것이 중요하며 역동적으로 변화하는 업무환경에 적응하는 것이 중요하다. 이러한 위험에 대처하는 사항은 사후대책보다는 사전예방이 중요하므로, 이에 대한 충분한 교육 및 훈련이 요구되며 사회복지 위험관리에 관하여 보다 심도 있고 체계적인 연구 및 데이터의 축적이 뒷받침될 필요가 있다.

(1) 클라이언트 기준

클라이언트를 기준으로 하여 발생할 수 있는 위험은 클라이언트의 심리적 압박으로 겪을 수 있는 자기방임, 자해, 자살 등의 위험에 노출되어 있는 예를 비롯하여 부모로부터 학대를 받는 아동이나 자식에게 학대를 받는 노인 등의 예를 들 수 있다. 그 밖에는 정신장애인, 약물중독자, 범죄자를 가족으로 가지고 있는 경우, 가족구성원이 노출되어 있는 위험 및 상담과정에서 발생할 수 있는 위험 등이 있다.

(2) 사회복지사 기준

사회복지사의 경우는 클라이언트와 가족 및 주변으로부터 언어 및 신체적인 폭력 등에 노출되어 있는 경우가 많다. 이러한 경우 사회복지사는 소진을 경험하게 되며, 심리 및 신체적 손상뿐 아니라 이직이나 직무몰입에 영향을 주게 되므로 점검이 되어야 할 위험의 점검요인이다. 그밖에도 사회복지사가 클라이언트에게 위협적인 이유가 될 수 있는데, 이는 클라이언트에 대한 보호와 통제라는 이중적 역할수행에서 비롯되기도 하며 전문성을 유지하기 위한 훈련의 부족이나 업무로 인한 스트레스의 과다 또는 의사결정의 부족 등과 관련하여 사회복지사로부터 위험제공요인이 클라이언트에게 발생하기도 한다.

(3) 기관 기준

기관 기준에서 위험을 관리할 때에는 첫째, 인적자원과 관련하여 클라이언트와 주변인으로부터의 언어, 신체적 공격이나 폭력 및 기물의 파손 등의 위험이 발생할 수 있다. 둘째, 업무와 관련한 위험의 발생요인이 있다. 둘째, 기관 간의 경쟁요인 등으로 발생할 수 있는 경영과 관련한 위험의 발생이 있을 수 있다. 즉, 사회복지조직의 운영에 있어서 비록 사회복지기관이 비영리기관이기는 하나, 경영수지가 악화되는 경우나 유사사업의 강세로 인한 경쟁의 실패 등으로 인한 재무적 위험요인의 발생은 기관의 존속을 어렵게 할 수 있다. 그밖에도 정책의 변화에 의한 재무적 지원의 축소 및 환경의 변화 등은 조직운영에 영향을 미칠 수 있다. 또한 시설경영 및 조직에 있어서 내부 및 외부의 부정행위나 범죄행위나 기관 내의 종사자의 과실로 인하여 기관에 손해를 미칠 수 있는 위험이 발생할 수 있으며, 이는 법적인 제제를 받는 경우까지 될 수 있다. 기타 안전에 관련한 문제로 재해의 발생위험의 요인으로는 방화 및 화재에 대비한 대안도 필요하다.

5) 사회복지 위험관리에 대한 대처

(1) 서비스의 질 향상을 위한 안전한 업무환경의 조성의 관점

사회복지사는 과거와는 달리, 자선적 행위의 동기 이외에도 업무의 전문성과 관련한 수준 높은 책무성을 바탕으로 하는 윤리적 실천을 요구받는다. 즉, 서비스 이용자의 소비자 수준의 욕구와 인권 및 권리의식 향상은 서비스의 질의 향상을 요구하고 있다. 그러나 최선의 서비스를 제공하기 위해서는 사회복지사뿐 아니라 클라이언트 역시 안전을 느끼는 환경의 조성이 필요하다. 그러나 서비스의 질 향상이 이루어졌다고 하더라도, 위험에 대한 대응책은 안전한 업무환경의 정비를 위해 다양한 영역에서의 점검을 요하는 부분이라고 할 수 있다.

(2) 증가하는 위험에 대한 대응마련의 관점

개인이나 기관은 사전에 발생할 수 있는 위험의 요인에 대한 대처방안을 미리 사전에 점검하고, 그에 대한 대안에 대한 매뉴얼 작성이나 개략적인 대응방안을 수립해 놓을 필요가 있다. 예측된 위기관리대책은 실제 사회복지사나 기관이 경험하는 일반적인 위험이 될 수 있으므로 이에 대한 대응은 중요하다. 그리고 단기 및 장기손실이 발생하지 않도록 하는 것이 중요한데, 이는 기관운영 중에 발생하는 각종 요인에 대한 대응이 될 뿐 아니라 변화하는 환경의 역동성에 적응할 수 있는 방안이 될 수 있으므로 중요하다.

6) 사회복지의 위험관리 접근방법

(1) 기존의 사회적 위험대처 방안과 새로운 형태의 사회적 위험의 발생가능성

전통적으로 발생하였던 사회적 위험은 산업사회의 등장과 함께 하는 위험인 경우가 많았다. 즉, 이는 산업환경에서의 노동력의 상실로 실업, 재해, 질병, 노령 등과 관련한 오늘날의 사회보험의 근간이 되기도 하였던 사회적 위험이라 할 수 있다. 이는 영국의 베버리지와 케인즈 주의에 입각하여 파악된 사회적 문제라 할 수 있다. 이후 이러한 문제는 오늘날 5대 보험을 통한 다양한 소득보장의 프로그램을 통하여 사회적인 위험에 대처하고자 하는 사회의 보호장치로 기능하고 있다. 이것은 사회의 구성원들이 일생을 통해 직면할 수 있는 사회적인 위험을 국가로부터 보호받을 수 있게 하기 위한 것이다. 이를 통하여 경제성장에 따른 보호장치 속에서 인력구조가 사회를 통해 유지될 수 있었다.

1970년대 중반 이후에는 세계화의 추세와 함께 탈산업화로 대변되는 경제사회구조의 재편이 이루어지게 된다. 이는 여성의 사회참여로 인하여 돌봄의 사회화라는 새로운 시각의 사회적 문제가 발생하게 되었으며, 서비스업이 팽창하면서 각종 복지관련 문제는 고령화의 시대적 변화에 부응하는 다양한 사회문제의 대처 서비스의 요구를 탄생시켰다. 또한 탈산업사회의 특성인 지식 및 정보산업의 발달은 새로운 형태의 교육 및 기술 수준을 요구하게 되었고, 인적자본이 고용구조와 부합하지 못할 때는 사회적 배제나 빈곤문제와 같은 문제를 경험하게 되었다. 특히 비정규직이라는 노동시장 유연화의 문제는 노동고용과 관련한 노동복지의 분야에 대한 수요를 요구하게 되었다. 그러나 세계적으로 신자유주의의 추세는 복지국가의 비용지출의 규모를 축소하고자 하는 요구와 함께, 사적 복지의 필요성은 시장원리에 따른 자유경쟁과 민영화의 추세에서 각종 새로운 위험이 발생할 수 있는 가능성을 보여주었다.

이와 같은 새롭게 등장한 사회적 위험은 우리나라에서 비정규직과 근로빈곤층(working poor)의 빈곤의 사각지대와 같은 문제를 가져오면서, 저출산과 고령화의 현상으로 일과 가정의 양립 및 노인돌봄의 사회적 서비스의 문제를 가져오기에 이르렀다. 이러한 문제는 우리나라의 다문화시대의 도래를 앞당겼으며, 전통적 사고와 대처보다는 보다 유연한 사고와 대처전략을 필요로 하게 되는 배경이 되었다. 그러나 아직까지 여성의 출산장려 정책은 인구감소에 대한 대책과 일과 가정의 양립을 위해 마련되었다고는 하나, 육아휴직에 대한 비용과 유급출산 등의 보완책은 그 효과가 미미하고, 여전히 보육정책으로 자리를 잡는 데는 한계성이 존재하고 있다.

결국 복지국가를 이룩한 선진 복지자본주의와 큰 차이점은 아직도 한국 사회가 가족을 중심으로 하여 부양자 의무조항 등의 복지의 영향을 받고 있으며, 재원의 부족으로 인하여 새로운 양상으로 등장하는 각종 사회적 위험에 대한 대처는 미흡한 것이 사실이라는 것이다. 따라서 정부의 정책적인 보완과 함께 시장 즉, 기업의 논리를 도입하여 민과 관이 함께 협력하고, 시민이 함께 하는 거버넌스적인 발상이 오히려 새로운 사회적 문제에 효율적으로 대처하는 모형으로 제안되고 있는 현실이다.

이를 위하여 국가와 시장 및 시민사회의 파트너십이 중요하며, 우리나라의 실정에 부합하는 읍면동 허브와 같이 민과 관이 협력하는 복지체계의 확립이 각종 사회문제에 대한 대응방안으로 제시되고 있다. 읍면동 허브는 '세 모녀 사건'과 같은 위험에 대한 대처가 부족한 계층에 대하여 사회적인 대처방안으로 제시된 행정적 모형이라 할 수 있다. 그러나 각종 단체 및 기관 등에 있어서 위험의 발생요인은 다양하며, 따라서 이에 대한 개념정의 및 대처에 대한 논의가 필요하다.

(2) 사회복지기관의 위험발생의 현장관리

사회복지의 위험관리의 개념의 기초는 사회복지 현장이나 기관에서 발생할 수 있는 위험의 가능성과 그로 인한 손해를 최소화하고자 하는 일련의 노력이다. 이는 현장에서 발생할 수 있는 각종 위험에 대한 대응뿐 아니라, 나아가 안전한 업무환경의 조성을 통하여 궁극적으로는 사회복지서비스의 질을 향상시킬 수 있다. 따라서 이러한 목적을 달성하기 위하여 사회복지사를 포함한 기관은 높은 수준의 전문성과 윤리의 제공능력을 갖추고 있어야 한다. 안전을 고려하는 실내 환경이나 위험보호 장치, CCTV, 각종 안전사고, 실천과오에 관한 대책, 시설물의 보강 및 화재대비, 정기적인 안전점검 등이 그것이다. 그밖에도 클라이언트의 정보나 인권을 보장하는 조치와 사고의 사전예측능력 및 보고와 관리체계의 구축 등이 필요하다.

CHAPTER

12 사회복지행정의 혁신

Social Welfare Administration

학습목표

1. 사회복지행정 혁신의 영역을 학습하고 조사해보자.
2. 사회복지행정 전달체계의 혁신에는 어떠한 것들이 있는지 학습해보고 논해보자.
3. 사회복지행정의 최근 트랜드 읍면동 허브의 취지 및 실행에 관하여 학습해보자.

1 사회복지행정의 혁신

1) 사회복지행정 혁신 영역 점검

사회복지행정의 혁신에는 여러 가지 영역이 가능하다. 첫째, 미션 및 비전 정립과 관련한 혁신 수행이 가능하다. 예를 들면, 사회복지조직은 외부의 환경변화 및 역동성에 많은 영향을 받으며, 따라서 사회복지조직은 이러한 변화에 부응하는 미션과 비전을 재정립하도록 하는 과제에 직면하게 된다. 이러한 환경과의 상호작용에 따라 조직혁신의 필요성을 분명하게 인식하고, 그에 대한 기초 작업으로 조직의 미션과 비전을 재정립하여 구성하는 것이 필요하다.

사회복지조직의 혁신은 조직구성원의 참여를 필요로 하며 그를 통한 미션과 비전의 재정립을 필요로 한다. 그러므로 조직은 조직의 목적과 비전을 새롭게 하며, 그에 따른 인적자원의 관리의 혁신도 함께 하는 것이 필요하다. 즉, 인적자원관리의 혁신수행을 위해서 사회복지조직은 직원의 평가체계를 점검하고, 경영전반에 있어서의 적절한 인력배치 등에 관한 고려를 할 필요가 있다.

2) 사회복지행정의 혁신 영역의 조직적 점검

사회복지조직은 조직의 구조적 측면에 있어서도 많은 혁신적 도전을 받고 있다. 예를 들면, 조직의 구성요인과 시스템의 정립 및 점검 등이다. 이를 위한 부가적 부분의 점검뿐 아니라 조직의 임파워먼트, 팀 구조의 변화, 기획업무능력 증강 및 사회적 트랜드의 반영 등 매우 다양한 영역의 도전을 받는다. 또한 조직의 체계적 운영을 위해서는 각종 직원회의, 직원의 평가 등을 통하여 시스템을 재정립하기 위한 전략적 혁신 수행을 필요로 한다. 이러한 전략적 수행을 어떻게 성공적으로 담당하는가의 문제가 관건이라고 할 수 있다. 조직의 외부와 내부의 전략적 변화와 적응에 성공한 조직은 외부환경의 변화에 적응하여 유연하게 생존할 수 있으며, 변화에 적응하지 못한 조직은 쇠퇴하게 된다. 따라서 많은 조직에서 컨설팅을 통하여 조직을 새롭게 변화시키고 고객 중심형 경영과 학습조직의 형성, 그리고 실천에 대한 다양한 평가제도와 인센티브 제도를 도입하고자 하는 움직임을 보이고 있다. 또한 안정적인 이용자의 확보와 자원개발 및 자원의 효율적 사용에 대한 책무성을 높이고, 조직의 산출력을 양적으로나 질적으로 증대시키기 위한 노력을 기울이고 있다.

특히 산출에 대한 개선 및 혁신은 기업이나 기관 및 조직에서 중요한 요인으로, 이러한 산출혁신을 위해서는 새로운 서비스나 프로그램을 개발하고 도입하는 필요성이 대두되며, 이를 진행하기 위한 후원 및 모금 등의 활동의 지원도 필요하다. 이러한 전 과정을 통하여 조직의 혁신이 이루어지며, 조직의 고객 중심과 이용자 중심으로의 패러다임의 변화가 가능하게 된다. 따라서 이를 위해서는 프로그램의 내용 및 질을 업그레이드하기 위한 끊임없는 노력이 필요하다. 뿐만 아니라, 기관이 실시하는 많은 활동에 대한 모니터링과 이용자와 직원의 효율적인 의견의 수렴도 매우 중요한 관건이 될 것이다.

이를 통하여 기관이나 조직도 살아 있는 하나의 유기체로 환경의 변화에 적응하는 하나의 개체임을 알 수 있으며, 이를 위한 성공사례의 벤치마킹과 다양한 선례에 대한 평가도 중요한 과정이 될 것이다.

2 사회복지행정의 전달체계상의 혁신과 점검

사회복지의 행정에 있어서 전달체계상의 혁신적인 개혁이 필요한데, 이는 전달체계가 정책의 성공과 실효를 보장하는 주요한 도구로 사용되며, 업무의 효율성을 지향하는 체계로써의 기능을 담당할 필요가 있기 때문이다. 따라서 사회복지전달체계의 개선을 위한 노력으로 업무의 전반적인 사항이 점검되어야 하며, 이를 위하여 궁극적으로 사회복지정책이 지향하는 목적과 효과를 효율적으로 달성할 수 있어야 할 것이다. 또한 비단 전달체계상의 혁신뿐 아니라, 전달체계를 구성하고 있는 각종 부서와 업무 간의 긴밀한 관계성 및 책무성의 부분에 있어서도 부서 간의 연계성이 확보되어, 사회복지행정의 전달체계가 유연하고 책임성 있게 기능할 수 있도록 하여야 할 것이다.

다음은 2009년 6월 사회복지전달체계 개선을 위한 종합대책의 발표를 통하여 개선된 사항으로, 기존의 9개 부처가 수행하던 249개 복지서비스 사업 중에서 지원대상과 내용이 비슷한 145개를 56개로 통합하도록 하여 복지사업 관리의 효율성을 제고하도록 하고, 중복수혜 및 복지 사각지대에서 해소하도록 하는 개편작업이 있었다. 이후 개인별 및 가구별 지원현황을 통합하여 관리하는 '사회복지통합관리망'을 구축한 이래, 103개의 사회복지시설을 55개로 조정하기도 하였다. 한편 예산집행의 실명제를 도입하고, 현금성 복지급여를 단일계좌(복지관리계좌)로 지급하여 복지서비스 전달체계에 있어서 보다 이용자적인 입장에서 사회복지전달체계가 효율적으로 진행되도록 전달체계의 끊임없는 개편

작업이 이루어지고 있다.

표 12-1 사회복지서비스 전달체계 개선 전 · 후 비교

<table>
<tr><th>분야</th><th colspan="2">개선대책</th><th>개선 前</th><th>개선 後</th></tr>
<tr><td rowspan="7">사회복지
통합관리망
구축</td><td colspan="2">복지사업 통합</td><td>사업별 관리</td><td>개인별 · 가구별 관리</td></tr>
<tr><td colspan="2">공적자료 연계</td><td>대상자 선정사업별
기준 상이</td><td>기준표준화 · 간소화</td></tr>
<tr><td rowspan="4">현금
급여
부정
방지</td><td>계좌등록</td><td>미확인</td><td>실시간 확인</td></tr>
<tr><td>급여생성</td><td>엑셀(조작가능)</td><td>보안파일(조작불가)</td></tr>
<tr><td>전자결제연계</td><td>미연계</td><td>연계</td></tr>
<tr><td>사후관리</td><td>확인불가</td><td>실지급액과 생성급여
비교 가능</td></tr>
<tr><td rowspan="2">급여지급
관리 강화</td><td colspan="2">복지관리계좌 도입</td><td>1인 다계좌</td><td>1인 1계좌</td></tr>
<tr><td colspan="2">벌칙 강화</td><td>(신설)</td><td>징계 부가금 5배 이내 병과</td></tr>
<tr><td rowspan="3">민간 복지시설
효율화</td><td colspan="2">사회복지시설 유형조정</td><td>103개 유형</td><td>55개 유형</td></tr>
<tr><td colspan="2">사회복지시설 분포의
지역간 격차 완화</td><td>(신설)</td><td>시설의 전문화, 다기능화</td></tr>
<tr><td colspan="2">민 · 관 협력 강화</td><td>운영 미흡</td><td>자원봉사단 확대
지역사회복지협의체
활성화</td></tr>
</table>

3 사회복지행정의 개선－읍면동 허브

그동안 찾아가는 사회복지서비스는 서울 송파구의 '세 모녀 사건' 등을 통하여 사회에 공론화된 바 있다. 이에 읍면동 허브는 새로운 지역복지전달체계로, 읍면동 복지전달체계의 최일선인 동 주민센터를 중심으로 사회복지전달체계의 개편방안으로써 부상하고 있다. 본 취지는 읍면동을 지역사회의 민간사회복지기관 및 네트워크화하여 복지 수요자를 상호 연결하는 인적인 연결망인 허브로 구축하여, 원스톱 통합서비스를 제공하도록 하며 국민의 복지 체감도를 높이고자 하는 것이다. 또한 읍면동 주민센터의 업무체계 개편에 대한 활용에 관하여 그동안 많은 논의가 있어온 바를 토대로, 주민센터가 단순히 서류를 떼거나 문화적 활동을 하는 공간을 넘어서 복지전달체계의 중요한 역할을 하는 소통의 장으로 거듭나도록 하겠다는 것을 목표이다.

이에 따라 읍면동 복지 허브화를 위하여 그에 대한 전문인력 충원이 이루어지고 있으며, 이에 읍면동 주민센터에 새로 '맞춤형 복지 전담팀'을 개설하여 해당 팀 당 민간 전문인력 3명과 팀장급의 복지공무원을 1명 이상을 추가 배치하라는 것과 기존의 통장 및 이장을 사회복지사의 자격증을 소지하도록 권장하여, 이들을 행정적 업무외의 사례관리자로 활용하도록 하는 임용 목표제를 제안하고 있다. 이러한 계획은 2017년까지 복지인력을 6,000명 가량 증원하여 민간 순환파견근무를 통하여 지역사회의 밀착형 사회복지서비스 제공모델을 마련하고자 하고 있다. 이에 2014년 7월부터 2015년 12월까지 15개 읍면동을 통하여 시범사업을 거쳐 현재 지역별로 확대해나가고 있다.

이러한 '찾아가는 동 주민센터' 사업은 지역사회의 읍면동의 기능을 강화하여 각종 사례관리를 강화하겠다는 측면에서 실시되고 있으며, 지방에서도 이와 유사한 형식으로 사회복지실천이 지역사회를 중심으로 부상하고 있다. 이에 찾아가는 동 주민센터 사업은 사회복지서비스의 접근성을 높이고, 마을공동체를 통하여 지속 가능한 복지생태체계를 구현해가고 있다. 이러한 사업은 거주지역 내에 존재할 수 있는 복지사각지대에 있는 취약계층을 지원하고, 직접 발굴 및 방문하여 지역사회의 사회복지수요를 파악한다는 것은 중요한 시사점을 가진다. 그리고 이것은 지역사회가 주도적으로 복지 플래너의 위상을 가지고 지역사회복지실천서비스를 구성하고 실천하는 것으로, 지역주민과 소통하고 기존의 마을이 가지고 있던 보유자원을 최대로 활용하여 정부의 지원이 전적인 지원이라기보다, 지역사회를 통한 사회복지실천의 마중물 역할을 하도록 하였다. 결국 지역사회의 자원연계를 보다 풍성하고 의미 깊은 사회복지의 실천이 되도록 하는 것에 의미가 깊다. 이러한 실천서비스는 지역사회의 많은 자원들이 연계망을 가지고 지역사회 내에서 네트워크화되어, 같이 소통하고 동참하는 시너지 효과를 발휘하게 된다.

그뿐 아니라, 지역사회에 사회복지실천 상담전문관을 배치하도록 하여 방문하는 민원인이 이러한 상담서비스를 보다 쉽게 접근하여 받을 수 있도록 하는 것은 민원인의 복지욕구를 수렴할 수 있도록 하는 것이며, 그에 대한 연계성을 높이는 방안이 된다. 이것은 지역마다의 독특성을 반영하는 사례관리가 가진 최근 트랜드라 할 수 있으며, 지역사회의 자원을 활용하여 최적 해결방법을 통하여 수혜 누락방지 및 지원대상의 확대라는 다양한 이점이 있다. 또한 이러한 읍면동 허브는 주민이 리더가 되어 주체가 될 수 있다는 것이 장점이다. 즉, 주민 리더의 발굴에도 용이하며 주민의 관계망 형성을 통하여 마을의 자생력과 역량을 극대화할 수 있는 효과가 있다. 그러므로 마을 주민의 인력을 효과적으로 활용할 수 있으며, 마을만의 계획이나 관리에 주민참여도를 높이는 등의 시너지 효과가 있다. 이러한 복지전달체계의 활성화를 통하여 기존의 희망복지지원단과 민간복지기관 등은 관과 민이 상호협업을 이루도록 하고, 각 사례의 유형별로 배치되는 업무는 중복성을 피하며 자원 효율화를 도모하는 데 보다 효과적이 될 수 있다. 희망복지지원단은 따라서 현재 자체 임무의 수행과 함께 협업하여 읍면동 주민센터 지원업무를 함께 수행하도록 하고 있다. 이를 위한 인원의 충원은 2018년까지 복지 및 방문간호사 인력 2,450명가량이 충원될 예정이며, 읍면동 허브사업을 통하여 전국적으로 6천 명의 증원이 계획 중이다. 한편, 복지플래너의 역할도 기존 복지전달체계에서 서비스 대상자별 맞춤형 서비스를 제공하는 트랜드로 바뀌어 나가고 있다. 이것은 지역사회 내의 생애주기의 변화나 기타 당면 해결과제를 안고 있는 모든 주민을 대상으로 찾아가 필요한 서비스를 제공하고, 연계해주고자 하는 정책적이며 보편적 복지로의 정착은 매우 고무적이다. 이와 같은 민관협력은 마을 공동체사업을 보다 효과적으로 하는 효과가 있으며, 주민의 역량발휘와 기존의 통반장 활용 및 주민자치위원의 활동에서 보다 지역사회 주민의 삶을 위해 활성화되는 데 도움이 될 것이다. 그리고 찾아가는 동 주민센터 사업으로 최일선 단위인 읍면동 중심으로 사회복지전달서비스의 기능을 보다 민과 밀착된 체계를 실현하도록 하여, 마을공동체 사업과 연계된 마을단위 커뮤니티 형성은 자치구별 운영의지 및 규모에 따라 다양한 역량발휘가 있을 것으로 예상된다. 그러므로 같은 정책수행의 방법이라도 그 효과는 서로 상이한 차이를 보일 것으로 전망된다. 이러한 민관협력을 통한 지역단위의 원스톱 통합적 서비스 제공 체계의 확보는 밀착된 맞춤형서비스 제공과 지역주민의 다양한 복지수요에 민관협력의 능동적 대처로 통합사례관리, 자원관리, 지역보호체계 구성 · 운영, 읍면동 복지업무를 통해 통합사례관리와 자원관리를 확인할 수 있다(손지현, 2015). 이러한 변화는 기존의 사회복지서비스의 비연속성과 비접근성의 문제를 경감시키고 해당 지역에 대한 이해, 자원발굴 역량 등에 따라 다양한 효과가 예상되고 있다.

특히 민소영(2015)은 사회복지공무원이 확충되었음에도 불구하고, 그동안 전문적 개입이 요구되는 대상자에 대한 전문적 대응능력이 여전히 부족하다는 것을 한계로 지적한 바 있었다. 이것은 지속적인 슈퍼비전을 요하는 부분이 있으며, 이에 관한 전문적 지식과 경험이 축적되지 않은 사항이며, 부족한 인력을 바탕으로 어느 기관이 주도적으로 지역사회업무를 담당할 것인지에 관한 향후의 숙고가 필요한 현실이라 하더라도 매우 바람직한 변화이다. 즉, 자원관리는 지역사회 자원현황에 대한 총괄관리가 자원조사 및 자원개발을 통하여 이루어지며, 복지자원 통합 DB 운영을 통하여 지역자원을 효과적 관리하고, 지속적인 자원현황 업데이트로 정보공유와 수요 및 욕구자 간의 연계를 원활하게 하는 효과가 있다.

이를 위하여 지역사회보장협의체가 활용될 수 있으며, 지역사회보장협의회는 지역복지를 강화하기 위한 방안으로 사회복지서비스 제공에서 지방정부와 민간, 그리고 민간과 민간 간의 공동협력을 위해 조직된 기구로서(김범수, 2010), 우선적으로 동 주민센터의 기능과 조직의 인력개편을 통하여 업무효율화 등을 재정비한다는 것에 의의가 있다고 할 수 있다. 김수영과 김이배(2014)의 연구에 따르면, 사회복지통합관리망 이용에 있어 관료제의 분업의 원리가 철저히 적용된 방식으로 이루어지고 있으며, 개별 일선관료가 실질적으로 접근할 수 있는 정보는 철저하게 자신이 맡은 업무에만 한정되어 상담이나 장애인복지 등 특정 업무의 경우에 읍면동 소속 공무원이 전담하는 기능이다. 이는 시군구청 소속 공무원에게 접근권한이 없어 해당 업무에 대해 파악이 되지 않는 등 같은 기관 내뿐 아니라, 시군구청과 읍면동 사이의 분업이 철저하게 반영되는 것은 본인 업무가 아니면 조회 및 대행할 수 없도록 되어 있었다고 언급하였다. 그동안 복지대상자의 개인정보보호의 일환이었으나, 복지대상자 개인이 가지는 복합적인 욕구의 비연계의 불합리한 점이 있어온 것이 사실이다.

그러므로 지역사회를 통한 행정의 점검사항을 몇 가지로 정리하면 첫째, 사례관리는 동별 상황에 의한 편차가 존재할 수 있으며, 현장의 업무량은 원활한 협업을 어렵게 할 수 있으므로 신중하게 접근되어야 한다. 둘째, 담당공무원의 사례관리에 대한 전문성을 재고해야 하며 효율적인 조직의 활용이 고려되어야 한다. 이를 위해서는 지속적인 팀별 슈퍼비전이 실시되어야 하며, 적절한 교육과 지역 간의 소통과 성공사례에 대한 정보교환도 적극적으로 필요할 것이다. 셋째, 현제 구역제 전담사례관리는 주무관의 역량에 따라 서비스의 제공의 질이 다를 수 있으므로, 이에 대한 전문적 자질 및 인성 등의 점검도 필요하며 간호사의 업무와 같은 의학, 임상, 사회복지학 등 학제 간 협업에 있어서의 세부적인 점검도 필요하다.

현재 이러한 사안은 얼마나 적극적인 시민운동과 사회복지실천으로 이어질지는 향후 더 많은 관심이 요구되는 사안이다. 따라서 그 어느 때보다 네트워크를 잘 활용할 수 있고, 지역사회의 역동성을 잘 이해하는 사회복지실천가의 전문성과 열정이 필요한 시기라 할 수 있다. 읍면동 허브는 향후 각종 민주적인 회의나 워크샵은 주민의 역동성과 활동기량을 높이는 기회의 장이 될 것이며, 적극적인 마을의 리더의 발굴과 지역주민의 협력과 신뢰를 구축하는 계기가 될 것이다. 따라서 읍면동 허브는 우리나라의 사회복지행정의 새로운 패러다임이며, 개혁적인 지역사회의 구축을 돕는 새로운 행정체계의 가능성을 가지고 있다.

4 사회복지행정을 통한 지역사회복지 프로그램 실행의 원칙 · 가치 · 윤리

1) 지역사회복지실천

- 지역사회는 있는 그대로 이해하고 수용되어야 하되, 그의 내부에 가지는 가치와 비전을 보아야 한다.
- 지역사회복지실천은 사람들의 욕구에 관심을 가지는 것이며, 상호연계성을 가진다.
- 지역사회는 환경 속의 인간이라는 개념을 실천하는 장이며, 체계이론적 차원에서 상생하여야 한다.

2) 존스의 지역사회복지실천의 원칙

- 개인과 집단처럼 지역사회도 지역사회 특유의 문제 및 욕구와 역동성을 갖고 있다.

• 외부나 내부의 압력이나 부당한 권위에 의한 조정은 민주적 원칙에 위배되며, 이는 지양되어야 하고 지역사회의 문제해결 접근방법에 있어서 다양성이 존중되는 것이 바람직하다.

3) 다양성 및 문화적 이행

인간의 지역사회를 통한 성장과 발전을 이해하고, 그에 따른 욕구의 다양성과 다양한 문화에 대한 이해는 프로그램의 작성에 있어서 필수적이다.

4) 자기결정과 역량강화(Empowerment)

개인이 대인관계와 사회 및 정치적 활동으로 스스로 환경을 이해하고, 선택하며, 조직화하는 활동이 중요하고, 지역사회의 각기 다른 집단 사이에서 권력의 분배에 있어서의 접근성과 역량을 강화하도록 한다. 임파워먼트는 자기성찰과 비판의식에서부터 출발하며, 상호 사회정의와 균등한 자원배분에 대한 의식적이고, 지적이며, 의견교환 등을 중시하는 활동이다.

임파워먼트(empowerment)의 사전적 의미는, "~에게 힘, 권한을 주다." 혹은 "~에게 능력, 자격을 부여하다."라는 의미가 있다. 이에 대한 학자들 간의 견해는 다양하나 임파워먼트의 맥락에서 본다면, 조직구성원에게 자기 효능감을 고취시키는 과정이라 할 수 있다. 그 밖에 현대사회에서 긍정심리 등의 다양한 개념 등이 프로그램으로 다양하게 적용되어 활용되고 있는 추세이다.

따라서 사회복지행정의 각 영역을 통한 임파워먼트 즉, 역량강화는 조직 및 지역사회의 활성화에 기여하는 부분이 크리라 생각하며, 이에 대한 숙고가 필요하다.

■ 참고문헌

강신욱 · 노대명 · 우선희(2012), 「한국의 사회통합의식에 대한 연구」, 사회통합위원회.

강영식(2006), 사회복지사의 자기효능감이 직무만족에 미치는 영향, 「사회복지정책」, 26, 123-148.

강용규(2010), 「사회복지행정론」, 공동체.

강제상(2001), 환경분야의 정부 및 NGO 관계의 정책방향, 「자치행정연구」 : 한양대학교 출판부.

강종수(2006), 사회복지조직의 조직구조와 효과성의 관계에 관한 연구. 「복지행정논총」, 16(2) : 287-311.

강철희 · 김교성(2003), 사회복지사의 조직몰입에 관한 연구, 「한국사회복지학」, 53 : 257-283.

강철희 · 정무성(2002), 사회복지서비스 기관의 조직성과에 관한 연구 : 서울시 지역사회복지관의 질 산출(quality output)을 중심으로. 『한국사회복지학」, 49 : 343-378.

강현주 · 조상미(2010), 사회복지 종사자의 직무만족에 관한 연구경향 분석, 「한국사회복지행정학」 12(1) : 301-335.

강흥구(2001), 조직문화가 조직유효성에 미치는 영향에 관한 연구 : 의료사회복지사의 인식을 중심으로, 「한국사회복지학」, 47 : 7-33.

고명석(2008), 사회복지생활시설 종사자의 인권의식에 관한 연구. 서울기독교대학교 대학원 박사학위논문.

구연원(2006), 조직문화 유형과 리더십 유형이 조직유효성에 미치는 영향에 관한 연구. 용인대학교 박사학위논문.

권용신(2009), 자활서비스 질이 자활의지에 미치는 영향에 대한 직무만족의 매개효과. 대구대학교 박사학위논문.

김경희(2000), 사회복지관 사회복지사의 책무성에 영향을 미치는 변인. 서울여자대학교 박사학위논문.

김경희(2010), 노인재가센터 리더십과 팔로어쉽이 조직효과성에 미치는 영향, 「한국조직학회보」, 7(3) : 127-146.

김근식(1995), 지역사회내 교정처우 프로그램의 효과성 분석에 관한 연구 : 사회통합 척도를통한 프로그램 산출평가, 연세대학교 박사학위논문.

김막래(2010), 조직문화가 조직몰입에 미치는 영향, 광운대학교 박사학위논문.

김문동(2007), 장애인 복지시설 서비스 질의 결정요인에 관한 연구, 한양대학교 대학원 박사학위논문.

김문동 · 이희선(2008), 장애인복지시설 서비스 질의 결정요인 : 시설사회화 요인을 중심으로. 「한국정책과학학회보」, 12(2) : 1-28.

김미선 · 남숙경(2013), 특성화고 남학생들의 진로결정에 있어 개인주의-집단주의 성향과 학교생활만족도와의 관계 : 진로결정 자율성의 매개역할, 「교육방법연구」, 25(4) : 771-790.

김미옥, 정진경, 김희성(2008), 장애인 거주시설의 인권연구 : 장애인당사자와 종사자의 인식을 중심으로, 「사회복지정책」, 389－422.

김병섭 · 박광국 · 조경호(2003), 조직의 이해와 관리, 「대형문화사」.

김선희(2007), 노인복지시설 종사자들의 여가태도, 여가만족과 조직유효성이 인과모형에 관한 연구, 「한국스포츠리서치」, 18(3) : 105－116.

김성희 외(2013), 「중증장애인 보호 종합대책 수립을 위한 정책 연구」. 보건복지부 · 한국보건사회연구원.

김수영(1999), 여성장애인의 사회통합을 위한 사회심리 재활에 관한 연구, 대구대학교 박사학위논문.

김영춘(2011), 사회복지조직의 조직효과성 영향요인 연구, 원광대학교 박사학위논문.

김용득 · 김진우 · 유동철(2007), 「한국장애인복지의이해」, 인간과복지.

김용득 · 변경희 · 임성만 · 강희설 · 이정호 · 장기성 · 전권일 · 조순주 (2007), 「장애인거주시설 서비스 기능과 구조의 혁신 방안」. 보건복지부 · 성공회대학교 사회복지연구소.

김용득 · 이동석 역(2013), 「장애인 중심 사회서비스 정책과 실천. John Glasby & Rosemary Littlechild. 2009. Direct Payments and Personal Budgets.」, 한국장애인재단 · 올벼.

김윤태(2012), 1990년대 식량난 이후 북한주민의 생애경험이 인권의식형성에 미치는 영향연구. 연세대학교 대학원 박사학위논문.

김은희(2007), 지식경영이 사회복지조직의 유효성에 미치는 영향. 한영신학대학교 박사학위논문.

김자영(2012), 청소년 인권의식의 유형 및 영향요인에 관한 연구. 서울대학교 대학원 박사학위논문.

김재경(2006), 조직구성원의 성격유형과 조직효과성에 관한 연구 : 사회복지관을 중심으로. 광운대학교 박사학위논문.

김재근(2010), 가맹점 사업자의 기업가정신이 파트너십과 가맹점 경영성과에 미치는 영향 : 자율성의 매개효과를 중심으로. 광운대학교 대학원 박사학위논문.

김종인(1998), 우리나라 장애인의 사회통합과 지도자의 역할. 「나사렛 논총」.

김종인(2001). 선진국의 자립생활 실제, 보건복지부 국립재활원 제21회 장애인의 날 기념 재활세미나.

김종진(2005), 리더십과 조직문화가 조직유효성에 미치는 영향 : 국립대학을 대상으로. 충북대학교 박사학위논문.

김준기 · 이민호(2006), 한국의 네트워크 거버넌스에 관한 연구 : 사회복지관의 네트워크와 조직 효과성, 「행정논총」 4(1) : 91－126.

김태진 외(2000), 「지역사회복지 발전과정분석」, 사회복지개발연구.

김홍근(2015), 프랜차이즈 관리자에 대한 통제가 성과에 미치는 메커니즘에 관한 연구 : 직무자율성의 조절효과를 중심으로, 부경대학교 대학원 박사학위논문.

김홍수(2014), 사회복지시설종사자의 인권의식이 학대행위에 미치는 영향, 박사학위논문.

남기예(2009), 노인복지관 관장의 변혁적 리더십과 조직효과성 간의 관계, 청주대학교 박사학위논문.

노대명(2009), 사회통합의 현황과 향후 정책과제, 「보건복지포럼」 150 : 6－19.

노대명 · 이현주 · 강신욱 · 강은정 · 전지현 · 이은혜(2009), 「사회통합을 위한 과제 및 추진전략」, 한국보건사회연구원.

노대명 · 강신욱 · 전지현(2010), 「한국 사회통합지표 연구」, 사회통합위원회, 한국보건사회연구원.

문형표(1994), 사회통합의 의의 및 정책적 과제, 「사회복지 겨울호」, 59－64.

민 진(2003), 조직효과성에 관한 개념정의의 분석 및 재개념화, 「한국행정학보」,37(2) : 83－104.

박경숙 · 강혜규(1992), 『사회복지사무소 모형개발』, 한국보건사회연구원.

박수경(1997), 산업재해 장애인의 사회통합에 영향을 미치는 요인에 관한 연구, 연세대학교 박사학위논문.

박수경(2006), 자립생활 패러다임에 따른 장애인의 사회통합에 관한 연구, 「한국사회복지학」, 58(2) : 237－264.

박영국(2008), 사회복지조직관리자의 리더십이 조직시민행동과 조직유효성에 미치는 영향, 대구대학교 박사학위논문.

박영준(2003), 생활시설의 조직문화와 사회복지사의 능력강화가 조직유효성에 미치는 영향, 대구대학교 박사학위논문.

박영준(2006), 생활시설 사회복지사의 조직문화 임파워먼트 그리고 조직 유효성과의 인과모형에 관한 연구, 「한국사회복지행정학」, 8(1) : 67－97.

박상준 · 임태승(2010), 초등학생의 인권의식 발달에 관한 연구 : 인권판단력의 발달을 중심으로, 「법과 인권교육연구」, 3(2) : 39－58.

박지혜 · 박은주 · 조상미(2009), 사회복지조직의 조직효과성 연구경향 분석, 「한국사회복지학」, 61(1) : 33－55.

박지혜 · 박은주 · 조상미(2009), 사회복지조직의 조직효과성 연구경향 분석, 「한국사회복지학」, 61(1) : 33－55.

박태영(2006), 「사회복지시설운영론」, 학현사.

백은령(2003), 지체장애인의 삶의 질에 양향을 미치는 요인에 관한 연구, 가톨릭대학교 박사학위논문.

배준호 · 신홍철(2002), 호텔조리부서 종사원의 직무스트레스가 조직몰입에 미치는 영향 종사원 경력의 조절효과 중심으로, 「호텔경영학연구」, 18(3) : 119－131.

보건복지부a(1998), 『'98주요업무자료』.

보건복지부b(1998), 『보건복지통계연보』.

서상목 · 최일섭 · 김상균(1988), 『사회복지전달체계의 개선과 전문인력 활용방안』, 한국개발연구원.

설진화(2001), 정신분열증 환자의 직업재활프로그램 모형개발에 관한 연구, 대구대학교 박사학위논문.

신영출(2006), 종합병원 의료서비스의 질 결정요인에 관한 연구, 서울시립대학교 대학원 박사학위논문.

신현석(2005), 장애인 생활시설 생활재활교사의 임파워먼트가 서비스 질에 미치는 영향, 대구대학교 대학원 박사학위논문.

심영미(2011), 노인복지서비스전달체계의 효과성 평가, 경기대학교 대학원 박사학위논문.

양점도 · 이경은(2001), 사회복지관 관리자의 리더십 IQ와 조직효과성에 관한 연구, 「복지행정논총」 11(2) : 121-147.

오세윤(2000), SERVQUAL척도를 활용한 행정서비스 만족도 평가, 「정책분석평가회회보」, 10(2) : 73-90.

오창근(2005), 지방자치단체 공공서비스 성과평가, 대구대학교 대학원 박사학위논문.

우양호, 김 인(2006), 행정서비스 품질 평가척도의 적합성 비교에 관한 연구, 「지방정부연구」, 10(1) : 153-179.

유종해(1998), 『현대행정학』, 박영사.

이기규(2004), 「인권교육의현실과방향성」. 학교인권위원회 통권 54호.

이규리 외(2000), 장애청소년 어머니의 삶의 질 변인연구, 「김천대학 논문집」, 25.

이민홍 · 최재성(2003), 사회복지조직 간의 상호협력이 조직효과성에 미치는 영향, 「정책분석평가학회보」 13(1) : 25-46.

이병석(2005), 우리나라 기업 조직 구성원들이 인식한 CEO의 리더십 스타일이 조직효과성에 미치는 영향에 관한 연구, 영남대학교 박사학위논문.

이석미 · 이은영 · 조상미(2009), 휴먼 서비스 조직의 조직 효과성, 한국 사회복지행정학」 11(3) : 33-68.

이수태(2009), 조직유형별 조직 효과성의 영향요인에 관한 연구, 서울시립대학교 박사학위논문.

이신정(2011), 사회서비스 성과평가 체계 개발에 관한 연구 : 사회복지관 성과평가를 중심으로, 신라대학교 대학원 박사학위논문.

이명식(2010), 「서비스 마케팅」, 형설출판사.

이용재 · 이근정(2000), 사회복지관의 조직효과성에 관한 연구; 조직풍토와 직무만족도의 상관성을 중심으로, 사회복지연구 : 33 : 122-145.

이영희(2010). 장애인생활시설 생활재활교사의 조직몰입이 서비스의 질에 미치는 영향. 대구한의대학교 대학원 박사학위논문.

이영선, 최낙관(2010), 요양보호사의 전문성이 서비스 질에 미치는 영향, 「한국자치행정학회보」, 24(2) : 190-210.

이익섭(1994), 2000년대 장애인복지이념정립을 위한 고찰, 재활심포지움 장애인재활협회.

이익섭(1999), 장애인 사회통합의 지수 개발과 측정에 관한 연구, 「한국사회복지학」, 38, 206-233.

이종남(2005), 장애인복지관의 서비스 지향성이 조직효과성에 미치는 영향, 가톨릭 대학교박사학위논문.

이종복(1989), 「사회복지시설과 지역사회」, 범론사.

이창원 · 최창현(1996). 「새조직론」. 대영문화사.

이현송 · 강혜규(1997), 『시범보건복지사무소 운영평가 및 모형 개발』, 한국보건사회연구원.

임성옥(2005), 사회복지사의 갈등지각 수준 및 갈등관리 방법과 조직 효과성의 관계에 관한 연구, 「정부학연구」 11(1) : 242－266.

임 혁(2009), 정신보건사회복지서비스 질의 결정요인에 관한 연구, 부산대학교 대학원 박사학위논문.

임현철(2010), 조직구성원의 성격 요인(HEXACO)과 조직성과 간의 관계에 관한 연구 : 조직지원인식의 매개효과와 직무자율성의 조절효과 검증을 중심으로, 영남대학교 대학원 박사학위논문.

장신재(2003), 사회복지전담공무원의 임파워먼트에 영향을 미치는 요인에 관한 연구, 연세대학교 대학원 박사학위논문.

전혜승 · 최재성(1999), 부랑인시설의 조직효과성 분석 체계이론과 목표달성 모델을 중심으로, 「한국사회복지행정학」 창간호 119－156.

정광호 · 권기헌(2003), 비영리조직의 자율성과 자원의존성에 관한 실증연구 : 문화예술단체를 중심으로, 「한국정책학회보」, 12(1) : 127－149.

정교영(2011), 자기결정이론을 근거로 한 부모교육 프로그램 개발 및 효과검증, 아주대학교 대학원 박사학위논문.

정명선(2015), 감정노동이 조직몰입에 미치는 영향 : 직무스트레스의 매개효과와 자율성의 조절효과, 「상담학연구」, 16(3) : 121－138.

정연욱(2010), 자원봉사센터의 서비스 지향성이 조직효과성에 미치는 영향, 대구대학교 박사학위논문.

조윤식(2003), 고객만족과 SERVQUAL의 동일 구성개념 여부에 관한 연구, 「관광레저연구」, 14(3), 287－304.

조윤희(2016), 청소년이 지각한 모의 감독 및 심리적 통제가 주관적 안녕감에 미치는 영향 : 자율성, 유능성, 관계성의 매개효과, 한양대학교 대학원 박사학위논문.

조정아(2004), 사회복지기관의 조직풍토와 조직효과성에 관한 연구 : 서울시 사회복지관을 중심으로, 「나눔연구」 5. : 321－372.

주리애(2009), 노인복지시설의 조직문화와 조직유효성 관계에서 종사자의 임파워먼트 조절효과, 광주대학교 박사학위논문.

지은구(2007), 「사회복지조직연구」, 청목출판사.

차미숙 · 임은선 · 김혜승 · 윤윤정 · 이현주 · 강신욱 · 전지현 · 박수진 외(2011), 사회통합을 위한 지역적 대응과제 : 지역사회통합지수 개발 및 활용방안 협동연구보고서」, 국토연구원.

최경식 · 김재열(2005), 병원내부서비스 품질과 경영성과와의 관계-내부구성원 만족과 유지, 서비스 가치, 고객지향성의 매개역할, 「회계연구」, 1 : 139-161.

최상미(2010), 사회복지조직의 혁신에 영향을 미치는 요인에 관한 연구, 연세대학교 박사학위논문.

최상미 · 최재성(2006), 사회복지지조직의 서비스 지향성이 조직성과에 미치는 영향, 서울시 사회복지관을 중심으로, 「사회과학논집」 37 : 99-124.

최유미 · 심성지(2009), 네트워크 관리태도가 조직효과성에 미치는 영향 연구 : 네트워크 거버넌스 이론을 중심으로, 「한국지역사회복지학회」 29(1) : 1-30.

최재성(2002), 사회복지조직의 집단화 체인화 현상에 대한 연구, 사회복지관의 집단화가 조직성과에 미치는 영향분석을 중심으로, 「한국사회복지학」 49 : 296-318.

최창욱 · 조혜영(2011), 청소년 도덕성 발달 검사도구 활용방안 및 과제, 한국윤리교육학회 학술대회, 479-497.

최창현(1996), 조직사회학, 학문사.

최창현 · 유승동. (1997). 혼돈이론에 기초한 조직혁신 모형. 「한국인사조직학 회편」. 한국 조직의 변화와 혁신.

최창현(1997). Chaos이론과 조직혁신. 「성곡학술논총」, 28(2).

최창현 옮김(1996). 「카오스 경영」. 한언.

최창현(1999), 복잡성이론의 조직관리적 적용가능성 탐색, 한국행정학보, 제33권 제4호.

최창현(1992), 환경에 대한 조직적응양식 : 구조적 상황이론, 자원종속이론, 개체군생태학이론, 제도적 이론의 비교 · 분석, 한국행정학보, 제26권 2호, pp.431-449.

최창현(1991), 조직구조, 권위주의에 대한 태도, 직무만족도와 조직몰입도의 관계에 대한 경로분석적 연구 : 선형구조관계(LISREL)모형의 적용, 한국행정학보, 제25권 제2호.

최창현 역(1992), 행정조직이론, 대영문화사(Harmon, Michael M. and Meyer, Richard T.(1986), Organization Theory for Public Administration, Little Brown and Company)

추교선(2013), 사회복지관의 자율성 정도가 조직성과에 미치는 영향 : 직무소진과 리더십의 매개효과를 중심으로, 경기대학교 대학원 박사학위논문.

한봉주(2011), 조직문화 리더십과 구성원 태도간의 변화 2007년과 2010년의 비교를 중심으로 「한국조직학회보」 123-160.

한용외(2011), 다문화복지조직 네트워크 특성이 조직 효과성에 미치는 영향에 관한 연구, 숭실대학교 박사학위논문.

황성철 · 정무성 · 강철희 · 최재성(2006), 사회복지행정론 「학현사」.

황성철(2002), 사회복지기관 리더십 유형이 조직 효과성에 미치는 영향 : 변혁적 · 거래적 리더십을 중심으로, 「한국사회복지행정학」 8 : 135－157.

황정은 · 정무성(2011), 사회적기업 장애인 근로자의 직무만족에 영향을 미치는 요인에 관한 연구, 「장애와고용」 21(2) : 247－271.

Aldrich, Howard E.(1979), Organizations and Environments, Englewood Cliffs, N. J. : Prentice－Hall, Inc.

Allen, N, J. & J, P. Meyer(1991), A Three Component Conceptualization of Organizational Commitment, *Human Resources Management Review.* 1(1) : 61－89.

Anderson, C. & Zeithmal, C. P.(1984), Stage of The Product Life Cycle, Business Strategy, and Business Performance, *Academy of Management Journal, 27, 5－24.*

Anderson, Lakin, Hill & Chen(1992). Social Integration of Older persons with mental retardation in residential facilities, American *Journal of mental retardation.*

Argyris, Chris(1964), Integrating the Individual and the Organization, N. Y. : John Wiley & Sone.

Astley, W. Graham & Van de Ven, Andrew H.(1982), Central Perspectives and debates in Organizations Theory, Administrative Science Quarterly 28(Jun), pp. 245-273.

Baker, R. L.(1995), *The Social Work Dictionary*, Washington, D.C. : NASA Press.

Benson, Kenneth J.(1975), The Interorganizational Network as a Political Economy, ASQ, 20(June), pp. 229-249.(1977), Organizations : A Dialectical View, Administrative Science Quarterly, 22(Mar.), pp. 1-21.

Bentley, K. & Taylor, M. A.(2002), *Context and Vision for Excellence in Social Work Practice in Contemporary Mental Health Settings, Social Work in Mental Health Contemporary Roles, Tasks, and Techniques(Bentley, K ed).* CA : Brooks/Cole, 1－17.

Betton, John & Dess, Gregory G.(1985), The Application of Population Ecology Models to the Study of Organizations, Academy of Management Review, vol. 10, no. 4, pp. 750-757.

Blau, P. M.(1964), Exchange and Power in Social Life, New York : John wiley & Sons.

____.(1970), A Formal Theory of Differentiation in Organizations, American Sociological Review, vol. 35, pp. 201-218.

Blau, P. M., & Schoenherr, R. A.(1971), The Structure of Organizations, Basic Books : New York

Blau, P. M., Falbe, C., McKinley, W., & Tracy, P. K.(1976), Technology and Organization Structure in Manufacturing, Administrative science Quarterly, Mar., vol. 21, pp. 20-40.

Bitner, M. J., Boms, B. M., & Tetreault, M. S.(1990), The Service Encounter : Diagnosing Favorable and Unfavorable Incidents. *Journal of Marketing, 54(1), 71-84.*

Brown I. R.(1988), Quality of Life for People with Disabilities, Stanley Thornes Publishers Ltd.

Burns, Tom & Stalker, G. M.(1961), The Management of Innovation, London : Tavistock Publications.

Carroll, Glenn R.(1988), Organizational Ecology in Theoretical Perspective in Glenn R. Carroll(Ed.) Ecological Models of Organizations, Cambridge, Mass. : Ballinger Publishing Co.

Castleberry, S. B., & Mclntyre, E. S.(1993), Consumers Quality Evaluation Process, *Journal of Applied Business Research, 8(4), 74-82*.

Chan, J., To, H. & Chan, E.(2006) Reconsidering Social Cohesion : Developing a Definition and Analytical Framework for Empirical Research, *Social Indicators Research , 75 : 273-302.*

Chandler, Alfred(1962), Strategy and Structure, Cambridge, Ma : MIT Press.

Child, J.(1972), Organization Structure and Strategies of Control : A Replication of the Aston Studies, Administrative Science Quarterly, June, vol. 17, pp. 163-177.

____.(1973), Predicting and Understanding Organization Structure, Administrative Science Quarterly, 18, pp. 168-185.

Choi, Chang-Hyeon(1992), The Relationship of the Antecedents of Organizational Commitment to Organizational Commitment, paper presented at the 3rd International Conference on Social Sciences Development, Taipei, Taiwan.

Cronin, J. J., & Talor, S. A.(1992), A Measuring Service Quality : A Reexamination and Extenuation, *Journal of Marketing, 56(2), 56-68.*

Daft, Richard L., & Lengel, Robert H.(1986), Organizational Information Requirements, Media Richness & Structural Design, Management Science, vol. 32, No. 5(May), pp. 554-570.

Daft, Richard L., & MacIntosh, Norman B.(1981), A Tentative Exploration into the Amount and Equivocality of Information Processing in Organizational Work Units, Administrative Science Quarterly, 26, pp. 207–224.

Dawson, Patrick, and McLoughlin, Ian(1986), Computer Technology and the Redefinition of Supervision, Journal of Management Studies, 23

Dewar, R. D., Whetten, D. A., & Boje, D.(1980), An Examination of the Reliability and Validity of the Aiken and Hage Scales of Centralization, Formalization, and Task Routineness, Administrative Science Quarterly, vol. 25, pp. 120–128.

Duncan, Robert(1979), What is the Right Organization Structure, Organizational Dynamics, Winter

European Commission's Directorate–General for Employment and Social Affair(2004), Joint Report on Social Inclusion, Brussels : European Social and Economic Policy Center.

Ely, P. W.(1991).Quality of Life and Social Integration of Psychiatrically Disabled Citizens in Community Residences. Ann Arbor : University Micr of ilms International.

Etzioni(1964), *Modern Organization, Englewood Cliff, New Jersey :* Prentice–Hall. Inc.

Frederick Herzberg, Work and the Nature of Man(Cleveland : World, 1996), and Herzberg, "One More Time : How Do You Motivate Employee?", Harvard Business Review 46 : 1 (1968), pp. 53–62.

Fredrickson, James W.(1984), The Effect of Structure on the Strategic Decision Process, Academy of Management Proceedings, pp. 12–16.

Fukuyama, F.(1995) Trust : *The Social Virtues and the Creation of Prosperity,* New York : Simon and Schuster.

Galbraith, Jay R.(1973), Designing Complex Organizations, Reading, MA : Addison–Wesley.

Gilbert, Neil & Paul Terrel(1998), Dimensions of Social Welfare Policy, Allyn & Bacon.

Gilbert, Neil & Harry Specht(ed.)(1981), Handbook of the Social Services, Prentice–Hall.

Gilmer, B. H.(1966), *Industrial Psychology*(2nd Ed), Tokyo : McGraw–Hill.

Goran & Ekvall(1987), *The Climate Metapho in Organization Theory, Advances in Organizational Psychology*, Bemard M. Bass & Pieter J, D, Drenth(Ed). pp. 177–190.

Gronroos, C.(1984), A Service Quality Model and Its Marketing Implication. *European Journal of Marketing, 18(4), 37–40*.

Hage, J., & Aiken, M., Routine Technology, Social Structure and Organizational Goals, ASQ, 14, pp. 366–377.

Hall, Richard H.(1972), Reply to Weldon, ASQ, 17, No. 1(Mar)

Hackman, J, & Oldham, G.(1976), Motivation Through the Design of Work, *Organizational Behavior and Human Performance, 16 : 250–279.*

Hannan, Michael T. & Freeman, John H.(1984), Structural Inertia and Organizational Change, American Sociological Review, 49(Apr.), pp. 149–164.

Haywood–Farmer, J., & Stuart, F. I.(1990), An Instrument to Measure the Degree of Professionalism in a Professional Service, Service Industries, *Journal, 10, 336–347.*

Heffron, Florence(1989), Organization Theory and Public Organizations : The Political Connection

Hellriegel, Don, Slocum, John W., & Woodman, Richard W.(1986), Organizational Behavior, 4th. ed., West Publishing Co.

Hrebeniak, Lawrence G. and Joyce, william F.(1985), Organizational Adaptation, pp. Strategic Choice and Environmental Determinism, ASQ, 30(Sept.), pp. 336–349.

Inkson, J. H., Pugh, Derek, & Hickson, David(1970), Organization, Context, and Structure : An Abbreviated Replication, Administrative Science Quarterly, vol. 15, pp. 318–332.

Katz, D. & Kahn, R. L.(1978), *The Social psychology of Organization*(2nd ed.), New York : John Wiley.

Kennedy, C.(1989), Community Integration and Well–Being : Toward the Goal of Community Care, *Journal of Social Issue 45(3) : 124–128.*

Kettner, P. M., Morony, R. M., & Martin, L. L.(1990), *Designing and Managing Program*. New Bury Park : SAGE Publications.

Krauss, M, W., & Seltzer, M .& Goodman. J.(1992), Social Support Networks of Adults With Mental Retardation Who at home, *American Journal on Mental Retardation.*

Lawrence, Paul R., & Lorsch, Jay W.(1967), Organization and Environment, Boston, Graduate School of Business Administration, Harvard University.

Leavitt, H., J., & Whisler, T., L.(1958), Management in the 1980's, Harvard Business Review, Nov–Dec, pp. 41–48.

Locke, E. A.(1976), The Nature Causes of Job Satisfaction, I. M. D. Dunnette(ED.). *Handbook of industrial and Organization Psychology* : 1293－1349.

Lickona, T(1991), Educating for Character : How Our Schools Can Teach Respect and Responsibility, 박장호 · 추병완 역(1998), 인격교육론, 백의.

Litwak, Eugene(1961), Models of Organizations Which Permit Conflict, American Journal of Sociology, 76, No. 2(Sep.)

Martin, L., & Kettner, P.(1997), Performance Measurement : The New Accountability. *Administration in Social Work, 21(1), 17－29.*

Maslow, Mativation and Personality(New York : Harper and Brothers, 1954), pp. 82

McGregor, Douglas(1960), The Human Side of Enterprise, N.Y. : McGraw Hill.

McInnis－Dittrich, Kathleen(1994), Integrating Social Welfare Policy & Social Work Practice, California : Brooks/Cole Pub..

Meyer, John W. & Rowan, Brian(1977), Institutionalized Organizations : Formal Structure as Myth and Ceremony, American Journal of Sociology, 83(Sept.), pp. 340-363.

Miles, Raymond E, Snow, Charles C., & Pfeffer, Jeffrey(1974), Organization Environment : Concepts and Issues, Industrial Relations, 13(Oct.), pp. 244-264.

Miller, D., & Droge, C.(1986), Psychological and Traditional Determinants of Structure, Administrative Science Quarterly, vol. 31, pp. 539-560.

Mintzberg, H.(1979), The Structure of Organizations, Englewood Cliffs, N. J. : Prentice－Hall

____.(1983), Structure in Fives : Designing Effective Organizations, Englewood Cliffs, N. J. : Prentice Hall, Inc.

Moon Sinyong(2009). Managing IT and e－Government : the Korean Case, Chongmok Publishing Co.

Morales, Armando T. & Bradford W. Sheafor(1995), Social Work : A Profession of Many Faces, 7th edition, Allyn & Bacon.

Morgan, Gareth(1986), Images of Organization, SAGE Publications Inc. : Calif.

Mowday, R., R. M. Steers. & L. W. Porter R. M.(1979), The Measurement of Organizational Commitment. *Journal of vocational Behavior*, 14 : 224－227.

Mowday, R., R. M. Steers. & L. W. Porter. R. M.(1982), *Employer Organization Link Ages : The Psychology of Commitment, Absenteeism and Turn over*. New York : Academic Press.

Oldham, G. R., & Hackman, J. R.(1981), Relationships between Organizational Structure and Employee Reactions : Comparing Alternative Frameworks, Administrative Science Quarterly, vol. 26, pp. 66-83.

Oliver, R. L.(1980), A Cognitive Model of the Antecedents and Consequences of Satisfaction Decisions, *Journal of Marketing, 49, 41-50*.

Ostrom, Vincent(1974), The Intellectual Crisis in American Public Administration, Alabama : The University of Alabama Press, 1974.

Parasuraman, A., Zeithaml, V., & Berry, L.(1985), A Conceptual Model of Service Quality and its Implications for Future Research, *Journal of Marketing, 49(4), 41-50.*

Parasuraman, A.(1988), SERVQUAL : A Multiple Scale for Measuring Consumer. Perceptions of Service Quality. *Journal of Retailing, 64(1), 12-40.*

Parasuraman, A, Zenithaml, V. & Berry. L.(1988). Communication and Control Presses in the Delivery of Service Quality. *Journal of Marketing, 52(2), 35-48.*

Parasuraman, A., Berry, L. L., & Zeithmal, A. A.(1991), Refinement and Reassessment of the SERVQUAL Scale. *Journal of Retailing, 67(4), 420-450.*

Patti, R. J.(1995), *Social Welfare Administration : Managing Social Programs in a Developmental Context*. Englewood Cliffs. NJ : Prentice Hall.

Pennings, J. M.(1973), Measures of Organizational Structure : A Methodological Note, American Journal of Sociology, vol. 79, pp. 686-704.

Perrow, Charles(1961), The Analysis of Goals in Complex Organizations, American Sociological Review, 26(Dec.), pp. 688-699.

____.(1967), A Framework for the Comparative Analysis of Organizations, American Sociological Review, 32, pp. 194-208.

____.(1970), Organizational Analysis : A Sociological View, Belmont, Calif. : Wadsworth.

____.(1986), Complex Organizations : A Critical Essay, 3rd ed., Random House : New York.

Pfeffer, Jeffrey(1982), Organizations and Organization Theory, Boston : Pitman.

Pfeffer, Jeffrey, & Salancik, Gerald R.(1978), The External Control of Organizations : A Resource Dependence Perspective, New York, Harper & Row.

Porter, L. W., Lawler, E. E., & Hackman, J. R.(1975), Behavior in Organizations, N.Y : McGraw-Hill.

Power, A., Janet E. Loard, & Allison S. deFranco(2013), *Active Citizenship and Disability : Implementing the Personal ixation of Support*. Cambridge.

Price, J. S.(1968), *Organizational Effectiveness Inventory Preposition.* Homewood, Illinois : Richard D. Irwin. Inc.

Pugh, Derek, Hickson, David J., & Hinings, Robert(1969), The Context of Organizational Structures, ASQ, 14, pp. 91-114.

Pugh, Derek, Hickson, David J., & Turner, C.(1968), Dimensions of Organization Structure, ASQ, 13, pp. 65-105.

Ranson, Stewart, Hinnings, Bob, & Greenwood, Royster(1980), The Structuring of Organizational Structures, ASQ, 25(Mar.), pp. 1-17.

Rest, J. R.(1983). Morality 556-629. in Handbook of child psychology. edited by P. H. Mussen. Vol.3. Cognitive Development. New York : Wiley.

Robbins, Stephen P. (1990), *Organization Theory : Structure, Design, and Applications(*3rd ed).New York : Prentice-Hall. Inc.

Rosenfield S.(1992), Factors Contributing to the Subjective Quality of Life of the Chronic Mentally Ill, *Journal of Health and Social Behavior 33.*

Sasser, W. E., Oslen, R. C., & Wyckoff, D.(1978), *Management of Service Organization* : Text and Case, Boston : Allyn & Bacon.

School, R. W.(1981), *Differentiating Organizational Committment form Expectancy as a Motivating Force*. Academy of Management Review. 6.

Scott, Richard W.(1987), The Adolescence of Institutional Theory, ASQ 87(Dec.), pp. 493-511.

Selznick, Philip(1957) Leadership in Administration, New York : Harper & Row.

Segal, S. P. & V. Aviram(1978), *The Mentally Ill in Community-Based Sheltered Care : A Study of Community Care and Social Integration,* N.Y. : Springer Publishing Co.

Sheldon, M. E.(1971), *Investment and Involvement as Mechanism Producing Commitment to the Organization*. Administrative science Quarterly. 16.

Singh, Jitendra V., House, Robert J, & Tucker, David J.(1986), Organizational Change and Organizational Mortality, ASQ, 31, pp. 587−611.

Swan, J. E. & Warren, S. M.(1979), Testing Comparison Level and Predictive Expectation Models of Satisfaction, *Advance in Consumer Research, 77−82.*

Taylor, Frederick W.(1967), The Principles of Scientific Management, New York, : W. W. Norton & Company.

Taylor, S. J. & R. Bogdan(1990), *Quality of Life and the Individual's Perspective,* in R. L. Schalock(ed.), Quality of Life : Perspectives and Issue, AAMR.

Thompson, James D.(1967), Organizations in Action, New York : McGraw−Hill.

Ulrich, Dave(1987), The Population Perspective : Review, Critique, and Revelance, Human Relations, vol. 40, no. 3, pp. 137−152.

Weber, Max(1947), The Theory of Social and Economic Organization, trans. A. M. Parsons and T. Parsons, New York : Free Press.

Weick, Karl(1979), The Social Psychology of Organizing, 2nd ed., Reading, Mass. : Addison−Wesley Publishing Co.

Whiteneck, G. G. Charlifue, S. W. Gerhart, K. A. Overholser J. D. & G. N. Richardson. (1998), Quantifying Handicap : A New Measure of Long Term Rehabilitation Outcomes, *Archives of Physical Medicine and Rehabilitation 73 : 519−526.*

Willer, B., Rosentbal, M., Kreutzer, J. S.,Gordon, W. A., & Renpal, R.(1993). Assessment of Community Integration Following Rehabilitation for Traumatic Brain Injury, *Journal of Head Traumatic Rehabilitation. 8(2).*

Williamson, Oliver E.(1981), The Economics of Organizations : The Transaction Cost Approach, American Journal of Sociology, 87(Nov.), pp. 548−577.

Wilson, E.(2006), *Defining and Measuring the Outcomes of Inclusive Community for People with Disability, Their Families and the Communities with Whom They Engage, from Ideology to Reality : Current Issues in Implementation of Intellectual Disability Policy : Proceedings of the Roundtable on Intelectual Disability*

Policy, Bundoora : La Trobe Univerisity, 24－33.

Winnick, J. P.(1996), *Adapted Physical Education & Sport*. Human Kineticts Company. Illinois.

Zeithaml, V., & Bitner, M.(1997), *Service Marketing*, Singapol Mcgraw－Hill Book Co.

Zeitz, Gerald(1980), Interorganizational Dialectics, ASQ, 25(Mar), pp. 72-88.

Zucker, Lynne G.(1977), The Role of Institutionalization in Cultural Persistence, American socilogical Review, 42(Oct.), pp. 726-743.

■ 저자소개

곽미정 (Kwak, Mi Jung)	2013년 상명대학교에서 〈수도권 법인 및 개인 장기요양시설 요양보호사의 직무만족 및 서비스 질 영향요인연구〉로 행정학 박사학위(2013)를 취득하고, 현재 김포대학교 사회복지과 교수로 재직 중이다. 주요관심분야는 사회복지실천, 행정 및 정책 분야이며 주요논문으로는 "청소년 임파워먼트 프로그램의 효과성분석"(2014)등 다수가 있으며 저서로는 노인복지론, 사회복지프로그램 개발과 평가 등이 있다. 그 밖에 사단법인 사회복지개발원의 수석연구자문위원으로 있다.
최창현 (Choi, ChangHyeon)	뉴욕주립대 행정 및 정책학 박사, 현 가톨릭관동대 행정학과 교수, 한국조직학회 회장 역임, 뉴욕주립대 록펠러 행정대학원 객원교수, RPI 테크노 경영대학원 초빙교수, 파고다 외국어학원 TOEIC 강사 역임, Introducing Public Administration: Made Simple for TOEIC(2016), 국력이란 무엇인가(2015), 좋은 정부란 무엇인가?(2012), 복잡계로 바라본 조직관리(2005) 등 40여 권의 저서와 역서가 있다.
노상은 (Roh, SangEun)	경기대학교 일반대학원 사회복지학 박사, 현재 오산대학교 실용사회복지학과 교수로 재직 중이며, 주요 관심분야는 사회복지행정 및 지역사회복지이며 주요활동으로는 경기도사 회복지공동모금회 배분평가실행위원고하 오산시지역사회보장협의체 위원장 및 사회복지협의회 상임이사를 맡고 있다.
홍희석 (Hong, HeeSeok)	숭실대학교에서 2007년 사회복지학 석사학위를 취득하고 현재 김포대학교 교수로 재직 중이며 사회복지공동모금회 평가지원단으로 활동하고 있다. 주요관심분야는 사회복지행정이며 주요활동으로는 사회복무요원교재(2008)와 지역아동센터교육 매뉴얼개발(2010)을 하였다. 1998년부터 사회복지실천현장에서 노인복지, 지역복지분야에서 활동하였고 2010년 사회복지유공자로 장관상을 수상하였다.
정명희 (Jung, MyungHee)	평택대학교 사회복지학 박사, 현재 중원대학교 사회복지학과 교수로 재직 중이며, 주요 관심분야는 (다문화사회복지 및 사회복지실천의 사례관리 등이며 주요 활동으로는 안양시비산종합사회복지관장, 한국다문화총연합회(KMC)사무총장, 한국사회공헌학회장, 한국가족복지학회 이사, 한국케어매니져먼트학회 이사를 역임하였고, 저서로는 다문화사회의 이해와 복지, 지역사회복지론, 정신건강론 등 다수의 저서와 논문이 있다.

사회복지행정론

1판 1쇄 인쇄 — 2017년 2월 24일
1판 1쇄 발행 — 2017년 2월 28일

저 자 - 곽미정 최창현 노상은 홍희석 정명희

발 행 인 - 강 철 원
발 행 처 - 양 성 원
주 소 - 경기도 파주시 월롱산로 71(야동동)
전 화 - 031-946-3861(代)
팩 스 - 031-946-3864
이 메 일 - tnwpub@naver.com
홈페이지 - tnwpub.co.kr
출판등록 - 2015년 8월 31일 제 2015-000211 호

ISBN 979-11-6126-023-5

정가 20,000원